從資源分布到生產轉移,解構地理環境、科技創新與政策博弈
如何影響國際經濟秩序

# 全球競局

## 區域競爭與國際貿易的權力遊戲

- 剖析市場脈絡,看清未來趨勢
- 掌握經濟脈動,洞悉貿易結構
- 全方位解讀世界經濟運行機制

孫聆軒,林建 編著

結合理論與實務,
把握時代變革的機遇!

# 目 錄

## 前言

第 1 章　緒論 …………………………………………… 007

## 全球篇

第 2 章　環境與全球經濟 ……………………………… 015

第 3 章　經濟全球化 …………………………………… 043

第 4 章　對外直接投資布局 …………………………… 065

第 5 章　全球價值鏈分工布局 ………………………… 099

第 6 章　區域經濟整合 ………………………………… 135

## 產業篇

第 7 章　全球農業供需 ………………………………… 175

第 8 章　全球能源業供需 ……………………………… 199

第 9 章　全球礦業供需 ………………………………… 221

第 10 章　全球製造業供需 ……………………………… 239

目錄

## 國家篇

第 11 章　亞洲 …………………………………………………… 285

第 12 章　美洲 …………………………………………………… 335

第 13 章　大洋洲 ………………………………………………… 385

第 14 章　歐洲 …………………………………………………… 395

第 15 章　非洲 …………………………………………………… 443

## 參考文獻

# 前言

21世紀，世界政治經濟形勢發生了巨大變化：世界經濟全球化和區域經濟整合推動著國際貿易以前所未有的速度發展。同時，西方先進國家在先後經歷了美國次貸危機和歐債危機後，經濟都步入了艱難的結構性和政策性調整時期，無疑會對當今乃至今後整個世界經濟貿易局勢產生重大影響。

世界各國的經濟貿易合作越來越頻繁，因此迫切需要大批既懂國際貿易知識，熟悉世界各國經貿情況，又具有國際視野和洞悉跨國文化，從事國際商務活動的專門人才。為此我們特別編寫了此書。

本書共分為三個篇章：全球篇主要介紹了世界環境與經濟地理、經貿中心遷移、區域經濟整合、經濟全球化；產業篇介紹了全球農業、能源業、礦業、製造業供需分布格局及貿易流向；國家篇主要介紹在國際上有一定經濟影響力的國家（地區）的人文地理情況，以及主要的商品貿易方向。

本書特色：內容涵蓋全面、資料豐富詳實、經貿理論與現象解釋並重、欄目設計豐富。符合專業培養目標，啟發引導學生對課程學習的系統性認知，滿足創新性、研究性人才培養的需求，並能適應多樣化的教學需求；本書編寫和專業課程及教學模式與方法改革相結合，能夠凝練教學改革與研究成果，解決教學急需；學生對教材反應積極，同時提出的寶貴建議已經被採納修改完善。本教材可以在各校的國際經濟與貿易及經濟學專業使用，促進國際經濟與貿易的教學改革。

本書編寫分工如下：第一、二、五、七、九、十、十三、十四章由孫聆軒編寫；第三、四、六、八、十一、十二、十五章由林建編寫。

前言

# 第1章

## 緒論

　　世界各國和地區由於所處地理位置、自然環境、發展歷史和社會制度的不同，經濟發展水準相差懸殊，經濟活動的空間布局特徵也大不相同。另一方面，在世界經濟日益全球化的今天，各種經濟要素在世界的流動日益頻繁，世界各國和各地區的經濟連繫日益密切，各種經濟活動的全球布局趨勢日益明顯。

　　世界經濟地理的任務就在於：一方面要總結和剖析世界各國和各地區經濟活動空間差異的基本特徵及其形成原因，以及各經濟地域單元之間的內在連繫；另一方面，還要揭示各種經濟要素在世界空間流動的基本規律以及各種產業活動在世界空間布局的基本規律。學習世界經濟地理是我們了解世界、認識世界、掌握地理科學知識的重要途徑。

## 1.1　世界經濟地理發展概述

　　世界經濟地理的研究有較長的歷史，其前身是以對國外的自然、人文與經濟狀況等描述為主的早期外國地理，幾乎沒有對規律和理論的探索。18世紀末19世紀初，地理學的發展進入現代地理學階段以來，地理學各分支學科的理論對外國地理研究產生了很大的影響，使其在描述的基礎上增加了推理和解釋的內容。

　　19世紀末，隨著經濟地理學的誕生，外國經濟地理也從外國地理

中分化出來，形成一門新的學科，研究的主要內容是：自產業革命以來蓬勃發展的世界各國各地區產業分布的條件和特點。第二次世界大戰以後，尤其是1970年代以來，世界經濟迅速發展，在國際地域分工不斷深化和世界經濟連繫日益加強的情況下，經濟全球化、區域經濟整合和集團化的發展不斷加快，世界經濟已經連成一個統一的整體。隨著世界各國和各地區的產業分工和產業布局日益緊密地連繫在一起，外國經濟地理這個名稱已經不能涵蓋不斷加深的經濟全球化、區域經濟整合和集團化的內涵，外國經濟地理由此更名為「世界經濟地理」。

世界經濟地理是經濟地理學的重要分支和區域地理學的重要組成部分。它作為經濟地理學的重要分支學科，其形成發展與經濟地理學同步，並受經濟地理學理論的指導；作為區域地理學的重要組成部分，為適應各時期發展的需求，它一直在不斷地向前發展。

人類社會經濟活動的需求是該學科發展的原動力和力量泉源。從早期人們對國外了解的需求到近代大國對外掠奪與擴張的需求；產業革命後，工業國家對市場與殖民地的需求；第二次世界大戰後的新科技革命，經濟全球化、區域經濟整合和集團化，兩大陣營的對峙與當代的一超多強，以及地緣政治與地緣經濟影響的不斷增強等，均對世界經濟地理的理論與研究內容有著深刻影響。

其中，1950年代晚期，國外世界經濟地理學家專注於區域經濟的結構與發展，推動了對區際功能與關係的研究，提出了區際連繫這個研究課題；1960年代，結合定量分析側重於城市與區域規劃的研究；1970年代，國外世界經濟地理研究將社會科學理論與空間理論結合起來；1970年代晚期到1980年代初期，世界經濟地理的系統研究又開始升溫。

在近代地理學階段，國外經濟地理研究主要集中於產業分布及其形成條件、各國經濟活動與自然環境的關係及對外貿易等靜態的經濟景觀

層面上。進入現代地理學階段，對全球和區域內部經濟連繫不斷加深的動態演變規律的研究得以日益拓展，如：世界範圍產業更新換代與產業鏈延伸擴展規律的研究；跨國公司、世界金融和科技網路等的研究；產業布局和產業結構網路的研究；從區域獨特性研究轉向區際連繫研究等。而地緣政治，尤其是地緣經濟對世界經濟地理研究的影響在日益增強。

近代地理學把外國作為一個區域進行研究，研究一個國家，乃至一個洲的整體性與差異性成為外國地理研究的理論主旨。現代地理學階段，其理論已從一般的人地關係和區域性轉向研究產業布局系統論。目前，隨著經濟全球化發展的加快，世界經濟地理已經成為一門研究世界經濟連繫及其空間演變的學科。

目前，在國際上最有影響的世界經濟地理教材有美國密西根州立大學地理系的哈姆・德・布利（Harm de Blij）和彼得・穆勒（Peter O. Muller）主編的《地理學：領域、區域與概念》（*Geography: Realms, Regions and Concepts*）和英國曼徹斯特大學地理系迪肯（Peter Dicken）教授所著的《全球轉換：世界經濟的變換輪廓》（*Economic forecasting. Bibliographic information*）。

《地理學：領域、區域與概念》將世界按自然環境和社會經濟發展的相似性劃分為 12 個區域，詳細講解區域內整體以及主要國家和地區的自然和經濟地理特徵，是一本內容詳盡的世界區域地理教材。該書自 1997 年出版以來，已再版 12 次，發行 100 多萬冊。

《全球轉換：世界經濟的變換輪廓》是一本研究全球化時代的世界經濟活動的地理著作，內容包括全球經濟的轉換過程、主要產業的全球布局特徵以及先進國家與開發中國家的經濟差異等。該書自 2003 年出版以來已再版 5 次，全球發行量超過 10 萬冊，是英語國家常用的大學經濟地理教材之一。

| 第 1 章　緒論

　　進入 21 世紀後，伴隨著經濟全球化的深入發展，跨國經濟連繫和全球性經濟問題的重要性日益突出，世界經濟地理工作者的研究重點亦由區域差異轉移到區際連繫、國際分工、國際貿易、國際投資、跨國公司，乃至地緣政治、地緣經濟、全球布局等問題。

## 1.2　世界經濟地理

### 1.2.1　發展階段

　　現代科學研究普遍分為三個階段，即記述階段、分類階段和說明階段。世界經濟地理研究在不同的發展階段，其研究對象也有一定的差別。當世界經濟地理處於記述階段的外國經濟地理時，其研究對象是國外的經濟活動現象；當學科從分類階段逐漸向說明階段過渡時，研究對象也由「世界各國各地區的產業發展條件及分布」演變為「世界各國各地區的產業結構和產業布局的空間演變規律」。

　　目前，該學科的研究對象定位為研究「世界經濟連繫的空間動力機制」。世界經濟地理今後的研究則需建立經濟連繫動力模型，使世界經濟地理理論進入預測階段，只有預測才能掌握世界經濟地理的發展和變化規律，使該學科具有強大的生命力。

### 1.2.2　現況定位

　　世界經濟地理的研究對象經歷了「經濟現象 —— 產業發展條件及分布 —— 產業布局 —— 區域和區際經濟合作機制」的演變，這是人類認

識由靜態向動態的漸進性飛躍。人類的經濟活動即產業活動是在一定地域範圍內進行的，在各個地域形成了包括產業結構和產業布局空間結構演變在內的特定的經濟景觀，表現為區域的獨特性或差異性。而整個世界經濟是由這些不同類型、不同特點、不同空間演變規律的經濟區域所構成，這些經濟區域之間一方面存在著以能量流、物質流和資訊流等為主的橫向（水平）經濟連繫，同時也存在著基於某一特定經濟區域內的組成要素而進行的縱向（垂直）經濟連繫。

其中，橫向的區際經濟連繫對於大區內部產業結構布局及性質和功能分異研究有重要意義。整個世界便是由不同經濟區域間橫向和縱向經濟連繫交織而組成的經濟連繫網路。世界經濟地理把世界作為一個巨大的經濟連繫網路，把大洲、國家或地區作為不同層次、不同水準、不同類型、不同特點的經濟區域進行研究，側重研究各類經濟區域的發展條件、產業結構、產業布局及其空間演變規律，以及區域間經濟連繫空間規律。

世界經濟地理以世界的經濟活動和各種經濟活動在世界空間布局作為研究對象，因此，「全球性」是世界經濟地理最基本的特徵。世界經濟地理揭示各種經濟要素在全球空間流動的基本規律和各種產業活動在全球的空間布局特徵及其動態變化過程，分析和總結世界各經濟地域單元（國家、地區和區域集團）經濟活動的空間差異及其形成原因。

區域是自然與人文現象相互結合的具體體現，是地理學研究的核心。人類的任何經濟活動都是在特定區域進行的，區域不同，產業活動的內容和形式就不同。探討世界不同類型、不同尺度區域的形成發展、分異組合和區際連繫是世界經濟地理研究的主要任務，因此區域性是世界經濟地理最突出的特點。

總結規律和分析區域特點是有機連結的，世界經濟地理需要綜合分

析各層次特定區域的自然、技術、經濟諸條件，同時，還要綜合分析不同區域之間的差異與分工，要綜合研究特定區域產業布局的歷史、現狀和發展方向。所以，世界經濟地理同地理學其他分支學科一樣具有綜合性的特點。

預測各經濟區域及區際經濟合作的發展趨勢，建立各種類型的區域產業結構演變模型，是世界經濟地理最終的研究目標。建立模型的基礎是分析各經濟區域的發展演變特點，從各經濟區域的形成過程中預測其發展方向，建立適宜於特定經濟區域的演替模型，從而引導區域經濟向良性循環方向發展，所以世界經濟地理還具有預測性的特點。

# 全球篇

# 第 2 章
# 環境與全球經濟

學習目標

　　本章主要介紹自然地理環境與社會文化環境以及全球經濟貿易的關係。透過本章的學習，使學生了解全球的自然環境和人文環境，掌握自然地理環境中地理位置、地形、氣候、礦產資源與全球經濟貿易的關係，熟悉人文地理環境中國家類型、人口、宗教、風俗、政治等與全球經濟貿易的關係。

## 2.1　自然環境與全球經濟

　　自然地理環境是指所有能夠影響人類社會發展的各種自然地理要素，如地形、氣候、河流和湖泊、土壤、動植物等。

### 2.1.1　地理位置

　　地理位置對世界經濟貿易的影響，可以分別從經緯度位置、海陸位置、交通位置等方面反映出來。

　　各地經緯度位置不同導致自然地理特徵不同，從而影響國際經濟貿易的發展。地球表面的熱量、降水量等的分布是不平衡的，中緯度地區因其位置居中，致使這個地帶四季分明，氣候溫和，降水適中，對人類

的生產、生活和貿易等活動都較適宜，是人們生存、發展和交往等的理想環境。

舉世矚目的世界四大文明古國——中國、印度、埃及和巴比倫，是古代文化、經濟和貿易等發展最早與最繁榮的地區和國家。他們疆域的主要部分就是位於中緯度的溫帶和亞熱帶範圍。中國漢代就開拓的溝通歐、亞、非三洲的古代「絲綢之路」即是世界上著名的最早的國際貿易通道。同樣，從世界地圖上可以清楚看出，當今地球上社會經濟最繁榮、交往最密切、經貿活動最活躍的幾個區域，也往往在北半球中緯度的北美洲、歐洲和亞洲等三洲的沿海地區，其中包括北美洲五大湖區與大西洋沿岸區域，西歐地區和亞洲日本的「三灣一海」地區以及中國的東部沿海地區等世界重要經貿區域，上述地區的土地面積只占世界陸地面積的10%，而工農業總產值和進出口貿易總額卻分別約占世界的80%和70%。

與上述情況相反，國土遼闊的獨立國協，雖然是世界上土地資源最豐富的國家，但是由於其國土的大部分處在高、中緯度，相當大部分的疆域，特別是廣闊的東北部地區，自然條件嚴酷，冬季漫長、寒冷乾燥、夏季短促，永久冰土帶廣布，以農業綜合自然條件分析，遠不如同緯度的西歐諸國和北美洲的美國、加拿大，故其農業土地的生物潛力可能性要比美國低57%，比法國低53%，比德國和英國分別低38%和32%，不僅嚴重影響種植業的發展，而且對工業生產和城市建設以及交通運輸與經貿活動等都帶來不少困難。至於亞洲、歐洲和北美洲伸入北極圈和南極洲的那些地區，由於位處高緯度，氣候嚴酷，對社會經濟的制約作用更大，故至今仍然是地球上經濟、貿易活動最不發達地區之一。

海陸位置瀕臨海洋還是深居內陸的位置，對於一個國家或地區的生產發展和貿易交往等亦會產生重要影響。沿海地區（尤其是開放地區）與

內陸地區（特別是邊遠偏僻山區）相比，因為環境、交通和出海口等條件大不一樣，使這些國家（或地區）之間以及內部，其經貿狀況會形成明顯的差異。一般前者發展較快，成為發達地區；而後者則發展較慢，往往是比較閉塞和落後的地區。

地球上有 20 多個內陸國家，除歐洲的 8 個屬於先進國家外，其餘都是開發中國家。位處歐洲的內陸國家之所以會比較發達，與歐洲資本主義發展歷史較早，現代化鐵路、內河航運與航空運輸等交通較方便以及地理位置、氣候條件等較好緊密相關。其他廣大內陸國家之所以較貧困，經貿活動不夠發達，有其經濟、政治、文化和歷史等複雜原因，而距離海洋較遙遠，沒有方便的出海口這個重要地理環境因素，是嚴重影響他們經貿發展的帶根本性的共同原因。

眾所周知，海運是當今國際經濟貿易活動連繫的主要手段，內陸國家只有取得通暢的出海口才有發展經濟、繁榮貿易的現實可能，而要做到這點，首先必須與鄰近的海運便利、經濟又較發達的國家建立良好的雙邊關係。由於歷史的原因，南美洲的玻利維亞一百多年來一直是借道智利的港口進行對外貿易活動。又如非洲的尚比亞，其傳統的出海口在南非，由於南非推行種族主義政策，尚比亞被迫又重開坦尚尼亞和莫三比克道路，這才保證了其最重要的外貿物資 —— 銅礦的正常外運出口，使開展經貿活動的願望變成現實。

獨立國協雖然為北極海、大西洋和太平洋所包圍，但是，由於北極海長年封凍，成為天然障礙，太平洋岸僅有的港口距西部經貿重心地區遙遠，交通很是不便，西部出海口被土耳其海峽所扼，北極海西部的莫曼斯克港雖為不凍港，但是航線需經北大西洋公約組織控制的挪威海峽，因政治原因，進出口甚為不便，所以俄羅斯雖瀕臨三大洋，但是卻酷似內陸國家，一定程度上制約著它的對外貿易發展。

交通地理位置及其變化，會使一個地區或國家的產業結構和布局發生改變，從而影響國際貿易。交通地理位置對國家和地區的經濟和對外貿易的影響亦是很大的。這是因為交通運輸條件既是生產力布局的重要內容與條件之一，又是經濟發展的基礎條件。美國是地跨太平洋與大西洋的「兩洋國家」，在世界以北大西洋為經濟貿易重心區的一百多年時間裡，它利用便捷的北大西洋航線開展對歐洲的經貿活動，使其東北部和東部大西洋沿岸地區經濟獲得迅速發展，形成了世界上最大的北美東部大西洋沿岸和五大湖地區經濟貿易重心區。

而今，美國又乘日本、澳洲和中國等太平洋東部國家的迅速崛起，世界經濟重心呈現從大西洋地區向太平洋地區轉移趨勢的契機，利用其便利而發達的太平洋航運，促使西部和南部「陽光地帶」的經濟繁榮發展起來，率先搶占了太平洋地區的市場。至於跨越亞非兩大洲的埃及，溝通地中海與紅海，亞、非、歐三大洲的交通要衝——蘇伊士運河開通後，每年獲得 10 多億美元的運河船隻通行費，極大地促進了埃及的經濟、交通和貿易的發展。此外，新加坡、巴拿馬等國家，亦因位處溝通兩大海洋的重要通道和國際航線的要衝等優越的交通地理位置，大量船舶過往、停靠及其供養補給、維修保養，使其成為周圍地區與國家的物資轉運點或集散中心，繁榮了該地區的經濟和貿易活動。

## 2.1.2　地形特徵

地形概念的內容廣泛，不僅包括類型、坡度，還包括地面的覆蓋層等方面。地形對於經濟和貿易活動的影響是多方面的。美國由於平原廣布，所占比例頗高，使發展農牧業有了良好基礎，為美國成為世界上規模最大的農業國家創造了條件。因而，美國農牧業生產發達，農產品不

僅能滿足需求，還可以有 1／3 至 2／5 的農產品用於出口。大量農產品的出口，不僅創造了占該國外匯總收入 20% 的外匯，而且在繁榮國際貿易、改善美國的國際收支和外貿平衡等方面發揮了很大作用。

反之，地形破碎、沙漠戈壁遍地、崇山峻嶺，或險惡地形直逼沿海，則必然對其經濟的發展，尤其是農業生產產生嚴重影響，難以展開對外貿易。世界最大沙漠——撒哈拉大沙漠橫亙於非洲偏北部的廣大地區，使這裡的阿爾及利亞、利比亞、蘇丹、埃及等國家，經濟發展和貿易活動深受影響。

平原和高原有利於發展種植業，交通線路的建設投資少、見效快；山地和丘陵地區有利於發展林業、畜牧業和採礦業，對交通運輸業的發展造成一定障礙。山區與平原地區相比，運輸業效率差別也很大，在山區修築一條與平原地區運輸能力相同的鐵路，造價要高 3 倍。山區線路坡度較大，營運時，燃料和費用都成倍增加。在水平線路上能拉 5,000 噸重的機車，爬 0.5% 坡時只能拉 1,400 噸重，爬 1% 坡時，只能拉 800 噸重。

海底大陸架往往蘊藏豐富的石油天然氣資源，目前已經成為世界重要的能源供應地，如北海、波斯灣、墨西哥灣、渤海、黃海、東海等。可見，地形條件對社會經濟發展，特別是農牧業生產的制約作用是很大的，以致將影響整個國家與地區的經貿活動開展。

## 2.1.3　氣候影響

全球氣候是在太陽輻射、大氣球流、下墊面性質和人類活動等因素綜合影響下形成的。根據世界各地區氣候基本特徵及其成因的差異性，可將全球氣候分成若干氣候帶，見表 2-1。

表 2-1 世界主要氣候類型的特徵及其地理分布

| 洲名 | 氣候主要特徵 |
|---|---|
| 亞洲 | (1) 氣候複雜多樣（南北所跨緯度和東西所跨經度，各大洲中最廣，因此地面受熱狀況和乾溼程度，各地差異很大）；(2) 季風氣候顯著；(3) 大陸性氣候分布廣（巨大的面積和完整的大陸輪廓，一方面使亞洲具有廣大的遠離海洋的內陸地區，促成了大陸性和乾燥性氣候範圍的廣大；另一方面，冬夏海陸熱力性質差異顯著，形成了典型的季風氣候。） |
| 非洲 | (1) 乾燥（a 南北回歸線橫穿大陸的南部和北部；b 海岸線平直，缺少深入內陸的港灣，減少了海洋的影響；c 東北部緊鄰亞洲大陸乾燥區，從那裡吹來的東北信風性質乾燥）；(2) 暖熱（a 緯度位置決定了太陽高度角大，地面接受太陽隔射量多；b 乾燥地區廣，能見度高；c 相當大地區處於背風位置，加強了高溫的程度）；(3) 氣候南北對應 |
| 歐洲 | (1) 有常住人口各洲中唯一沒有熱帶氣候的大洲；(2) 溫帶氣候占絕對優勢（a 緯度位置決定 36°N～71°N；b 大陸輪廓，以南歐為底邊略呈三角形，縮小了寒冷北冰洋影響的範圍）；(3) 海洋性顯著（a 西風帶；b 大陸輪廓破碎，各地距海近；c 山脈東西走向；d 北大西洋暖流＋三角形的大陸輪廓，使海洋性氣候分布範圍廣，西北歐沿海地區成為同緯度冬季最溫和的地區） |
| 北美洲 | (1) 溫帶大陸性氣候占優勢（大陸形狀北寬南窄，其中 50°N～70°N 最寬，所以溫帶氣候占優勢，熱帶氣候縮減）；(2) 氣候類型多樣（北美大陸南北延伸很廣，地面受熱狀況有很大差異，幾乎穿越了北半球除熱帶以外的所有氣候帶） |
| 南美洲 | (1) 溫暖溼潤，以夏雨為主（由於多雨面積廣，乾旱沙漠區面相應狹小，它在南美大陸所占的比例在具有沙漠的各洲之中是最小的）；(2) 熱帶氣候為主（大陸北寬南窄，略呈三角形，5°S 附近最寬廣，使得熱帶氣候占優勢。同時南回歸線以南大陸緊縮，52°S 已近尾閭，使亞熱帶、溫帶氣候大大局限，且缺乏水平地帶的亞寒帶、寒帶氣候）；(3) 氣候類型結構的獨特性（大陸東西兩側同緯度地區氣候類型截然相反） |

| 洲名 | 氣候主要特徵 |
| --- | --- |
| 大洋洲 | （1）乾旱區面積大（山地偏居大陸東岸，阻礙太平洋暖溼氣流西進，廣大內陸地區因此乾燥）；（2）降水分布呈半環狀（地形單調，無氣候障礙，使中西部氣候類型漸變）；（3）普遍暖熱（大陸輪廓東西寬、南北窄，增加了副高控制的面積且南北各地受熱狀況差異小） |
| 南極洲 | 烈風、暴雪和酷寒的極地氣候 |

氣候的節律性和地帶性，對農業生產產生著深刻影響，進而影響國際貿易中大宗農產品的構成和流向，制約著經貿活動。例如，溫帶地區適宜農作物的生長，所以作為人類衣食主要來源的棉花和糧食，主要產於溫帶地區。同樣，目前世界上穀物的主要出口國是位於溫帶範圍的美國、法國、加拿大和澳洲、阿根廷、巴西等國家。咖啡、可可、油棕、橡膠等熱帶經濟作物主要適宜種植在熱帶雨林和熱帶草原氣候區，因此巴西、哥倫比亞、印尼、馬來西亞、迦納等國就成為這些農產品的主要生產國。俄羅斯、加拿大由於有大面積的亞寒帶針葉林氣候，森林茂密，則是世界上重要的木材及木製品的生產國和出口國。

貿易航路沿線的不同氣候類型可以直接影響國際貿易運輸的成本和效率。氣候影響港口通航。世界各國的港口有的可全年通航、有的則冬季封凍，船舶不能停靠。北半球的歐洲、亞洲和北美洲的部分地帶已經伸入寒冷的北極圈，因此，太平洋和北大西洋沿岸的一些位處高緯度的港口，氣溫太低，秋冬季節洋面封冰，致使不少港口一年中有半年因航船無法執行而被迫停用，國際貿易近乎癱瘓或停頓。

災害性天氣（如寒潮、霜凍、風暴、乾旱、洪澇、冰雹等），對於經濟和貿易產生的破壞性影響更為直接和嚴重。因種種原因造成的全球性或區域性氣候異常，經常干擾正常的工農業生產和經貿活動。例如，由於氣候異常，某年南美秘魯沙丁魚的捕獲量減少 2／3，致使當作飼料

的魚粉銳減。與此同時，印度和西非的花生，俄羅斯的向日葵等，也因天旱而大量減產，致使能當飼料的大豆，價格成倍上漲，由此引起了世界飼料與穀物市場的供求矛盾和國際貿易活動範圍的擴大。

美國發生了近百年少有的乾旱，玉米、小麥等穀物產量減少 1／3 左右，這不僅使農場主和農業工人在經濟上蒙受了巨大損失，而且使美國與全球的糧食出口量大為減少，加劇了世界市場上糧食貿易的緊張狀態。可見，氣候異常將直接影響工農業生產和貿易活動發生重大變化。2015 年，一系列自然災害造成一些國家和地區以及全球糧食系統的衝擊。非洲南部的洪災、中美洲的乾旱以及尼泊爾大地震造成食物安全的嚴重威脅。2015 年 3 月，極強的聖嬰現象來襲，造成多個地區的食物安全的嚴重影響，其中衣索比亞遭遇了數十年來最為嚴重的乾旱。例如，遠洋船隻往往因風暴襲擊而被迫停航，如果不掌握氣象資料，就貿然遠航，船舶很可能會被風浪浸沒。

### 2.1.4　礦產分布

埋藏於地下或分布於地表可供人類利用的化學元素稱為礦物資源。它們在地球上富集到一定程度，才是有經濟價值的礦床。經濟用途，可分為能源、金屬、非金屬（化工原料、工業礦物原料、冶金輔助原料、陶瓷及建築石料）三大類。

礦產資源是寶貴的物質財富，也是一個國家和地區發展生產、繁榮經濟和活躍貿易的最基本的物質基礎之一。它具有非再生性質，且隨著社會進步和經濟發展，其消耗量與日俱增。因此，礦產資源的賦儲存量、規格品種、組合結構、品味狀況、地理分布以及新礦產、新礦點的發現等，不僅嚴重影響著一個國家與地區的經貿活動，而且強烈地影

響著整個世界的國際分工、商品交往、貨物流向、貿易布局和貿易運輸等。

1950 年代，廣大西亞地區還被列為世界最貧困地區之一，經濟相當落後，在世界國際貿易中的地位更是微不足道。進入 1960 年代之後，西方壟斷資本集團進入該地區大規模石油地質勘探，找到了豐富的石油資源，並陸續進行大規模開採，西亞已經成為世界上石油儲量、產量和出口量最多的地區，是名副其實的「世界油極」。大量外匯財源滾滾而來，帶動和促進了該地區民族工業的蓬勃發展，對外貿易突飛猛進，人民生活水準迅速提高，昔日的貧困地區，當今已跨入人均產值最高行列，成了世界上重要的資金、勞務和消費市場之一。

第二次世界大戰以後，進入 1960 年代中期，石油取代了煤炭，成為主要能源，世界進入稱為能源的「石油時代」。以西亞為代表的廣大亞非拉開發中國家和蘇聯以及西北歐一些國家，一大批大油田相繼發現，大力組織開採，使世界石油產量迅速增加。1970 年代中期，北海海域發現油氣田。至 1980 年代初，荷蘭的天然氣、英國和挪威等國的石油產量除滿足本國需求外，還有相當部分出口歐洲共同體其他國家，促進其經濟發展，而且使西北歐部分國家的進出口商品布局和貿易布局產生了明顯變化。另外，蘇聯、中國、墨西哥以及東南亞一些國家等新油田的不斷發現和開採，也使世界石油儲藏的地理分布、生產布局和貿易布局出現了新的態勢。

總之，礦產資源在分布上的不平衡構成了世界產業分布格局的自然物質基礎，直接影響世界勞動地域分工，進而影響國家、地區的經貿發展、世界範圍的大宗物資流量和流向、世界初級產品市場布局。

## 2.2 人文環境與全球經濟

人文地理環境是由與社會結構、經濟發展相適應的人文事物和條件在空間上的組合，包括國家類型、民族、宗教、政治、科學技術等諸多因素。人文地理環境影響人們的觀念和行為準則。隨著科技的進步，人類的生產、生活受自然條件的限制越來越小，而受人文因素的制約卻越來越大。

### 2.2.1 國家類別

一般按綜合國力劃分為先進國家和開發中國家。先進國家主要有美國、加拿大、英國、法國、德國、比利時、荷蘭、義大利、瑞士、瑞典、芬蘭、挪威、西班牙、葡萄牙、紐西蘭和澳洲。

開發中國家面積占全球陸地面積的60％、人口占世界的80％，或資源豐富、或位置重要，人口眾多、潛力強大。一些開發中國家石油、熱帶經濟作物以及稀有礦物資源非常豐富。原料出口國，如沙烏地阿拉伯、科威特、汶萊等，特點是收入頗高。新興工業化國家，如巴西、墨西哥、韓國、新加坡，個人所得中等；正在轉型的國家；如中國。世界上最窮的十個國家：衣索比亞、奈及利亞、蒲隆地、剛果、尼日、尼泊爾、幾內亞比索共和國、莫三比克、查德、馬達加斯加。

以美國為首的先進國家由於在政治、經濟、軍事上占絕對優勢，他們仍然利用自己壟斷地位力圖維持舊的國際經濟秩序，謀取單方面利益，表現在：(1)利用聯合國等國際組織制定和推行有利於先進國家的條約和協議，如有反對，輕者制裁、重者軍事干涉。(2)透過貸款附加種種政治和經濟條件，以達到干涉其內政和控制開發中國家經濟發展的目

的。(3)利用世界貿易組織的某些條款,對內加強立法,加強管理貿易;對外推行貿易自由化,使其產品順利打入開發中國家市場。(4)組建地區性組織,對內實行一體化,對外實行貿易保護。(5)在國際經濟交往中,實行單邊主義,對自己有利的就實行、不利的就拒絕。

開發中國家在新形勢下,加強合作,對加速發展和提高開發中國家的應變能力以迎接全球化和自由化的挑戰是非常重要的。

應採取的措施:(1)在國內採取經濟保護,並對外國企業進行監督、限制,大力發展自己的產業結構,充分利用本國自然資源行使主權。(2)開發中國家在國際市場上爭取主動權,採取一致的行動,打破國際壟斷資本對世界市場和價格的壟斷,從而保證其原料和初級產品的價格取得重要成果。(3)要求國際金融組織為開發中國家提供更多的基金,放寬貸款的條件,從而使其國際貨幣金融制度得到改革。(4)要求聯合國及國際組織減免其債務,為開發中國家提供更大的幫助。(5)開發中國家組成地區性經貿集團,以保護地區資源、穩定能源和原材料的產品價格,保護本國市場,提高本地產品的競爭力。

## 2.2.2 人口特徵

世界人口分布稠密地區,一般是世界經濟、貿易的發達地區。經貿發達地區需要較多的經濟人口,亦能供養較多的人口。地球上北緯20°至60°範圍內,大約居住著全世界總人口的80%,聚集著世界上100萬人口以上的大多數大城市以及世界全部大港口和大部分中型港口,這些地帶成了當今世界主要貨流的起迄點和商品集散地區,如美國東部五大湖地區和沿著大西洋岸向南延伸的都市帶,日本沿太平洋岸的城市帶及中國東南部沿海的城市群等。亞洲地域廣大、人口較為密集,居住著全世界

大約 60% 的人口，糧食消費量極大，進口要占全世界糧食總貿易量的一半左右。人口文化素養高低、年齡結構也將影響國家或地區乃至國際間的經貿活動。

目前世界人口發展呈現如下五個特點：

(1) 人口分布不均衡。

(2) 世界人口成長趨勢：人口成長過快。世界人口第 1 個 10 億用了近 100 萬年的時間（西元 1830 年）；第 2 個 10 億用了 100 餘年時間（西元 1830～1930 年）；第 3 個 10 億用了 30 年（西元 1930～1960 年）；第 4 個 10 億用了 15 年時間（西元 1960～1975 年）；第 5 個 10 億用了 12 年（西元 1975～1987 年）；第 6 個 10 億用了 12 年（西元 1987～1999 年）；預計到 2050 年世界人口將增加到 98 億。

(3) 城市人口所占比例不斷增加，城市化發展加快，一方面加快了工業化的發展，促進了服務業的發展；另一方面，也造成了就業困難、交通擁擠、汙染加劇等社會問題。

(4) 人口成長很不平衡。先進國家人口成長緩慢，成長率在 1% 以下，從西元 2000 年的 12 億，50 年後預計會維持在 12 億的水準上，其中，德國、日本、俄羅斯等國人口都在下降，出現了負成長。開發中國家人口成長過快。兩個成長最快的地區同時也是世界上貧窮人口最多的地區。南亞的貧窮人口在西元 1987 至 2005 年增加了 5,000 萬，達到 6 億；非洲的貧窮人口在西元 1987 至 2003 年增加了 6,500 萬，達到 3.5 億。

(5) 人口「高齡化」的趨勢越來越明顯。根據聯合國的規定，65 歲以上老年人占全國人口的 10% 以上者為高齡化國家或城市。根據聯合國的分析，21 世紀為高齡化時代。

人口聚集的地方，對各種原材料、能源和消費品的需求極大，從而帶動一系列產業活動的發生，從而使該地區積極參與世界經貿活動，以

至繁榮。人既是生產者，又是消費者。人口數量、人口素養、人口結構、人口遷移與地區構成等因素綜合起來構成影響一個國家經濟發展的基本因素。

人口數量。從供給方面分析，人口數量大、密度大的地區和國家必然勞動力豐富，有利於發展勞動密集型產業，以生產和出口勞動密集型產品為主。從需求方面分析，人口眾多，必然對商品需求量大，導致市場容量大。經濟水準相同的國家之間進行比較，人口總量直接影響到消費水準並制約消費結構。因為在社會消費總量確定的前提下，平均消費水準與人口總量及成長速度成反比。

人口素養。指人口文化教育水準、勞動技能、身體健康狀況等方面的綜合體現。作為生產者，較高的人口素養有利於發展知識技術密集型產業，可供給世界各國等級高、品質好、附加值高的產品，從而獲得更多的貿易利益。

作為消費者，人口素養高的地區，其購買需求側重產品的品質好、科技含量高，對新產品的鑑別能力及接受能力強，購買時理性程度高，追求智力投資、講究革新，追求形象完美、包裝高雅、造型新穎。總之，購買價值觀念已上升到商品的藝術層次上。相反，人口素養低、經濟不發達的地區，消費水準一般停留在基本生活用品水準上，追求堅固耐用等。

人口結構。包括年齡、性別等。人口的年齡及性別構成不同，決定著購買動機的差異，從而形成不同層次及各種特殊的消費族群，於是，產生了各種特殊的細分商品市場。

人口遷移及地區構成。世界人口大規模遷移對世界經濟貿易發展影響重大。人口遷移導致人口地區構成複雜化，不同種族、不同民族的外籍人口聚集在一起，導致對商品需求的多樣化，使該地區貿易商品構成

發生變化。有些地區因人口遷入、勞動力大增，特別是高科技人才的遷入，會加速本地區經濟貿易發展。反之，會為該地區的經濟貿易發展帶來不利的影響。

國際人口遷移的一個重要特點是，國際人口遷移的流向發生了很大的變化。傳統的國際人口遷移的流向是，從宗主國向殖民地和附屬地遷移，如英國向美國、加拿大、印度、澳洲等地遷移人口；從較發達地區向不發達地區及新開發地區移民，如歐洲國家向拉丁美洲各國移居人口，從舊大陸向新大陸遷移人口，即歐、亞、非三洲向北美、拉美、大洋洲遷移人口。

新型的國際人口遷移流向則發生了巨大變化，從1960年代起，國際人口遷移的主要方向是開發中國家向先進國家移居，亞非拉發展中地區向歐美、大洋洲發達地區遷移人口。以美國為例，1960年代前的移民，82％來自歐洲；1990年代後的移民主要來自拉丁美洲和亞洲。1990年代，澳洲和加拿大約有一半的新移民來自亞洲。

另一個特點是，國際移民成分的多樣化。隨著新的國際分工的出現，不同的勞動力滿足了不同的市場需求，由此構成了多樣性的移民群體。經濟全球化為具有技術專長的人提供了更廣闊的生存和發展空間。因此，1980至1990年代，技術移民劇增成為全球化的一個突出的現象，並呈膨脹之勢。如哥倫比亞的知識分子前往美國、西班牙和澳洲；古巴醫生到南非；南非護士去英國和紐西蘭；紐西蘭博士後赴加拿大；加拿大科學研究人員到美國；法國金融交易員去英國，年輕科學家去美國；中國工程師赴澳洲、美國和英國；印度資訊科技專家前往德國和美國；阿根廷心理分析師奔向墨西哥、西班牙或美國等等。

技術移民的流向基本一致，即從世界知識經濟相對落後的地區前往更具活力的地區。從發展中地區向發達地區遷徙的工人增多。外籍工人

是一種國際契約勞工，對於遷入國來說，他們是廉價的勞動力，從事繁重的體力勞動。外籍工人主要集中在北美、西歐、南美、中東、南非、澳洲等地。

國際人口遷移對國家的經濟發展和社會生活都產生了重要影響，這種影響是雙重的，既有正面的、又有負面的。從正面影響來說，對移民接受國的作用，是增加人力資源，彌補本國勞動力的不足，許多遷入者具有較高的生產知識和技能，既解決了相應專業人員短缺的困難，又節省了培養該類專業人員的投資，因而產生促進接受國經濟社會發展的作用。

以美國為例，美國吸收外國的高級科技人員用於高等教育、科學研究和物質生產等多個領域，獲得相當大的效益。高級科技人才流入美國，為美國節省了大量的教育和培訓費用。一個學生取得碩士學位共需花費 15 萬美元，取得博士學位共需花費 20 萬美元以上。從移民遷出國方面考察，移民寄回母國的匯款增加了遷出國的外匯和投資能力。據聯合國統計，國際移民每年的匯款額約達 660 億美元，在全球財政收入中僅次於石油，多於外國政府提供的財政援助。

國際人口遷移緩解了開發中國家高速成長的人口對有限資源的壓力，使移民遷出國具有勞動能力的人得到更多的就業和工作機會。移民對本國勞動力就業機會產生了很小的影響，略微減少了低技術工人的就業機會。首先，移民創造了新的就業機會。這是由於移民促進了工業的持續發展，增加了對商品的需求，為國家經濟發展增加了新的企業家。此外，由於語言教育和以前工作經驗缺乏，移民只是在一定程度上與本國工人產生了競爭。最後，移民包括不是充當美國納稅人的非法移民，是實際的獲利者——他們向政府繳的稅款多餘他們從政府獲得的利益。

但是，國際人口遷移對遷出國和遷入國也有負面影響。對原籍國的

負面影響主要是造成了人力資源的流失，進而可能會影響原籍國的經濟發展。人才外流有幾個特點：第一，人才外流的速度日益加快，數量不斷成長；第二，人才外流以亞洲為最甚；第三，人才主要從第三世界國家流向美國、加拿大和澳洲；第四，外流人才的學位等級較高；第五，以「合法移民」身分外流的專業技術人員成長較快。

## 2.2.3 宗教、語言、文化習俗

宗教是一種社會意識形態，對生活習慣、經濟、文化、政治都有著深刻的影響。在世界影響最大的三大宗教中，基督教人數最多，勢力範圍最廣，宗教勢力最強。佛教形成的時間最早。伊斯蘭教的教派最複雜，而且自成體系並有很強的勢力。此外，民族性的宗教主要有猶太教、印度教、神道教等。

基督教西元 1 至 2 世紀形成於羅馬帝國，10 世紀前後幾乎傳播到整個歐洲，基督教分為東正教和天主教，16 世紀時，脫離天主教各派稱之為新教，即基督教。基督教的經典是《聖經》(Bible)，包括《新約全書》(The New Testament) 和《舊約全書》(The Old Testament)。基督教的重要禮儀是進行洗禮和聖餐等聖事。齋期為星期五和聖誕節的前一天。主要節日有聖誕節、復活節、狂歡節。

佛教是三大宗教中最古老的宗教，它產生於西元前 6 世紀至 5 世紀，由古印度迦毗羅王國王子釋迦牟尼創立。佛教分成三派：大傳佛教、小傳佛教、藏傳佛教。和佛教徒交往時應注意的問題；頭是神聖的，腳是低下的，不可隨便摸頭、不可用腳指東西。僧侶不吃葷腥，葷指大蒜大蔥等氣味濃烈、刺激性強的東西，腥指魚和肉等食品，佛像是神聖的，佛寺歷來被教徒視為清淨的聖地，注意整潔。嚴禁帶一切葷腥的東西入寺。東南亞的僧侶過午不食、不予不取。

伊斯蘭教產生於西元7世紀初的阿拉伯半島西部。由阿拉伯穆罕默德（Muhammad）在麥加創立，在西元630年代初發展成為阿拉伯半島的統一宗教，8世紀初進一步發展成為跨歐亞非三洲的世界性宗教。伊斯蘭教由於形成了一些嚴格約束教徒的習俗，對國際貿易活動的影響是明顯而深刻的。

伊斯蘭教徒只崇拜真主「阿拉」，其他具有「偶像」意義、供人崇拜、可以取代真主地位的物品，都禁止使用或輸入。伊斯蘭教徒禁止飲酒及一切含有酒精的食品。伊斯蘭教禁食豬肉及一切形狀怪異的動物，即便是味道鮮美、營養豐富（如蛇、龍蝦、甲魚和螃蟹等）、自死的動物和動物的血和內臟。允許食用的牛、羊等動物也需由阿訇宰殺，其他異教徒宰殺的是禁止食用的。

在阿拉伯國家，虔誠的穆斯林教徒每天都要面朝麥加城方向跪地祈禱，根據這個特點，比利時一家地毯廠就巧妙地將扁平的指南針嵌入祈禱用的地毯上，只是這種指南針不指正南方向，而是始終指向聖城麥加方向。這種地毯上市後立刻成了搶手貨，產品成功地銷往阿拉伯國家。

世界上語言種類眾多，其中使用人數超過5,000萬人的共11種，如漢語、英語、法語、西班牙語、俄語、阿拉伯語、印度語、孟加拉語、日語、葡萄牙語、德語等。

語言的距離的內涵體現在三個方面，首先，語言距離反映習得語言的成本。語言距離越大，習得成本越高。其次，語言距離可以延伸為兩國制度文化的差異。語言是文化的載體與核心元素，更是影響雙邊貿易的核心因素。語言距離越大，貿易之間的翻譯成本等各種交易成本就會越大，可能會降低兩國的貿易流量。語言是文化的表徵，是文化的核心元素，語言距離越大，往往反映更大的文化或制度差異，從而影響雙邊貿易。

語言距離增大交易成本，國際貿易上許多紛爭就是由語言問題引起的。比如，美國通用汽車有一種叫「NOVA」的品牌，在英文中譯為「神槍手」，但是在西班牙語中則翻譯為「跑不動」。顯然，兩種語言距離影響了通用汽車在以西班牙語為母語的市場銷路。國際貿易上由於語言問題的案例紛爭也不勝列舉，其焦點就是如何促成不同語言文化的耦合，降低國際貿易的障礙。

選擇通用語言是降低交易成本、促進交易的有效途徑。選擇何種語言作為通用語言，意味著以此語言為母語的國家可以獲取較大的語言紅利，因為習得母語成本較習得其他語種要小很多。如果母語成為通用語言，那麼相對於其他國家，該國既可以在對外貿易中降低交易成本，又可以獲取更多的語言紅利。英語通用程度較高，理所當然成為各國貿易的首選。通用語言可以降低翻譯成本、排除文化差異、有助於政治公平，英語能力與雙邊貿易存在著強的正相關效應，提高英語熟練水準可以減弱兩國語言距離所造成的差異，從而有助於推動雙邊貿易。移民更傾向於選擇與母語相同或者母語相近的國家移民，其意仍然是為了和當地順利交易，提升人力資本。

服務貿易主要特點為標的產品的無形性以及議價的複雜性，這就決定了語言在服務貿易中的重要作用。以標準化翻譯為核心的語言服務可以減少議價的複雜性與提高描述產品的精確性，從而有效地促進服務貿易流量，減少貿易摩擦。

作為人力資本的語言對勞務輸出或者勞務貿易具有重要的作用。語言不通，勞務輸出就無法實現。同時語言距離可以延伸為文化的差異從而也在影響服務貿易流量。例如，移民主要聚居於與自己母語相近的社區，並消費當地的服務，這樣更容易判定服務的品質。與其說是在購買服務，不如說是為了獲得語言文化的認同感與歸屬感。

## 2.2 人文環境與全球經濟

語言距離對貨物貿易流量的影響主要是間接的並且是不顯著的,其原因主要表現在以下三個方面:

(1)貨物貿易都有一整套標準化的規則和協定,因此,貨物貿易偏向於程序化的運作。

(2)貨物貿易是有形貿易,其價格水準往往由國際市場供給與需求來決定,關於語言議價能力的高低可能是一個次要的因素。

(3)貨物貿易往往是大宗商品的交易,涉及金額較多,運輸距離較遠,履行時間也較長,同時也需要較少人力資本等要素的流動,因此,貿易國家的經濟波動,政治因素、國際局勢的變動以及運輸等風險可能遠大於兩國語言距離。推廣本民族語言文化、熟悉他國語言文化習慣、推進語言翻譯協同與標準化,以爭取在服務貿易中獲取更大的語言收益。

基於國家發展策略優化語言推廣策略,弱化語言距離對雙邊貿易的障礙,除開國家財政支持、師資團隊、法律安排等常規性措施外,具體工作主要如下:

(1)提高民族語言的通用度,在國際貿易中獲取更多的語言紅利,語言通用度與語言距離是相關的,提高了本民族語言通用度,吸引他人使用該語言,本質上是降低本民族語言與其他語言的語言距離的過程。語言通用度可能與一國的經濟強勢有關。因此,提高語言通用度首先應該強調本國的經濟發展。

(2)編制語言距離資料庫,提高語言推廣工作的效率。當前孔子學院的全球建立,使漢語言文化深入世界各地,讓更多的人熟悉漢語語境,降低漢語的學習難度,這對提高漢語言的通用度,以便在國際貿易中獲取語言紅利具有重要的策略意義。

(3)建構與發展語言產業,並積極促進語言產品的輸出,推動服務貿易的發展。語言產業尤其是語言服務產業本身就是服務貿易的重要組成部分,壯大語言產業並提升語言產品的品質是語言推廣和促進貿易發展的有效途徑。如英語就憑藉著在全球建立的培訓產業,賺取語言紅利。據統計,英國每年可獲得100億歐元的淨利,如考慮投資方面的優勢,英語國家每年可獲得170億至180億歐元的收益。

(4)提高翻譯的精確度和標準化,最大可能提高不同文化耦合度。很多國際貿易紛爭是由語言距離引起。第一,盡可能了解對方的語言文化風俗習慣以及語言的表達方式。語言翻譯不僅要語言和語法正確,更要保證文化的融合,從而擴大本民族產品的市場銷路。第二,翻譯產品名稱、廣告語以及說明書時應該注重縮略語和專業術語的用法,正確使用國際貿易商品分類的「標準語言」,提高翻譯的精確度。世界通用度最高的語言仍然是英語,約有70%的世界貿易用英語完成,貿易合約也往往多採用英語書寫,所以了解英語文化促成漢英翻譯標準優化,有助於深入了解國際貿易的各項規定,減少國際貿易的語言紛爭。

風俗習慣。世界各國、各地區因所處的地理環境和社會歷史發展過程不相同,民族、居民有別,因此,他們都有自己的傳統特點和風土人情。例如,荷花在中國是純潔的象徵,頗受歡迎,而在日本傳統上認為它是不吉祥的象徵;菊花,在中國和日本受到尊重,而義大利和拉美一些國家則認為它是「妖花」;美國的共和黨把大象作為其黨徽,很受尊重,但是在大多數的歐洲人眼裡,大象則是笨拙的同義詞。

對於數字和顏色的理解與喜愛亦因國家、地區和民族不同,存在差異。埃及、比利時忌藍色,認為是不吉利的象徵,但是在荷蘭、瑞士、挪威和伊拉克等國家,藍色是人們喜愛的顏色。又如黃色,巴西、敘利亞和巴基斯坦等國的人把它看作是死亡、凶喪或不健康之色,而到南美

的委內瑞拉，黃色又受到尊重和愛戴，且作為醫務的象徵。

再如，西方聖誕節的食譜中要有核桃，美國感恩節時，家家要備火雞，義大利狂歡節要求供應大量色彩鮮豔的奇裝異服。認真地研究、了解、熟悉各個國家與地區人民和民族的興趣愛好、風土人情、傳統特點，乃至宗教信仰等，有的放矢地做好外貿商品的供應以及商標、包裝等的設計與處理工作，對於開拓對外貿易市場，有效地做好外貿生意等，是很有必要與必需的。

### 2.2.4 政治理論

地理環境的各個組成要素會對國際貿易活動從不同角度全方位多層次地產生影響，而涉及面更為廣泛、影響程度更加深刻的則數政治因素。局勢是否穩定，有否全球或區域性戰爭，國家或地區執行什麼樣方針、政策和奉行何種外交路線，參加政治、經濟聯盟與否，屬於何種社會經濟制度，哪個政黨、集團執政，誰來掌權等，均會非常明顯地影響社會、經濟和貿易。

1945 年，德日義法西斯被打垮，第二次世界大戰勝利以後，全世界出現了和平環境，這就為世界各國、各地區的經濟貿易的發展創造了良好條件，一些國家和地區的國民生產毛額成長速度迅速，有的甚至超過 10%，成為世界國民經濟成長速度最快的時期，國際貿易也突飛猛進，出現了空前繁榮局面。

無論是地區性的區域性戰爭，還是全球範圍的大戰，對於各國乃至世界經濟均會產生嚴重影響。西亞地區的伊朗和伊拉克，爆發了歷時 8 年有餘的「兩伊戰爭」，由於戰事的嚴重摧殘，兩國經濟都遭到嚴重破壞，不只使兩國間的貿易活動中止和石油出口劇減，而且導致國力衰

敗、資金短缺、進口商品大減，國際間的貿易無形中也受到很大衝擊。尤其是伊拉克，波斯灣戰爭以來，受到世界大部分國家的禁運與經濟封鎖，油井遭到很大破壞，整個國家的經濟瀕於崩潰邊緣，石油生產陷於癱瘓，從西亞地區僅次於沙烏地阿拉伯的最重要的石油生產國與出口國，一下子變成「無油國」。按樂觀的預測，其石油經濟起碼要經過數年的努力才能得到恢復。這種狀況，除對伊拉克本身產生深遠影響外，就是對世界經濟，特別是世界的石油經貿活動，亦將產生重大影響。

## 案例討論

### 烏克蘭危機如何影響俄羅斯及歐盟

**一、烏克蘭危機**

烏克蘭地處歐盟與俄羅斯之間，地緣政治意義非常重要。烏克蘭與俄羅斯具有長期和深厚的歷史淵源與糾葛，其民族對立矛盾更是一個複雜的歷史問題。即使烏克蘭目前由親歐派執政，並已與歐盟簽署聯繫國協定，但是俄羅斯也絕不會放棄對烏克蘭東部的控制權。自烏克蘭危機以來，美歐對俄羅斯能源、金融、國防領域已實施多輪制裁。作為反擊，俄羅斯宣布，一年內禁止從美歐等國進口水果、蔬菜、肉類、魚、牛奶和乳製品，另外還考慮在航空、汽車製造等領域實施保護政策。

**二、烏克蘭危機對俄羅斯經濟的影響**

(1) 經濟面臨滯脹風險

俄羅斯通貨膨脹率連續攀升，世界銀行警告稱，俄羅斯近兩年經濟可能接近停滯；若烏克蘭危機繼續惡化，俄經濟將陷入衰退。

(2)資本外逃引發盧布貶值

俄羅斯央行數據顯示，繼一季度資本外逃620億美元之後，二季度又有123億美元資本外逃。

(3)融資成本上升

美國凍結了俄羅斯部分官員和企業在美國的資產，並將俄羅斯外貿銀行、莫斯科銀行、俄羅斯農業銀行三家銀行列入制裁名單；歐盟則禁止俄羅斯大型國有銀行在歐盟國家發行股票或者債券。

### 三、歐洲經濟受到烏克蘭危機的影響

(1)俄羅斯反制裁可能影響歐盟能源供應、出口和投資

俄羅斯反制裁可能影響歐盟能源供應、出口和投資，歐盟四分之一的天然氣供給來自俄羅斯，這其中80%依靠烏克蘭管線輸入。在歐盟28個成員國中，對俄羅斯天然氣供應100%依賴的有5個國家，超過50%依賴的有11個國家。俄羅斯曾於2006年、2008年和2009年三次中斷對歐洲和烏克蘭的天然氣供應，引發歐盟的擔憂。一旦來自俄羅斯的能源供應中斷，必將危及歐盟能源安全，使本就十分脆弱的歐洲經濟雪上加霜。

歐盟是俄羅斯的第一大貿易夥伴，主要成員國對俄均有緊密的貿易往來，若制裁更新、俄羅斯關閉領空，無疑將進一步增加歐盟貿易運輸成本，加劇貿易下滑。農業出口可能是受影響較大的領域，俄羅斯食品進口禁令預計將為歐盟各國造成每年約50億歐元的損失。這對於像波蘭這樣的歐洲主要蘋果產地而言，失去俄羅斯市場打擊重大。對此，波蘭政府甚至發動社交網路自拍「吃蘋果」，以鼓勵其他歐洲國家進口。

在製造業領域，地緣政治不確定性已經影響了企業對未來經濟發展的信心，導致投資下滑。

(2) 德國汽車工業和機械製造業受影響較大

2013 年，德國對俄羅斯出口額達到 361.06 億歐元，約占歐盟對俄總出口額的三分之一。

隨著西方國家聯手對俄羅斯實施經濟制裁，向來與俄羅斯和烏克蘭有緊密經濟往來的東德地區將受損嚴重。德國工商總會 (DIHK) 的統計表明，2014 年 1 至 5 月分，德國對俄羅斯的出口總量與去年同期相比降低了 15%，約為 153 億歐元。德國對俄羅斯的農產品出口量減少了三分之一，約為 4.2 億歐元；汽車領域出口量減少了近四分之一，約為 30 億歐元；機械製造領域減少 18.7%，約為 34 億歐元。如果俄羅斯按計畫禁止從歐美國家進口汽車，那對德國汽車工業和機械製造業的打擊會更嚴重。

資料來源：地緣政治風險及其對全球經濟金融的影響

作者：廖淑萍

## 前沿閱讀

### 人口高齡化與經濟

全球幾乎所有的國家，都在步入老齡社會。先進國家已經進入老齡社會，開發中國家正在邁向老齡社會。人口高齡化主要是由於平均預期壽命的增加和生育率的下降造成的。

人類社會高齡化的 4 個特徵：

(1) 人口高齡化現象是前所未有的，人類歷史上沒有發生過類似的情況。

(2) 人口高齡化是普遍性的，是影響每個人的一種全球現象。

（3）人口高齡化是深刻的，在人類生活的所有方面都產生重大的後果和效應。在經濟領域，人口高齡化將對經濟成長、儲蓄、投資與消費、勞動力市場、養恤金、稅收及世代間轉接發生衝擊；在社會層面，人口高齡化影響了保健和醫療照顧、家庭組成、生活安排及住房與遷徙。

（4）人口高齡化是持續的。在 20 世紀內，老年人的比例持續成長，這個現象在整個 21 世紀將繼續存在。

美國政府和國會對歷史上這種前所未有的人口轉變也非常關注，組織美國國家科學院國家研究委員會（National Research Council）進行了一項人口高齡化長期總體經濟效應的大型研究。以羅納德・李（Ronald D.Lee）和羅傑・弗格森（Roger Ferguson Jr.）為共同主席，以幾十名美國頂尖的經濟學、人口學、社會學、醫學、應用數學等相關學科的專家教授為成員的課題組經過近 3 年詳盡全面的研究，期間還經過廣泛徵求同行意見和評審，最終於 2012 年發表了《高齡化與總體經濟：老齡人口的長期效應》的研究報告（National Research Council，2012）。這是繼 1984 年美國國家科學院人口經濟報告 30 年之後的又一極為重要的報告。

報告就人口高齡化對總體經濟的長期影響發表了許多與流行觀點不一樣的結論。報告認為，人口高齡化對政府開支會有顯著影響，但是對勞動生產率和創新的影響很小，對資產價格也不會有大的影響。高齡化導致的私人資產累積甚至有可能對經濟產生正向作用。整體來說，人口高齡化對生活水準的影響是有限的，對於整個經濟的宏觀影響是溫和的。

在應對高齡化的挑戰中，延遲退休年齡、提高老年勞動參與率是常常被提及的應對措施之一。老年勞動參與率的提高會加劇就業的困境嗎？在經濟活動中，工作職位的數量並不是固定不變的。美國國家科學研究委員會發現，除了經濟週期發生比較嚴重的衰退時，工作職位的數

量相當程度上是由勞動力的數量決定。老年勞動力數量的增加預計還會略微提高年輕人的薪資水準。

國際社會保障項目也運用了多種方法來評估老年人就業率提升對青年人就業率的影響，都得出了一致的結論：即使降低老年人的從業機會也不會創造更多的就業機會給青年人。此外，透過丹麥施行提前退休計劃前後的就業率對比可以看出，鼓勵老年人退出勞動力市場並沒有降低青年人的失業率。

那麼如何適應老年人激增和年輕人萎縮的現狀呢？應對方式之一便是提高老年人的勞動參與率。一是取消鼓勵提前退休的社會政策；二是改變工作職位恆定的觀點，比如彈性工作時間的設定會在相當程度上激發潛在老年勞動力繼續從事工作。老年勞動參與率的提高會帶來什麼好處呢？首先，老年勞動參與率的提高會帶來國內生產總值的增加。產值的增加會帶來稅收的相應增加，從而為社會保障和醫療保健提供可用資金。同時，隨著工作壽命的延長，個人儲蓄也會增加。

許多研究認為隨著人口結構的老化，勞動力的體格會產生相應的退化，直接減少勞動力的有效供給，不利於社會總產出的增加。因而人口高齡化會降低社會生產率、抑制經濟的發展。美國科學研究委員會預測在未來 20 年裡，年齡結構變化對生產率的淨影響將會非常小。毫無疑問，勞動生產率的提高除了受當地勞動力個體水準技能的影響外，更為主要的是受全球技術、工藝進步與創新等因素的影響。高齡化對個人生產率的影響是微弱的。大多數研究顯示個人勞動生產率的頂峰在 40 歲，也有一些研究認為個人勞動生產率的頂峰要在更大年齡時才會出現。Boersh Supan，Duezguen 和 Weiss（2008）與 Boersch Supan 和 Weiss（2011）透過多年來對一家德國製造企業生產工人的研究，也得出了相似的結論。他們發現，老年勞動力由於身體機能的衰退，會出現較多的小

錯誤，但是由於經驗豐富會避免出現一些較大的失誤，從而比年輕勞動力擁有更高的個人生產率。

知識和技術在國家內的擴散要遠遠高於不同國家之間的擴散速度。而新技術的採用率則取決於許多非年齡的因素，比如貿易的開放程度、資本的流動速度、國內市場結構的競爭性、盈利能力、監管結構等。美國絕大多數學者透過對生產者的年齡分布研究發現，科學生產力的高峰主要集中於30至40歲的生產者（Lehman，1953；Simonton，1988 & 1991）。Jones，B.F.（2010）發現個人在一生中取得最大成就的年齡為39歲，此外，還發現在整個20世紀，發明創新者的年齡都在不斷地增加。

諾貝爾獎得主的年齡中位數每個世紀大約增加2歲，平均年齡則增加8歲。這是由於近年來獲取知識難度的增加和獲得最終學位時間的延長所導致的。Jones（2009）透過對20世紀專利得主的研究發現，發明創造者的年齡、專業化程度以及規模都在逐漸擴大。這是由於隨著人類認知能力和知識水準的不斷提升，人們對於科學創新的要求也愈加嚴格。

隨著人口高齡化的加劇，居民儲蓄和消費模式在很多方面都會發生變化，國民儲蓄也會相應地發生變化。人口高齡化會影響財富的總持有量、資產的構成以及社會對持有風險資產的傾向。經濟理論表明很多家庭都由於預防或者退休的原因而累積儲蓄。如果老年人的人口比例增加了，而其他都不變，一般的家庭將會有相對於收入更多的財富。如果更長的壽命增加了退休年限，那麼家庭就要累積更多的資產去維持退休後的生活水準，這樣可能會提高國家資產淨值。

人口高齡化對於社會儲蓄的挑戰是：隨著平均預期壽命的增加，退休儲蓄不足以支付其退休後的生活，需要依靠社會保障來填補空缺。

針對上述需求美國採用了一系列方式來提高退休保障，包括提高退休年齡、改善保險保障與長期照料機制、改進社會保障和老年人醫療保

險制度、創立一些私人市場的解決方式等（比如刺激多儲蓄、傳播理財知識、反向抵押貸款，和推廣更好的長期照料和養老金產品等）。雖然當下的養老保障形勢堪憂，但是只要盡快地實施解決方案，就能克服高齡化帶來的負面影響。

總體來看，美國國家科學研究委員會一致認為：

（1）人口高齡化帶來的財政影響是否能夠得到緩解，相當程度上取決於社會應對的方式與時間。

（2）人口高齡化對總體經濟的整體影響是溫和的。雖然人口高齡化問題嚴重，但是並不是一個不能超越的挑戰。

從經濟學的角度來看，將來國民產出中的一大部分將用於老年人口的消費。同時，人口高齡化也會帶來很多機遇，只要及早制定和實施相關的應對措施，人口高齡化對未來總體經濟的影響將是溫和的。

資料來源：人口高齡化與總體經濟關係的探討

作者：翟振武

## 思考題

1. 舉例說明氣候對全球經濟貿易的影響？
2. 美國的海陸位置對美國經濟貿易發展的影響如何？
3. 人口因素如何影響一國的經濟貿易？
4. 舉例說明宗教對全球經濟貿易的影響？
5. 先進國家如何利用自己壟斷地位力圖維持舊的國際經濟秩序？

# 第 3 章

## 經濟全球化

學習目標

　　本章主要介紹經濟全球化的內涵、發展歷程及其對先進國家和開發中國家的影響。透過本章的學習，使學生了解經濟全球化的發展歷程，掌握經濟全球化的內涵，熟悉經濟全球化對先進國家和開發中國家的影響。

## 3.1　經濟全球化的含意

　　「經濟全球化」這個概念最早是由特‧萊維於 1985 年提出的，至 1990 年代得到經濟學界的認可。國際貨幣基金組織 (IMF) 指出，「經濟全球化就是指跨國的商品與服務、貿易及資本流動的規模和形式的增加，以及先進技術的廣泛迅捷傳播，使世界各地經濟的相互依賴性遞增。」而經濟合作與發展組織 (OECD) 認為：「經濟全球化可以被看作是一種過程，在其過程中，經濟、市場、科學技術與通訊等形式都越來越具有全球特徵，民族性和地方性在逐步減少。」

　　通常意義上認為，經濟全球化是指世界各地的經濟活動遠遠超越國界，透過對外貿易、提供服務、技術轉移、資本流動、相互連繫、相互依存而形成的全球的有機經濟整體，是以市場經濟為堅實基礎，以先進科技和生產力為主要手段，以先進國家為主導，以利潤最大化和經濟效

益為目的，透過投資、貿易等要素的流動方式，實現各國市場分工與合作大融合的過程。因此，根本上經濟全球化是生產力更高層次發展的結果，是國際分工領先跨越民族和國家的必然產物。

經濟全球化是當前世界經濟發展的一個重要表現，當前世界經濟發展的一個重要趨勢就是資金、技術、人才、資本等元素在國際的充分流動。經濟全球化是在投資領域、金融領域、生產活動領域以及貿易領域等多方面的全球化現象，是生產要素的優化配置的良好結果。透過經濟全球化，能夠充分利用不同國家和地區之間的生產力、促進國際分工的有效發展，逐漸促進生產要素的廣泛流動。

同時，因為經濟全球化的不斷發展，各個國家和地區之間的經濟交流顯著增強，經濟方面的依賴性也在不斷提升，因而世界經濟的關聯性更加明顯。經濟全球化的一個重要表現特徵是透過公司在全球範圍的迅速建立，各個國家和地區透過跨國公司，充分利用世界的資源，同時積極拓展更加廣闊的市場。

1990年代以來，高新技術迅速發展，並以資訊科技革命為中心，引發了世界經濟發展的新高潮。高新技術的不斷創新和進步，為世界各國經濟發展提供了良好的科學技術條件，促使世界各國和地區之間的距離有所縮短，使得世界經濟越來越向著整體的方向發展。同時，社會生產力的不斷提升，是促進經濟全球化發展的重要前提因素之一，當前國家發展市場經濟，都是經濟全球化體制保障的重要成果。經濟全球化的發展，促進世界各國和地區進行的經濟文化交流越來越頻繁，也越來越方便，促進國際貿易、投資、文化等方面都逐漸向全球化的方向發展。

經濟全球化在不斷的發展中，離不開載體的重要參與。載體不僅是經濟全球化的重要表現形式和內容，同時還是有效促進經濟全球化長足發展的重要前提和基礎。當前經濟全球化的重要載體主要表現為以下幾個方面：

(1) 貿易自由化。經濟全球化的發展，主要依靠貿易交流的不斷發展，同時在經濟全球化的影響下，貨物貿易和服務貿易以及技術貿易的程度也在逐漸地提升，並且能夠進行交易的事物種類也在不斷地增加。世界多邊貿易體制的良好形成，就是建立在經濟全球化這個基礎上的，不僅加快了國際貿易的成長速度，同時還能對貿易自由化的發展發揮良好的促進作用。當前世界貿易組織成員都是以統一的國際標準和原則進行各項經營貿易活動的。

(2) 生產國際化。人類社會的不斷發展，關鍵是依靠社會生產力的發展，生產力的良好進步，對世界市場的不斷擴大發揮了良好的推動作用。當前網路技術以及資訊科技的創新和發展，為世界各國之間進行貿易提供了十分便利的條件，使得世界的貿易結構也隨之發生了巨大的變化。

社會生產力的提高，促進生產要素能夠在國際之間進行有效的流動，它是推進經濟全球化不斷發展的根本動力。同時隨著經濟全球化的全面發展，生產國際化也成為其最主要的表現形式之一。

(3) 資本全球化。金融機構的廣泛建立，眾多的金融業務開始跨越國界。跨國證券業務、跨國貸款以及跨國併購體系在當前世界經濟的發展中十分常見。跨國金融業務在發展過程中，只需要幾秒鐘就能夠進行上千萬、上億美元的交易。便利的交易方式，促進資本在全球範圍的有效流動。

(4) 科技全球化。經濟全球化的發展是以科學技術的廣泛發展為前提的，在經濟全球化的不斷發展的這個背景下，科技也逐漸實現了全球化的發展效果。各國之間的科技資源能夠在全世界進行優化配置，也能夠進行大規模的跨國轉移，現如今大量存在著一些跨國界研發聯合機構，這種情況在資訊科技產業方面更為明顯。

## 3.2 經濟全球化的演變

自克里斯多福・哥倫布（Christopher Columbus）發現新大陸後殖民活動就已經拉開了經濟全球化的序幕，經濟全球化的形成和發展是一個歷史的過程。根據深度和廣度的不同，以「第二次世界大戰」為界，可將經濟全球化大致分為兩個趨勢相同，但是形態、特徵和歷史作用不盡相同的階段，即近代經濟全球化階段和當代新經濟全球化階段。

### 3.2.1 近代經濟全球化

自人類進入資本主義社會始，至第二次世界大戰結束之前，世界發生了兩次大的科技革命，即18世紀中葉至19世紀中葉，以蒸汽機的發明和使用為代表的第一次科技革命，以及19世紀下半葉至20世紀初，以發電機和馬達的發明和使用為象徵的第二次科技革命。

西方資本主義國家憑藉其科技的「先發優勢」，率先發起了工業革命，機器化大生產代替了手工勞動，資本主義生產力得到了空前的發展。在資本追求利益最大化的本性驅使下，資產階級開始把觸角伸向了世界各地，以尋求更多更廉價的原料、勞動力和開拓更廣闊的世界市場。於是，在資本主義瓜分世界的過程中，打破孤立的民族隔離生產狀態，世界市場日益將各民族各地區連為一體，世界經濟踏上了全球化運動的軌跡。

歷史事實說明，這個階段的經濟全球化具有如下基本特徵：

(1)從產業基礎上看，近代經濟全球化發生在人類從農業文明向工業文明過渡時期，工業文明一直是經濟全球化的產業基礎。

(2)從主體地位上看，西方強國始終居於世界經濟的主導地位，落後的、發展遲緩的亞非拉國家則處於被動地位，各方面均受前者的制約和支配。

(3) 從交往方式上看，近代經濟全球化基本上是單向作用的過程，是征服者對被征服者動用武力的結果。

(4) 從交往規則看，先進國家所奉行的交往規則成為世界交往的統一規則，開發中國家很少能夠參與規則的制定。

近代經濟全球化的結果是：一方面，老牌資本主義國家憑藉其在交往中的強勢地位，在經濟上獲得了空前的發展，資產階級在它不到一百年的階級統治中所創造的生產力，比過去一切時代創造的全部生產力還要多、還要大，全球的物質財富越來越集中到少數先進國家手中，開發中國家被迫付出高昂的代價而獲得很少的利益。

另一方面，在經濟全球化過程中，封閉、落後的亞非拉國家在接受西方工業文明的同時，也被動（如中國等多數國家）或主動（如日本等少數國家）地接納了資本主義的政治、法律制度和民主、自由思想，紛紛發起了資產階級民主革命或民主改良運動，先後由封建社會過渡到了資本主義社會或半殖民地半封建社會。近代經濟全球化既是科技革命和生產力發展的結果，更是資本主義全球擴張的過程。因此，從本質上說，近代經濟全球化就是資本主義制度的全球化。

## 3.2.2 當代新經濟全球化

第二次世界大戰以後，世界局勢發生了極大的變化。1945 年到 1970 年代，世界性的民族解放戰爭和民族解放運動高漲，使得亞非拉近百個國家先後取得了獨立，帝國主義的殖民統治土崩瓦解，世界政治經濟秩序重新建立。與此同時，中國、東歐等社會主義國家紛紛建立，壯大了社會主義的隊伍，使世界劃分為資本主義和社會主義兩大陣營，資本主義一統天下的局面宣告結束。由於意識形態上的不同，導致了雙方的對

立和相互排斥，使社會主義國家游離出了世界市場。

從20世紀中期開始，西方主要資本主義國家興起了第三次科技革命。這是一次以微電子技術、新能源技術、新材料技術、宇宙航天技術、海洋工程、生物工程等尖端技術群的發展和應用為象徵的，全方位、加速度發展的新科技革命，它成為影響經濟成長和勞動生產率提高的主要因素，其作用越來越明顯。在20世紀初，科技對經濟成長的貢獻率為5%至20%；1970年代為50%至70%；1980年代為60%至80%。生產力的快速發展，社會財富的日益增加，使社會福利事業得以廣泛實施，人民生活水準得到普遍的提高，使西方各主要資本主義國家基本上擺脫或減緩了經濟危機和政治危機。

1990年代以後，隨著現代通訊技術的發展，尤其是網路時代的到來，社會交往打破了原有的時空界限，全球的物質、資本、技術、勞務等生產資料以更大的規模、更快的速度在世界市場上自由流動，世界各國越來越深地被納入了統一的世界市場體系當中，不同民族、國家和地區間的相互依存關係達到空前密切的程度，全球化進入了第二階段，具有全方位、雙向互動特徵的新全球化時代來臨了。

新經濟全球化既是近代經濟全球化的繼續和深化，又因時代背景的不同而呈現出許多與之前不同的特點。這主要表現在：

(1)產業基礎不同。1970至1980年代，西方先進國家已經進入「後工業時代」，產業經濟基礎由工業文明轉向以高新技術為主要支柱的「後工業文明」。所謂後工業文明或者後工業社會，根據美國哈佛大學社會學家丹尼爾‧貝爾(Daniel Bell)的說法，就是服務行業、服務業大發展的社會。這意味著新經濟全球化的產業基礎已不再是工業，而是服務業，特別是服務業中的科技、知識服務業。

(2) 主體地位不同。戰後殖民統治的瓦解，使新經濟全球化的參與國在國際法上均為獨立、平等的主權國家，這就為國家平等、互利地進行經濟交往創造了前提條件。儘管先進國家的先發優勢依然存在，但是開發中國家也可以利用各自的比較優勢，在國際貿易中獲得應有的利益。

(3) 交往方式不同。和平與發展已成為當今世界的兩大主題，單向的、依靠武力征服的交往方式既無必要也難得逞，取而代之的是合約（或契約）方式，即雙方依據貿易規則平等協商，達成一致，實現「雙贏」。

(4) 交往規則不同。當今世界的交往規則已不再是某一國或幾國的規則，而是體現各交往主體共同意志和利益的國際法和國際慣例。儘管某些先進國家在規則的制定中仍占主導地位，但是隨著開發中國家經濟實力的增強和各國相互依賴性的增強，這種少數先進國家一手遮天的時代已經過去了。

## 3.3　經濟全球化如何影響世界經濟

經濟全球化促進了各國生產要素的合理利用與優化配置。經濟執行過程中總要受到本國資源和市場發展的限制，只有經濟全球化才能使一國經濟最大限度地擺脫資源和市場的束縛。

經濟全球化有效推動了國際分工的發展和國際競爭力的提升。經濟全球化帶來了世界市場的不斷擴充與區域統一，使各國充分發揮自身優勢，擴大生產規模、實現規模效益；彌補了各國技術、資本等需求要素的不足，改進了管理模式，迅速實現產業演進與制度創新，提高自身的國際競爭能力。

經濟全球化促進了科學技術的發展。經濟全球化使科學新技術在更大的範圍內研究與開發，並在全球得到迅速傳播。各國，特別是開發中國家可以充分利用這些技術，藉助「後發優勢」促進經濟發展。

經濟全球化使世界經濟向多極化迅速發展。國際經濟關係因經濟全球化從而變得更加複雜，它使過去的地區關係、國別關係發展成多極關係、全球關係，推動了國際合作機制的發展，最終將導致一系列全球性經濟規則的建立。

經濟全球化惡化了世界經濟的不平衡。經濟全球化的提出是在並不公平合理的國際經濟舊秩序下形成和發展起來的。資本主義先進國家在經濟全球化中占有主導地位與絕對優勢，在全球化中其發展不平衡規律的作用同樣會出現，使國家之間的市場競爭和利益衝突激化。先進國家已掌握了全世界最先進的科學技術與生產力，全球分工體系中處於絕對優勢地位，進而將傳統工業領域向開發中國家進行轉移。先進國家的跨國公司是實現全球生產要素流動和資源優化配置的主要載體，其產品競爭力始終居於世界領先地位。這些因素都加劇了世界經濟的不平衡。

## 3.4 經濟全球化如何影響開發中國家

### 3.4.1 經濟全球化對開發中國家的正面影響

各國利用優勢形成互補。經濟全球化使得各個生產要素能以更為順暢的模式在全球流動，形成統一的供應鏈和銷售市場，並且推動跨國企業的發展和各個國家的分工，在這樣的過程中，產業鏈不再局限於國界之內，而是能夠聯結不同國家地區，利用最為有效的國際資源配置使每

個國家的資源發揮最大作用，使得各國發揮所長，在貿易中均能有所利得。

促進技術轉讓和產業結構調整。由於在經濟全球化背景下不同國家之間的再分工，原有產業結構和商品結構都會產生相應的改變，同時需求與國際更為一致。開發中國家可以利用這個契機，根據國內與國際市場的要求，不斷調整和優化產業結構和出口商品結構，發揮優勢進行相應的轉型和調整，在不斷加深的國際分工中，形成更為合理、科學的產業結構。

促進貿易和投資自由化。隨著經濟全球化的深入發展，各國都把越來越多的產品投入世界的市場，先進國家與開發中國家之間的貿易和投資紐帶日益緊密，形成前所未有的交織狀態，不僅僅是先進國家對於開發中國家投資自由化，很多開發中國家也積極採取投資自由化措施。

## 3.4.2　經濟全球化對開發中國家的負面影響

由於經濟全球化的過程包含跨國企業的大範圍發展，外資企業的競爭使得開發中國家原有企業受到了前所未有的競爭壓力，對於外資企業的優惠進一步加劇了這種影響，原有企業失去大面積市場占有率，並且出現嚴重的人才流失，進而受到巨大威脅。

金融市場風險提升，管控難度增加。隨著金融保險業參與經濟全球化的發展，其調控難度顯著增加，由於開發中國家金融制度大多尚未成熟，因而在面臨國際風險衝擊時受到的威脅也更大，比如目前世界最大的 1,000 家銀行中，美國、歐洲以及日本囊括了 650 家，在金融資產總量中占據了 78％，占據著壟斷地位，經濟全球化使得開發中國家的金融資產面臨更為被動的局面。

產業轉移、環境惡化風險提升。西方先進國家在經歷過先汙染後治

理的過程後，環境法日益完善，企業汙染成本也日益提高，在經濟全球化的推進當中，高汙染高能耗的產業不斷向開發中國家轉移，使得開發中國家的生態環境受到破壞，需要花更多倍成本整治，引發一系列社會問題及環境問題，形成負面影響。

開發中國家自身的經濟結構受到強烈衝擊。開發中國家在經濟全球化的浪潮中大多處於較為邊緣的地位，由於某些開發中國家過早撤除了貿易屏障，因而受到國際貿易市場更大的威脅和挑戰，在貿易活動中也處於較為被動的地位，常作為既定經濟協定的被動接受者出現，使得國內原有經濟結構受到強烈衝擊。

## 3.5　經濟全球化如何影響先進國家

戰後的世界經濟全球化是在西方先進國家強大的政治經濟影響下發生的，是以資本主義世界經濟體系及其規則為基礎逐步發展起來的。毋庸置疑，在經濟全球化發展中，先進國家是最大的贏家。事實上，作為一把雙刃劍的經濟全球化對先進國家的負面影響不僅存在，有時還很突出。

### 3.5.1　全球性問題

一、貧富分化加劇。一方面經濟全球化發展中由於資本、技術的差異以及不平等的國際貿易結構、不完善的國際金融結構使先進國家與開發中國家的貧富分化進一步擴大；另一方面全球化也加劇了先進國家的貧富分化，勞資矛盾乃至勞資衝突不斷。

據聯合國貿易和發展會議統計，全球 100 家最大的公司控制了將近 14,000 億美元的年銷售額。美國跨國公司高層經理人員的收入自 1979 年

到 2000 年淨增了 70％，他們的收入在 1980 年就相當於普通員工的 40 倍，而如今這個比例已經超過 120：1；全球化還使先進國家的資本和技術不斷加速流向開發中國家，從而造成了先進國家大批產業工人失業，全球化使他們貧困化、邊緣化、生活缺少安全感。

二、金融風險增加。國際鉅額遊資的自由流動和金融市場的投機性使先進國家間的競爭進一步加劇，經濟成長受到一定程度的影響，同時也加劇了全球的金融投機和風險。當前經濟全球化奉行的是新自由主義原則，並且是在少數先進國家金融壟斷資本的操縱下發展的，因而隨著國際金融市場的迅速發展，金融泡沫急遽膨脹、金融投機頻繁、金融風險叢生，甚至釀成金融危機，以至全面的經濟危機。隨著全球化的進一步發展，金融資本和生產資本的矛盾還將更加尖銳，越來越多的經濟泡沫，既損害經濟實體的發展，又加劇危機的深刻程度。

三、環境汙染嚴重。在經濟全球化過程中，環境汙染和生態破壞日趨嚴重，全球性環境汙染與其他市場失靈形式的不同之處在於它具有超越國界的擴散性，當一個國家的某個企業的生產對鄰國或全球的環境造成汙染和破壞時，負外部效應就產生了。

四、其他問題。人口爆炸、能源危機、糧食短缺、毒品氾濫、傳染病橫行、恐怖組織活動猖獗等問題在全球化發展中日益突出，直接危及人類的生存與發展，影響著全人類的根本利益。

## 3.5.2　開發中國家的衝擊

開發中國家在全球化發展中處於劣勢，但是它也有自身的優勢，如勞動力成本低、原材料價格低廉等，這決定了開發中國家勞動密集型產業成本低，市場競爭力較強，而這些優勢勢必為先進國家帶來衝擊。如 2004 年 9 月，西班牙發生不法分子焚燒華商鞋店事件，有人打出標語：

「把埃爾切（西班牙製鞋業中心）所有亞洲鞋子都趕出去。」此例印證了先進國家受到來自開發中國家廉價勞動力和價格低廉的原材料的衝擊。

由於開發中國家教育水準相對偏低、生活條件差、衛生健康水準低、流行性疾病發病率高，因此移民到先進國家成為一種時尚追求，移民劇增不僅會增加接受國基礎設施的壓力，而且還要面臨非法移民、跨國犯罪等一系列社會問題，隨著全球化趨勢的加強，移民數量還將大幅度上升，從而加劇先進國家的社會矛盾和政治矛盾。

### 3.5.3　先進國家的自身問題

一、失業問題。一方面如上所述先進國家人們的就業受到來自開發中國家移民的威脅，另一方面由於開發中國家勞動力和原材料價格相對低廉，產品成本低，先進國家的跨國公司紛紛到開發中國家投資以獲取更大利潤，尤其是生產部門更是如此，如德國大眾汽車製造公司的新型車「POLO」，雖然是在德國的沃爾夫斯堡組裝，但是幾乎有一半部件來自國外，單是在德國汽車製造部門中，從1991年到1995年，就失去了30萬個工作職位。

二、削減福利。先進國家自第二次世界大戰後普遍實行「福利國家」制度。一般來說，政府主要是透過稅收及其政策來實行福利政策的，而政府實施再分配功能的一個重要方面，就是將稅收收入的一部分向低收入者轉移支付。然而在經濟全球化過程中，隨著跨國公司將產業轉移到開發中國家和國際資本的跨國界流動，以及國際貨幣市場的形成與發展，也使先進國家的公司稅和利潤稅的徵收比率出現了不同程度的下降，而面廣量大的福利制度往往導致財政不堪重負。

三、優勢逐漸喪失。先進國家憑藉資金、技術、市場和經營管理方面的絕對優勢，成為經濟全球化最大的受益者。隨著經濟全球化的發

展，跨國公司在開發中國家的擴張不僅帶來了資本，還帶來了先進的設備、技術、資訊和企業管理新理論，使開發中國家產業結構得以調整和工藝流程得以重塑，管理創新又推動體制創新、組織創新、技術創新，為開發中國家工業化打下了良好的微觀基礎。

## 3.6 經濟全球化的新趨勢

### 3.6.1 科技進步趨勢

科技創新孕育新突破。歷史經驗表明，經濟危機往往催生新的技術革命。雖然現在對即將產生的技術革命到底是什麼尚無一致看法，但是基本的共識是，新的科技革命正在醞釀之中，科技創新與新興產業發展孕育新突破。事實上，在應對國際金融危機過程中，美、歐、日等先進國家和主要新興市場國家，紛紛加大在新能源和節能環保等領域的技術研發投入和推動產業化程序，搶占未來技術進步和產業發展的策略制高點。

從具體行業看，數位通訊、電腦技術已分別成為全球專利申請增幅最快和最多的領域。大數據、智慧製造和無線革命三大變革將改變 21 世紀。可再生能源技術取得新進展，生物、材料等領域也在醞釀不少有重要潛力的新技術。3D 列印、人工智慧等交叉融合技術成為研發熱點，頁岩氣技術實現重大突破。

美國產生頁岩氣革命。能源是經濟的動力之源，能源技術如果取得突破，將對經濟產生廣泛影響，從而也影響到經濟全球化趨勢。2013 年 9 月，國際能源策略研究機構、著名跨國石油公司總裁和石油產業專家等近 300 人在突尼西亞開會，就全球頁岩氣與頁岩油的發展趨勢進行了

深入探討。會議認為頁岩氣、頁岩油將改變全球能源供應布局，改版全球能源地圖，影響世界地緣政治和經濟發展趨勢。

由於水平鑽井和水力壓裂技術取得突破，美國頁岩氣開採技術實現革命性進展，頁岩氣生產成本大幅降低，美國頁岩氣開發投資迅速增加，頁岩氣的開採進入快速發展期。預計顯示，到 2030 年美國將成為燃氣能源出口國，並將明顯改變目前能源出口國排序。頁岩石不僅包含氣體，同樣也含有油。業內專家預計，到 2030 年美國氣態能源可能達到自給自足。

頁岩氣的開發已經或正在改變全球能源布局，也正在改變美國與阿拉伯國家、歐洲與俄羅斯之間的經濟和政治關係。俄羅斯曾為美國提供了其基本需求天然氣的 40% 以上。由於美國國內頁岩氣產量增加，世界能源大廠之一的俄羅斯天然氣工業股份公司 2010 年放棄了投資 300 億美元開發巴倫支海的什托克曼天然氣田的計畫。沙烏地阿拉伯與其他中東產氣國正在積極尋找除美國以外的歐洲與亞洲買家。歐洲已全面啟動了新能源規劃工作。頁岩氣的開採使天然氣發電廠營運遇到挑戰。有報導稱，歐洲天然氣使用率在 2011 年下降 33%，2012 年下降 42%，法國燃氣蘇伊士集團已在法國關閉了 3 家天然氣發電廠。

## 3.6.2　生產方式變革趨勢

智慧製造與數字服務相融合，呈現生產個性化、分散化增加趨勢。隨著資訊等技術在生產製造領域的深度應用，數控機床、工業機器人、3D 列印等數位化製造使生產流程變短、特殊勞動技能要求降低、個性化生產成本下降、個性化設計和生產更加容易，加上網路的覆蓋和電子商務的興起，可以激發出更多的個性化需求。為更快響應市場需求，企業會更多選擇在消費地進行製造，個性化、分散化生產的情況會增加。

靠近市場需求的就地生產，主要集中在個性化需求突出的生活領域。這種趨勢將使全球化呈現新的發展方向，對地區產業布局逐步產生深刻影響。

能源技術與網路技術相融合，出現能源利用網路化趨勢。金融危機、高漲的能源價格、嚴峻的環境問題，使第二次工業革命以來形成的生產形態面臨愈來愈多的制約，而網路技術與可再生能源技術結合，使新一輪工業革命具備了現實基礎，這就是第三次工業革命。在即將到來的時代裡，我們周圍的每一棟建築將變成收集風能和太陽能的小型發電廠，在自己家裡、辦公室和工廠裡生產自己的綠色能源，並透過「能源網路」實現共享。這就是網路技術與可再生能源技術相結合，前一半已完成，另一半則剛剛開始。

如果將能源利用方式作為工業社會的基礎的話，利用方式的變革，也就會帶來工業社會的革命。第一次工業革命是熱能到機械能的轉化，即蒸汽機革命，產生了紡織、煤炭等工業。第二次是電能的廣泛應用，人類社會進入電氣時代；而石油為內燃機的出現提供了有效的動力來源，電能的普遍應用與內燃機的發明，又促進了新交通工具及新通訊手段等方面的巨大進步，形成了以電力、鋼鐵、石油化工、汽車製造為代表的四大支柱產業。人類在前兩次工業革命中建立的以化石能源為核心的能源生產和消費模式，深遠地影響著居民、企業、行業和國家行為。

如果現在這次是可再生能源的網路化利用，那麼就可以把這種能源技術與網路技術的融合叫做第三次工業革命，或者是進入網路能源時代。第三次工業革命透過向可再生能源轉型、分散式生產、使用氫和其他儲存技術儲存間歇式能源、能源網路和將傳統的運輸工具轉向插電式以及燃料電池動力車等，將重新塑造人們的生產生活方式。與第一次工業革命和第二次工業革命一樣，第三次工業革命，它在誘發一系列技術

創新浪潮的同時，將導致生產方式和組織結構的深刻變革，從而使國家競爭力的基礎和全球產業競爭布局發生徹底重構，對世界發展將產生革命性影響。

製造業與服務業相融合，呈現二、三產業界線模糊化趨勢。由於製造業的生產製造主要由高效率、高智慧的新型裝備完成，與製造業相關的生產性服務業將成為製造業的主要業態。隨著服務業活動成為製造業的主要活動，製造業的主要就業群體將是為製造業提供服務支持的專業人士，製造業企業的主要業務將是研發、設計、IT、物流和市場行銷等；更為重要的是，為了對市場需求迅速做出反應，要求製造業和服務業進行更為深度的融合，包括空間上更為集中，以及二、三產業的界線模糊化，製造業越來越像服務業。現在，工業化生產與生產性服務攪在一起，很難分開。

### 3.6.3 生產布局調整趨勢

所謂「全球價值鏈」，是指當商品的產品設計、原材料提供、中間品生產與組裝、成品銷售、回收等所有生產環節在全球分工後，形成的覆蓋世界各個國家和地區的龐大生產網路。在全球價值鏈的每個生產環節上，附加值被不斷地創造、累加，並透過該網路在全球流動。這就是說，生產在全球分布，不再是產業間的分布即不同產業在不同國家的分布，而是產業內分布即同一產業不同環節在不同國家的分布，形成產業分布全球價值鏈化。這種全球價值鏈化趨勢是經濟全球化深化的必然產物。

經濟全球化與資訊科技革命相結合，為世界經濟帶來了諸多深刻的變化，其中最引人注目的是全球產業價值鏈的形成。開發中國家參與了

跨國公司主導的全球生產價值鏈，出現了產業內銷易的快速發展，開發中國家成為低附加值製成品的出口大國，正在成為服務外包的重要國家。在一定意義上，經濟全球化趨勢就是跨國公司的全球化生產趨勢。全球貿易分工的模式由產品間的分工轉向了產品內部的分工，各個國家更多地關注產品價值鏈某個環節，而不是某個產品。這種新的國際分工和生產方式的全球價值鏈的概念越來越清晰。這種趨勢的出現，是國際分工發展正在由以國家為主導的產業分工向以跨國公司為主導的企業內分工轉變的結果。

1990 年代以後，全球經濟以跨國公司為主導的特徵尤為明顯，跨國公司透過全球化生產，將各國作為生產工廠在全球範圍進行產業布局，將同一產品的不同工序、生產和服務環節分布在不同國家，世界經濟體系的連繫由傳統的「國際貿易網路」轉變為「全球生產網路」，跨國公司透過全球生產網路將全球資源整合到國際分工體系中來，形成一個基於分工網路的共同利益。2010 年，跨國公司全球生產 16 兆美元，約占全球 GDP 的 1／4，跨國公司外國子公司的產值約占全球 GDP 的 10%以上，占世界出口總額的 1／3。

近年來，在通訊、運輸成本下降和制度創新的帶動下，各種產品分散在不同國家和地區生產，各類資源在全球大規模地重組，各國地區經濟之間的相互連繫程度和影響達到了前所未有的程度。這種趨勢的表現，就如 iPhone 是美國蘋果公司產品，但是它的半導體是德國的，記憶卡是日本的，螢幕板、按鍵板是臺灣、韓國的，而組裝又在中國進行。那麼 iPhone 手機到底是哪裡生產的呢？只能說是加州設計、中國組裝、世界製造。當前，世界經濟局勢正在深入調整，國際分工體系布局多元化、設計研發全球化趨勢越來越明顯，原有的全球價值鏈面臨重塑。

服務業全球化趨勢有三種情況：

(1)當前全球跨國直接投資的 2／3 左右流向服務業。

(2)跨國公司服務外包發展，跨國公司透過將同一產品生產活動中的某道工序、零元件分包給開發中國家企業，使接包企業迅速在中間產品生產和服務環節擴大生產規模，形成若干新產業。

(3)根據經合組織提供的數據，全球貨物貿易的 66%以上是中間品貿易，而在服務貿易中，該比例高達 70%。

本輪服務業的興起是以知識創新為基礎，與傳統服務貿易拓展有著本質區別。傳統服務業受制於人，人員流動受地域約束，人出不去，業務也就無法開展，服務貿易化程度就較低。現代服務業主要以知識創新為主，以網路為手段，服務提供不受地域和人員流動限制，服務業的可貿易性大幅度提高。比如，智慧眼鏡利用增強現實技術，讓使用者將眼前所看到的景象與電腦所提供的資料相結合，從而得到最優化視覺效果。這樣一種穿戴式裝置，就是透過行動網路技術，為使用者提供資訊服務。

如當使用者抬頭仰望天空時，螢幕上就會出現天氣預報資訊等，並有指路、社交網路等服務功能。這類全新的服務方式，以及網路金融、5G 等新概念，將改變人們的生產和消費模式，也越來越使服務業超越區域、國界限制，在全球展開，滿足人們的個性化服務需求。

## 3.6.4 國際貿易體制變革趨勢

全球貿易體制呈現多元化趨勢，既有談判議題的多元化，又有區域合作的多元化，還有協定方式的多元化。

一、談判議題多元化。從 21 世紀前面 10 年的經濟全球化發展趨勢來看，人們對全球經濟的關注重點，已經不是傳統貨物和服務貿易等多

邊規則範圍內的貿易自由化問題,而是諸如氣候、環境與貿易、全球經濟資訊化與貿易等充滿挑戰性的新議題。特別是,隨著經濟全球化和全球價值鏈分工體系的逐步形成,除了商品貿易外,市場開放度、國際投資規則、智慧財產權保護、公平競爭、政府補貼、勞工政策以及基礎設施供給等各方面的標準越來越高,也越來越重要。在這種情況下,堅持傳統貿易自由化議題的 WTO 杜哈議程談判停滯不前。

二、區域合作多元化。區域貿易安排呈現並進局勢,規則標準各異,路徑選擇不同。世界主要經濟體紛紛加快了自由貿易區談判步伐,以贏得在全球經濟合作與競爭中更加主動的地位。美國在太平洋地區極力推行「跨太平洋夥伴關係協定」(TPP)談判,美歐已啟動「跨大西洋貿易和投資夥伴關係」(TTIP)談判。

另外,歐盟和日本的自由貿易區談判也在緊鑼密鼓地進行中。針對美、歐、日三大主要經濟體競相謀劃建立區域自由貿易安排的強勁勢頭,亞洲國家也不甘落後。東盟十國加上中國、日本、韓國、印度、澳洲、紐西蘭等已同意啟動「區域全面經濟夥伴協定」(RCEP)談判。以上任何一個自由貿易區如能按期談妥建成,都將對全球貿易局勢演化產生深遠影響。

TPP 談判參加國的 GDP 總和將達到 26 兆至 27 兆美元,約占全球 GDP 總和的 40%,貿易額也將占全球貿易總額的 1/3 左右。美歐經濟總量占全球的一半,美歐雙邊貨物貿易和服務貿易額分別占世界貨物貿易和服務貿易總額的 30% 和 40%,TTIP 從一開始就宣布是一個宏偉、全面和高標準的貿易和投資協定,要達成進一步開放市場、促進投資、消除關稅和非貿易壁壘、統一監管標準等八大目標。RCEP 建成後將覆蓋大約 30 億人口,區內經濟總量接近 20 兆美元。RCEP 將覆蓋商品貿易、服務貿易、投資、智慧財產權、競爭政策、爭端解決機制、經濟和技術

合作、原產地原則和海關合作等領域內容。

　　三、協定方式多元化。國際金融危機發生後，美國為應對經濟全球化出現的問題，極力透過多種方式推動國際規則重構。一是積極推動兩個超大規模的排他性自由貿易區談判，即 TPP 和 TTIP，試圖打造高標準的自由貿易協定範本。歐盟和美國將一起制定全球標準，在投資、政府採購、非關稅貿易壁壘、智慧財產權、環境與就業、競爭性政策、國有企業發展等方面提出更嚴格的貿易標準。二是於 2012 年 4 月釋出了《雙邊投資協定 2012 範本》(BIT2012)，除了包括投資待遇的最低標準、最惠國待遇、徵收、轉移、代位、損失補償、投資爭端解決等傳統內容，還包括准入前國民待遇、國有企業、勞工、環境、業績要求等新條款，試圖打造高標準的投資自由化的範本。三是主導服務貿易協定（TISA）談判，包括全面給予外資國民待遇、所有服務部門均需對外資一視同仁，試圖打造高標準的服務貿易開放的範本。

## 案例討論

### 反全球化運動及對中非貿易的影響

　　當今世界，全球化趨勢日益明顯。然而，目前全球化發展是基於第二次世界大戰之後世界政治局勢（聯合國以及美蘇兩大國為主導的五大常任理事國）和經濟局勢框架（以美元為中心的國際金融體系以及以先進國家為中心的國際貿易體系）下建構並執行，從而使得開發中國家在全球化浪潮中既獲得了全球化收益（經濟發展、技術提升），但是同時也面臨很大問題（環境汙染、資源輸出、經濟依附於跨國公司），因而反全球化

作為全球化的反題（anti-thesis）亦成為必然。

反全球化主要不是口頭上的理論之爭，而是實際行動層面上「抗爭」，是以國際經濟會議或者西方國家領導人會議為鬥爭對象的街頭遊行甚至暴力抗議。其根本原因是當今不合理的國際經濟秩序和在全球化發展中出現的各種不平等。其中，反全球化者出於國家主權與邊界遭全球化削弱的考量，主要關注全球化中存在的各種問題。

反全球化運動可表現為各種形式。從1999年11月到2002年6月的32個月中，至少爆發了16次大規模反全球化遊行示威。反全球化運動還有一種表現形式值得更為關注，因為這種形式往往由一些政府發起，並且會有一些國家首腦出席。這種反全球化運動與推進全球化的國際會議在同一時間，但是在不同地點舉行，前者與後者進行遠端對話和抗辯，不會發生正面衝突。如2002年6月，當八國集團首腦會議在加拿大舉辦的同時，近乎200名非洲國家代表相聚馬里首都巴馬科附近的西比村參加窮國峰會，圍繞「非洲發展新夥伴關係計劃」、糧食安全、公平貿易及債務等問題展開為期4天的討論，對富國會議進行遠端抗辯。

**全球化對非洲發展的影響**

美國經濟學家約瑟夫・史迪格里茲（Joseph Stiglitz）曾經說過：「全球化本身並無好壞之分，它有能力產生巨大益處。」經濟全球化的發展趨勢，憑藉著在成本、資源、市場等方面的優勢，非洲國際經濟得到了很大發展，同時也增強了非洲國家在國際事務中的發言權。可以說，大多數的非洲國家在經濟全球化過程中受益程度大於對其產生的不利影響。

這其中南非等7個國家成為經濟全球化的真正得益者，此外還有42個國家不同程度地在全球化當中獲得一些益處。對於開發中國家而言，全球化不僅意味著解決減少貧困和發展不平衡問題帶來的新機遇，也預示著更多的挑戰，主要表現在以下方面：第一，非洲經濟結構中存在的

不利因素影響了其與其他地區的有效競爭，而且還會將非洲長期限制在國際分工的最底層，從而造成南北差距的進一步擴大。第二，經濟全球化進一步加劇國際競爭，這也是非洲國家不可忽視的風險因素。第三，經濟全球化的逐步深化必將對非洲國家的經濟主權甚至國家主權產生影響。

**反全球化運動對非洲國家的影響**

事實上，自 2002 年伊始非洲大陸就掀起了一股強烈地反全球化的社會浪潮。非洲反對全球化的具體目標是消除不公正的貿易秩序、取消窮國債務、解決糧食安全問題和兩極分化，防止非洲傳統文化邊緣化和西方文化對非洲傳統文化的破壞。坦尚尼亞前總統班傑明·姆卡帕 (Benjamin Mkapa) 認為，經濟自由化和全球化不僅影響最不先進國家在世界經濟中的地位，也影響經濟主權的發展。南非前總統塔博·姆貝基 (Thabo Mbeki) 表示，對於一個經濟條件不平衡的人類社會，有著豐富的島嶼和貧困的海洋所環繞，可持續發展是不可能的。

資料來源：反全球化運動中的中非經貿合作

作者：李鵬

### 思考題

1. 經濟全球化的內涵是什麼？
2. 經濟全球化的載體有哪些？
3. 經濟全球化對先進國家的不利影響有哪些？
4. 經濟全球化對開發中國家的影響有哪些？
5. 簡述全球生產方式趨勢變革的特點？

# 第 4 章

# 對外直接投資布局

**學習目標**

　　本章主要介紹全球 FDI 局勢和格局分布，透過本章的學習，使學生了解經濟區域 FDI 局勢及分布因素，熟悉全球 FDI 區位轉移模式，掌握全球 FDI 區位轉移的影響因素及國際投資便利化措施。

## 4.1　全球對外直接投資布局

　　2015 年全球 FDI 強勁復甦，但是缺乏在生產方面的影響。全球 FDI 流量上漲 38%，達到 1.762 兆美元，這是 2008 至 2009 年全球金融危機以來的最高水準。2015 年全球跨境併購交易大幅飆升，交易額從 2014 年的 4,320 億美元上漲至 7,210 億美元，這也是本輪全球 FDI 強勁復甦的主要動力。

　　此外，包括稅務倒置原因在內的公司重組也是推動 2015 年跨境併購大幅攀升的一個動力。如果剔除大規模公司重組的因素，2015 年全球 FDI 流量的成長相對平穩，約為 15%。2015 年公布的綠地投資額也保持了較高水準，為 7,660 億美元。

　　2015 年流入發達經濟體的 FDI 幾乎翻了一番，成長 84%，從 2014 年的 5,220 億美元猛增至 9,620 億美元。流入歐洲的 FDI 大幅成長。儘管 2014 年流入美國的 FDI 跌至歷史低點，但是 2015 年的流入量幾乎增

加了三倍。有鑒於此，發達經濟體的 FDI 流入量在全球流入總量中的占比從 2014 年的 41% 躍升至 2015 年的 55%，扭轉了近五年來發展中經濟體與轉型經濟體占據主導地位的趨勢。

併購活動是導致 FDI 向發達經濟體傾斜的主要原因，2015 年的併購交易額成長了 67%，達到 7,210 億美元，創 2007 年以來的新高。美國宣布的併購交易尤其多，其淨交易額從 2014 年的 170 億美元飆升至 2,990 億美元。歐洲的併購交易也有顯著成長，成長 36%。透過跨境併購實現的 FDI 會帶來生產性投資，不過 2015 年成交的一些併購交易卻受到了包括稅務倒置原因在內的公司重組因素推動。這股趨勢在美國和歐洲尤為明顯，一些大規模交易導致跨國公司的稅居地遷移至公司稅率較低的司法管轄區，而且也可以不用對公司的全球盈利徵稅。

流入發展中經濟體（不包括加勒比金融中心）的 FDI 再創新高，達到 7,650 億美元，成長 9%。流入亞洲的 FDI 超過了 5,000 億美元，因此亞洲仍然是全球吸引 FDI 最多的地區。全球最大的 10 個 FDI 目的地排名，發展中經濟體占了一半位置。

經歷了連續三年的下滑後，發達經濟體的對外直接投資在 2015 年成長了 33%，達到 1.1 兆美元。先進國家對外直接投資在全球外國直接投資流出總量中的占比也因此從 2014 年的 61% 上升至 72%。這個成長打破了自 2007 年以來連續下滑的局面。歐洲是 2015 年全球最大的對外直接投資地區，對外直接投資額達 5,760 億美元。相比之下，北美跨國公司的對外直接投資表現平平，因為加拿大的突出貢獻被美國的溫和成長所抵消。美國仍然是全球最大的外國直接投資來源國，緊隨其後的是日本。

大部分發展中地區和轉型經濟體的對外直接投資均有所下降。大宗商品價格下跌、貨幣貶值、地緣政治風險等諸多挑戰是導致下滑的原因。

二十大工業國（G20）、《跨大西洋貿易與投資夥伴協議》（TTIP）、亞太經濟合作會議（APEC）、《跨太平洋夥伴關係協定》（TPP）、區域全面經濟夥伴協定（RCEP）與金磚國家（BRICS）在全球 FDI 流動中占有顯著地位。除金磚國家外，各集團間的 FDI 流動較大，占這些集團 FDI 總量的 30% 至 63%。儘管這些彼此重合的合作關係對 FDI 模式的影響不盡相同，但是大部分跨國公司預計，大型經濟集團的出現將對公司未來幾年的投資決策產生影響。

## 4.2 區域對外直接投資布局

### 4.2.1 非洲地區

2015 年流入非洲的 FDI 跌至 540 億美元，比上年減少了 7%。流入埃及的 FDI 大幅成長，推動北非地區 FDI 的增加，2015 年流入該地區的 FDI 成長 9%，達到 126 億美元。不過，由於大宗商品價格下跌打擊了依靠自然資源的經濟體，導致撒哈拉以南非洲地區 FDI 流入量的減少抵消了這股上漲勢頭。由於奈及利亞 FDI 流入量的大幅減少，西非的 FDI 流入量減少了 18%，為 99 億美元。大宗商品資源富饒的剛果（布）和剛果（金）的 FDI 流入量銳減，中非的 FDI 流入量下跌了 36%，為 58 億美元。東非地區下跌 2%，為 78 億美元。南非地區上漲 2%，為 179 億美元。2015 年非洲的對外直接投資流量下跌 25%，為 113 億美元。由於大宗商品價格下跌，主要貿易夥伴需求疲軟、國家貨幣貶值的影響，南非、奈及利亞和安哥拉的投資者紛紛削減了海外投資。

### 4.2.2 亞洲地區

流入亞洲地區的 FDI 成長 16%,達到 5410 億美元,仍然是全球吸引 FDI 最多的地區。這股成長勢頭主要受到東亞和南亞經濟體 FDI 流入量成長的推動。東亞地區的 FDI 流入量成長 25%,為 3,220 億美元,從中折射出香港開展的與公司重組有關的大規模股權投資,以及 FDI 向中國服務業大規模湧動的現象。東南亞地區低收入經濟體如緬甸、越南的 FDI 大幅成長,但是新加坡、印尼和馬來西亞等高收入國家卻表現平平。印度和孟加拉 FDI 流入量的成長推動南亞地區 FDI 達到 500 億美元,比上年成長 22%。西亞地區的 FDI 流入量下降 2%,為 420 億美元。

亞洲的對外直接投資下降了 17%,為 3,320 億美元,不過亞洲仍然是全球第三大對外直接投資地區。中國、泰國等多個亞洲經濟體的對外直接投資均有所成長。中國的對外直接投資額為 1,280 億美元,仍然是全球第三大對外直接投資國。經歷了 2014 年的飆升後,香港 2015 年的對外直接投資減少了一半以上,僅為 550 億美元,這主要是大規模公司重組所致。東南亞的對外直接投資減少了 11%,為 670 億美元。南亞的對外直接投資減少了 36%,為 80 億美元。受本地投資大國科威特形勢好轉的影響,西亞的對外直接投資飆升了 54%,達到 310 億美元。

### 4.2.3　拉丁美洲與加勒比地區

2015 年拉美和加勒比地區(不包括加勒比的離岸金融中心)的 FDI 流入量基本與 2014 年持平,為 1,680 億美元。不過,中美和南美的反差非常明顯。一方面由於墨西哥的流入量大幅上升,再加上中美地區流入製造業的 FDI 有所成長,中美地區的 FDI 成長了 14%,達到 420 億美

元。另一方面，南美地區的 FDI 流入量下降了 6%，跌至 1,210 億美元，從中反映出國內市場需求疲軟，以及大宗商品價格下跌導致的貿易條件惡化。

該地區的對外直接投資成長了 5%，達到 330 億美元。巴西的對外直接投資強勁成長了 38%，從中可以明顯看出巴西的海外分支機構大幅削減了反向投資。智利的對外直接投資成長了 31%，達到 160 億美元。由於智利面臨的總體經濟挑戰依然存在，因此 2016 年的 FDI 流出量可能減緩。2015 年拉美及加勒比地區宣布的綠地投資項目比上年減少了 17%，最突出的是採礦業，下降了 86%。服務業的項目值也有所下滑。但是，國家貨幣的貶值也刺激了資產收購。

## 4.2.4 轉型經濟體

2015 年流入轉型經濟體的 FDI 下降了 38%，跌至 350 億美元。但是各個地區的具體情況大相逕庭：由於總體經濟條件趨好，入盟程序繼續讓投資者改變風險預期，因此東南歐的 FDI 流入量成長 6%，達到 48 億美元。與之形成鮮明對照的是，獨立國協與喬治亞的 FDI 流入量驟跌了 42%，為 300 億美元，其主要原因包括大宗商品價格下滑，國內市場疲軟、監管環境發生變化，以及限制性措施與地緣政治緊張局勢的直接和間接作用。由於經營規模不斷萎縮，再加上接二連三的撤資，俄羅斯幾乎沒有新的 FDI 來源，其流入量降至 98 億美元。俄羅斯面臨的經濟危機以及監管制度的改革也減少了 FDI 中返程投資的規模。

轉型經濟體的跨國公司幾乎把海外直接投資削減了一半以上。地緣政治的緊張局勢、貨幣的大幅貶值，以及資本市場銀根緊縮導致 2015 年的 FDI 流出量減至 310 億美元，這隻相當於該地區 2005 年的水準。

### 4.2.5　發達經濟體

由於跨境併購活躍，2015年流入發達經濟體的FDI幾乎翻了一番，達到9,620億美元。歐洲的FDI流入量增至5,040億美元，占全球流入總量的29%。這輪反彈主要受到愛爾蘭、瑞士和荷蘭FDI大幅成長的推動。其主要的FDI目的地還包括法國和德國，二者均從2014年的低點大幅反彈。英國的流入量跌至400億美元，但是在歐洲仍屬於最大的目的地之一。流入北美的FDI達到4,290億美元，超過2000年的水準達到新高。儘管2014年曾降至歷史低點，但是2015年美國的FDI流入量幾乎增加了3倍。

2015年發達經濟體的跨國公司對外直接投資達到1.1兆美元，比上年成長33%。歐洲的跨境併購強勁反彈，因此成為全球最大的對外直接投資地區。北美跨國公司的對外直接投資基本與上年持平，加拿大的大幅成長基本被美國的小幅下滑衝抵。日本跨國公司繼續在海外尋找成長機會，連續第五年對外直接投資超過1,000億美元。

## 4.3　對外直接投資區位轉移模式

第二次世界大戰以後，全球FDI的區位轉移呈現明顯的階段性特徵。戰後初期至50年代末，西歐經濟復甦、歐共體成立和日本經濟恢復，促使FDI大量流向西歐和日本。1950年代至1970年代初，許多開發中國家限制外資和實行國有化政策，迫使大部分FDI撤出開發中國家，轉移到先進國家，FDI的區域流向由原來的開發中國家為主轉向先進國家為主。

1980年代至1990年代，拉丁美洲金融危機、東歐劇變、蘇聯解體，

許多國家經歷了 FDI 的大規模撤資。1990 年代以來，經濟轉型國家的體制改革，東亞、南亞、東南亞國家經濟高速成長，拉美和加勒比海地區吸引 FDI 下降，東亞、南亞和東南亞取代拉美和加勒比海地區，成為開發中國家吸收 FDI 最多的區域。

2008 年爆發全球金融危機以及目前出現歐債危機，世界經濟復甦艱難，新興市場國家成為世界經濟成長的新引擎，更多的 FDI 投資轉移到新興市場國家，新興市場國家成為全球 FDI 熱點區域。為了便於從東道國角度考察 FDI 撤資、投資區位轉移的特點和決定因素，需要根據 FDI 的投資動機進行細分，主要有成本尋求型、市場尋求型和政策尋求型三種類型 FDI 的撤資和投資轉移。

## 4.3.1　成本尋求型對外直接投資區位轉移

降低成本是成本尋求型 FDI 的主要動機，勞動力的成本和勞動生產率以及物質基礎設施的成本，是成本尋求型 FDI 在區位選擇時最重要的決定因素。當東道國喪失這種區位競爭優勢時，導致外國子公司遷往其他能提供更有競爭性條件的國家或地區。在成本尋求型 FDI 的影響因素中，勞工成本的影響是非常突出的。當某個國家或地區的勞工成本優勢降低時，成本尋求型 FDI 尤其以勞工成本為導向的 FDI 便會轉移到其他具有勞工成本優勢的國家或地區。

以日本跨國公司對外直接投資區位轉移最為典型，在 1990 年代早期，日本製造業跨國公司對亞洲四小龍的直接投資處於上升期，但是自 1997 年以後逐漸下降，其中也受金融危機的影響，而在同期內，日本製造業跨國公司對中國、印尼、菲律賓和泰國的直接投資是持續增加的。1991 至 2000 年，中國吸收日本製造業 FDI 的比例從 9% 上升到 35%，而亞洲四小龍則從 48% 下降到 25%。

日本電子跨國公司在東亞地區的撤資主要是勞工成本因素。1995 至 2003 年間，日本電子類跨國公司在東亞地區的撤資速度年均 3%，主要是從勞工成本較高的國家和地區（亞洲四小龍）撤資，投資轉移到勞工成本較低的國家，尤其是中國。據聯合國組織統計，1995 年電子行業勞工成本最高的是新加坡。日本電子公司投資轉移主要是由於亞洲四小龍的勞工成本較高，投資轉移向中國或者是泰國或者是印尼。日本電子公司對中國的投資比例由 1990 年 12% 上升至 1995 年的 59%。

而亞洲四小龍卻相反，亞洲四小龍吸收日本電子公司直接投資的比例從 1989 年 57% 下降至 1995 年的 13%。日本電子公司把不具備競爭優勢的低附加值的生產環節轉移到中國和東盟國家，把比較成熟的零元件和資本品生產環節，仍保留在亞洲四小龍國家或地區生產。

美國成本尋求型 FDI 的區位轉移路徑是美國跨國公司首先從西歐撤資轉移到中東歐，再轉移到亞洲具有低成本優勢的國家或地區，在那裡為全球市場進行生產，而把知識、技術密集型部門的投資保留在西歐。美國、德國汽車零售部件公司在新歐盟成員國的投資主要是從原來歐盟 15 國轉移過來的。成本尋求型 FDI 在歐盟成員國間的投資區位轉移，不僅看重的是匈牙利、波蘭、斯洛維尼亞等新成員國較低的勞工成本，更重要的是歐盟新成員國的勞工技能和勞動力水準，以及不斷提高的勞動生產率。

美國兩大服裝公司 LEE 和 LEVIS 先後在 1995 年和 1998 年從比利時撤離，將工廠遷移到低薪資水準國家。這是由於比利時的勞工成本上升較快，在當時，比利時勞工成本是每小時 171 比利時法郎，而波蘭是每小時 72 比利時法郎。對於服裝類勞動型密集型企業來說，工人的薪資占生產成本的比例較大，較高的勞工成本讓 LEE 和 LEVIS 公司處於競爭劣勢地位。

因此，為保持競爭優勢地位，LEE 和 LEVIS 公司將工廠遷移到低薪資國家。同樣，美國 Nike 公司的投資也出現區位轉移現象，先後從日本到韓國，然後轉移到印尼和越南，其目的就是在不斷尋找未被開發的新市場和相對廉價的勞動力。

歐盟成員國間投資區位轉移更多的也是成本尋求型 FDI 的轉移。歐盟製造業中成本尋求型 FDI 的投資轉移，主要是將一些中端技術含量的生產由歐盟 15 國撤資轉移到新成員國，將一些技術含量低、成本低、附加值低的生產轉移到歐盟成員國以外，如中國和印度以及俄羅斯、烏克蘭和土耳其等國家，而把跨國公司的研發部門仍保留在歐盟。

## 4.3.2　市場尋求型對外直接投資的投資轉移

市場尋求型 FDI 的動機在於鞏固、擴大原有市場，開闢新市場，避開各類貿易壁壘，直接或間接進入當地市場，為當地市場提供更多的服務，其決定因素是東道國的市場規模和個人所得、市場成長、區域性和全球性市場准入、一國特定的消費者偏好、市場結構等因素。市場尋求型 FDI 區位轉移的情況通常有以下兩種：

一是當東道國進入國際市場困難，通常會失去依賴進入國際市場的外國子公司，市場尋求型 FDI 便會發生投資轉移。

二是當東道國某個行業的生產能力相對過剩時，以尋求市場為主要目標而沒有明顯的技術和品牌優勢的跨國公司，在東道國投資就會撤資，調整投資策略，將投資轉移到其他目標市場國家。相對於成本尋求型 FDI 來說，市場尋求型 FDI 發生投資轉移的範圍較小。在 1990 年至 2004 年間，歐盟 15 國為尋求新市場向 8 個新成員國投資轉移的行業主要在服務業和製造業。從 1990 年代開始，一些人口眾多的亞洲國家如中

國、印度和印尼，吸引西歐或者是拉美地區轉移過來的大量 FDI，一方面是由於這些國家提供了較低的薪資和要素成本；另一方面也主要是由於其市場規模巨大，導致了市場尋求型 FDI 的投資轉移。

### 4.3.3　政策尋求型對外直接投資的投資轉移

當東道國優惠政策取消或發生變化時，政策尋求型 FDI 容易發生撤資，將投資轉移到其他能提供優惠政策的國家去。從 1980 年代開始，美國、歐洲實行反傾銷政策以限制電子產品的進口。日本電子公司為避免支付傾銷稅金在歐洲進行投資建廠，並加大對美國、歐洲 FDI 的投資規模。隨著反傾銷政策取消，日本電子公司開始從美國、歐洲撤離投資，關閉規避反傾銷稅金而設立的工廠，或將業務投資轉移到其他成本更低、政策更加優惠的國家或地區。

當某些國家採取更加優惠的外資政策時，會誘發政策尋求型 FDI 轉移流入。1980 年代「外資主導型」開放模式的巴西，透過提供優惠的合資政策和低廉的勞動力吸引大量外資，美國、日本以及歐盟的汽車公司蜂擁而至。1997 年，受政治事件的衝擊以及亞洲金融危機的影響，巴西貨幣貶值、經濟陷入衰退，汽車產業等製造業中心向成本更低的亞洲特別是中國轉移，外資大量撤離巴西，為巴西汽車產業帶來致命打擊。

政策尋求型 FDI 對東道國政治經濟制度、政治局勢變動帶來的政治經濟風險比較敏感，高風險的政治經濟體制環境容易引發外資的大量撤離。以國有化風險為例，1979 至 1998 年間，伊朗、法國等政府對部分外資企業實行國有化，導致跨國公司國外子公司無法正常生產經營，長期利益無法得到保障，誘發跨國公司撤資。

東道國的匯率政策變動或匯率劇烈波動對以政策尋求型 FDI 也有很

重要的影響。匯率波動使得跨國公司經營成本和未來收益面臨很大的風險。在匯率不確定的條件下，跨國公司退出東道國市場的可能性較大。阿根廷經濟危機、國家風險水平上升、貨幣兌換機制不確定、比索貶值，導致德國汽車零元件製造商昆泰克斯公司美國的 Tradegrain 公司等一些較小的企業撤資，西班牙的肉類加工企業 Campofrio 公司出售在阿根廷的子公司。

1997 至 1999 年東南亞金融危機期間，泰國、馬來西亞、印尼、菲律賓、新加坡、韓國等國貨幣大幅貶值，美國跨國公司從馬來西亞、菲律賓、泰國大規模撤資，將投資轉移到中國。

## 4.4 對外直接投資區位轉移的影響因素

FDI 區位轉移並不是由單一因素決定，而是在投資國、投資主體、東道國、東道國以外其他國家各種因素的綜合作用下，跨國公司對投資區位再選擇的一個過程，是根據其投資動機，結合自身的競爭優勢和東道國的區位優勢，經過綜合決策而確定的。在這些綜合影響因素中，東道國自身因素是東道國政府可能直接施加影響的唯一因素，因此，對於 FDI 區位轉移的決定因素，本文側重從東道國區位優勢變遷的角度分析。

### 4.4.1 東道國經濟發展階段的變化和要素稟賦結構的變化

一國的經濟發展階段與同期的要素稟賦結構特徵相對應。在要素驅動階段一般擁有自然資源要素為基礎的優勢，處於投資驅動階段的國家與規模優勢相關，而處於創新階段的國家則擁有研究與開發方面的優勢。

在要素驅動階段，自然資源和勞動力是該階段主要的要素稟賦優勢；在勞動——投資驅動階段，物質資本在價值增值活動中的作用與日俱增，但是對勞動力要素的依賴程度仍很大，物質資本和勞動力是該階段主要的要素稟賦優勢；在投資推動階段，經濟發展已進入成熟階段，從依靠資本投入逐步變為依靠技術進步和創新活動。所以技術資源和高水準人力資源是該階段的主要要素稟賦優勢。

東道國經濟發展階段與吸收 FDI 模式是直接相關的。要素驅動階段的國家吸引的 FDI 主要是屬於資源尋求型 FDI 或者成本尋求型 FDI；當該國或地區處於要素驅動型階段向投資驅動階段過渡時，主要在資本品和中間產品業中吸引 FDI，同時，將勞動密集型的製造業向勞動力成本低廉的國家或地區進行 FDI 投資轉移。

當從投資驅動階段向創新驅動階段過渡時，將會在技術密集型產業領域吸引 FDI，同時，將中間產品的生產環節中向其他國家投資轉移。可見，東道國經濟發展階段不斷變動，其要素稟賦也是不斷變化的動態比較優勢，而 FDI 的流入模式是與其經濟結構變動相適應的一種資本有序流動，FDI 區位轉移則是由於東道國經濟發展階段變化引致的要素稟賦的比較優勢發生動態變化，是對東道國區位要素稟賦變化的一種反應。要素稟賦的動態比較優勢變化使得跨國公司的競爭優勢相對下降，為保持其競爭優勢，跨國公司會將其 FDI 轉移到其他東道國家去。

## 4.4.2　經濟因素、政策因素和體制因素

成本尋求型 FDI 區位轉移的首要決定因素是成本因素，包括勞工成本、勞動力水準、交易成本、運輸成本、土地價格、配套能力、基礎設施條件等，在東道國間各項生產要素中勞工成本差異較大，因此勞工成

本通常是勞動密集型製造業中成本尋求型 FDI 區位轉移的第一決定要素。當某一地區的勞動成本優勢降低時，成本尋求型 FDI 便會轉移到其他具有勞動成本優勢的國家。在資本、技術密集型產業中的生產環節中成本尋求型 FDI 區位轉移的影響因素通常首先考慮的是勞動力水準、運輸成本因素。

政策尋求型 FDI 區位轉移受東道國的產業政策、貿易政策、外資政策、環境政策、稅收政策等政策環境的影響。當東道國的政策環境發生變化時，一方面體現在政策向著封閉的方向變化時，制定限制性政策，如對外國子公司實行全面國有化，能有效地將 FDI 擋在國門之外。或者東道國製訂限制某些產業發展的政策，以及限制高汙染、高耗能製造業的環境政策會導致 FDI 投資轉移或撤資。

另一方面，體現在東道國優惠政策的取消或發生變化，會影響政策尋求型 FDI 的區位轉移，特別是對以享受東道國優惠政策為投資動機的跨國公司，撤資的可能性較大。同時，政策尋求型 FDI 的區位轉移，也取決於東道國以外國家的競爭性 FDI 政策。當東道國以外國家提供更加優惠的外資政策時，政策尋求型 FDI 便可以在更大的區域範圍內進行投資區位選擇，根據投資報酬和策略需求，會更加自由地在某些國家或地區間進行投資區位轉移。

此外，FDI 區位轉移還受東道國開放程度、市場結構競爭程度、東道國匯率政策、參與區域一體化的程度等因素的影響較大。東道國經濟發展階段越高、市場競爭程度越高，FDI 撤資和投資轉移的可能性越大。激烈的競爭導致低利潤，競爭力差的企業會被逐出市場，引致撤資。東道國參與區域一體化的程度，參與區域經濟整合程度越高，FDI 投資轉移的可能性越大。

### 4.4.3 產業結構調整

從世界經濟發展的規律看，各國產業結構調整都經歷了從以勞動密集型產業為主，經過以資本密集型產業為主，到以技術密集型產業為主的發展階段。在這個產業結構更新過程中，技術進步是核心因素。在東道國產業結構更新的過程中，FDI 向外轉移也依循同樣的順序，最先轉移的是技術含量低的勞動密集型產業，順次轉移中度技術含量的資本密集型產業，最後是技術密集型產業。

當然，技術密集型產業不會整體轉移，如果整體轉移，先進國家就失去了比較優勢，不符合其自身根本利益，所以他們要保持對技術密集型產業的絕對控制權。技術密集型產業向外轉移的也只是一些非核心的勞動密集型環節，這些環節的向外轉移可以降低整體產品成本而不損害先進國家的產業控制權。國際產業轉移是伴隨著相應的國際直接投資來實現的，東道國產業結構的調整與轉移，必然會推動 FDI 區位轉移。

### 4.4.4 國際投資環境的惡化

國際經濟危機通常會使危機波及國家國民經濟遭受巨大損失，這些國家的許多企業也會受到金融危機的沉重打擊，發生倒閉或瀕臨破產。亞洲金融危機就使亞洲國家出現了嚴重的經濟衰退。亞洲金融危機後，許多受亞洲金融危機影響嚴重的國家的跨國公司總部出售了其在東道國的子公司。如印尼、菲律賓、泰國、馬來西亞以及韓國等投資國在金融危機過後，由於本國經濟的衰退，紛紛出售了其在海外的投資。

外商直接投資是一個動態發展過程，隨著東道國經濟的發展，其要素稟賦的比較優勢會發生動態變化。當一國的比較優勢發生變動後，其產業結構和投資結構也將發生變化。當東道國進行產業結構調整，吸引

外資的要素稟賦結構變化，為保持競爭優勢，跨國公司將調整投資策略，進行投資區位再選擇，對新的市場尋求型和成本尋求型進行再投資。這種投資轉移通常是轉向屬於同一區域經濟集團的其他國家，或者同一國際生產網路體系下。當這個新的投資區位要素稟賦發生結構變化後，這種投資區位轉移將會循環重複進行。

## 4.5 國際直接投資便利化概念

### 4.5.1 國際直接投資便利化含義

國際直接投資便利化，是用來簡化並協調投資者在 FDI 活動中所涉及的各種程序，旨在為國際直接投資活動創造一種協調、透明和可預見的環境，其內容包括投資促進中的部分措施、減少投資者權利限制、減少與行政效率和腐敗行為等有關的「紊亂成本」、提供資訊服務與技術支援、融資便利活動及國際政策協調等非常廣泛的範疇。

從定義中可以看出，FDI 便利化所涉及的範疇相當廣泛，既包括了東道國措施，也有母國為便利資本輸出所採取的措施，而且國際投資協定中也屢現「便利化」的字眼。因此，明確界定便利化的範圍是個相當困難的事情。如聯合國貿發會就曾將投資促進中的形象建設和投資引致活動歸於商業便利措施，但是從一個較窄的範圍來說，東道國的形象建設和投資引致活動僅是東道國展示自己投資環境優勢的平台，更多的具有宣傳性質，並未為投資者帶來實質上的便利，因此以下的分析中將其排除。

## 4.5.2　對外直接投資便利化的動因分析

一、FDI活動各主體的意願。FDI活動涉及東道國、母國和跨國公司，而上述主體的意願反映了FDI便利化的必要性。

二、跨國公司。跨國公司無疑是便利化的最大受益者，透過便利化措施，跨國公司可有效降低自身成本，提高生產效率，更為便利地在全球合理配置其資源。因此，跨國公司會積極提倡FDI便利化。

三、東道國。一般來說，FDI便利化可以為東道國帶來顯而易見的效益：一國吸引FDI的決定因素中通常包括外資政策框架、經濟因素以及商業便利措施。為了達到有效吸引FDI的目的，上述三個因素須均衡發展。因此，東道國必然希望加強便利化從而增強自身的區位優勢。

四、母國。對母國來說，透過便利化措施促進本國海外投資對母國經濟發展具有正向作用，如增加收入、加強壟斷優勢等。因此，母國樂意為本國的海外投資提供便利，以提升本國的經濟發展空間。

五、FDI自由化發展加快。目前，FDI自由化是大勢所趨，FDI自由化的實質就是使投資者獲得更為自由的發展空間。在市場經濟體制已獲得普遍接受的情況下，FDI自由化就是要求作為市場主體的企業必須是真正的自由體，它可以根據自身經營和發展需求在本國或地區，乃至全球選擇資源的合理配置，而全球性市場經濟體制配置資源的基礎性作用從國家內部擴展延伸到全球也為企業的選擇提供了有利條件，使企業可以「按最有利的條件生產，在最有利的市場銷售」。

然而，僅是自由化的效果是不理想的，還需要各國政府調整過去煩瑣、不透明的外資管理體制，進行以「便利化」為目的的配套措施調整，以為企業創造一個統一、公平競爭、規範有序的全球市場體系。總之，FDI自由化程序加快必然推動FDI便利化的發展，人們也更加注重自由

化和便利化兩者的平衡。

六、FDI 相關法規雜亂且過於宏觀。世界各國均制定了很多 FDI 法規政策以管理境內的外資或本國的海外投資，然而，這些 FDI 相關法規雜亂且過於宏觀：

(1) FDI 相關法規雜亂且標準不一。就規範資本輸入的 FDI 法規來說，必然是有的國家標準高些，有的國家標準低些；而規範資本輸出的 FDI 法規中，有的國家對本國海外投資限制較鬆或完全放開管制，有的國家則限制較為嚴格。因此，這種狀況就導致了投資者無法適應錯綜複雜的法規政策網路，從而影響了投資活動的健康發展。

(2) FDI 相關法規過於宏觀。通常來說，一國的外資政策是由政府從宏觀的角度出發來制定的，其中內容多偏宏觀而無法涉及投資活動中微觀層面的細節。因此，便利化的目的之一就是要引導投資者切實了解東道國或母國的相關法規政策，並在一定意義上彌補 FDI 法規過於宏觀的缺陷，從而有效提高投資效率。

### 4.5.3　東道國的便利化措施

一般來說，一國的投資促進活動有三個層次，即形象塑造活動、投資引致活動和投資便利化活動。其中，第三個層次即屬於 FDI 便利化措施。根據便利化措施提供時間的不同，我們可將其分為投資決策前、投資決策後和後續的便利化措施。

一、投資決策前的便利化措施。一般來說，投資決策前的便利化措施集中在兩個方面：

首先向潛在投資者提供資訊服務。一般來說，此類資訊服務涉及範圍很廣，主要有東道國國內市場資訊、東道國政策法規資訊、欲投資地

點的基礎設施資訊、當地僱傭資訊、當地資源資訊、當地供應商資訊等等。目前，大多數國家的投資促進機構都建立了相應的資料庫以便為潛在投資者提供足夠的資訊支持。

其次協助潛在投資者當地考察。一方面，投資促進機構提供的當地詳細資訊和陪同實地考察使投資者可以進一步了解投資地點情況，增強投資者信心。另一方面，這種參觀活動是投資者與東道國實際接觸的第一步，因此，良好的印象有助於投資者及早做出投資決策。

二、投資決策後的便利化措施。其中，投資者最為關心的是協助審批和獲得許可方面的服務。一般來說，由於開發中國家的外資審批手續較複雜，此類國家的投資促進機構提供的這種便利化措施也最多。另外，協助投資者選擇當地員工、獲得相關法律援助、電力及水的供應，甚至某些生活便利化措施也屬於投資正式營運前的便利化措施。

三、投資營運後的便利化措施。投資營運後的便利化措施主要是針對已有投資者的，其目的是獲得已有投資者的再投資項目，或為潛在投資者塑造良好的投資環境形象，或使FDI流入更好地服務於本國經濟。此類便利化措施共分三種：

第一，改善基礎設施。良好的交通網路等基礎設施情況可以獲得已有投資者的進一步青睞，奠定其再投資的信心。

第二，發展供應鏈。這種方式可以充分發揮已有投資者的連鎖效應，帶動當地經濟發展。

第三，幫助企業創新行為。這樣既幫助了已有投資者的企業技術創新，同時也促進了國內的技術更新。

四、提高政府管理能力。政府管理能力的提高主要表現在外資審批程序的改革和透明度的提高上。如果東道國審批機構審查程序煩瑣，服

務水準低下，會對 FDI 便利化產生負面影響。近年來，縱觀各國外資審批制度改革，主要是從嚴到鬆，由繁及簡，主要體現在：

第一，簡化審批手段，提高審批效率。目前，很多國家建立了「一站式」的外資審批機構，在一個機構內就可以解決大多數的外資審批問題，從而克服以往拖沓的官僚主義，提高了審批效率。

第二，縮小審批範圍。由逐一審批向部分審批轉變，由強制性審批向自願審批過渡，由所有項目的無條件審批向部分項目的有條件審批轉化。

第三，放寬審批標準。很多國家規定，大部分外資項目不用經過審批就可以直接進入，只有列入消極清單中的產業項目才需要審查進入。

第四，提高審批透明度。缺乏審批透明度會加大投資者的風險感覺，導致投資者風險酬金，並引起對歧視待遇的恐懼。目前，大多數國家都將審批過程與制度公開化，並接受各方監督。

缺乏透明度會增加跨國公司在東道國市場上資訊不對稱的風險，帶來額外的資訊成本。儘管透明度本身不會成為投資者決策的動機，但是缺乏透明度則會成為阻礙 FDI 進入或進入便利化的障礙。目前，各國都制定相關政策法規努力擴大經營環境的透明度、強化政府規章制度框架、加大反腐敗力度，以培育有活力並且執行良好的經營部門。

五、減少投資者權利限制。投資者權利的限制，主要是東道國管理和控制外資的措施，例如限制外資的股權比例以及股東權利等措施。東道國基於一定的國內經濟發展目標對外資權利予以一定限制本來無可厚非，然而，這些限制性措施必然會對外資進入產生負面影響：不能或不願意滿足上述限制性措施的投資者可能不敢或不願意在東道國投資，這樣，其進入東道國市場的機會就被剝奪了。

這種政府對市場的不合理干預可能會妨礙投資者依據國際市場因素自由做出投資決策的權利，妨礙國際投資的便利化發展。對此，先進國家的反對意見最為強烈。目前，各國此類限制性措施已大大減少。

### 4.5.4　母國的便利化措施

一、資訊便利和技術支援。母國政府或民間團體透過設立網站、發行出版品、組織考察團等方式，向本國投資者提供有關投資東道國總體經濟狀況和法律政策框架等投資環境的基本資訊和有關投資機會的情報。

這種資訊服務對於中小企業尤為重要，因為大企業自身一般都具備資訊收集的能力，而中小企業這方面的能力要差很多。此類機構中較著名的有：美國的海外私人投資公司和日本的貿易振興會等。除了為本國海外投資企業提供資訊服務外，許多國家還建立了相關機構為海外投資企業培訓技術人員、提供投資的可行性研究等。另外，這些機構還為開發中國家培訓外資管理人員，為開發中國家提供技術支援以改善其管理體制。

二、金融便利措施。母國為本國海外投資企業提供的金融便利措施主要包括兩個方面：

（1）資助投資調查分析或項目開發活動。為了增加在開發中國家的投資機會，許多先進國家為投資者海外投資項目的可行性研究或投資前的考察活動提供50％的資助。

另外，為使小規模或缺乏經驗的投資者可以盡快適應東道國的條件，政府還為中小企業提供項目開發或啟動資金的支持。

（2）提供融資便利。為增強本國企業的海外競爭力，許多國家設立特別金融機構或開發性金融機構為本國公司提供融資便利，也有的國家設立特別基金直接資助本國海外投資項目。

(3)海外投資保證制度。海外投資保證制度是資本輸出國政府對本國海外投資者，在國外可能遇到的政治風險提供保證和保險，投資者向本國投資保險機構申請保險後，若承諾的政治風險發生致投資者遭受損失，則由國內保險機構補償其損失的制度。海外投資保證制度是一種政府擔保，為投資者提供了強而有力的利益保障，便利了投資活動的進行。

### 4.5.5 國際投資協定中的便利化措施

一、雙邊層次。雙邊協定的優勢在於一國可以自由地選擇對本國投資有重大意義的締約夥伴，為雙方的投資活動提供最大的便利化措施，從而節省時間和成本。而且，由於雙邊協定參與方只有兩個，所涉及問題及需考慮的因素較少，因此締約國之間更容易加快談判進度，達成一致意見。

另一方面，締約國可以靈活地根據雙方的實際情況擬定和調整協定內容，從而更好地滿足本國經濟發展的要求。因此，雙邊協定成為世界上大多數國家推行自由化和便利化的主要工具，其主要方式有：

(1)雙邊投資協定。截至2004年底，世界BITs總數已達到2,392個，涉及170多個國家，從而在全球形成了BITs的龐大網路。就BITs內容來看，其中不乏便利化措施。例如，美國2004年BIT範本中第11條就透過對聯繫點、出版品和資訊的通知與提供等方式對透明度做出規定；另外，有的BITs還將海外投資保證制度中的代位權予以規定，這樣，母國保險機構向東道國索賠就有了國際法的依據，從而便利了投資活動的進行。

(2)雙重避稅協定。由於資本輸入國有權根據屬地原則對投資者在本國境內的收入徵稅，而資本輸出國有權根據屬人原則對本國投資者在

海外的收入徵稅。這樣,雙重納稅的義務無疑直接影響了投資活動。為此,訂立雙重避稅協定的方式可在一定程度上減輕投資者被雙重徵稅的顧慮。截至 2004 年底,世界 DTTs 總數已達到 2,559 個,便利了投資活動的進行。

二、區域層次。區域協定往往涵蓋了眾多的成員國,從而為推行便利化提供了更為廣闊的空間。區域協定中推行便利化較為成功的有 NAFTA、APEC、ASEAN 以及歐盟等。以 APEC 為例,在 1994 年公布的《非約束性投資原則》中,APEC 就透明度、人員流動、避免雙重徵稅以及取消資本流動障礙等問題予以規定,期望成員最大限度地便利投資活動的進行;而 1995 年的《大阪行動議程》則允許成員以單邊行動計畫和聯合行動計畫的方式分別提交本國實現投資便利化的計畫。

三、多邊層次。由於雙邊和區域協定涵蓋範圍的有限性,如果全球能達成一個多邊投資協定以囊括所有的國家,制定統一的標準,毫無疑問將為全球直接投資流動帶來極大的便利。

但是,現實中並未達成一個真正意義上的全球投資框架,有關便利化的多邊協定更是少之又少,其中較有代表性的是《多邊投資擔保機構公約》。儘管美國、德國等先進國家早在第二次世界大戰後就建立了海外投資保險制度,但是其投資擔保機構只是一種國內的經濟政策工具,並不能得到其他國家,主要是東道國的承認,在這種情勢下,一個多邊的國際投資擔保機構呼之欲出。

1985 年 10 月,世界銀行漢城年會上達成了《多邊投資擔保機構公約》(《漢城公約》),並於 1988 年根據公約規定成立了「多邊投資擔保機構」(Multilateral Investment Guarantee Agency,MIGA)。作為一個多邊投資擔保機構,MIGA 為沒有國內投資擔保機構的國家投資者提供了投資擔保制度,同時,與已有的國內投資擔保機構相比,作為一個相對中立

的國際組織，MIGA 更有利於消除投資各方之間的猜疑，促進國際直接投資的流動。

WAIPA 採取的便利化措施。世界投資促進機構協會（World Association of Investment Promotion Agencies，WAIPA）是一個全球性的投資促進機構，宗旨為：致力於促進投資促進機構之間的了解和合作，加強投資促進機構之間的資訊收集系統和資訊交流，分享投資機構的地區和國家經驗，向投資促進機構提供技術支援和培訓，為投資促進計畫的開發和完成提供融資和其他方面的便利等。

作為一個重要的國際組織，WAIPA 透過為會員的投資促進機構提供諮詢或培訓服務來促進投資機構的專業化和規範化，從而推動了國際直接投資的便利化發展。

## 4.5.6 對外直接投資便利化的效益

一、改善東道國投資環境。一般來講，複雜的手續和陌生的環境往往使投資者望而卻步。因此，在具備豐富的資源條件和良好的經濟環境基礎上，便利化措施作為吸引外資的輔助因素會增強投資者的投資意願，從而為東道國帶來更多商機。調查表明：一國的投資條件是否便利化已越來越為跨國公司所看重，從而成為東道國區位優勢中的重要一環。

二、提高東道國政府管理能力。許多東道國，尤其是發展中東道國存在著行政效率低下和腐敗行為所導致的「紊亂成本」，而便利化可在一定程度上改善這種狀況。審批程序的改革有利於改變外資管理部門以往拖沓的作風，提高工作效率，進而提高相關政府部門的行政效率。

另外，缺乏透明度一向是滋生腐敗行為的土壤，透過擴大經營環境的透明度可有效地降低政府官員腐敗行為的發生。因此，透過直接或間

接的影響，政府的管理能力必將得到提高，「紊亂成本」可望得到有效遏制。

三、有效降低投資者成本。可預見的、透明的外資管理可以有效地降低並消除由於政府效率低下、缺乏透明度以及諸多限制所帶來的不必要的投資成本，規避各種風險。上述成本主要包括：第一，由於複雜手續和腐敗行為所帶來的隱形成本；第二，由於缺乏透明度和必要的資訊管道所帶來的資訊成本；第三，由於金融市場不完善所帶來的額外融資成本；第四，由於投資者權利限制所帶來的額外經營成本。投資便利化可在一定程度上緩解這些問題，為投資者帶來直接的收益。

四、促進母國海外投資。透過便利化措施促進本國海外投資對母國經濟發展具有正向作用。一方面，充分利用「兩個市場、兩種資源」，同時發揮本國的技術和經濟優勢，有助於維護和加強其國際經濟地位；另一方面，跨國公司投資利潤的匯回可以增加財政收入，有利於維護母國國際收支的平衡。儘管大量的資本外流也會帶來諸如技術外流和國內投資減少等負面影響，但是一般說來，海外投資對母國經濟是利大於弊的。因此，目前資本輸出國多採取各種便利化措施以鼓勵本國海外投資，提高本國經濟發展空間。

## 案例討論

### 日本 FDI 的經驗教訓

1970 年代以後，日本開始加快對外直接投資的步伐。1972 年日本對外直接投資項目從上年的 904 件，增加至 1,774 件，投資金額也從 8.58

億美元猛增至 23.38 億美元。因此，日本將 1972 年稱為「對外直接投資元年」。

此後，對外直接投資金額幾乎每過 5 年翻番，1986 年至 1990 年更是達到 2,272 億美元，投資項目數也達到 26,309 件。

日本對外直接投資迅速增加，緣起日本經濟所處的國內國際經濟環境的變化。1968 年以後，日本的貿易收支實現持續順差，與歐美，特別是與美國的貿易摩擦加劇，將工廠搬出日本成為減緩貿易摩擦的重要手段。

1968 年以前，日本經濟的成長時不時受到國際收支逆差的困擾，不得不在國際收支均衡與經濟成長之間來回折騰，並對外匯實施管制。持續貿易順差使日本擺脫國際收支的制約，開始放鬆對外直接投資的管制。

固定匯率制轉向浮動匯率制以後，日元匯率出現上升。日元升值不利於日本的出口，卻有利於對外投資。而且石油危機以後，確保能源的穩定供應成為日本經濟的重要課題。加之，日元升值和國內勞動力成本的上升需要將失去競爭力的產業轉移出去。

**日本對外直接投資各行業全面開花**

首先，上述經濟環境變化反映在對外投資的行業分布變化中。1970 年代，製造業對外直接投資前三位的行業分別是化工、鋼鐵有色金屬和電氣機械。化工和鋼鐵企業為了應對石油和原材料的漲價，積極將工廠搬到海外。非製造業對外直接投資前三位的行業是採礦、商務和金融保險。商務和金融保險是為擴大產品出口和在當地生產提供服務的。

到了 1980 年代，以 1980 年外匯管理法的修改為契機，日本對外直接投資出現全面開花。製造業的前三位行業變成電氣機械、運輸機械和

化工。電氣機械和運輸機械不僅排位第一第二，而且成長速度遠遠超過其他行業。到 1990 年底，電氣機械的投資總額占到全部製造業的四分之一，運輸機械占 13%。

1980 年代日本對外直接投資非製造業前三位的行業分別是金融保險、房地產和服務。1980 年代金融保險的對外投資總額為 629 億美元，占非製造業的 31%，房地產投資從零一躍而為第二位，總金額達到 458 億美元，占比 23%。

其次，也反映在投資對象地區的分布變化之中。1970 年代上半期，亞洲是日本最大的投資地區，其次是北美和中南美洲，分別占比是 28%、24% 和 19%。但是，70 年代下半期，對北美的投資占比超過亞洲，中南美洲的占比下降到 15%。

1980 年代以後，對北美的投資占比進一步上升，上半期達到 36%，下半期達到 48%。相反，亞洲占比則滑落到 20% 和 12%。對歐洲的投資占比上升到 14% 和 21%，替代亞洲成為第二大對外直接投資地區。

**廣場協議後，投資局勢巨變**

如同行業分布變化，日本 1970 年代對外直接投資的目的，主要是確保資金來源和擴大出口。擴大出口的主要方法是投資設廠。這個時期，日本產品的競爭力相當部分還集中在勞動密集型產業。因此，雖然為了減緩貿易摩擦，也在美國設廠，但是，投資主要集中在勞動力成本便宜的亞洲。

到了 1980 年代，對外直接投資出現大幅上升，尤其是 1980 年代後半期較之前半期出現跳躍。這個時期，日本產品的競爭力已經不限於勞動密集型產業，與歐美的貿易摩擦進一步加劇，不得不進一步將工廠搬到歐美和其他地區。

但是，促使對外直接投資出現跳躍的最大背景還是1985年「廣場協議」之後的日元升值。日元升值不僅直接迫使日本企業加快將生產基地轉移出去，而且為了應付日元升值，日本政府實行了前所未有的寬鬆的貨幣政策，造成大量「過剩流動性」。這些「過剩流動性」不僅推高國內的物價，也使得外國資產價格變得相對便宜，從而大量湧向歐美等先進國家。

這個時期，房地產和為投資提供服務的金融保險等服務業成為投資新寵。日本對外直接投資中，製造業的占比從1970年代的約37%進一步下降到26%。

與日本的出口地區結構相關，形成了製造業集中在亞洲，非製造業集中在歐美先進國家的直接投資局勢。日本對外直接投資主要透過開設新廠進行，雖然也有透過併購的，但是1980年代以前數量很少。1985年以後，透過in-out併購方式對外直接投資的案件開始增加，1985年對外併購的項目共78件，1986年上升到181件，1990年達到463件，仍然僅為同年全部項目數（5,863件）的8%。

## 成敗得失

綜觀日本1970至1980年代對外直接投資的得失，應該說，得大於失。理由在於，1990年代以後，日本進一步加大對外直接投資，出口和對外投資雙管齊下，既支撐了泡沫經濟崩潰以後內需低迷的日本經濟，也為以後日元進一步升值條件下的企業生存和經濟維持創造了條件。

另外，透過將生產轉移到海外，1990年代以後雖然與歐美之間還有貿易摩擦發生，但是，較之1980年代以前大為緩解。

具體分析其成功與失敗的經驗教訓，還可以歸納為如下幾條。

第一，如日本政府貿易振興會所總結的，成功的最主要因素是技術

和嚴格的產品品質管制。優良而難以替代的技術和產品品質永遠是製造業的立身之本和成功的基礎。

第二，面對海外市場，情報收集至關重要。1950 至 1960 年代，日本對外直接投資對情報收集不重視，吃了不少虧。例如製造業的大量投資集中於中南美洲，並不成功。以後開始注意情報收集，以商社為先鋒，特別是與其他先進國家不同，廣大的中小企業充當了對外直接投資的重要角色，中小企業在情報收集和利用方面缺乏知識和人才。商社利用自己的人才和銷售網路等優勢為企業提供各種情報，發揮了重要作用。

第三，總體經濟政策把握非常重要。1985 年「廣場協議」以後，短短幾年之間，日本國內房地產價格急升。加上日元大幅度升值，日元標價的美國房地產價格下跌，形成國內外差價，造成美國房地產價格便宜的錯覺，日本大量增加對美國的房地產投資。

最著名的例子是 1989 年日本地產業的龍頭老大三菱地產所花 2,200 億日元併購位於紐約曼哈頓的洛克斐勒中心。可是，1990 年以後日元繼續升值，洛克斐勒中心的日元價值繼續下跌，匯率損失繼續擴大，而且經營不善。最終，三菱地產不得不在 1995 年日元區域性最高點宣告了結，損失 1,500 億日元。由此可見，總體經濟政策的正確與否是企業正確投資決策的條件之一。

第四，注意理解和融入當地的社會文化。日本對外直接投資初期，不太重視亞洲。一是第二次世界大戰時日本為亞洲各國帶來了深重災難，心有餘悸；二是對亞洲了解不夠。此後，以官方開發援助（ODA）為先導，積極創造接受日本直接投資的文化環境和條件，取得成功。在非製造業，文化的理解和融入更加重要。

1989 年索尼公司出資 6,000 億日元併購哥倫比亞電影公司獲得成功。相反，作為索尼公司在電子行業的競爭對手鬆下公司受此影響，也於

1990 年出資 7,800 億日元併購了美國音樂社團唱片公司（MCA）。但是，最終因難以適應松下的企業文化而不得不分手，松下損失 1,600 億日元。

第五，適當分散投資區域也尤為重要。泰國是日本 1970 至 1980 年代對外直接投資的重要區域，集中了對東南亞的主要投資。去年發生的洪水對日本汽車為主的製造業打擊巨大。

資料來源：日本 FDI 的經驗教訓

作者：童適平

# 前沿閱讀

## 自主創新與利用 FDI 的協同機制

內生成長理論出現後，人們意識到技術創新及知識溢位是經濟成長的動力源。而在經濟全球化背景下，國際資本的流動是獲取這個泉源的重要方式。在開放型經濟背景下，國家或地區的創新能力的形成可透過內部驅動和外部帶動兩種方式，即一方面透過自主研發活動的內部驅動，擴大本國或本地區的知識存量。東道國公司與跨國公司的技術水準差異是影響 FDI 知識溢位的一個重要因素，當東道國公司與跨國公司的技術差距較大時，東道國公司會沒有足夠能力消化外來的先進技術，因而溢出效應將不會顯著。

(一) 產業協同

跨國公司的進入會帶動東道國的內資公司利用其國際化的經營網路，間接地參與到全球產業價值鏈體系中，在全球化分工中獲取一席之地，促進內資公司的創新能夠緊跟全球創新的步伐。

跨國公司可能會以供應商、客戶或合作夥伴等身分，和內資公司建立起業務前、後向連繫網路，透過這種關係網帶來知識溢位，促進東道國提高創新能力。

(二)空間協同

自主創新與利用 FDI 的空間協同是透過兩者的相同空間集聚來實現的。FDI 的集聚為當地自主創新的發展提供了孵化可能，FDI 的集聚會帶來自主創新的集聚，自主創新的集聚有助於帶來 FDI 的集聚。自主創新與利用 FDI 的空間協同應以創新要素的市場化流動為基礎，提高企業獲取外部創新資源能力，實現創新要素共享。空間協同創新的構成，其推動力主要是創新主體的流動，然後是創新成果的市場交易及知識流動促成空間內的集體學習過程。

在創新過程中，人、企業、組織間技術與資訊流動對創新活動的空間集聚、區域協同創新的形成起到了重要作用。創新主體流動可在組織間、區域間產生創新擴散及知識溢位，區域間溢位發生的原因是蘊含於創新主體的知識與技術隨創新主體的流動而流動。當新知識因素作用越強，創新活動的空間聚集趨向越顯著。

東道國的跨國公司比本國公司面臨較多的不確定性，所以，其在選取投資區域時，常採取「跟進」策略，由此導致了 FDI 的空間集聚呈現出雙集中，即在國別上表現為大集中，國別集聚時，外資公司常常會選擇遊戲規則明晰，法律法規、市場環境及經濟執行等存在較少不確定性的國家，目的是降低投資風險及資訊不對稱所導致的高資訊搜尋成本。

具體來說，外資公司較喜歡選擇同個來源國公司集聚的國家，即所謂的來源國效應，目前 FDI 主要集中在美、中等少數幾個國家；而在一國之內，FDI 則表現出小集中，即集中於一國內的一些發達地區。

空間協同集聚區內的創新能力是吸引跨國公司 FDI 的關鍵因素，

區內的人才、資訊、技術等高級要素的供給充分，易形成技術外溢，創新的文化氛圍濃厚，有利於加快產品創新及產業更新，國內外的投資者都竭力尋求充滿活力的集聚區，加入到這樣的集聚區會提高他們的實力和活力，反過來又有助於吸引新的技能和資本，形成集聚區內的良性循環。1999 年的《世界競爭力報告》將創新能力、競爭力與繁榮相連繫，指出創新能力是形成競爭力的基礎，而競爭力又是區域繁榮的決定因素。因此，區域的創新能力越大，對 FDI 的吸引力越強。

空間協同導致的集聚會帶來一些有利方面。首先，空間協同導致的集聚會帶來市場規模擴大，而市場規模擴大導致中間投入品的規模效應；另外，集聚帶來了市場需求空間的擴大，如增加了對專業化更強的產品與服務的需求量，兩者間形成良性循環，最終將帶動空間集聚區內的整體生產效率。

其次，空間協同導致的集聚將帶來勞動力市場規模效應。一是為空間協同集聚區內提供了充沛的勞動力市場；二是勞動力在空間協同集聚區內的自由流動，有助於提升勞動力的水準，從而降低了勞動力的培訓成本，保證了勞動力的品質供給。最後，空間協同集聚降低了交易成本，如因為空間協同聚集而大大降低了區內的物資流的運輸、庫存費用及資訊流的擴散費用。

(三)研發協同

在科技迅速發展及產品生命週期逐漸縮短的背景下，採取直接投資與非股權模式的技術聯盟方式，跨國公司的研發業務不斷離岸化，並逐漸進入到開發中國家。研發是指在系統研究基礎上並利用已有知識進行創造性的工作，其目的是增加知識總量，發明新的應用。

Romer（1990）認為 R & D 活動一方面能為私有公司提供新設計，這可能將為創新者帶來最大化的利潤，即壟斷利潤；另一方面 R & D 活動

帶來的新設計也會提高總知識存量，這表明了其能夠為後續創新者提供所使用的資訊與方法的集合，即存在研發外部性。

研發存在兩面性，對於技術落後國家來說，研發投入既是原始創新的泉源，也是消化吸收外來技術擴散並實現再創新的重要因素。Cohen 和 Levinthal（1989）指出，研發既能產生新知識與新產品，又能提高一個公司消化並利用已有知識的水準。Griffith、Redding 和 Van Reenen（2004）提出研發促進技術創新，也促進技術轉移，即促進對他人新發現的模仿。對於那些加大研發投入的落後國家可特別快地追趕上那些生產率領先國家。利用研發的外部性可達到「站在肩膀」效應，因為研發知識具有的非競爭性和部分的非排他性特點（Romer，1990），使得開拓者的研發成果將為後來者提供較高的研發基礎，並降低後續研發的風險。

而研發努力的重複，或者如果都是先開發最易開發的知識，將會造成人力及物力的浪費，並減少了後續高階研究的機會，這種重複創新即表現為「踩在腳尖」效應，而不注重吸收外來技術所帶來的重複創新可導致「踩在腳尖」效應（Jones 和 Williams，1998）。由此說明，東道國公司在利用 FDI 的過程中，應透過研發協同，加強吸收外來技術，充分發揮「站在肩膀」效應，盡量避免「踩在腳尖」效應。

內資公司在發展初期，應透過產業前後向連繫力爭成為跨國公司的配套公司或利用貼牌生產的方式，來積極模仿引進外資後帶來的先進技術，同時注重技術革新，逐漸由貼牌生產轉化成技術加工，當在技術上累積一定程度、條件成熟時，積極尋求與外資公司研發合作，特別是探索和同個產業內的外資公司諮詢研發機構進行合作，在合作中積極吸取其創新思想與方法，以此更快地提高自身的技術創新水準。

### (四)實現空間協同的路徑

透過加強資訊、資源、人員的流動性，有助於知識外溢、創新擴散。提高區域的創新能力，形成空間協同創新集聚，該集聚區內將會推動外資公司的本土化，並提升和當地經濟的連繫，促進外資公司的 R & D 投資，基於產業鏈基礎上的外資公司與內資公司的合作，以及外資公司的競爭和示範效應，將加快集聚區內資源、資訊的流動與共享，導致創新的層出不窮，區內實現以創新收益為核心的協同創新體系。

### (五)實現研發協同的路徑

要提高自主創新與研發方面的協同，應從以下幾方面著手。一是引進 R & D 投資比例較高的外資，這樣其所帶來的知識資源要更具有前沿性、高價值性。二是引進外資研發機構，鼓勵外資研發機構與內資公司、研究院所及大學建立聯合實驗室，在科學研究設施、科學研究組織、科學研究經費等方面彌補自己的不足。

資料來源：自主創新與利用 FDI 的協同機制研究

作者：黃傳榮，陳麗珍

### 思考題

1. 簡述當前全球 FDI 轉移情況。
2. 分析 FDI 轉移模式的特點和其主要影響因素。
3. 作為東道國如何吸引更多 FDI 投資？
4. FDI 便利化可以帶來哪些效益？

# 第 5 章
# 全球價值鏈分工布局

學習目標

　　本章主要介紹全球價值鏈的內涵,透過本章的學習,使學生了解全球價值鏈演變歷程,掌握全球價值鏈與 FDI 和貿易的關係,熟悉全球價值鏈的未來發展趨勢。

## 5.1　全球價值鏈分工的發展

　　1970 年代中後期以來,全球分工和貿易形式發生了深刻變化,突出表現為產品的價值增值環節被不斷分解,並按照其要素密集度特徵配置到具有不同要素稟賦優勢的國家和地區,從而使得國與國之間的分工和專業化優勢,更多體現為價值鏈上某一或某些特定環節和階段上。且更為重要的是,這種產品環節和階段的國際梯度轉移往往還伴有要素流動,這種新的國際分工現象稱為全球價值鏈。

　　全球價值鏈分工深刻改變著全球收入和經濟成長的形成方式。從價值鏈自身的演進動力來看,價值鏈內部蘊含著整合與分離的均衡運動。價值鏈演進的內生動力來自於提高生產效率和降低生產成本的驅動。由於不同生產環節存在著要素密集度的差異,在相應的要素豐富地區布局可以實現規模經濟效應,從而提高生產效率、降低生產成本,滿足消費需求並獲得更高的價值實現。因此,要素差異的存在,進而分工效率的

提高，成為促進帳工深化的主要動力。

與之對應，交易成本的提高則成為約束分工開展的主要阻力。在全球分工的初級階段，土地資源豐富的國家農業生產比較發達，礦產資源豐富的國家出產各種礦產，資本和技術條件較好的國家則從事製造業生產。各國的要素稟賦條件支撐了優勢產業相對較高的生產效率和相對較低的生產成本，從而相互間的貿易往來可以獲得更多收益。需要說明的是，相對較高的生產效率是與規模效應連繫在一起的，但是規模效應並不完全取決於要素稟賦條件，更主要的是取決於生產技術條件。以乙烯裝置為例，在 1980 年代，年加工能力達到 60 萬噸的裝置具有較強的競爭優勢，但是進入 21 世紀後，具有競爭力的乙烯裝置年加工能力般要在 100 萬噸以上，而且其能耗、產品損失率、二氧化碳排放更低。這與乙烯提煉技術的發展有關。

在要素條件和生產技術變化的情況下，影響分工開展的動力與阻力間的均衡也會發生變化，導致價值鏈分工局勢的變動。在早期的國際分工模式中，不同國家間的要素流動性較弱，商品貿易成為實際上國際間具有成本差異的要素交易的載體。商品貿易大規模開展有可能帶來要素需求與供給條件的變化，進而導致要素價格的變化，這反過來又作用於產業布局和產品生產。

另一方面，生產技術具有相對和動態屬性，生產同種產品或具有替代功能產品的技術路徑從來就不是唯一的。例如，同樣是紡織品生產，在開發中國家的企業可能使用落後的技術裝備和大量廉價勞動力，在先進國家可能使用先進的技術裝備和少量的勞動力。

至於究竟哪種生產方式更具競爭力，取決於兩種方式在提高生產效率和降低生產成本上的綜合平衡。當前，全球價值鏈分工呈現出一些新的變化趨勢，其中的關鍵就在於全球的要素成本差異正在發生深刻變

化，而且新一輪技術變革正在蓬勃興起，由此導致了不同國家、不同產品的生產效率和成本變化。

## 5.2　全球價值鏈分工的影響因素

全球要素成本布局發生深刻變化。保羅·薩繆森（Paul Samuelson）指出，國際貿易可能使兩個不同國家的要素價格趨於均等。以勞動力價格為例，隨著中國經濟開放程度的不斷提升和對外貿易的深入推進，中國勞動力價格與美國等先進國家的差距呈現不斷縮小的變化趨勢。

新一輪科技革命導致技術條件變化。在經歷了蒸汽驅動機械製造、電力驅動規模化生產、電子資訊驅動自動化三次工業革命之後，人類社會即將進入以人、機器、資訊高度融合為特徵的新一輪產業革命。以先進位造技術為代表的新技術不斷湧現，顯著降低了資源、能源、人口高齡化等因素對經濟發展的制約。

首先，先進位造技術對勞動生產率的提升能夠彌補勞動力成本高昂帶來的發展約束，從而提升產業國際競爭力。德國國家科學與工程院預測，現有企業在工業4.0的幫助下，可以提高30%的生產效率。

其次，新技術發展還使工業生產模式的新變化成為可能。目前，隨著電子裝置微型化、電腦及儲存介質的效能飛躍，推廣資訊物理融合系統成為許多製造行業的發展目標。包括產品設計、加工製造在內的各個環節都可以大量使用電腦來完成，工程數據可以直接轉化到生產過程之中，生產資訊也可以直接用於優化產品研發及生產過程的上游工序。

個性化需求快速興起導致商業環境變化。經濟中心正在加速轉移，從需求曲線頭部的少數大熱門（主流產品和市場）轉向需求曲線尾部的大

量利基產品和市場。消費者開始希望有更多個性化的主張,表達更加個性化的觀點、關注更加個性化的需求。雖然所有產品的完全個性化難以做到,但是個性化以及更多的小批次多品種趨勢已是必然,眾多利基產品聚合起來將形成與主流熱門產品相抗衡的利基市場。

這與大眾化、均質化的消費模式截然不同。因此,商業和文化的未來不在於傳統需求曲線上代表「暢銷商品」的頭部,而是經常被人遺忘的、代表「冷門商品」的長尾。受此趨勢影響,個性化、多品種、小批次正在成為許多傳統行業發展的新趨勢。以汽車為例,1990年德國豪華車製造商每個品牌生產的汽車款式大約是7至8款,2012年僅奧迪、寶馬、賓士三個品牌在德國推出的汽車款式就達到66款,翻了近2倍。

非線性網路擴張導致生產組織模式變化。先進製造業最鮮明的特徵是產品的快速更新和生產過程的持續改進,其帶來的生產正規化轉變深刻改變著製造業的要素配置方式,有可能創造全新的生產組織模式。例如數位化與智慧化技術使企業具備了快速響應市場需求的能力,能夠實現遠端定製、異地設計、就地生產的協同化新型生產模式。目前,先進國家已經湧現了幾十種先進位造系統和生產模式。

## 5.3 全球價值鏈與貿易增速的關係

### 5.3.1 全球價值鏈與貿易增速現狀

從二戰以後全球貿易成長的歷史資料來看,1970年代中後期以來全球貿易的增速要顯著高於1950年至1970年期間全球貿易增速。根據聯合國貿發會議統計資料庫提供的資料,可以將1950至2010年,這60年

## 5.3 全球價值鏈與貿易增速的關係

間的全球貿易資料分割槽間考察。

結果發現，1950 年至 1960 年，10 年間全球出口貿易年均成長率約為 6.52%，1950 年至 1970 年，20 年間年均成長率約為 7.50%。而與此 20 年間全球出口貿易成長率情況相比，1970 年至 1990 年，20 年間全球出口貿易的年均成長率卻高達 11.52%，其中，2000 年至 2010 年全球出口貿易年均成長率出現了高速成長情形。全球出口貿易增速出現的上述變化，與全球價值鏈分工演進具有實踐上的一致性。關於這一點，可以從相關統計數據的對比分析中看出。如果不求嚴格，以全球中間產品出口貿易在全球出口貿易總額中所占比例表示全球價值鏈分工現實狀況的話，那麼中間產品出口占比的變化情況與全球出口貿易增速情況具有統計層面上的協同性。

因為統計數據顯示，全球中間產品出口占比自 1970 年以來一直處於上升狀態，其中，1970 年至 1995 年這段區間內提高得最快，而之後雖然也在不斷上升，但是上升的步伐顯然已逐步放緩並基本趨於平穩。由此可見，二者在統計層面上具有一致性：中間產品出口占比快速提升進而可視為價值鏈分工快速演進階段，對應的是全球貿易快速成長階段；而中間產品出口占比提升速度放緩從而可視為價值鏈分工布局基本定型，或者說價值鏈分工深化速度放慢，對應的全球貿易增速放緩階段。

由於在全球價值鏈分工模式下，一國只是專業化於產品生產的某一或某些特定環節和階段，因而在完成最終產品生產之前，必然涉及中間產品的多次跨境流動或者更多中間產品跨境流動問題。並且產品價值增值環節分解的階段越多，則中間產品跨境流動的次數或者跨境流動的中間產品也就越多，進而放大了統計意義上的貿易增速。隨著全球價值鏈分工的深化，全球出口貿易增加的就越多，這就是全球價值鏈分工的深化效應。

當然，由於這種「深化效應」伴隨的是中間品的多次跨境流動，從而存在重複統計問題，因此所導致的貿易成長效應其實具有「虛高」特徵。從另個角度來看，當產品的全球價值鏈分解到一定階段或者說深化到一定程度後進而趨於穩定，從而由此帶來的貿易成長就會減緩或停止。總之，由全球價值鏈分工所帶來的貿易高速成長，是建立在價值鏈分工不斷深化基礎之上的，一旦價值鏈分工布局基本穩定或者說深化難度加大，速度放緩，那麼由此所能帶動的貿易成長效應也必然放緩。

當國際分工演變為全球價值鏈分工為主導形態時，從單個國家，尤其是從作為承接產品價值環節和階段的國際梯度轉移的國家角度看，其貿易增速的變化不僅與融入全球價值鏈密切相關，而且與嵌入全球價值鏈的位置相關。

具體而言，一國融入全球價值鏈分工體系中越低端的位置，由此表現出來的出口貿易成長效應就越明顯；反之，一國融入全球價值鏈分工體系中越高階的位置，那麼由此表現出來的出口貿易成長效應也就相對較弱。當然，其內在的理論邏輯其實很簡單，因為越是價值鏈下游的生產環節和階段，其生產階段的完成及其出口，所內含的進口中間環節和階段也就越多，從而在統計意義層面上的「出口」規模也就越大。

上述邏輯也可以理解為，越是處於全球價值鏈下游和低端，貿易統計結果越會被「虛高」，而越是處於全球價值鏈上游和高階，貿易統計結果被「虛高」的程度相應就越低。由此可見，一方面融入全球價值鏈分工體系帶來了貿易成長效應，另一方面嵌入全球價值鏈的位置不同所帶來的貿易成長效應也各異。

## 5.3.2　全球價值鏈分工布局下的貿易內涵

全球價值鏈分工深入演進，以及將來可能的進一步深化，使得外貿的本質內涵發生了實質性變化。而正是這種變化，使得貿易原有概念、作用、功能和意義等均發生了實質性改變，突出表現為以下幾個方面。

貿易的性質發生了本質變化。由經濟學的基本原理可知，貿易其實是產品交換跨越國界的一種現象，而其基礎則是社會分工由國內向國際的延伸。因此，對貿易現象的看待和理解絕不能就貿易而看貿易，包括對貿易性質的理解，都離不開對分工形態演變的深度探究。

在傳統的以「最終產品」為界限的國際分工模式下，貿易品的生產和進出口是相互獨立的生產過程和流透過程，是為了實現產品的價值而進行的商品跨國流動現象，其主要功能是連線生產和消費的紐帶。但是，在全球價值鏈分工模式下，貿易的性質已經發生了根本變化，即貿易變成了為確保完成全球生產而進行的「產品」跨國流動現象。

這是因為，在全球價值鏈分工模式下，一國只是專業化於產品價值鏈條上的某個或某些特定環節和階段，無論是出口還是進口，更多的意義在於完成價值鏈鏈條上的下一階段生產，進出口貿易自然也就演變為跨國公司在全球組織生產的一個流轉環節，因而其本質上是連線全球生產不同階段和環節的紐帶，是在全球價值鏈上創造部分價值的一個增值過程。因此，新國際分工模式下貿易的根本性質，隨之從為實現產品價值而進行的跨國流動，演化為為了確保全球生產而進行的跨國流動。

內需和外需的邊界日益模糊。新國際分工模式下，產品的流動尤其是中間產品的跨境流動實質上是參與全球生產的一個過程和流轉環節，因而與傳統意義上的所謂「外需」已經截然不同。更為重要的是，在這種新的分工局勢下，產品生產已經具有了「世界製造」的意義。

因此，全球生產的意義也必然使得所謂的需求有了全球化意義，這是因為，產品尤其是中間產品要經過多次跨國流動，且流轉的產品由於富含了大量來自不同國家和地區的中間投入環節和階段，因此，以進出口為表象的所謂需求，已經難以區分到底是對國內產品的需求還是對國外產品的需求，因而也就難以區分傳統意義上所謂的外需和內需。

內需之中有可能夾雜著傳統進出口意義下的外需，而外需之中也可能夾雜著所謂內需。內需和外需的邊界已經變得雜糅模糊，逐漸具有一體化或者稱之為全球化特徵。由此可見，在新的國際分工模式和局勢下，再以傳統的方法和眼光來劃分和看待所謂的「外需」和「內需」，實質上是對國際分工本質的忽略，尤其不能將出口狹隘地視為所謂外需，否則必然誤解全球價值鏈分工局勢下外貿的本質。

外貿的內涵和外延有所擴大。由於包括資本以及由此帶動的技術、人員、管理等生產要素的跨國流動性日益增強，已成當前國際分工的重要特徵之一，因此，在當前全球價值鏈分工形式下，貿易與要素流動越來越具有融合趨勢，越來越具有一體化特徵。

從廣義上看，主要表現為國際貿易和要素跨國流動之間高度融合、相互依賴、共生發展、合為一體的一種國際經濟現象。

從狹義上看，則主要表現為在全球價值鏈分工體系中，跨國公司在全球配置和整合資源，從而形成國際生產的全球供應鏈，把節點企業安排在不同國家的生產和貿易「一體化」現象。這是外貿在全球價值鏈分工形式下的真實本質內涵，其與教科書中所定義的傳統進出口貿易已經出現了區別。

而從外延上來看，全球價值鏈分工形態下的對外貿易，其不僅涵蓋了傳統的最終產品跨境流動，也包括中間品跨境流動，以及為生產中間貿易品和最終品而進行的一切生產要素的跨境流動，外貿已從傳統意義

層面上的所謂產品跨境流動，拓展並涵蓋了集傳統貿易、投資、價值增值創造等為一體的「大外貿」概念。實際上正是由於這種變化，「國際貿易重要性」不會漸減反而會漸增。

### 5.3.3　全球價值鏈分工與貿易發展

在以生產國際分割和要素跨國流動為主要特徵的全球價值鏈分工模式下，發展對外貿易由於蘊含了更高的價值內涵，從而對經濟發展的作用更加重要。

全球價值鏈下貿易是分工進一步細化的表現。在以產品生產環節和階段為界限的全球價值鏈分工模式下，國際分工得以進一步細化。這種細化不僅表現為最終產品被分解為若干個環節和階段，從而在不同的國家和地區進行專業化生產，而且更為重要的是，在最終產品上不具備比較優勢的國家，在新國際分工模式下，可能在某個生產環節和階段上具有了比較優勢。

基於全球價值鏈的全球分工進一步細化，不僅使得原本缺乏比較優勢而被排除在國際分工之外的國家獲取了參與國際分工的機會，從而利用了在以最終產品為界限分工模式下難以利用的「潛在比較優勢」，也使得參與國際分工的國家在產品層面上的分工得以進一步拓展。顯然，如果學術界的共識是承認分工和貿易具有普遍的互利性這個基本邏輯，那麼在以全球價值鏈為主導的新國際分工模式下，開展對外貿易的實質就是國際分工的進一步細化，從而進一步「放大」貿易利益。

全球價值鏈下貿易是資源配置進一步優化的表現。在傳統的以產品為界限的分工模式下，由於假定生產要素不具備跨國流動性，因而資源優化配置還僅僅停留在一國國內，且這種資源的優化配置還存在一個假定前提，就是生產要素和資源在國內具有自由流動性、不存在專用性約

束等。而在新的國際分工模式下，由於要素流動具有了跨國界性，因此貿易品的生產不再是「封閉式」狀態，而是一種「開放式」狀態，是透過要素跨境流動而實現的多國要素合作生產。

顯然，這種「開放式」的資源配置相比「封閉式」的資源配置，其優化程度會更高，這對於開展國際分工和貿易的任何國家而言，都是一種更大的潛在貿易利益。而且更為重要的是，在要素可進行跨國流動情形下，還可以在相當程度上克服「封閉式」狀態下分工和生產專業化所面臨的資產專用性約束問題，以及可以使得在不具備要素跨國流動條件下的一些「閒置要素」得以充分利用。

全球價值鏈下貿易更有利於知識技術的擴散傳播。散和傳播效應顯然有利於貿易參與國的技術進步和知識累積等。實際上，在全球價值鏈為主導的新國際分工模式下，技術和知識的傳播不僅有了新的形式和管道，而且方式上也有了新的變化，從而更有利於其在國與國之間的擴散和傳播。

況且，由於全球價值鏈分工模式下的貿易實質是「生產全球化」，因此在「生產全球化」背景下，知識和技術的跨國傳播不僅是一種可能和被動外溢，更是一種必要和主動溢位。這是因為，一方面，技術和知識作為廣義上的生產要素，「生產全球化」必然要求其流動全球化，而技術和知識的跨國流動，對於流入國來說顯然不僅由於流量效應而直接帶來「存量增加」，而且還由於其較強的外溢性而間接帶來「存量增加」效應。

另一方面，生產全球化需要的是分布在不同國家和地區的生產環節和階段實現「無縫對接」，而正如 Amiti et al.（2007）所指出，為了能夠達到這一點，跨國公司對節點企業進行技術指導和知識培訓等「主動溢位」就是必然。這也意味著在全球價值鏈為主導的新國際分工模式下，開展對外貿易所蘊含的價值取向將更多地從以往「量性成長」向更具「質性發展」轉變。

全球價值鏈下的貿易更有利於實現包容性發展紅利。在以要素流動和碎片化生產為主要特徵的全球價值鏈分工模式下，由於各國參與貿易的本質是共同合作生產全球產品，更確切地說，國與國之間開展分工和貿易不僅為了實現「比較利益」，更是為了確保全球「共同生產」的正常進行。這個「共同生產」的本質，使得國家間的分工與貿易不僅具有「互利性」特徵，更重要的是呈現利益上的相互「依存性」，即任何一國獲取國際分工利益的大小都是以對方國家獲取國際分工利益的大小為前提，從而使得國與國之間開展分工和貿易合作所能產生的貿易利益具有了「變和博弈」特徵。

　　也可以說，任何一個國家的不可持續進而導致價值鏈條的「中斷」，都會導致全球生產的不可持續或者「中斷」。可見，當前全球價值鏈分工的實質對包容性發展具有了內生性需求，越來越要求國與國之間具有更為緊密的合作和包容性發展精神，從而使得貿易本質上的「互利雙贏」得以真正實現。本輪全球經濟危機嚴重衝擊下，雖然貿易保護主義有所抬頭，但是並未遵循歷史的「邏輯」，就是價值鏈分工對秉持包容性發展內生需求的明證。

## 5.4　全球價值鏈分工的新趨勢

### 5.4.1　製造業價值鏈向創新鏈轉變

　　當前全球分工演進的一個重要發展趨勢就是技術創新也越來越具有全球性特徵，即一方面包括研發在內的技術創新出現國際梯度轉移，另一方面技術創新的全球「合作性」越來越明顯。一項研究顯示，技術創

新的跨國轉移和合作已經成為當前經濟全球化的重要發展趨勢。技術和知識的流動伴隨企業間人員的頻繁跨國流動而日益頻繁，與此同時，不同國家的使用者、供應商、大學以及科學研究機構人員對創新活動的共同參與，使創新從企業內部、區域內部和國家內部的合作，擴展到國家間不同主體合作，進而使得全球價值鏈的發展在原有製造業價值鏈基礎上，向全球創新鏈層面深度拓展。

當然，出現這種變化的主要原因在於，一方面技術創新產品越來越複雜，從而成為單個企業的「不能承受之重」；另一方面通訊和資訊等技術突飛猛進為越來越多的企業突破地域和國家界限，從而在全球積極尋求資源「為我所用」提供了支持。

### 5.4.2　全球價值鏈從製造業向服務業拓展延伸

從全球產業鏈的構成來看，在越來越多的「服務」變得可貿易的同時，「服務」的全球價值鏈也得到了快速拓展，即服務提供流程的不同環節和階段被日益分解，並被分散和配置到具有不同要素稟賦優勢的國家和地區，服務業正呈現「全球化」和「碎片化」的重要發展趨勢。

全球價值鏈從製造業向服務拓展延伸，不僅為開發中國家融入全球服務產業鏈，從而促進服務貿易和服務業，尤其是現代服務業發展提供了重要機遇，而且對於製造業轉型更新從而提升其國際分工地位也可能發揮著重要引領作用。

伴隨服務產業鏈的國際梯度轉移，可以借鑑製造業開放的成功經驗和做法，透過擴大服務業開放來拉動服務業發展乃至服務業產業結構更新。

### 5.4.3　全球經濟規則從第一代向第二代深度演變

在全球價值鏈分工形態下，實現產品生產不同環節和階段的無縫對接、降低交易成本，是價值鏈分工的內在要求，這不僅需要透過「邊境開放」以降低產品跨境流動壁壘，還需要各國市場規則的一致性乃至各國間標準的相容性。只不過全球價值鏈的前一輪發展主要表現在製造業環節，尤其是中低端的環節和階段的國際梯度轉移，這個階段相對而言對前一要求較高，而對後一要求還並不太高。

然而，全球價值鏈的進一步發展尤其是基於製造業價值鏈向全球創新鏈的深度演進，會對與之相應的制度保障提出更高要求。以跨國公司主導的全球價值鏈深度演進為主要內容的經濟全球化是大勢所趨，其對更高標準制度保障的內生需求，催生了「新一輪區域貿易自由化浪潮的興起」。

一項研究顯示，基於這個內生需求的全球貿易和投資規則正在重建並取得了一定成果。由此可以預期的是，伴隨全球經濟規則從第一代向第二代深度演變，包括以製造業價值鏈為基礎向全球創新鏈拓展的國際分工勢必深入演進。

### 5.4.4　全球經濟新局勢下跨國公司「逆向創新」策略調整

20世紀後半葉，尤其是進入21世紀以來，世界經濟局勢發生了「東升西降」的巨大變化，這必然引起跨國公司全球競爭策略布局的相應調整。這是因為，先進國家在布局全球價值鏈過程中，不僅與各國的要素稟賦結構所形成的比較優勢有關，也與最終消費市場的區位有關。即價值鏈不同環節和階段對「接近」消費市場的需求或者說敏感程度不同。具

體而言，諸如研發、設計、行銷和售後等更傾向於「接近」消費市場，而具體的組裝、加工和普通製造環節則對是否「接近」消費市場不太敏感。

因此，在全球財富和經濟權力主要集中於發達經濟體的背景下，全球主導性消費也主要集中於發達經濟體，這必然促使跨國公司的全球策略主要「定位」於發達經濟體市場。但是伴隨新興經濟體和發展中經濟體的迅速崛起，以及全球經濟重心的逐漸「東移」，必然推動全球消費市場布局的重新調整。

隨著新興和發展中經濟體市場需求規模不斷擴大，跨國公司會越來越重視這個新的市場需求和巨大潛力，為了接近這個「新」的市場，其全球價值鏈的布局策略也將隨之調整，即將更多的研發創新活動置於新興市場經濟體，並以此為基礎將創新產品銷往包括先進國家在內的全球市場。這種「逆向創新」，顯然有別於以往主要將研發創新活動置於先進國家市場進而將創新性產品再銷往全球的模式。

## 5.4.5　全球價值鏈發展進入重塑階段

美國實施的「先進製造業」發展策略、德國大力推進的「工業 4.0 策略」、英國實施的「高價值製造」策略，以及法國實施的「新工業法國」策略等，本質上都是為擺脫本輪全球經濟危機的陰霾而進行的科技革命和產業革命競賽，同時也說明了各國愈發重視以技術創新拉動經濟發展。

顯然，醞釀新的產業革命和技術革命，必然改變著全球產業鏈布局，從而使得全球價值鏈進入新一輪的調整期和重塑期。當然，科技革命和產業革命推動下的全球價值鏈重塑和調整，既包括設計研發的全球化發展趨勢，也包括全球價值鏈自身的變動，比如傳統「微笑曲線」的整體移動，甚至有研究所指出，與「微笑曲線」相伴隨的，可能還會出現新

式的所謂「沉默曲線」乃至「悲傷曲線」，以及不同國家在全球價值鏈中地位重構等。應當看到，全球價值鏈調整和重塑已初現端倪，而這對於開發中國家來說，透過開展諸如對外投資參與全球價值鏈重塑等，從而實現產業更新和技術進步，既是重要機遇也是重要途徑。

## 5.5　全球價值鏈分工模式新變化

在過去相當長的時期內，全球價值鏈治理主要模式的核心都在於生產環節，即在製造環節進行全球分工、細化分工，即使向研發、銷售環節有所拓展，也沒有擺脫透過製造環節的全球分工獲取價值增值的根本原則。但是隨著技術創新和需求條件的快速變化，先進位造模式快速興起並為全球價值鏈分工帶來深刻影響。

與傳統製造模式不同，以技術變化為支撐、以需求參與為紐帶的先進位造模式具有四個方面的新特徵：

一、消費者成為產品研發的重要組成部分，這與以往生產廠商主導產品研發有很大區別。

二、圍繞個性化需求的定製、小批次生產迅速興起，這與以往標準化的大規模生產迥然有別。

三、產業鏈上下游融合貫通導致企業間的互聯整合程度加深，這相對於以往層級清晰、不斷細化的垂直分工有很大調整。

四、靠近消費需求就近布局、快速交易成為新的發展趨勢，這與以往全球採購零元件、全球銷售終端產品的貿易局勢截然不同。

從全球價值鏈分工演變的動力機制來看，最為關鍵的一是智慧製造、網路等新技術在價值鏈各個環節深度滲透；二是消費者的消費理念、

思想觀點、創意想法等在價值鏈各個環節深度體現，由此導致產品開發、製造生產、售後服務等環節間的融合程度進一步加深。先進位造模式在全球不斷發展和推廣，特別是與先進國家再工業化策略相結合，既使得全球價值鏈分工在尋求要素優勢、實現規模效益方面發生深刻調整，又會在創新與價值創造、生產模式變化方面呈現新的面貌。

## 5.5.1　尋求傳統要素優勢和規模效益的分工布局發生新的變化

在工業化初期，分工模式的典型代表是產業間分工，比如亞當・史密斯（Adam Smith）所說的紡織業與釀酒業的分工；分工進一步深化在產業內展開，比如產品功能相同的兩家電器企業間的分工；1990年代以來產品內分工快速興起，主要是同一產品內部的研發設計、關鍵零元件與組裝生產之間的分工。

但是不論分工形式如何變化，驅動分工變化的核心是一致的，即分工之後的規模化生產可以充分利用各種優勢要素，實現生產的規模經濟效益，從而提高生產效率、降低生產成本。對於新興市場來說，豐富的勞動力、自然資源及巨大的需求市場是全球價值鏈興起和發展的基礎，並且為其繼續發展提供了新的動力泉源。

近年來，在發展環境變化以及新技術不斷湧現的影響下，傳統製造業分工布局正在發生新的變化。一是隨著全球貿易的快速開展和要素資源的頻繁流動，一些國家間的要素成本差異呈現縮小趨勢，從而內生地制約著分工的深化開展。二是隨著工業機器人、數字製造、增材製造、柔性電子製造等新技術興起，產品生產流程開始深度整合，一些產品的生產要素密集度可能發生逆轉，之前對於勞動力有旺盛需求的一些產業呈現出低勞動需求的特徵。

## 5.5.2 需求者深度參與的創新驅動在價值創造中變得更加重要

由於生產效率大幅度提高和產品極大豐富，工業製成品間的競爭越來越激烈，消費者的話語權則越來越大。如何更好、更快地滿足需求者的個性化需求成為製造業創新的重要內容。

進入 21 世紀以來，來自諮詢公司、產業貿易協會、國際組織的研究報告都認為，隨著全球生產能力的快速提高，大規模的產能過剩長期困擾著幾乎所有的全球競爭性產業。鈴木敏文指出，在從商品稀缺時代向商品過剩時代演化的過程中，消費者被置於各種經濟關係的核心地位，供給創造需求正在轉變為滿足需求的動態及時匹配。在傳統創新模式中，消費者被看作是購買和消費生產者創造的產品的「市場」；在新的創新模式中，消費者成為產品創新的重要來源，發揮著非常重要的作用。一項研究估計，作為產品創新者，美國和日本消費者在消費品研發上的支出占比達到 33% 和 13%。

未來製造業發展將以解決顧客問題為導向重構價值鏈條。在生產者與需求者的權力重心發生遷移的情況下，生產企業必須在充分了解使用者需求的基礎上，不斷提高感知使用者的能力。史蒂夫·賈伯斯（Steve Jobs）曾說：「不要問消費者想要什麼，一個企業的目標就是去創造那些消費者需要但是無法形容和表達的需求。」只有讓消費者參與到產品創造的過程之中，「無法形容和表達的需求」才能成為市場上被消費者認可、接受的產品。而且，技術發展使需求者參與產品創新成為可能。

對於企業來說，大數據快速發展使資料的收集、整理、分析、回饋、響應可以在瞬間完成，企業能夠及時動態地捕捉消費者的真實需求和潛在需求。對於需求者來說，網路不斷擴大以及更多開放平台的建

立，將更多的個體與組織連線起來，使用者可以充分參與設計、創新、傳播、內容創造等多個過程。因此，在使用者需求日益碎片化、個性化的趨勢下，企業真正比拚的是洞察使用者需求、滿足個性化需求的能力。

## 5.5.3 模組化、智慧化等先進位造方式引致新型生產模式興起

隨著先進位造技術推廣應用，市場需求多樣化促使工業製造向多品種、小批次、短週期方向演進。一是小批次定製化生產加速發展。根據客戶個性化定製需求，在產品虛擬設計的基礎上，透過智慧工廠完成生產製造過程。這主要得益於新技術的推廣應用，使企業能夠以更低的成本完成差異化客戶的資訊蒐集、產品設計、生產線以及供應鏈調整，從而有效解決了定製產品週期長、效率低、成本高的問題。

目前，服裝、家電、機械裝置等領域都出現了從大批次、標準化生產轉向多品種、小批次、定製化生產的現象。例如，德國液壓閥生產企業博世力士樂透過對原有生產線進行工業4.0化改造，能夠在無須進行技術和物流轉換的條件下生產6大產品系列的2,000種不同產品，實現小批次定製化生產甚至是單一產品生產。

二是以模組化為核心的生產鏈和供應鏈整合進一步加深。由於構成裝配線的零元件繁多且來自不同製造商，如果不能高效地串聯起不同生產環節，消費者的多樣化需求會為生產線調整帶來嚴峻挑戰。但是，滿足個性化需求的定製化生產，要做出快速、準確的生產響應，必然要求符合條件的零元件以正確的數量在正確的時間出現在正確的位置。模組化設計正是解決這個難題的有效途徑。

在先進位造模式下，從使用者互動平台、供應商到整個製造過程都基於模組來確定產品。這一方面要求終端生產商、模組供應商和零元件生產商的深度融通，在資訊共享、產品創新、生產協調等方面緊密連繫，另一方面也要求核心零元件供應商向模組供應商轉型，全程參與產品設計、供應商整合、生產製造以及物流服務等各個環節。

三是越來越多的需求者提出盡快交付商品的新要求。對於顧客來說，商品何時送到變得更為重要，縮短研發週期、盡快交付商品成為所有行業的發展趨勢。由此，供貨方開始有必要在靠近銷售地點的地方生產。

## 5.6　全球價值鏈治理中政府的作用

政府在促進國內企業成為 GVC 治理者方面可以發揮作用，政府透過政策、制度和價值誘導，在四個方面可以大有作為：為高級專業化的生產要素的生產和供應創造一種機制和制度，保證國內的市場處於活潑的競爭狀態，制定策略推動國家或地區從要素驅動、投資驅動向創新發展轉型，鼓勵國內消費的精緻性需求，進而促進產業或企業走向 GVC 治理者高階。

### 5.6.1　創造高級專業化生產要素輩出的機制和制度

從經濟學租金看，企業擁有越多的關鍵要素往往能夠在 GVC 中獲取越多的租金。無論是生產者驅動型治理還是市場驅動型治理，治理者在產品研究開發、行銷品牌等 GVC 環節占據領先優勢，這些環節內含的技術、知識、資訊和人力資本等高階生產要素具有邊際收益遞增的特性，是影響 GVC 治理的關鍵因素，擁有高級專業化的生產要素是企業能否成

為 GVC 治理者的必要條件。政府最重要的角色就是要為高級專業化的生產要素的生產和供應創造一種機制、創造一種制度。

一、加大人力資本投資。開發中國家在嵌入 GVC 之初，因為勞動力水準低，吸收先進技術能力弱，只能從事加工組裝等低附加值環節，以滿足先進國家 GVC 治理者的要求。GVC 治理者較多的國家，都是教育體制先進、教育資源充沛和教育專家雲集的國家，聚集了一大批世界一流的大學和一流的科學家、科學研究創新團隊和青年科技人才隊伍。

戰後美國各級政府在教育方面持續地大量投資，網羅全球大批科學家。德國、韓國高度重視技術學院和職業學校，德國的技術學院在某些領域的地位甚至超過一般的大學，從而為 GVC 治理者源源不斷輸送應用型、創新型的人力資本。所以，政府要加大人力資本投資，教育和培訓則是提升人力資本水準的重要途徑，要改革教育體制、優化配置教育資源、聚集教育專家。政府在產業人才培訓方面需承擔更大責任，透過政府支持鼓勵引導產業界加大人力資本投資，使整個社會人力資本水準適應 GVC 治理的需求。

二、投資共性技術和基礎研究。生產者驅動型治理中，跨國領導企業占據了技術的制高點，從而獲取 GVC 較大份額的租金。技術進步不僅使應用這項技術的產業和所屬企業受益，還影響了與該產業關聯的其他產業，具有正的外部性，具有準公共產品的屬性。先進國家都有鼓勵企業研發的產業政策、科技政策與產業競爭階段步伐相一致。

如美國的技術創新和產業更新所需的基礎研究，絕大多數是由美國國家科學基金資助大學，或是由美國國家健康研究院等政府支持的科學研究機構競爭完成的，這些研究所和實驗室成為新產業的搖籃。政府透過財政直接撥款設立科學研究基金，或者與跨國領導企業建立技術聯盟，或者將部分科技經費補貼與產業集群委託有連繫的研究機構研究，

以此突破瓶頸突破公用技術瓶頸，幫助領導企業占據 GVC 治理者位置。與此同時，政府加大智慧財產權的保護，構築技術和標準的防火牆和模仿壁壘，穩固治理者地位。

促進資金鏈和產業鏈、創新鏈的有機融合。如果企業能夠以較低的成本、較為便捷地獲得外部資本，企業就有可能增加在研發和行銷環節的投入，就有可能實現從低附加值環節向高附加值環節的轉移。先進國家和地區的企業之所以牢牢占據著 GVC 治理者位置，是因為這些國家和地區的金融業發展程度高、融資環境健全。

而鎖定在 GVC 低端環節的開發中國家，普遍存在金融業發展程度偏低、融資環境不健全等特點，一些科技研發型企業，由於天然具有輕資產、高風險、高收益的特質，在缺乏足夠抵押物的背景下，向銀行融資就受到很大的制約，如果沒有相應的金融創新來滿足他們的創新資金需求，創新就會被扼殺在搖籃之中，就難以成長為科技巨人。所以，政府要優化金融發展環境，為處於種子期、初創期、成長期、成熟期的企業提供多種業態、低成本、便利化的資本要素，促進資金鏈與產業鏈、創新鏈的有機融合。

三、整合產業資訊資源。模組化、特質型的信息和知識是 GVC 治理者的祕密武器。政府可以透過運用大數據技術、搭建研究平台整合企業年報、產業發展報告、專利數據庫等產業發展所需的資訊，廣泛傳播所整合的資訊，形成產業發展所需的資訊網路。如日本通產省下設為數眾多的研究小組、產業諮詢委員會，不斷提出與新技術、國際競爭趨勢或未來需求相關的產業報告，產業報告廣泛傳播，刺激企業不斷創新以迎接外部風險挑戰。企業將外部信息內生化形成模組化資訊和知識，形成企業核心競爭力，提升企業在 GVC 中的地位。

## 5.6.2 保證國內市場處於活潑的競爭狀態

政府在 GVC 治理者形成過程中最重要的角色莫過於保證國內市場處於活潑的競爭狀態，市場的倒逼機制會產生強大的產業創新內生動力，只有那些創新動力和能力超強的企業才有可能成長成為產業的領導者，進而成為 GVC 的治理者。所以，公平、開放、有序的競爭市場是催生 GVC 治理者的必要條件。

一、保證市場的充分競爭狀態。當企業面對強大的競爭壓力時，他們會被迫投資研發，以拉開與競爭者的差距。任何模仿抄襲的行為因為市場的創新壓力、技術的層出不窮而消失，進而帶動整個產業技術進步的速度。那些在國內競爭中無法立足的企業，也很少能在國際上揚名。

所以，產業競爭規範較少的國家，往往也是擁有 GVC 治理者較多的國家，因為，當國內行業只有一兩家企業獨大時，他們缺少競爭對手，滿足於現有優勢而減緩了創新速度，在國際市場面臨強大的競爭對手時就敗下陣來，於是尋求政府更多的援助以維持現有的市場地位，如此這般，他們就很難成長為 GVC 的治理者。

因此，政府要打破地區間要素自由流動的壁壘，打破行業准入的壁壘，營造不同所有制企業公平競爭的局勢，發揮市場在資源配置中的決定性作用。

二、鼓勵「大眾創業、萬眾創新」。政府透過鼓勵「大眾創業、萬眾創新」，打造低成本、便利化、全要素的眾創空間，弘揚創客文化，培育海外留學人員、企業高層、大學生，，孵化鋪天蓋地的科技型企業，從中可以走出一批在國際產業細分市場的科技巨人。新的競爭者會使用新技術、找尋新的產業環節、供應新的零元件材料或提供特別的服務，對市場會產生鯰魚效應。

三、完善生產要素市場價格。政府的產業政策不應扭曲生產要素價格，當企業面對要素成本上升和創新壓力時，一些殭屍企業因政府的補貼而延緩死亡或放緩轉型更新的步伐。

凡事都有政策支持，企業無論在投資或面臨風險時，注意力都將放在政府的補貼上而非創造真正的競爭優勢。政府在處理經濟發展和環境保護關係時，不應容忍企業的肆意排放，這樣企業就降低了環境創新的壓力。同樣，政府在對待薪資上漲、能源價格提高、強勢貨幣等問題上，要充分尊重市場規律。先進國家都曾遭受成本的上漲壓力，非但沒有削弱他們的產業競爭優勢，反而使得他們的競爭力更強，原因在於薪資上漲會提高勞動者對高品質、高價位產品的購買力，改善國內市場需求狀況，進而營造 GVC 治理者的市場需求條件。成本倒逼還帶動了上游材料和機械供應企業的創新努力，改善產品品質，研發出新產品，一批行業的領軍企業在此過程中崛起，GVC 治理者從中誕生。

## 5.6.3 積極參與全球經濟治理和推動國內經濟發展策略轉型

一、積極參與全球經濟治理。全球經濟治理是指各國政府部門、國際組織、非政府組織、跨國公司和其他市場主體，透過協調、合作、確立共識等方式，參與全球經濟事務的管理，以建立或維護全球經濟秩序的過程。隨著經濟全球化深度發展，要從過去被動適應全球規則，向主動積極參與全球規則制定、全球經濟秩序維護和全球經濟治理的話語權轉變。

透過雙邊或多邊自貿區協定，參與全球貿易治理。透過金融制度安排，積極參與全球金融治理，透過多邊合作框架，制定維護世界經濟秩

序的規範和制度，從而對跨國規則和權威體系產生影響。透過積極參與全球經濟治理，為企業成為 GVC 治理者搭建高階平台。

二、推動要素、投資驅動向創新發展策略轉變。政府要從招商引資主體、低成本價格的維護者的角色中退出，政府的重要任務是創造企業創新發展所需的要素和環境，創造高級專業化生產要素、提升需求品質、設定嚴格的產品標準、提高健康保險和環境保護等領域的水準，讓企業真正成為創新發展的主角。

企業的創新能力提高了，才可能提升企業在 GVC 中的位置，才可能成為 GVC 治理者。為此，政府的產業政策必須配合國家創新發展策略，從「追趕型」產業政策向「競爭型」產業政策轉變，從科技政策向創新政策轉變，進而形成創新發展的政策合力。

三、重視培育和壯大民營科技企業。一個國家要想發展出一批 GVC 的領導企業，民營科技企業是希望所在，也是發展重點。

和引進的跨國公司相比較，本土民營科技企業的成長壯大可能需要假以時日，需要政府從人力資源、技術標準、全球化策略、國際品牌、基礎設施等方面多管齊下加以支持。如韓國的產業政策就是鼓勵企業朝著自己的全球化策略努力，一些本土龍頭企業集團發展壯大，創造出了具有國際知名度的品牌，發展海外行銷組織，甚至在海外設廠，湧現出了三星公司等 GVC 治理者。

### 5.6.4 培育國內市場的精緻性需求

需求條件主要指本國市場中某產業產品或服務的需求，包括需求結構、市場結構和國內需求成長率。國內消費者的消費觀念和水準與 GVC 治理直接相關，特別是本國消費者所具有的多樣性、高標準的需求，為

## 5.6 全球價值鏈治理中政府的作用

滿足高標準的產品特徵、產品品質和產品服務的需求，企業會想方設法創新新技術、新產品、新模式，就會創造出比競爭對手更強的競爭優勢。

政府採購要成為催生 GVC 治理者的正能量。政府採購應該刺激先進產品和服務的需求，政府本身要扮演成挑剔型客戶，刺激企業創新出新產品、新技術。政府的採購必須包含競爭的成分，採購對象包含國內外企業，採購內容要反映國際上的需求趨勢，採購產品規格參考其他先進國家，進一步激發國內企業參照國際產品規格進行研發創新，在同等條件下優先採購國內優勢企業的產品，促進他們走上良性發展軌道。

不斷提升產業規範和產品技術標準。政府可以透過設定嚴格的產品技術標準，進而影響企業的創新速度和提高產業技術水準，一旦基本標準設定，企業必然將注意力放在快速創新和改善產品上面。產業規範和技術標準包含產品效能、產品安全性、環境影響力（如噪音、汙染、回收、視覺等）等方面，制定產業規範和產品技術標準應是中央政府的主要職責，並使得這些規範成為法律的一部分。

當一個國家的產業規範落在其他國家之後，企業的產品往往成為山寨或拙劣的代名詞，這類產業規範就會損害產業的國際競爭優勢，企業難以成為 GVC 的領導者。當嚴格的產業規範能夠擴展到國際間，並且成為國際性標準時，本國企業領先開發的新產品和服務性商品就可以乘勢擴散到全球，很可能成為該行業的領導者。

鼓勵營造精緻性需求的消費環境。政府透過消費政策引導客戶成為精緻性產品的優先採購者，會比直接補貼企業更有利於創新和競爭優勢的形成。

如日本政府採用融資租賃等方式對使用機器人的企業提供財力補助，鼓勵企業使用機器人，這類政策使得日本企業或社會優先成為精緻

性尖端機器人產品的使用者，也迫使機器人生產企業不斷創新以滿足下游客戶的需求，使得日本機器人產業在全球機器人產業鏈和價值鏈中處於領導者地位。所以，政府的產業政策應該包括消費政策，鼓勵社會的精緻性需求進而促進企業的技術更新、產品品質改進以及品牌建設，提升企業在 GVC 治理中的地位。

## 5.7　全球價值鏈與國際貿易的關係

　　國際貿易與國際投資是全球價值鏈的兩種不同的外在表現形式，二者分別以貨物流和資金流的形式將這條隱形的價值鏈具象化，使我們對價值鏈的形成和走向有更為清晰的認識。

　　事實上，無論是全球價值鏈還是國際貿易或國際投資，都是國際分工縱深發展的產物，都要受到各國比較優勢、資源稟賦等因素的影響，只不過這些因素的作用對象已經由中觀的產業或行業轉變為價值鏈中的某一環節。正是存在這樣一個共同的理論基礎，決定了全球價值鏈與國際投資之間也存在密切的關係。

### 5.7.1　跨國投資是推動建構全球價值鏈的重要引擎

　　企業透過跨國投資在全球配置資源，實現生產活動的地域重構，進而影響著全球價值鏈的結構。從跨國投資的兩種主要形式來看，水平型跨國投資往往橫跨多條全球價值鏈，形成不同全球價值鏈的交點，正是由於這些交點的存在，使得各種行業或各類產品所形成的全球價值鏈不再是孤立和平行發展的，而是構成了一張錯綜複雜的全球價值鏈網路。

　　例如，跨國零售商沃爾瑪可以同時為成千上萬的全球價值鏈的最終

分銷階段提供服務，大多數的金融、運輸、採掘、礦冶行業也都同時參與到多條全球價值鏈之中。

與水平型跨國投資不同，垂直型跨國投資傾向於直接建立全球價值鏈（或其中的一部分）。例如，世界石油和天然氣大廠公司皇家殼牌幾乎參與了整條全球價值鏈的所有活動（勘探、回收、運輸、煉油、化學品、市場行銷、零售）。

### 5.7.2　利用外資是參與提升全球價值鏈的有效途徑

相對於一國的經濟規模而言，其利用外資水準越高，往往進入全球價值鏈的層次越高，並且從貿易中獲得的國內增加值相對越多。UNCTAD研究結果顯示，利用外資存量最多的國家全球價值鏈參與度也最高。一國利用外資存量與其全球價值鏈參與度存在明顯的正相關性，並且隨著時間的推移，這個關係愈發明顯，在最不發達地區更是如此。這就意味著吸引外資可能是開發中國家參與全球價值鏈並提高參與程度的一個重要途徑。

### 5.7.3　對外投資是主動布局全球價值鏈的關鍵舉措

對外直接投資縱然在多數情況下是企業追求利潤最大化的微觀行為，但是先進國家確實透過對外投資實現了對全球價值鏈的主導權和控制權。2013年，全球對外直接投資存量前五大國家和地區分別是美國、英國、德國、法國和香港，其中美國占比高達24.1%。

與此同時，全球對外直接投資存量最多的國家也正是在全球價值鏈上占據主導地位的國家。值得注意的是，這些國家較高的GVC前向參與度並非是依賴於能源、資源等初級產品出口，而是透過向後起國家出口核心零元件實現的。

一國對全球價值鏈的主導權和控制力主要基於該國所從事的環節是否具有不可替代性。由於先進國家掌握著其他國家都難以替代的關鍵技術與核心零元件，所以即便其將一部分生產環節轉移至成本較低的後起國家，先進國家依然掌控著這條價值鏈的發展和演進。

UNCTAD數據顯示，全球貨物和服務出口額有將近80%都涉及跨國公司相關的貿易，而其中約有33%屬於跨國公司內部貿易。以泰國汽車行業為例，該行業56%的總產出是由外國跨國公司創造的，總產出的78%用於出口，出口的國內附加值占比為25%，國外附加值占比為75%，而國外附加值的27%是這些跨國公司透過公司內銷易實現的，同時，這些跨國公司65%的出口是被其自身生產網路中的企業所吸收。

可以看到，跨國公司的內部貿易是全球價值鏈中價值流轉的重要形式，因此跨國公司的全球布局在相當程度上也決定了全球價值鏈的走向。由此可見，與利用外資被動融入全球價值鏈不同，對外投資是一國或地區主動布局全球價值鏈的關鍵舉措。

### 5.7.4　改革開放是深度融入全球價值鏈的基本前提

全球價值鏈是一個多邊概念，個別價值鏈可以跨越幾十個甚至上百個國家和地區，全球價值鏈在各國之間能否順暢流轉主要受到各國供應鏈壁壘的影響。隨著傳統的「貨物貿易」（Trade in Goods）逐漸轉變為「任務貿易」（Trade in Tasks），供應鏈壁壘也逐漸取代貨物貿易壁壘成為影響全球經濟整合更為關鍵的要素。

供應鏈壁壘主要包括市場准入、邊境管理、運輸和通訊基礎設施以及營商環境四個方面。世界經濟論壇釋出的一份研究報告指出，如果每個國家只改善其中兩個關鍵的供應鏈壁壘，即邊境管理與運輸和通訊基

礎設施及相關服務,使運作效率提升至目前全球最高水準的 50%,就能促進全球 GDP 成長 5%,全球出口額成長 15%。供應鏈壁壘帶來的額外成本對一國吸引外資的既有比較優勢將形成一種抵消效應,同樣,供應鏈壁壘的降低也會對一國吸引外資形成新的吸引力。

過去二十餘年,在 WTO 多邊自由貿易體系和日益活躍的區域、次區域經濟合作的推動下,全球關稅壁壘顯著提高。當前,以美歐為首的先進國家推動的 TPP、TTIP 高標準談判已經將談判重點由「邊界上」措施延伸至「邊界後」,透過推行國企改革、智慧財產權保護等措施,規範區域內成員國的市場競爭環境,實則是為降低供應鏈壁壘、促進投資自由化做鋪陳。

因此,新形勢下進一步深化改革開放,透過簡政放權、推動服務業市場開放、改善營商環境等途徑來降低供應鏈壁壘,是一國或地區深度融入全球價值鏈的基本前提。

# 案例討論

## 全球化中美國跨國公司利潤結構變動動因分析

全球化背景下,企業利潤結構已不能很好地反映國際企業在一定時期的經營運作成果,而基於價值鏈視角的經濟增加值成為新的衡量工具。縱觀全球化整個發展,美國企業跨國經營活動的經濟增加值一直保持著強而有力的成長動力,而且其成長動力主要來自其海外子公司的貢獻。

從利潤來源分析,根據美國經濟分析局(BEA)2005 年相關數據顯示,自 1980 年代以來美國跨國公司母公司經濟增加值總體上穩步上升,

其中從 1982 年到 2002 年的 20 年間保持年均成長 4.4%，並在 2000 年實現增加值達到 2.1415 兆美元的峰值之後有所下降；同時海外子公司經濟增加值也始終保持強勁的成長趨勢，並且與全球化的深度和廣度明顯地呈正相關關係，其中在 1982 年至 2002 年間保持年均成長率 5.1%，高出同期母公司經濟增加值增值 0.7%，2000 年之後雖然略有下降，但是在之後兩年迅速回升。

從行業分布來看，製造業經濟增加值增幅一直都占到美國所有跨國公司經濟增加值增幅總額的三分之一，2003 年全美主要行業海外分支機構經濟增加值中製造業占比 36.5%，其中化學品行業經濟增加值達到 743.43 億，占比為 21.44%，其次是運輸設備行業經濟增值為 492.92 億，占比達到 14.25%；同時，零售行業和資訊產業作為最具營利性行業之一，具有強勁的發展動力，其中 2003 年分別實現增 19% 和 19.2%，僅次於初級材料行業（其增幅為 20%）。

其中以資訊產業和電子設備產業為代表的高新技術產業的變化尤其明顯，OECD 相關數據顯示，2001 年高新技術產業平均投資收益率為 -24%（深受泡沫經濟的影響），而到 2010 年行業平均投資收益率達到了 17.2%，提高了 171.07%，遠遠高於其他行業的增幅。

上述研究結果和數據明確反映了全球化對美國跨國公司利潤結構的變遷產生顯著的影響。主要體現在：經營策略上，適應多變性外部環境的跨國公司正逐步成為全球公司，利用全球價值鏈的重置和外延，透過虛擬化企業管理模式將企業內部價值鏈與區域乃至全球價值鏈相銜接，最終實現自身價值持續成長；在國際化發展中利潤來源在資源和生產流程的整合中形成不同的歸集，最終導致各行業利潤結構出現新的特徵。正如國外有學者指出，跨國公司在全球配置資源，以實現在本國內無法實現的優勢。

### 美國企業國際化經營利潤驅動因素分析

在全球價值鏈理論背景下,美國企業國際化經營實現價值增值依靠技術創新、鏈條管理和客戶支持等策略調整實現。價值創造過程其實就是一系列相互獨立、經過整合的在整個鏈條扮演各自角色的供應鏈、價值鏈和顧客鏈價值增值過程。

西方學者在探討價值鏈管理(VCM)時,特別強調客戶價值的體現。從價格策略出發,透過拓寬銷售管道和降低價格提高客戶的產品認可度,形成穩定的客戶群;同時執行產品差異化策略,根據不同的消費需求提供特性產品和服務,細分市場占有率然後大肆攫取消費者剩餘,透過以上策略和操作完善客戶價值鏈,實現價值增值的持續化、常態化。

在這個思想的指導下,價值鏈績效管理將關注任何可以提高客戶價值的活動,包括研發設計、產品行銷、售後服務等環節。具體地說,首先收集目標市場的資訊,包括消費結構、收入水平、消費觀念以及消費彈性等,開展研發設計過程,以便產品或服務符合各市場目標消費者的定位和偏好;然後透過多年營建的直銷分銷網路,將產品或服務快速、有效地運送至市場地,以運輸成本的絕對優勢,制定富有競爭優勢的價值策略,快速搶占市場占有率;最後透過完善人性化的售後服務,與消費者建立起良好的關係,維持大量客戶群,培養客戶的忠誠度,使其成為整條價值鏈不竭的驅動力。

### 結論

透過聚類分析將選取樣本企業進行分類,以此為基礎進行因子分析。從分析可以看出,全球化過程從以下幾個方面影響企業的利潤結構,主要就是服務支出、行銷支出、研發支出和國際化程度等方面。

其中服務支出是全球化過程影響利潤結構最為顯著的因素。也就是說,跨國經營導致了企業走出國門,面向各國不同的消費族群,為了提

供更具特性的產品和服務，就必須在後續服務中投入更大的精力，一來可以維持更穩定客戶資源，以優質的服務來贏得海外消費者的好感；二來可以掌握更多消費市場信息，包括消費者消費定位的轉變、消費偏好的轉移以及消費結構的變遷。

行銷的投入也是全球化過程影響利潤結構的重要因素。行銷投入可以有力地建構基於全球的分銷和直銷網路，縮短了產品上市的時效；而且跨國公司在海外市場存在銷售管道不暢的劣勢，這就導致了行銷投入的被動成長，這也是完全符合邏輯的。

研發支出無疑成為企業贏得國際競爭的重要武器，贏得競爭就相當於贏得了巨大的盈利空間，這就可以推論出研發支出必然會對跨國公司的利潤結構產生直接的影響，這也正是本文實證結論所印證的。研發支出透過產品差異化策略使得跨國公司快速搶占了大量的海外市場占有率，獲得了鉅額的壟斷利潤，促使跨國公司的利潤結構發生顯著變化。

資料來源：全球化中美國跨國公司利潤結構變動動因分析──基於全球價值鏈視角

作者：諸葛海靜

## 前沿閱讀

### 全球價值鏈「物理」位置的經濟效應

價值鏈分工位置所產生的主要經濟效應：(a)下游化更有利於經濟成長，且下游化競爭力是經濟成長的關鍵因素；(b)上游度與價值增值率呈「U型」關係；(c)下游企業或部門傾向於分布在生產力高、安全邊際更高的地區。

(一)全球價值鏈分工位置的經濟成長效應

總體而言，上游度與經濟成長可能具有反向關係——下游化更有利於經濟成長。Antràs 等對 OECD 國家投入產出表進行了分析，發現上游度隨對數人均 GDP 增加呈「U 型」變化，隱含著高人均 GDP 對應低上游度的結果。

儘管生產率較低的國家被「鎖定」在產品生產的上游位置，而生產率較高的國家集中在下游位置，但是上游生產任務並不一定是不良的，甚至某些產業的上游位置增值率更高，如由日韓占據著的汽車製造業上游位置，並且 Baldwin 等曾直接指出，當前全球分工演進實際上可能更有利於發展中經濟體的經濟發展，為此，價值鏈上游位置對開發中國家的影響尚無定論，經濟成長與價值鏈分工位置的關聯性仍需進一步研究。

(二)價值鏈分工位置與價值增值率

價值鏈「物理」分工位置與價值增值率可能呈「U 型」關係。Baldwin 等對亞洲經濟數據進行的研究發現，製造業的基礎投入部門→製造部門→服務部門所占的出口價值增值份額的變化率呈向右上傾斜的「U 型」，表明其他部門的價值增值份額可能正向服務部門流動。

考慮到服務部門在近年來的崛起，可能表明現代製造業正試圖透過服務部門的調整和更新（服務化）來提高產業的價值增值。Itó 等以銷售價值增值率為指標使用亞洲投入產出表對亞洲主要經濟體進行了分析，發現了各產業與各國同樣均存在上游度與銷售價值增值率的「U 型」關係，即更上游或更下游的產業或國家占有的銷售價值增值率較高。

製造業服務部門的專業化是價值鏈下游化的方法之一。Henderson 曾指出購買者驅動型全球價值鏈高附加值的策略在於研發、品牌和行銷等價值環節，有學者則透過多指標經濟失衡分解研究，發現經濟失衡主要來自製造業和商業服務業，且發展商業服務業有助於緩解經濟失衡。相

對於針對技術發展的專業化，服務化的關鍵點是重視最終需求市場對實現產品最終價值的影響，服務化或許能為企業帶來更高的競爭力、更高的產品定價和更好的價值鏈分工位置。

(三)價值鏈分工位置與產業空間分布

經濟活動的產業空間和地域空間雙重歸屬，使得當產業經濟活動加入空間要素進行考察時，作為客觀反映產業經濟活動技術經濟連繫的產業鏈，就具有明顯的區域經濟特性。產業集群和價值鏈又都具備網路的基本形態，而且兩者之間存在著耦合關係，即價值鏈是產業集群中的主導關係，產業集群是價值鏈空間分布的載體。

在這個領域，DHyne等透過上游度定位方法發現了比利時產業網中企業的價值鏈分工位置的大量區域間差異，但是未對區際差異產生的機制進行深入研究。Engemann等使用價值鏈「物理」分工位置測算方法對「O—ring」理論做了實證研究，論證了公司在價值鏈上的位置和生產率會共同影響FDI的區域投資選擇：

外商會更多地投資於生產力更高的國家的位於價值鏈末端（生產鏈下游）的公司，或者在生產力更高的國家位於價值鏈末端的成員公司。

在區位選擇上，市場規模、交通便利程度、金融條件等對製造類跨國公司的影響度較大；研發類跨國公司對區域或城市的技術基礎或人力資本、通訊能力等較為敏感；營運類跨國公司與地理方位、制度透明性和服務業發達程度關聯緊密。類似的，Blyde等的最新研究在重點關注各行業對物流運輸的不同敏感性的基礎上，發現了具有較為完善基礎設施的東道國更容易吸引對於物流運輸敏感產業的垂直型FDI。

資料來源：全球價值鏈分工「物理」位置研究敘述與展望

作者：陳曉華

## 思考題

1. 全球價值鏈內涵是什麼？
2. 全球價值鏈分工的影響因素有哪些？
3. 全球價值鏈對政府有哪些正向作用？
4. 全球價值鏈對貿易有哪些正向作用？
5. 討論國際投資對全球價值鏈的重要意義？

# 第 6 章

## 區域經濟整合

學習目標

　　本章主要介紹區域經濟整合內涵、形式。透過本章的學習，使學生了解區域經濟整合的發展歷程，熟悉主要的區域經濟組織，掌握區域經濟整合與經濟全球化以及與全球價值鏈的連繫。

## 6.1　區域經濟整合內容及形式

### 6.1.1　區域經濟整合內涵

　　區域經濟整合已成為當今國際經濟關係中最引人注目的趨勢之一，但是國內外對經濟整合尚無統一定義。「經濟整合」這個詞語的使用是近年出現的。據專家考證，在 1942 年以前一次也沒有被使用過。到 1950 年，經濟學家開始將其定義為單獨的經濟整合為較大的經濟的一種狀態或過程。也有人將一體化描述為一種多國經濟區域的形成，在這個多國經濟區域內，貿易壁壘被削弱或消除，生產要素趨於自由流動。

　　所謂「區域」是指一個能夠進行多邊經濟合作的地理範圍，這個範圍往往大於一個主權國家的地理範圍。根據經濟地理的觀點，世界可以分為許多地帶，並由各個具有不同經濟特色的地區組成。但是這些經濟

地區同國家地區並非總是同一區域。為了調和兩種地區之間的關係，主張同一地區與其他地區不同的特殊條件，消除國境造成的經濟交往中的障礙，就出現了區域經濟整合的設想。經濟的一體化是一體化組織的基礎，一體化組織則是在契約上和組織上固定一體化的成就。

從 1990 年代至今，區域經濟整合組織如雨後春筍般地在全球湧現，形成了一股強勁的新浪潮。這股新浪潮推進之迅速、合作之深入、內容之廣泛、機制之靈活、形式之多樣，都是前所未有的。此輪區域經濟整合浪潮不僅反映了經濟全球化深入發展的新特點，而且反映了世界多極化曲折發展的新趨勢。

## 6.1.2　區域經濟整合形式

區域經濟整合按照貿易壁壘強弱的程度，可以劃分為 5 個層次。

一、特惠貿易協定。特惠貿易協定是成員國之間透過協定或其他形式，對全部商品或部分商品規定較為優惠的關稅，但是各成員國保持其獨立的對非成員國的關稅和其他貿易壁壘，是區域經濟合作中最低階的和最鬆散的組織形式。第二次世界大戰前的「英聯邦特惠制」和戰後的「東南亞國家聯盟」（東盟）就屬於這種形式。值得一提的是，特惠貿易協定的成員國之間只是提供關稅減讓的優惠，還有一定程度的關稅存在。

二、自由貿易區。自由貿易區是指兩個或兩個以上的國家，透過達成某種協定或條約取消相互之間的關稅和與關稅具有同等效力的其他措施之國際經濟整合組織。它除了具有自由港的大部分特點外，還可以吸引外資設廠，發展出口加工企業，允許和鼓勵外資設立大的商業企業、金融機構等促進區內經濟綜合、全面地發展。

自由貿易區的局限在於，它會導致商品流向的扭曲和避稅。如果沒

有其他措施作為補充，第三國很可能將貨物先運進一體化組織中實行較低關稅或貿易壁壘的成員國，然後再將貨物轉運到實行高貿易壁壘的成員國。為了避免出現這種商品流向的扭曲，自由貿易區組織均制定「原產地原則」，規定只有自由貿易區成員國的「原產地產品」才享受成員國之間給予的自由貿易待遇。

理論上，凡是製成品在成員國境內生產的價值額占到產品價值總額的50%以上時，該產品應視為原產地產品。一般而言，第三國進口品越是與自由貿易區成員國生產的產品相競爭，對成員國境內生產品的增加值含量越高。原產地原則的含義表明了自由貿易區對非成員國的某種排他性。現實中比較典型的自由貿易區是北美自由貿易區。

三、關稅同盟。關稅同盟是指兩個或兩個以上國家締結協定，建立統一的關境，在統一關境內締約國相互間減讓或取消關稅，對從關境以外的國家或地區的商品進口則實行共同的關稅稅率和外貿政策。

關稅同盟的主要特徵是：成員國相互之間不僅取消了貿易壁壘、實行自由貿易，還建立了共同對外關稅。也就是說，關稅同盟的成員除相互同意消除彼此的貿易障礙之外，還採取共同對外的關稅及貿易政策。

關稅同盟避免了自由貿易區需要以原產地原則作為補充，保持商品正常流動的問題。在這裡，代替原產地原則的是築起共同的「對外壁壘」，從這個意義上看，關稅同盟比自由貿易區的排他性更強一些。它使成員國的「國家主權」出讓給經濟整合組織的程度更多一些，以致一旦一個國家加入了某個關稅同盟，它就失去了自主關稅的權利。現實中比較典型的關稅同盟是1958年建立的歐洲經濟共同體。

關稅同盟大體可分為兩類：一類是先進國家間建立的，如歐洲經濟共同體的關稅同盟，其目的在於確保西歐國家的市場，抵制美國產品的競爭，促進內部貿易的發展，積極推進歐洲經濟整合的發展。

另一類是由開發中國家建立的關稅同盟，其目的主要是為了維護本地區各國的民族利益，促進區內的經濟合作和共同發展。如西非國家經濟共同體、中非國家經濟共同體等。

四、共同市場。共同市場是指兩個或兩個以上的國家或經濟體透過達成某種協議，不僅實現了自由貿易，建立了共同的對外關稅，還實現了服務、資本和勞動力的自由流動之國際經濟整合組織。共同市場是在成員內完全廢除關稅與數量限制，建立統一的對非成員的關稅，並允許生產要素在成員間可以完全自由移動。1992 年以後的歐洲經濟共同體就是屬於共同市場。

中美洲共同市場成立於 1960 年 2 月 13 日，宏都拉斯、尼加拉瓜、薩爾瓦多和瓜地馬拉在尼加拉瓜首都有馬納瓜簽署了《中美洲經濟整合總條約》。1962 年 7 月，哥斯大黎加簽署加入了該條約，共同市場正式成立。1963 年 8 月，巴拿馬以準成員國身分參加共同市場。其宗旨是促進中美洲一體化和協調各成員國之間的經濟政策；在成員國之間逐步取消關稅障礙，建立統一的對外關稅；最後實現地區貿易自由化，建立自由貿易和關稅同盟。

東部和南部非洲共同市場（Common Market for Eastern and Southern Africa — COMESA，簡稱東南非共同市場）是非洲地區成立最早、最大的地區經濟合作組織，其前身為 1981 年 12 月成立的東部和南部非洲優惠貿易區。

1993 年 11 月，優惠貿易區首腦會議通過了把貿易區轉變為共同市場的條約。同年 12 月，優惠貿易區首腦會議正式批准了該條約，宣布東部和南部非洲共同市場正式成立。東南非共同市場的發展目標是廢除成員國之間關稅和非關稅壁壘，實現商品和勞務的自由流通；協調成員國關稅政策，分階段實現共同對外關稅；在貿易、金融、交通運輸、工農

業、能源等領域建立經濟聯盟。經濟聯盟是指不但成員國之間廢除貿易壁壘、統一對外貿易政策、允許生產要素的自由流動，而且在協調的基礎上，各成員國採取統一的經濟政策。

經濟聯盟的特點如下：

①成員國之間在形成共同市場的基礎上，進一步協調它們之間的財政政策、貨幣政策和匯率政策。

②當匯率政策的協調達到這樣的程度，以致建立了成員國共同使用的貨幣，或統一貨幣時，這種經濟聯盟又稱為經濟貨幣聯盟。

③各成員國不僅讓渡了建立共同市場所需讓渡的權利，更重要的是成員國讓渡了使用總體經濟政策干預本國經濟執行的權利。特別是，其成員國不僅讓渡了干預內部經濟的財政和貨幣政策，保持內部平衡的權利，也讓渡了干預外部經濟經濟的匯率政策，維持外部平衡的權利。

五、完全經濟整合。經濟整合的最後階段，即經濟整合的最高級形式。它除具有經濟聯盟的特點外，各成員國在經濟、金融、財政等方面實現了完全的統一，各成員國之間完全消除商品、資金、勞動力等自由流通的人為障礙。

在這個一體化組織內，各成員國的稅率特別是增值稅率和特別消費稅率基本協調一致；它建立統一的中央銀行，使用統一的貨幣；取消外匯管制，實行同樣的匯率管理；逐步廢除跨國界的金融管制，允許相互購買和發行各種有價證券；實行價格的統一管理等等。完全經濟整合組織一般有共同的組織管理機構，這種機構的權力以成員國的部分經濟決策與管理許可權的讓渡為基礎。此時的一體化已經從經濟聯盟擴展到了政治聯盟。目前歐盟正在向此形式邁進。

## 6.1.3 區域經濟整合的特點

儘管區域經濟整合形式各異,但還是具有一些基本特點:

(1) 地理位置毗鄰或基本相鄰是區域經濟整合組織成員國的一個主要特點。這是因為國土毗鄰的區位因素可降低交易成本,因而在區域經濟整合產生與發展過程中發揮著重要作用。

(2) 成員國的經濟發展水準、市場執行機制經濟管理體制基本接近。

(3) 社會經濟制度基本相同,也就是說區域經濟組織集團成員國的社會制度和對外經貿政策以及長遠的策略利益基本一致。

(4) 區域經濟整合組織各成員國的文化環境其中包括宗教信仰、文化習慣、生活價值觀念等相互認同,如果在文化環境方面相差甚遠,也很難形成區域經濟整合集團。

(5) 從國土面積和人口規模來看,區域經濟整合組織成員國都是一些中小國家。只有建立區域經濟整合組織,才能擴大其生產規模和生產社會化程度,解決其國內市場狹小的問題。

上述從理論上概括出的區域經濟整合的基本特點,在現實當中已經開始有所突破。例如,歐洲經濟共同體各成員國經濟發展水準和經濟實力方面的差距正在拉大;再比如,北美自由貿易區首先是一些政治經濟大國建立的區域經濟集團,甚至社會制度和經濟管理體制迥異的國家也有可能朝著區域經濟整合方向發展。因此,區域經濟整合的主要特點在於地理位置鄰近和實行開放經濟。

## 6.2 區域經濟整合演化脈絡

從「二戰」後到 1960 年代初,地區經濟整合處於萌芽與初創階段。在此階段,各國受到「二戰」的衝擊,國內經濟處於恢復時期。世界,雖然美國倡導貿易自由化,但是在不同的地區,出於政治、經濟等方面的考慮,各國卻以種種方式保護著國內的經濟與貿易,地區經濟整合的形成正是適應了這個形勢的需求。

一、1960 年代中期至 1970 年代中期的快速發展階段。從 1960 年代中期到 1970 年代中期,地區經濟整合進入了大發展階段。此時,西方資本主義國家的經濟普遍得到了巨大的發展,一批新興的工業化國家相繼出現,開發中國家也紛紛採取各種措施促進國內經濟的成長。世界經濟出現了前所未有的繁榮,國際貿易也有了明顯的進展,於是地區經濟整合也得到了一定的發展與壯大。

二、1970 至 1980 年代的停滯階段。1970 年代中期至 1980 年代中期,世界資本主義經濟處於「滯脹」時期,地區經濟整合發展也進入了低潮階段。以歐共體為例,兩次石油危機、布列敦森林制度崩潰、全球經濟衰退、美日歐貿易摩擦上升等因素使其成員國經濟遭受沉重打擊,各成員國廣泛實施非關稅壁壘措施進行貿易保護,導致第一階段關稅同盟的效應幾乎喪失殆盡,這十年中,歐共體國家經濟成長速度急速下降,內部一體化發展緩慢。德、義、荷、比、法五國 1950 至 1973 年 GDP 平均成長率分別達到 5.68%、5.64%、4.74%、4.08%、5.05%,而 1980 至 1986 年各國的數字分別下降到 1.5%、1.3%、1.0%、0.9%和 1.3%。此外,開發中國家的一體化也多遭挫折,1960 年代創立的許多地區經濟組織由此中斷了活動,甚至解散。

三、1980 年代中期以來的深化與擴大階段。1980 年代中期以來,世

界政治經濟發生了重大變化。西方先進國家在抵制通貨膨脹，控制失業率方面取得了成功。這個時期參與經濟整合的國家日益增多，經濟整合的層次越來越高，經濟整合也走向開放型，並突破了地域的概念，實現了跨區域、跨地區的區域經濟合作，比如美國就與中東，智利和亞洲的新加坡分別成立了自由貿易區，實現了地區上的突破。

## 6.3 世界主要經濟貿易聯盟

### 6.3.1 歐洲聯盟

歐洲聯盟（歐盟）是一個政治和經濟共同體的 27 會員國（英國脫歐），主要位於歐洲。它成立於 1993 年《馬斯垂克條約》，加入新領域的政策，以現有的歐洲社會。與 4.4 億市民，歐盟相結合產生的估計有 30% 的份額，世界各地的名義國內生產總值。

歐盟已經制定了一個單一市場，通過一個標準化的法律制歐盟度，其中適用於所有會員國、保證人、貨物、服務和資本的遷徙自由。它保持了一個共同的貿易政策，包括農業和漁業政策，和區域發展政策。15 會員國已通過了一個共同的貨幣 —— 歐元。在對外政策上，代表其成員在世界貿易組織，在八國集團首腦會議和在聯合國的會議上發言，維護其成員國利益。

歐盟現有 27 個成員國，人口 4.4 億，GDP16.106 兆美元。歐盟的宗旨是「透過建立無內部邊界的空間，加強經濟、社會的協調發展和建立最終實行統一貨幣的經濟貨幣聯盟，促進成員國經濟和社會的均衡發展」，「透過實行共同外交和安全政策，在國際舞臺上弘揚聯盟的個性」。

## 6.3 世界主要經濟貿易聯盟

歐盟的盟旗是藍色底上的十二星旗，普遍說法是因為歐盟一開始只有 12 個國家，代表了歐盟的開端。實際上這個十二星旗代表的是聖母瑪利亞的十二星冠，寓意聖母瑪利亞將永遠保佑歐洲聯盟。歐盟 27 國總面積 432.2 萬平方公里。

2001 年，歐盟已經體現的作用，在司法和內政事務方面，包括許多會員國之間根據申根協定取消護照管制。而且在某些領域，它取決於會員國之間的協議。不過，也有超國家機構，能夠做出決定，而不管協議的成員。重要的機構和組織的歐盟，包括歐洲委員會，歐洲議會，歐洲聯盟理事會，歐洲理事會，歐洲法院的司法和歐洲中央銀行。歐盟國家公民選出議會每 5 年一次。歐盟的起源，可追溯到歐洲煤鋼共同體成立，其中 6 個國家在 1951 年和《羅馬條約》於 1957 年。自那時以來，歐盟已經長大的大小，透過加入新會員國，並增加其權力，透過增加新的政策範疇，它的職權範圍。該條約在里斯本簽署了在 2007 年 12 月的用意是修改現行條約，以更新的政治和法律結構的聯盟，如果批准是在 2008 年落成。

2013 年 1 月 30 日，歐盟委員會正式否決了 UPS（美國聯合包裹運送服務公司）對荷蘭企業、歐洲第二大快遞服務企業 TNT Express 的收購提議，理由為擔心該交易會阻礙歐盟成員國內的競爭。

歐盟是世界上經濟最發達的地區之一，經濟整合的逐步深化又促進了該地區經濟的進一步繁榮。2013 年，歐盟 28 個成員國國內生產總值達到 12 兆歐元，人均國內生產總值為 23,100 歐元。歐盟為世界貨物貿易和服務貿易最大進出口方。歐盟對外貿易中，美國、中國、俄羅斯、瑞士為主要貿易夥伴。歐盟也是全球最不先進國家最大出口市場和最大援助者，多邊貿易體系的倡導者和主要領導力量。

## 6.3.2 北美自由貿易區

北美自由貿易區（North American Free Trade Area，NAFTA）由美國、加拿大和墨西哥三國組成，於 1992 年 8 月 12 日就《北美自由貿易協定》達成一致意見，並於同年 12 月 17 日由三國領導人分別在各自國家正式簽署。1994 年 1 月 1 日，協定正式生效，北美自由貿易區宣布成立。三個會員國彼此必須遵守協定規定的原則和規則，如透過最惠國待遇及程序上的透明化等來實現其宗旨，藉以消除貿易障礙。自由貿易區內的國家貨物可以互相流通並減免關稅，而貿易區以外的國家則仍然維持原關稅及壁壘。美墨之間因北美自由貿易區使得墨西哥出口至美國受惠最大。

北美自由貿易區促進了地區貿易成長和增加直接投資。北美自由貿易協定自生效以來，由於關稅的減免，有力地促進了地區貿易的成長。根據國際貨幣基金組織的數據，經過 10 年的發展，NAFTA 成員國之間的貨物貿易額成長迅速，三邊貿易額翻了一番，從 1993 年的 3,060 億美元成長到 2002 年的 6,210 億美元。由於 NAFTA 提供了一個強大、確定且透明的投資框架，確保了長期投資所需要的信心與穩定性，因而吸引了創紀錄的直接投資。

2000 年，NAFTA 三國之間的 FDI 達到了 2,992 億美元，是 1993 年 1369 億美元的兩倍多。同時，從 NAFTA 區域外國家吸引的投資也在成長。目前，北美地區占全球向內 FDI 的 23.9%和全球向外 FDI 的 25%。其次，先進國家繼續保持經濟強勢地位。自由貿易區內經濟整合加快了先進國家與開發中國家間的貿易交往和產業合作，其中美向墨西哥的出口增加了一倍多，從 511 億美元增至 1,072 億美元。

自由貿易區還強化了各國的產業分工和合作，資源配置更加合理，

協議國之間的經濟互補性提高了各國產業的競爭力。如墨西哥、加拿大的能源資源與美國互補,加強了墨西哥、加拿大能源生產能力。特別在製造業領域,墨西哥的人力資源與美國的技術資本互補,大大提高了美國製造業的競爭力,使美國將一些缺乏競爭性部門的工作轉移到更有競爭性的部門,把低技術和低薪資的工作轉變為高技術和高薪資的工作。在如汽車、電信設備等美國許多工業部門都可以看到這種就業轉移的影響。

在美國汽車工業中,1994 年以來整個就業的成長速度遠遠快於 NAFTA 之前的年分。以至美國緬因大學加拿大和美國研究中心主任彼得‧莫里奇在談到自由貿易帶來的好處時指出:「一個自由貿易協定可能是在一種促進競爭力的新的國家策略中的關鍵因素。」

在北美自由貿易區中,開發中國家墨西哥是最大的受益者。加入 NAFTA 以來,墨西哥與夥伴國的貿易一直成長迅速,從 1993 年至 2002 年,墨西哥向美國和加拿大的出口都翻了一番,變化最明顯的是墨西哥在美國貿易中的比例,其出口占美全部出口的比例從 9.0% 上升到 13.5%,進口從 6.8% 上升到 11.6%。

墨西哥與 NAFTA 夥伴國的貿易占其總 GDP 的比例,從 1993 年的 25% 上升到 2000 年的 51%。墨西哥在加入協定後,其進口關稅大幅度下降,對外國金融實行全面開放,加上擁有的大量廉價勞動力,使大量外國資本流入墨西哥,FDI 占國內總投資的比例從 1993 年的 6% 成長到 2002 年的 11%,到 2001 年,墨西哥的年均累積 FDI 已達到 1,119 億美元。

近年來,NAFTA 南擴趨勢明顯,有關成員國在 2005 年 1 月 1 日前完成了美洲自由貿易區(FTAA)的談判。在 NAFTA 中占主導地位的美國除了把 NAFTA 看作增加成員國貿易的手段外,還把 NAFTA 看作其外交政策的一部分,以及向美洲和全球貿易自由化擴展的重要工具,因此美

加兩國和墨西哥簽訂的協議在很多方面都是模範性的。隨著「9.11」之後美國貿易政策變得更加外交化，NAFTA 已成為美國實現區域貿易對外擴張的模範，開始向 FTAA 擴展。

### 6.3.3 東盟 10 ＋ 3

在 1990 年代的經濟全球化浪潮中，與歐盟、北美自由貿易區、非洲經濟共同體形成對比的是亞洲地區的經濟合作以東南亞共同體、東北亞共同體以及東盟與中、日、韓自由貿易區的建設，1960 年代成立的包括印尼、菲律賓、馬來西亞、新加坡、泰國五個創始國成員的東盟在 1990 年代愈發面臨發展後勁不足的問題。

1990 年，時任馬來西亞總理馬哈地‧穆罕默德（Mahathir Mohamad）提出繼續擴大東盟成員國數量和聯合中日韓三國建設「東亞經濟集團」的設想；在陸續吸引汶萊、越南等國加入後，1997 年亞洲金融危機使得東亞各國開始深度重視區域經濟合作；1999 年，成員國數量已擴大至十名的東盟開啟了與中、日、韓三國在經濟與金融合作領域的常規非正式會議歷程，東亞地區經濟合作的制度安排在此後經歷了「10」、「10 ＋ 1」、「10 ＋ 3」和「3」的不同階段。

「10」是指東盟內部 10 個成員國之間達成優惠區域性貿易協定（AFTA），東盟成員國的內部貿易關稅大幅下降，人口數量超過 5 億。

「10 ＋ 1」指東盟與中國、日本和韓國分別進行對話，10 個東盟成員國以東盟形成共同話語權，分別與中國、日本、韓國簽訂雙邊自由貿易協定（中國 CAFTA、日本 JAFTA、韓國 KAFTA）。

「10 ＋ 3」指東盟與中日韓三國在整個東亞範圍內的經濟合作與對話，其中達成的成果包括在金融領域簽訂了《清邁雙邊貨幣互換協議》、

中國增資「中國——東盟合作基金」、日本設立「亞洲資訊科技基金」、韓國成立「韓國——東盟經濟合作發展援助基金」等;「3」是東亞經濟整合中的關鍵一環,指中日韓三國之間的經濟對話與合作,早在 2003 年,三國便簽署了《中日韓推進三方合作聯合宣言》,不過,其中關於設立三國自由貿易區的設想至今未實現。

東亞經濟整合在經濟合作領域經歷了產業間分工、產業內分工以及產品內分工三個階段,分別以 1960 年代和 1990 年代為時間分隔點。

1960 年代以前,除日本以外,東亞地區其他國家都是原料和初級產品的生產國和出口國,日本主要生產工業製成品,東亞地區的經濟合作是典型的傳統垂直型國際分工模式。

1960 年代至 1990 年代,從日本掀起的對外投資熱潮席捲四小龍國家和地區,這些地區實行工業製成品和原料出口的「雙軌制貿易經濟」,這種模式迅速向其他東亞國家傳遞,日本學者赤松將這種比較優勢依次降低的產業內分工貿易形象地比喻為「雁陣模式」。

1990 年代以後,FDI 的興起使得東亞地區經濟分工更加精細化,特定產品的生產過程被分割,基於專業分工的產品內銷易模式逐漸成為東亞各國的貿易經濟發展主流。

# 6.4　亞太區域經濟整合

## 6.4.1　亞太經濟合作會議的發展的四個階段

截至目前,亞太經濟合作會議共有 21 個成員國,成員國分布於亞洲、北美洲、南美洲和大洋洲,整體上形成了環太平洋區域經濟整合組

織。根據1991年亞太經濟合作會議成立時《漢城宣言》的宗旨，亞太經濟合作會議致力於打造一個具有實質性內容的官方論壇，但是對其成員國政府的行為和決定並不構成硬性約束。根據APEC成立20多年來的發展歷程，我們可以將其劃分為四個不同的階段。

一、1989至1992年，APEC的初始探索階段。在這四年中，世界政治和經濟局勢發生了翻天覆地的變化，人們更為關注的是在紛繁多變、錯綜複雜的國際形勢下，亞太國家能夠扮演怎樣的角色、如何發揮作用。

二、1993至1996年，APEC的深化發展階段。在亞太區域經濟整合的這個階段，主要取得了兩個較為顯著的成果，一是1993年的西雅圖會議上，美國作為東道國正式將APEC的會議層次從部長級會議上升到了首腦會晤，接納了新成員國的加入；二是與會各方就交流和合作的主要問題以及APEC發展前景的基本方向達成共識，並在1994年的《茂物宣言》中提出，APEC的最終目標是實現成員國貿易和投資的完全自由化。

三、1997至2000年，APEC的波折反思階段。1997年亞洲金融危機在泰國爆發，迅速蔓延至菲律賓和印尼，包括日本、韓國、中國、香港、俄羅斯、甚至美國在內，無一能夠在金融危機的浪潮中全身而退，各國國民經濟和金融市場的執行都遭受到了不同程度的損失。吸取了金融危機的慘痛教訓之後，APEC各國普遍認識到了防範金融危機的必要性和加強經濟技術合作的重要性，因此在1998年的吉隆坡會議上，各國領導人一致同意將APEC在新階段的目標設定為迎接三個挑戰，即金融危機的挑戰、貿易投資自由化和便利化的挑戰、加強經濟技術合作的挑戰。

四、2001年至今，APEC尋求新使命的階段。進入21世紀以後，伴隨著國際政治和經濟形勢的不斷演變，APEC也與時俱進，會議涵蓋的

主題已經包括了社會、政治、人文、安全等一系列重要的全球性議題，如：反恐合作（2001年上海會議發表反恐宣告，2003年組建反恐任務小組）、防備自然災害（吸取了2004年印度洋海嘯的經驗教訓，2005年公布了《自然災害應對和防備策略》的宣告）、政府間反腐敗工作的溝通合作（2004年透過的「聖地牙哥承諾」）、應對氣候變化和開發清潔能源（2007年的雪梨宣言）以及防範和應對全球金融危機（2008年的利馬宣告）、加強經濟整合（2011年美國——夏威夷）、糧食安全（2012年俄羅斯——符拉迪沃斯托克）、建構融合創新互聯的亞太（2014年中國——北京）等。

## 6.4.2　亞太區域經濟整合發展的新特徵

從目前來看，亞太區域作為區域經濟整合發展較為活躍的地區，與傳統的區域經濟合作形式相比較，體現出了一些新的特徵，主要包括以下四個方面：

成員國利益目標的多元化。從根本上來說，區域經濟整合是一種對區域內利益的再分配機制，成員國透過適當讓渡部分國家主權，獲得相應的利益，在區域經濟整合不斷湧現和迅速發展的今天，區域內經濟體的目標已經由傳統的貿易和投資利益轉向包括技術、金融、服務等廣泛內容的現代經濟利益，同時在經濟合作的過程中，還兼顧到非經濟利益。

美國在與新加坡簽訂的自由貿易協定中包含了十分豐富的非經濟合作內容，以及加強在國家安全、反恐、政府治理等方面的合作內容也出現了美國與東南亞國家簽訂的一系列自由貿易協定中，這充分體現了美國高調宣布重返亞太、維護其在亞洲地區主導地位的策略目的。利益目標的多元化必然導致了自由貿易協定內容和形式的多樣化，RTAs 一般由

基本內容和特定內容組成，基本內容反映了 WTO 的要求，近十多年來都沒有發生變化，而特定內容反映的是各個國家的利益訴求，因此在亞太區域簽訂的 RTAs 內容最為豐富，形式最為複雜，以至於在諸多國際經濟學文獻中，將亞太區域簽訂的 RTAs 稱為「義大利麵碗效應」。

區域經濟整合形式的多邊化。「義大利麵碗效應」的出現使得經濟體加入 RTAs 的成本升高，但是獲得的利益卻有限，打擊了區域外經濟體加入區域性經濟組織的積極性，為了打破 RTAs 的封閉性和排他性，充分發揮區域經濟整合的經濟成長效應和資源配置效應，國際經濟學者提出了一種新的多邊化區域主義，這種區域經濟合作的形式是區域經濟整合發展到較高程度的產物，主要指的是雙邊和區域性 RTAs 透過對外開放，實現內容上的重新整合，既來源於區域經濟合作，又超越了傳統的區域合作形式，體現了區域經濟整合在新的世界政治和經濟局勢下的調整和發展，既滿足了區域內各成員國提升自身經濟實力的需求，同時也實現了技術、資本、勞動力等生產要素在國家間和世界市場上的自由流動。

發達成員國的主導地位。在亞太區域經濟整合的發展過程中，以美國、加拿大、日本、澳洲為代表的先進國家和以中國、新加坡、智利為代表的新興工業經濟體，對區域經濟合作的不斷深化和廣化發揮了主導作用，相對於開發中國家，先進國家在市場規模、收入水平、技術、資本等方面具有巨大的優勢，因此開發中國家往往傾向於讓渡部分國家主權或者經濟利益，與先進國家簽訂自由貿易協定。

在一些國際經濟學的文獻中，這種圍繞先進國家為核心簽訂 RTAs，哪怕犧牲部分小國利益也在所不惜的區域經濟合作模式被稱為新區域主義。在亞太區域經濟整合不斷深化的過程中，新區域主義的特徵主要表現在兩個方面：一是對於夥伴國的選擇，美國、日本和澳洲在和其他開發中國家簽訂 RTAs 時，對於夥伴國的選擇總是能夠體現自身的意願和訴

求；二是體現在協議內容上，先進國家由於技術水準較高、市場體制發展較為成熟，往往希望制定較高的勞工、環境、投資等市場准入標準，並且透過 RTAs 將這些高標准予以制度化，維護自身的長期利益。

### 6.4.3 亞太經濟合作會議的發展趨勢

美國著名經濟學者彼得·L·伯恩斯坦 (Peter L. Bernstein) 提出了 APEC 在下一個 20 年中可能出現的四種發展趨勢：(1) 逐漸衰落、最終解散。(2) 維持目前的執行狀態。(3) 發起並主導全球的重大經濟改革。(4) 重新主導亞太地區的經濟發展，在世界經濟執行體系中發揮出更大的作用。

伯恩斯坦認為亞太區域內的經濟體經過分化和整合，已經逐漸形成了利益衝突的兩大陣營，一部分是以東亞國家為主的亞洲區域，被伯恩斯坦稱為「太平洋的亞洲」，另一部分是以美洲、大洋洲國家為主的泛美洲區域，稱為「亞洲的太平洋」，其中亞洲區域由於中國的崛起，在亞太區域經濟整合的兩大陣營中處於強勢地位，而美洲區域則由於美國經濟的日漸衰弱，處於較為弱勢的地位。

伯恩斯坦還指出，以中國為首的亞洲關鍵國家將東亞區域的經濟發展置於整個亞太區域經濟發展目標之前，最終造成了亞太區域經濟整合發展由最初的充滿活力、大步邁進，逐漸轉變為當下的步履維艱、停滯不前。伯恩斯坦認為亞太區域經濟整合發展的最終前景，主要取決於亞太區域內部兩大陣營的對立緊張程度，以及中國對於東亞或者亞太區域經濟發展的目標選擇。

縱觀亞太區域經濟合作發展的整個過程，「維持現狀、謀求進步」或許才是亞太區域經濟整合發展更為現實的未來前景。「維持現狀」指的是

保證亞太區域經濟合作的基本框架和根本原則不動搖。協商一致、自主自願、平等互利、非約束性四原則被認為是維繫 APEC 存在的生命線，如果這四原則遭到破壞，APEC 也就失去了存在的意義，實際上從 1991 年 APEC 成立至今，近 25 年的發展歷程中已經屢次證明，亞太區域經濟合作的基本架構和管理體制是符合亞太區域眾多國家的共同利益的，並不需要進行原則性的改動。

然而現在卻有多種力求從根本上徹底改革亞太區域經濟合作架構的所謂「倡議」和「訴求」浮上臺面，這其中既有來自成員國官方的聲音，也有部分來自西方經濟學者的論斷。APEC 北京宣言重申，多邊貿易體制在推動貿易擴大、經濟成長、創造就業和可持續發展方面的價值及其中心和首要地位，各成員國將堅定地加強世界貿易組織所代表的，基於規則、透明、非歧視、開放和包容的多邊貿易體制。

「謀求進步」則指的是在 APEC 當前的議事框架下尋求循序漸進的改革、與時俱進，滿足成員國的利益訴求，更好地為區域內外經濟體的經濟發展和社會進步服務。亞太地區的經濟整合發展已邁入關鍵階段，機遇與挑戰並存。區域貿易安排的迅速發展為自由化提供了強勁動力，對世界貿易組織所代表的多邊貿易體制進行了有益補充，但是同時也帶來了「麵條碗」效應，使區域經濟整合和商業面臨新的複雜挑戰。此次 APEC 北京會議所批准的《亞太經濟合作會議推動實現亞太自貿區北京路線圖》、《通過公私夥伴關係促進基礎設施投資行動計畫》、《亞太經濟合作會議促進可再生和清潔能源貿易投資宣告》即是「謀求進步」的重點體現。相關舉措必將在推動亞太經濟合作會議公私夥伴關係領域的合作、促進更具活力和可持續的亞太基礎設施投資和開發、農村發展和減貧、亞太經濟整合、可持續成長和共同繁榮等方面做出重要貢獻。

## 6.5 區域經濟整合與產業經濟結構演變關係

　　區域經濟整合對特定地區最突出的影響是打破封閉經濟和計畫經濟環境下的要素低流動性，對於一體化模式下的某個地區而言，其產業結構會在經濟整合融合的過程中產生外源衝擊式變化。區域經濟整合對區域內某個地區的產業經濟結構影響通常是外源性的，影響地區產業結構變動的動因主要包括經濟制度、區域貿易和分工、區域投資三項內容。經濟制度對於區域經濟整合的作用體現在貿易壁壘的減少甚至消失。從東亞經濟整合發展和中國產業演變的實踐來看，東亞各國間為實現一體化發展而簽署了一系列雙邊和多邊自由貿易協定。

　　宏觀上，經濟制度透過控制要素流動、締結關稅同盟、引導匯率等作用於產業經濟；微觀上，自由貿易經濟制度透過影響外貿企業行為而加深貿易雙方的產業發展偏好。區域經濟整合下的自由貿易和分工實際上突破了生產和交換的地理局限，而打破一國經濟的需求和供給原始動態均衡，進出口競爭、利益博弈等形成的更大市場使得不同國家間在經濟層面形同一體，貿易絕對優勢和比較優勢的作用被放大，弱勢產業因產品進口而得到增強，優勢產業透過產品出口而消化過剩產能，同時獲取較高的經濟價值，廣泛的國內外競爭使得產業間優勝劣汰加劇。區域內的雙向和多向投資不僅局限於金融領域，同時還伴隨勞動力和技術轉移。

　　在東亞經濟整合發展過程中，「亞洲四小龍」在經濟騰飛初期就得益於來自日本等國的 FDI，這些國家和地區原始的原料出口型經濟模式，迅速被基於勞動力價格優勢和技術轉讓生產優勢的加工再出口型貿易模式所取代，其第一產業在國民經濟中的比例迅速回落，直至穩定在較低水準。

制度是區域貿易和分工、投資的決定力量。以東亞經濟整合對所在區域各國家產業結構變動的影響為例，早期東盟成員國經濟合作屬於貿易驅動型，缺乏制度約束，當各國貿易規模和貿易需求擴大時，制度缺陷便開始顯現，因此才有了後來東盟吸引更多成員國加入以及與中、日、韓三國簽署自由貿易協定的措施。東亞區域經濟合作制度對東亞各國經濟合作和開放的廣度、深度做出了規定，只有政府間的協調與合作才能最終將企業層面的關稅訴求、消除非關稅貿易壁壘訴求、吸引外資和對外投資訴求、技術引進和輸出訴求等從紙面落實到實踐。

分工是區域內經濟貿易和投資的現實基礎。一國的產業結構分布從本質上來說是內部比較經濟優勢天然分布的結果，以中國為例，近代以來的產業經濟結構從第一產業、第二產業、服務業比例依次降低發展到今天大致相反的局面，其間的原因可以追溯到重農輕商的傳統經濟發展歷史和要素資源稟賦的現實國情，區域經濟整合恰好打破了原始封閉經濟下的內部分工均衡狀況。

在東亞範圍來講，中國具有原材料資源優勢而缺乏尖端產業經濟科學技術的儲備；日本、韓國等先進國家和地區較早完成了工業化發展，卻苦於資源的局限；東南亞各國具備勞動力價格優勢和自然資源優勢，卻面臨資金匱乏和技術落後的狀況。因此，以上原因形成了亞洲大地理範圍內國際分工天然具備的發展條件，而分工生產後的交換就形成了貿易和投資的現實基礎，也加速了東亞區域各國的產業結構有序分布。

區域貿易和投資在加工類型產業中的互動在日本經濟學家赤松總結的東亞國家經濟發展「雁陣模型」中，進口替代和出口導向構成東亞各國1990年代以來經濟騰飛的直接誘因，其中外來加工產業在中國以及東南亞各國一度占據了經濟發展的主導，日本、韓國等西化較早的資本主義國家在輸出貿易的同時，也在巨量的輸出資本，透過向勞動力比較優勢

國家轉移技術來抵消本國的勞動力和資源價格劣勢，從而獲取更大的貿易利益。

這些行為帶來的原料加工貿易再出口，一方面使得中國和東南亞國家獲得了切實的貿易利益，在勞動力富餘的狀況下穩定了就業，另一方面也在吸引外資的同時引進和累積了技術經濟資源，淘汰落後技術和產能，實現產業更新，為今日「本國製造」向「本國創造」的經濟發展思想建立了物質基礎。

區域經濟整合發展與產業經濟結構的演變是動態作用關係，無論是東亞經濟整合與中國的產業經濟結構演變，還是相對更加微觀的國內區域經濟整合與相鄰省分、縣鄉間的經濟職能固化現象，背後顯現的均是比較經濟優勢的基礎作用。比較優勢的存在為區域經濟整合創造了動機與條件，並天然決定各國產業經濟結構的發展分布趨勢；經濟合作制度則為區域經濟整合從紙面變為現實提供了具體的落實條件，使得一體化經濟區域內的國家和地區產業結構具有階段性固化特徵，這種固化符合資源稟賦的天然要求，在特定歷史階段符合各國和地區經濟發展的現實狀況和基本利益。從這個意義上來講，比較經濟優勢和經濟合作制度就決定了區域經濟整合和地區產業經濟結構演變的現實和未來。

## 6.6 經濟全球化和區域經濟整合的關係

從內涵上看，經濟全球化是生產力發展到一定程度的必然結果。分工的細化，生產規模的擴大要求要素在更大的範圍內自由流動，商品在更大的範圍內分配。經濟全球化是客觀經濟規律下，市場機制自發作用的結果。而區域經濟整合則是國家在潛在利益的驅動下，為了在經濟浪

潮中尋求保障而相互結合的一種主觀產物。從這個角度看，兩者是有區別的。

但是事實上，區域經濟整合是通向經濟全球化的必經階段，經濟全球化則是區域經濟整合的結果和最終目標。與為實現經濟整合所制定的多邊投資、貿易自由化體制相比，區域經濟整合具有更大的現實性和可行性。

區域經濟整合能夠為其成員國帶來巨大的經濟利益，並在一定程度上促進著世界平均生產水準的提高。目前發展水準比較好的幾個一體化組織都在不斷地擴大一體化範圍，使這種經濟合作形式具有了更大的影響力。以歐盟、北美自由貿易區和東亞經濟區為代表的三個主要合作體逐漸成為世界經濟新的成長極，這三個區域形成鼎足之勢，將世界經濟帶入一個新的發展局勢。

不僅如此，這三個組織繼續在擴大各自的範圍。北美自由貿易區只是美國策略構想的第一步，第二步是建立美洲自由貿易區，先吸收智利為第四個成員，再吸收阿根廷、哥倫比亞、委內瑞拉和哥斯大黎加等國，最後擴展至其他拉美國家和一些次區域經濟集團。而歐盟除了現有的 27 國之外，已承認克羅埃西亞、土耳其為候選國。對於東盟，不但現在要和中國、日本、韓國建立自由貿易區，更有強烈的意願要聯合整個東亞地區，形成「東亞經濟體」。

區域經濟整合如此快速的發展，除了上述政治經濟多極化局勢的原因外，還有一個重要的原因就是為了獲取潛在的利益。而它的發展對於經濟全球化的過程具有重要的意義。關於兩者的關係，目前的觀點可以分為兩類，一是階段論、一是阻礙論。

區域經濟整合是經濟全球化的一個必經過程。雖然區域經濟整合與經濟全球化兩者遵循原則、覆蓋範圍、合作方式以及發展動因等方面不盡相同，但是在目標與方向上卻能達到一致，即強調生產供應、商品與

## 6.6 經濟全球化和區域經濟整合的關係

服務等交易形成跨國流動與共享配置，最終勢必以推動世界經濟發展、加速各區域經濟之間相互融合為目標。

區域集團的蓬勃興起表明，生產力的發展在客觀上要求國家打破彼此之間的疆界限制，要求地理上鄰近的國家在經濟上相互連繫、相互依賴、相互滲透，實現對資源的跨國配置以及對總體經濟和市場執行規則的國際聯合調控。世界經濟所顯示的發展方向是全球的商品貿易、生產要素流動、資源優化配置、金融投資的自由化和財政、金融體制的分工協調，即構成一個類似於放大了的國民經濟的執行機制。

在經濟全球化進行探索的同時，以特定區域，即經濟發展水準接近，文化背景相似、社會政治體制相融的地區為突破口，率先嘗試建立區域的多邊體制，並以此為基礎不斷地吸收周邊國家，從而以區域經濟整合為範本，並在其走向成熟的基礎上，較為順利地實現經濟全球化。可以說正是世界經濟的發展要求在區域範圍率先進行一體化經濟功能和體制的培育，為世界經濟整合做準備。

因此說，區域經濟整合將成為經濟全球化發展中一個必經過程。從其作用角度而言，區域經濟整合補充了經濟全球化。經濟全球化發展同樣為區域經濟整合的不斷延伸創造了外部大環境、制度基礎與發展方向。即：「區域經濟整合與經濟全球化相互影響、相輔相成，最終可實現兩過程的相互連動與共同發展。」

區域經濟整合阻礙了經濟全球化的發展。本質上說，區域經濟整合是區域主義的表現，經濟全球化表現的是多邊主義。「歧視原則」被區域化認同，「非歧視原則」被全球化遵循。因此，區域化與全球化是相互牴觸與衝突的。區域經濟組織是自由貿易和保護貿易相互排斥和依存的矛盾體。

從有利的角度看，一體化的建立使各國聯合為一個集團，經濟實力得到增強，市場規模得到擴大，外部對話的能力得到提高。但是對內自

由的同時，對外保護的力度卻大大提高了。集團內部，由於貿易轉移和貿易創造效應增加了貿易量，則對外的貿易量必將減少。內部市場的擴大必然使外部國家面臨日益狹小的國際市場和日益強化的國際競爭。一體化組織在實施共同經濟政策時，降低了集團內部企業的投資風險，卻進一步提高了集團外企業進入該市產的門檻。

這些情況都將導致集團外國家迫切地建造自己的一體化組織，以和已形成的集團進行對抗。因此，區域經濟整合在其發展過程中就必然會表現出一定的排他性，使其和經濟全球化相衝突。因此，區域經濟整合是一柄雙刃劍，對經濟全球化既有促進，又有阻礙。隨著世界經濟的不斷發展，區域經濟整合與經濟全球化兩者的關係將在一個時期內以競爭為主，而其後會以互補為主。競爭和互補相互轉化，相互融合，以促進世界經濟的繁榮。

因此，在探討兩者的關係時，必須藉助可協調性原則、差異性原則和階段性原則等多邊合作體制的基本原則，對區域經濟整合的排他性加以約束與規範，為世界經濟注入活力與生機，加速融合多邊貿易體制和區域經濟集團，最終實現經濟全球化。

## 6.7　全球價值鏈與區域經濟整合的關係

### 6.7.1　全球價值鏈對區域經濟整合提出的新要求

隨著全球價值鏈發展所引致的國際貿易局勢的變化，傳統的國際貿易規則已經不能滿足世界各國對全球治理改革的利益訴求。先進國家在國際貿易新規則制定中居於主導地位，其核心目標在於透過制定高標

## 6.7 全球價值鏈與區域經濟整合的關係

準、高品質的國際貿易規則進一步統籌全球價值鏈，進而實現供應鏈的無縫對接，降低生產成本並繼續保持其在世界經濟中的領先地位。

所以，先進國家希望透過將國際貿易規則由邊境上向邊境後延伸，促出開發中國家的國內改革，提升開發中國家市場化的開放程度和法治化水準，為貿易和投資創造更好的商業環境。這與開發中國家的目標並行不悖，但是與先進國家相比，開發中國家尋求國際貿易新規則的動機是相對被動的。先進國家和開發中國家對全球價值鏈所寄託的發展願景都會影響國際貿易新規則體系的建構。

隨著杜哈回合談判陷入困境，多邊貿易體制前途未卜，全球價值鏈對國際貿易規則的新要求也就更多地承載於區域經濟整合發展之中。

在全球價值鏈分工體系下，產品生產的不同環節由不同國家承擔，這就意味著，產品在生產過程中需要多次跨越國境。與傳統的分工模式相比，全球價值鏈分工生產的產品會額外地增加跨越國境的貿易成本，並且分工環節越細化、跨越國境的次數越多，貿易成本的增加幅度也就越大。在全球價值鏈分工條件下，即使是較低的關稅，也會因為中間產品進口貿易壁壘所產生的累積效應，而使得貿易成本顯著增加，並最終影響產成品的生產成本、銷售價格和市場競爭力。同樣的道理，透過削減中間產品的關稅以及降低非關稅貿易壁壘，能夠有效降低中間產品在跨境流通環節的貿易成本，進而降低產成品的成本和價格，並提升產成品的市場競爭力。

另外從貿易便利化的角度來說，即便是在不存在關稅的情況下，邊境管理效率低下、進出口監管不力以及物流服務品質偏低等問題也會對全球價值鏈產生不可忽視的負面影響，這些貿易便利化的瓶頸實質上迫使貨物貿易的成本被增加了。在全球價值鏈分工條件下，貿易便利化措施對全球經濟和國際貿易的促進作用越來越明顯。改善通關環境、提高

流通效率，不但可以減少進出口貿易的時間成本和物流、通關費用，減輕進出口企業的庫存壓力，縮減國際市場供給對需求的反應時間，更重要的是，能夠有效保障全球價值鏈各環節的銜接，為全球價值鏈的高效運轉提供條件。

當前，全球價值鏈主要體現在區域性的供應鏈上，區域貿易協定對所覆蓋區域內的供應鏈的形成和發展發揮著舉足輕重的作用，也是當前全球價值鏈發展的重要驅動力。透過簽訂區域貿易協定、消除區域內銷易壁壘、提高貿易便利化水準，有利於保持供應鏈暢通、構築區域價值鏈，這也是全球價值鏈分工對區域經濟整合提出的重要要求。

隨著全球通訊資訊科技革命的興起和全球產業結構的調整轉型，服務業開始突破國界的限制，以高階要素密集為主要特徵的生產性服務貿易在全球快速發展。全球貿易結構正逐漸向服務貿易傾斜，服務貿易的發展水準也正日益成為評價一國合作能力以及參與全球競爭的重要指標。

與傳統貿易條件下不同，服務貿易在全球價值鏈分工體系中正發揮著前所未有的重要作用，它不但是聯結全球價值鏈不同生產環節的重要紐帶，而且是控制整條價值鏈的中樞。作為製造業的中間投入，生產性服務業能夠有效提高生產過程的協調性，大幅度地提升製造業的附加值，增強製造業的國際競爭力。

服務貿易自由化透過消除服務貿易壁壘、降低服務貿易成本，可以促進技術、知識、人力資本等高階要素的自由流動，對生產性服務業的發展具有積極的推動作用，進而提高製造業的生產效率，並最終實現對整個價值鏈的優化。由此可見，服務貿易自由化對全球價值鏈的發展和價值提升具有重要意義，而以促進服務貿易自由化為目的的貿易規則的制定，也就成為當前區域經濟整合的一項重要任務。

## 6.7 全球價值鏈與區域經濟整合的關係

伴隨著國際分工的不斷深化，生產要素在國際間流動性的增強，傳統國際貿易方式與國際合作方式正日益融為一體，呈現貿易投資一體化。在全球價值鏈分工背景下，跨國公司透過在世界對資源優化配置，進行全球化生產與經營，這使得國際貿易與國際直接投資越來越多地表現出圍繞全球價值鏈相互依存、聯合作用、共生成長的關係。在這裡，投資的目的就是為了透過貿易實現分工收益，是為貿易而投資的，而貿易則是實現投資行為最終目標的手段。

在全球價值鏈分工條件下，國際直接投資既是投資者在全球實現資源配置的有效方式，同時也為東道國提供了融入全球價值鏈、獲取分工收益的途徑，還能為東道國帶來技術外溢、增加就業等好處。促進投資的自由化和便利化，消除資本要素流動障礙，提高資本要素流動效率，能有效增進國際貿易與國際直接投資的有益互動，推動全球價值鏈的發展。在投資層面上，降低投資壁壘、改善投資環境、建立有效的爭端解決機制等，都是區域經濟整合需要解決的問題。

在傳統分工模式下，產品的生產過程不跨越國境，國際貿易只需要確立邊境上的規則。但是在全球價值鏈分工模式下，產品不同的生產環節被分配到不同的國家，產品需要多次跨越國境。邊境上的貿易規則已經不能滿足國際貿易的需求，貿易規則向邊境後延伸成為必然趨勢，國內規制的融合與標準的統一也就成為區域經濟整合發展的重要目標。

全球價值鏈的發展對構築國際貿易和投資的新規則有諸多啟迪，其中就包括強調參與價值鏈分工的國家如果想要獲取經濟收益，就應該採取開放透明的貿易投資政策，進而吸引更多的外國投資者、生產者和供應商。也就是說，國內規制的融合能夠積極促進全球價值鏈的發展，是一國融入全球價值鏈的有效推動力。完善智慧財產權保護政策、建構公正透明的營商環境、保證競爭的公平與充分、建立有效的環境和勞工標

準等都是區域經濟整合所需要關注的問題。

另外，由於產品生產的不同環節要在不同國家實現，那麼如何使產品在跨越國界前後的生產環節有效地銜接起來就成為一個關鍵問題，這就要求價值鏈上所涉及的國家在生產過程中能夠採用統一的標準。當前紛雜的產品標準和認證體系阻礙了全球價值鏈在國家間的伸展，增加了價值鏈上企業關於產品標準的協調成本，是全球價值鏈發展最主要的壁壘之一。透過簽訂區域貿易協定，對標準進行約定正是解決這個難題的重要手段，它不但可以保障全球價值鏈各個環節的連續性，而且能夠帶動區域內更多的企業融入全球價值鏈分工之中。

## 6.7.2 全球價值鏈分工深化背景下區域經濟整合議題的深化與擴展

在全球價值鏈分工的大背景下，與其說區域經濟整合是國際貿易體系「碎片化」的表現，還不如說是對全球生產網路節點的強化。現有的多邊貿易體制不能滿足全球價值鏈的所有需求，並且談判緩慢，而區域經濟整合對貿易協定議題的拓展，則在一定程度上填補了國際貿易規則的供給缺口，發揮了潤滑區域內供應鏈運轉，強化區域內價值鏈聯結的作用。2016年2月4日，美國、日本、加拿大、澳洲、紐西蘭、新加坡、墨西哥、智利、秘魯、馬來西亞、汶萊和越南等12個國家正式簽署了《跨太平洋夥伴關係協定（TPP）》。TPP為以全球價值鏈為基礎的國際貿易新規則確定了基準、提供了模板，並且必將影響全球貿易治理在未來的發展。下面，我們以TPP為例，從全球價值鏈的視角，進一步探討當前區域經濟整合所涉及的議題。

傳統國際貿易規則所涉及的議題主要包括貨物貿易、服務貿易以及投資三個方面，它們不但是現有多邊貿易體制的主要構成，也是當前區

域貿易協定的基礎內容。TPP 深化了傳統議題的內容，設定了更高的標準，一方面適應了全球價值鏈發展的需求，另一方面，在鞏固區域內價值鏈的同時也對區域外國家產生了排他效應。實現貨物貿易的自由化、便利化，消除貿易壁壘，保障貨物尤其是中間品在亞太價值鏈上低成本自由流通是 TPP 的重要目標之一。

TPP 大幅度削減了成員國之間的關稅，按照約定，在協議生效後的第一年，大多數產品將降為零關稅，其中除了越南和墨西哥，其他十國的零關稅產品比例都將超過八成，這無疑能夠顯著降低成員國之間貨物貿易的成本。為促進貨物貿易便利化，TPP 對便利化措施進行了更詳細的約定，並要求提高海關管理的透明度，這不但能夠有效提升貨物的通關速率，而且將會明顯有助於中小企業參與價值鏈分工。同時，協定還約束成員國的進出口限制行為，提升了出口許可證的透明度，以防止在降低關稅的同時設定非關稅貿易壁壘。

另外，TPP 制定了一套統一的原產地規則，協定還明確表示了原產地規則的目的在於「促進區域供應鏈，確保締約方而不是非締約方成為協定的主要受益者」。可以預見，這個規則在促進成員國價值鏈整合的同時，將會在一定程度上割裂與非成員國之間的經貿聯繫，阻礙非成員國參與亞太地區的價值鏈分工體系。

在服務貿易方面，與亞太地區以往的自由貿易協定相比，TPP 提升了電子商務的標準，增加了金融服務、商務人員臨時入境、電信等內容，並徹底採用「負面清單」方式規範跨境服務，有效地推進了成員國之間服務貿易自由化的發展，有利於企業在「網路＋」的背景下更好地參與全球價值鏈分工。

在投資方面，TPP 的規定比以往的區域貿易協定更加詳細、標準也更高，包括投資者和東道國爭端解決機制（ISDS）在內的一系列規則，能

夠顯著加強對外國投資者的保護，促進資本在成員國之間的自由流動，帶動區內更多的企業融入亞太價值鏈。

但是值得關注的是，TPP 中對 ISDS 的設定使得外國投資者獲得了比國內投資者更多的權利，他們可以繞過東道國的國內司法程序直接進入國際仲裁，這可能會導致 ISDS 的濫用，引發投資自由化與國家經濟主權的平衡問題。

TPP 對非傳統議題的擴展將國際貿易規則進一步向邊境後的國內政策延伸，主要表現在細化、提高此前區域貿易協定中已有的涉及的非傳統議題，以及率先涉及的新的非傳統議題。這些非傳統議題雖然不直接涉及貿易和投資行為，但是會影響各國的營商環境，從而間接地影響貿易和投資活動，這是全球價值鏈發展的客觀需求。

然而，這些非傳統議題所涉及的很多內容在先進國家與開發中國家之間長期存在認識差異，加之涉及國內政策有可能會影響一國的國家治理，所以，在落實過程中會有一定的難度，還可能會暴露出一定的風險。

TPP 在智慧財產權保護、政府採購、環境和勞工規則上都設立了更高的標準。烏拉圭回合談判之後，智慧財產權保護和政府採購分別透過《與貿易有關的智慧財產權協定（TRIPS）》和《政府採購協定（GPA）》納入到了 WTO 框架之下。但是美國等先進國家一直認為 TRIPS 對智慧財產權保護的力度不足，GPA 由於不具有強制約束力也不能滿足他們「高標準」的期望。

環境政策和勞工政策由於不直接涉及貿易和投資行為，暫未被納入 TRIPS 貿易規則體系，但是在既往區域貿易協定中多有涉及。TPP 對智慧財產權保護、政府採購、環境和勞動規則所設立的高標準雖然對經濟、社會的協調發展以及全球價值鏈的優化具有積極意義，但是主要體現了先進國家的利益訴求。

## 6.7 全球價值鏈與區域經濟整合的關係

TPP 在競爭政策、國有企業等多個非傳統議題中，均體現了先進國家所主導的「競爭中立」原則。「競爭中立」的內涵是指：「政府的商業活動不得因其公共部門所有權地位，而享受私營部門競爭者所不能享受的競爭優勢，目的是強調國有企業和私有企業之間的平等市場競爭地位。」協定對競爭政策的規範側重從立法的角度維護市場的正常運轉，就反壟斷法律及措施等問題做了相關約定。

對國有企業的規範則主要從企業所有制的角度出發，督促國有企業以純商業的方式營運，確保國有企業與私有企業之間的競爭公平。在全球價值鏈分工條件下，「競爭中立」原則有利於資源在世界的優化配置。但是，先進國家和開發中國家處於不同的發展階段，對「競爭中立」的接納能力也不盡相同，這將對開發中國家形成較大壓力。

中小企業雖然是世界經濟關注的熱點，亞太經濟合作會議（APEC）更是設有中小企業部長級會議定期討論中小企業的發展問題，但是 TPP 將該議題以條款的形式規範在自由貿易協定中，在世界尚屬首例。TPP 強調對中小企業的資訊分享，要求成員國建立中小企業專用的網站、保障法律法規的公開透明，為中小企業參與國際貿易提供更多便利，有助於其融入全球價值鏈。此外，TPP 還設立了中小企業委員會，協助成員國的中小企業更好地從協定中獲益。相對於跨國公司，中小企業參與全球價值鏈分工的程度要低得多，但是這也意味著中小企業具有巨大的潛力。TPP 對中小企業議題的重視，對於挖掘中小企業參與全球價值鏈分工的能力具有重要的意義。

監管一致性和反腐敗議題也首次出現在了自由貿易協定的條款之中，這是貿易規則向國內政策延伸的重要表現，適應了全球價值鏈發展對國內營商和監管環境的要求。TPP 將國內監管一致性向區域範圍擴張，規範了監管的內部機制和程序，其目的在於促使成員國建立起有效的跨

部門磋商和合作機制，進而形成開放透明的監管環境。全球價值鏈分工條件下，各國間的聯繫越來越緊密，腐敗行為亦從對一國國內的腐蝕向國際貿易和投資領域擴散，反腐敗成為全球經濟治理的重要組成。協定中反腐敗條款的實施能夠有效促進市場的公平競爭，改善國際貿易和投資環境，降低全球價值鏈的營運成本。

TPP 還將發展、合作和能力建設等與國際合作相關的非傳統議題納入了國際貿易規則體系。雖然以往的自由貿易協定也經常會對締約方之間的合作進行相應的說明，但是一般只是在貿易便利化議題中體現，不會單設章節，即便在 WTO 框架下也不例外。

TPP 分別設立了「發展」和「合作與能力建設」兩個章節闡述和規範締約方的合作問題，反映出在全球價值鏈分工體系下，國家間的連繫越來越緊密，各國的協調發展也越來越重要。TPP 成員國的經濟和社會發展水準參差不齊，協定對國際合作的約定可以幫助發展水準相對落後的成員國提升參與全球價值鏈的能力，進而更好地履行協定項下的承諾，最終有助於所有成員國獲得更多的實際利益。

## 案例討論

### 俄羅斯區域經濟整合：程序、問題及前景

**俄羅斯區域經濟整合發展中存在的問題**

世界貿易組織（WTO）的統計數據顯示，截至 2015 年 3 月 5 日，俄羅斯簽署並生效的區域貿易協定（RTA）達到 17 個。從俄羅斯已簽署的 RTA 來看，俄羅斯區域經濟整合的發展已超越自由貿易區階段，達到統

一市場的高度。其中，歐亞經濟聯盟是俄羅斯區域經濟整合水準最高的區域經濟合作組織。

一體化發展中存在的問題也越來越突出。

(一)成員國地理位置過於集中，經濟總量小

俄羅斯 RTA 成員國集中在東歐和中亞，其中，大部分成員國為獨立國協國家。並且，俄羅斯除了與亞塞拜然、土庫曼、喬治亞和塞爾維亞僅簽訂雙邊 RTA 之外，與其他成員夥伴國既簽訂雙邊 RTA，也簽訂多邊 RTA，這樣極易產生「義大利麵碗」效應，可能對俄羅斯區域經濟整合的發展產生負面影響。

並且，與俄羅斯相比較，這些成員國的經濟總量較小。據世界銀行的統計數據，2013 年，與俄羅斯簽訂雙邊或多邊 RTA 的 12 個成員夥伴國的 GDP 總和為 7,490.19 億美元，僅為俄羅斯 GDP 的 36%。由於成員夥伴國的經濟總量小，俄羅斯很難透過現有區域經濟合作組織的建立快速有效推動本國經濟的發展。

(二)成員國間貿易發展緩慢

俄羅斯區域經濟整合的發展，即使是歐亞經濟聯盟的建立，也未能顯現出明顯的貿易創造效應，俄羅斯與成員國間的貿易額較小、成長緩慢，甚至在歐亞經濟聯盟啟動後，其區域內銷易反而出現了下降的現象。

1. 俄羅斯與成員國間的貿易額小

作為俄羅斯 RTA 成員國中最重要的三大貿易夥伴 ── 白俄羅斯、哈薩克和烏克蘭，三國與俄羅斯間的貿易額較小。2013 年，烏克蘭作為俄羅斯 RTA 成員國中第一大貿易夥伴，俄烏進出口總額也僅為 310.06 億美元，遠小於同期俄羅斯與其他主要貿易夥伴間的貿易額，如 2013 年俄中進出口總額為 887.99 億美元。即使 2010 年 1 月 1 日「俄白哈」關稅同盟的啟動帶來三國間貿易的快速成長，但是 2011 年俄白和俄哈的進出口

總額也僅達到了 394.39 億美元和 210.86 億美元，僅相當於當年俄中進出口總額的 47.67%和 25.49%。

此後，在俄中貿易繼續快速成長的同時，俄白、俄哈貿易均出現不同程度的下滑。而俄羅斯與其他 9 個成員國間的貿易往來更是少之又少，2013 年，俄羅斯與 9 個成員國間進出口總額之和僅為 130.55 億美元，僅為 2013 年俄中進出口總額的 14.70%。

2. 俄羅斯與成員國間貿易成長緩慢

1998 至 2013 年，俄羅斯與成員國間進出口總額總體呈現出上升趨勢，但是成長速度緩慢，其年均成長率分別為：俄烏 8.71%；俄白 8.38%；俄哈 12.61%；俄 9 國（俄羅斯與其他 9 個成員國）9.92%。而同一時期，俄中進出口總額年均成長率高達 22.25%。並且，俄羅斯與成員國間貿易往來的波動幅度較大。由於受到 2008 年金融危機的影響，俄羅斯與成員國間貿易額均出現大幅度下降，但是隨後迅速回升。並且，2009 至 2011 年，俄羅斯與成員國間進出口總額快速上升，但是 2011 至 2013 年，俄烏和俄白進出口總額均出現較大幅度的下降，俄哈進出口總額在 2012 年後也出現了下降。

而俄 9 國進出口總額雖然一直處於上升趨勢，但是由於基數較小，成長速度較慢，對於俄羅斯對外貿易的拉動作用微乎其微。而在俄羅斯與成員國間貿易不斷波動的過程中，俄中進出口總額除了受 2008 年金融危機的影響而減少之外，一直處於上升趨勢，尤其是 2009 至 2013 年，俄中進出口總額大幅度上升。這說明即使從 2009 年「俄白哈」關稅同盟的成立到 2012 年「俄白哈」統一經濟空間的啟動，都未拉動俄羅斯與成員國間貿易的成長，貿易創造效應尚未顯現。

3. 歐亞經濟聯盟陷入貿易發展困境

歐亞經濟聯盟作為俄羅斯區域經濟整合水準最高的合作組織，其區

域內銷易同樣陷入發展困境。2000 至 2013 年，俄、白、哈、亞、吉五國對外貿易額成長了 5.33 倍，年均成長率為 15.25%，而同一時期，俄、白、哈、亞、吉五國區域內銷易額僅成長了 3.15 倍，年均成長率僅達到了 12.00%。

伴隨 2015 年 1 月 1 日歐亞經濟聯盟的正式啟動，區域內銷易也並未出現快速成長的態勢。歐亞經濟委員會統計數據表明，2015 年第 1 季度，歐亞經濟聯盟成員國相互貿易總額達 94 億美元，同比下降 30.5%。而據哈薩克國家經濟部統計委員的數據，2015 年 1 至 3 月分哈薩克與歐亞經濟聯盟國家的相互貿易 34.301 億美元，同比減少 20.9%，其中，哈出口 9.016 億美元，下降 31.1%，哈進口 25.285 億美元，下降 16.5%。

並且，歐亞經濟聯盟區域內銷易額在區域對外貿易總額中所占比例較小。2004 年以前，這比例相對較大，但是最高也僅為 8.31%，這與世界其他主要區域經濟整合組織的發展態勢也是不相符的。如 2004 年區域內銷易在區域對外貿易總額中所占的比例，歐盟為 66.9%，北美自由貿易區為 43.5%，東盟為 22.5%。並且，在 2004 至 2005 年間，歐亞經濟聯盟區域內銷易額在四國對外貿易總額中所占比例大幅度下滑，即使俄、白、哈三國於 2010 年 11 月 7 日取消了相互間的關稅也未能阻止持續下滑的態勢，2013 年，該比例達到最低，僅為 5.51%。

由此可見，歐亞經濟聯盟內部貿易不僅發展緩慢，而且區域內部貿易占區域對外貿易總額的比例較小，總體呈現出持續下滑的趨勢。這說明「俄白哈」關稅同盟和歐亞經濟聯盟的貿易創造效應並未發揮應有作用。

(三)成員國間分歧較大，一體化發展緩慢

俄羅斯區域貿易協定的成員國均為東歐中亞國家。由於各成員國在一體化發展程序、方向以及政治等方面的分歧，導致現有區域經濟整合

組織的發展過程緩慢。2003年9月建立的「俄白哈烏」統一經濟空間的最終目標是建立一個具有高於國家權力的統一委員會，協調各成員國的經濟政策，統一各成員國的相關法律法規。然而，各成員國在經濟整合發展方向、程序等具體問題上存在較大分歧。

《關於建立統一經濟空間的協議》中規定，鑒於各成員國一體化發展水準及發展速度存在差異，建立統一經濟空間將分階段進行。建立自由貿易區是統一經濟空間的首要任務，但是仍未能解決成員國間的種種分歧。俄羅斯主張透過統一經濟空間的建立和發展，首先形成四國自由貿易區，而後將其建成超越國界的政治經濟聯合體。

白俄羅斯希望透過自由貿易區的建立，形成區域性的聯盟。哈薩克則主張儘早建立海關聯盟、運輸聯盟，最終使之發展成為區域性的自由貿易區。而烏克蘭把加入統一經濟空間作為其經濟發展中特定階段的需求，僅希望在統一經濟空間框架內建立自由貿易區。成員國間的分歧最終導致烏克蘭2005年退出統一經濟空間。至此，「俄白哈烏」統一經濟空間倡議歸於失敗。

同樣，2008年10月，加入歐亞經濟共同體僅有2年多時間的烏茲別克退出歐亞經濟共同體，主要原因是烏茲別克認為俄、白、哈三國在歐共同體框架內擬建的關稅同盟沒有充分考慮到其他成員的利益，烏方沒有從這個經濟組織中受惠，因此決定退出歐亞經濟共同體。

對於歐亞經濟聯盟來說，在最初起草《歐亞經濟聯盟條約》的過程中就曾出現許多分歧，最終簽署的條約將一些「政治化內容」刪除，如對外政策、議會合作、共同維護邊境、共同國籍、護照簽證政策等，對於「統一貨幣」等敏感議題更是沒有提及。並且，成員國彼此間缺乏相互信任與支持，特別是烏克蘭危機發生後，西方對俄實行經濟制裁，俄羅斯則對歐盟商品實行禁運。而哈薩克和白俄羅斯出於自身經濟利益的考

慮，並不支持俄羅斯的禁運政策。

據當地媒體報導，白俄羅斯事實上充當起「歐盟商品的中間轉運商」，即歐盟產品先透過白俄羅斯進入關稅同盟區、貼上當地商標，再出口到哈薩克等其他關稅同盟國，實現「二次出口」。俄羅斯建構歐亞經濟聯盟的地緣政治動機要大於經濟價值。而白俄羅斯同哈薩克對於俄羅斯建構「歐亞經濟聯盟」的計畫予以大力支持也是帶有政治前提的，那就是承認白哈的歐洲國家地位。

並且，白、哈對歐亞經濟聯盟的政治內涵卻難以全盤接受。哈薩克總統努爾蘇丹·納札爾巴耶夫（Nursultan Nazarbayev）曾發出公開警告，「如果歐亞經濟聯盟中規定的規則沒有得以執行，哈薩克具有充分權利退出歐亞經濟聯盟，哈任何時候都不會加入損害哈獨立的組織。」

資料來源：俄羅斯區域經濟整合：程序、問題及前景

作者：包豔，崔日明

### 思考題

1. 簡述區域經濟整合的形式並舉例
2. 區域集一體化有哪些特點？
3. 區域經濟整合對產業結構有哪些影響？
4. 區域經濟整合與經濟全球化的關係？
5. 全球價值鏈與區域經濟整合的關係？

# 產業篇

# 第 7 章

# 全球農業供需

**學習目標**

　　本章主要介紹糧食、林業、漁業的世界生產分布格局、需求分布格局。透過本章的學習，使學生了解糧食、林業、漁業的世界生產分布格局，掌握糧食、林業、漁業的需求分布格局，熟悉涉及糧食、林業、漁業重要的國家和地區。

## 7.1　糧食

　　農業是人類透過生產活動，利用動植物的生長繁殖來獲得產品的物質生產部門。深受自然條件和動植物生長規律的影響，農業生產具有明顯的地域性、季節性和週期性的特點。影響農業生產的因素包括氣候、水源、地形、土壤等構成的自然條件，因為這些條件都影響著動植物的生長繁殖。世界各國的農業，都受到國家政策以及政府干預的影響。工業的發展、城市的興起與擴大、人口的成長、市場的需求等都對農業生產的發展產生影響。

　　當然，科學技術的進步也極大地推動著農業生產的發展。糧食品種一般由穀物、薯類和豆類三部分構成，其中穀物是最主要糧食。穀物中的小麥、水稻和玉米既是最主要的穀物產品，也是世界糧食生產和貿易的三大主要產品。

### 7.1.1 小麥

小麥是世界的「三大主糧」之一，是世界上分布最廣、種植面積最大的糧食作物。其產量占世界糧食總產量近 30%，占世界糧食貿易量的近 1／2。世界約有 1／3 的人口以小麥為主糧。小麥是一種世界性的糧食作物。小麥的種植遍布除南極洲以外的各大洲，但是主要集中分布在北緯 25°至 55°和南緯 25°至 40°的溫帶地區。

在北半球，有四大小麥帶：西歐平原至中歐平原、東歐平原南部至西伯利亞南部；中國東北平原至華北平原至長江中下游平原；地中海沿岸至土耳其、伊朗至印度河與恆河平原；北美中部大草原：北自加拿大的中南部，一直到美國的中部。以上四個小麥帶，占世界小麥產量的 90%以上。在南半球，有一個不連續的小麥帶，這個帶包括了南非、澳洲南部、南美洲的潘帕斯地區。

從國家來看，主要生產小麥的國家是中國、美國、俄羅斯、印度，這四個國家共占世界小麥總產量的 50%以上。其次是加拿大、澳洲、阿根廷、巴西、墨西哥等，主要小麥出口國是美國、加拿大、澳洲、俄羅斯、法國，這五國小麥出口占世界小麥出口總量的 60%以上，其次還有阿根廷、哈薩克、德國、印度、英國等，主要進口國為義大利、巴西、日本、阿爾及利亞、埃及、西班牙、韓國、比利時、印尼、墨西哥等。

### 7.1.2 稻穀

21 世紀初，世界稻米生產一直呈下降態勢，世界稻米產區主要集中在亞洲，其稻穀播種面積占全球的近 90%，產量占全球的 91%，因此它被稱為「亞洲的糧食」。稻穀產區主要集中在高溫多雨、人口稠密的東亞溫帶季風區和東南亞、南亞熱帶季風氣候區以及熱帶雨林地區。

其中，印度、中國、印尼、孟加拉、泰國 5 國稻穀播種面積都在 1,000 萬公頃以上；中國、印度是世界上最大的稻穀生產國。除此以外，印尼、孟加拉、泰國、日本、越南、緬甸、韓國、朝鮮等也是重要的稻穀生產國。在亞洲以外的地區，稻穀主要產在地中海沿岸的義大利、非洲的埃及、北美洲的美國、拉丁美洲的巴西、阿根廷，大洋洲的澳洲等。

稻穀生產雖然比較重要，但是大部分為當地消費，在國際貿易中所占的比例較小。主要的稻穀出口國有泰國、越南、印度、美國、巴基斯坦、中國等。進口國主要有韓國、日本、印尼、古巴、象牙海岸、伊拉克等。

## 7.1.3 玉米

玉米也是世界三大穀類作物之一，相當部分的玉米也用作糧食，甚至有些國家和地區將其作為主糧。玉米占世界糧食收穫面積的 1／5，占世界糧食總產量的 1／4，在全世界糧食作物中占第三位。由於玉米雜交品種的出現，單產提高很快，加之世界畜牧業的發展，對飼料玉米需求量增加，也使玉米生產成長很快。

玉米生產集中分布在夏季高溫多雨、生長季較長的地區。世界主要有三大玉米產區，它們是美國中部的玉米帶，這是世界最主要的玉米帶，這裡所產的玉米占世界玉米總產量的 40%，居世界首位。其次是中國的東北平原、華北平原玉米帶。第三個玉米帶是在歐洲南部平原地帶，西起法國，經過義大利、前南斯拉夫、匈牙利、羅馬尼亞。以上三大玉米帶生產了世界玉米總產量的 80% 以上。

生產玉米最多的國家有美國、中國、巴西、墨西哥、印度、俄羅斯、阿根廷、羅馬尼亞、法國、義大利。而出口玉米最多的國家是美國，其次有阿根廷、中國、法國等；玉米進口最多的是日本，其次有韓國、墨西哥、埃及、西班牙、哥倫比亞、智利、歐盟、土耳其、伊朗等。

## 7.2 林業

### 7.2.1 全球森林分布

　　森林對人類福祉的貢獻意義深遠。森林提供重要的木材供應，幫助戰勝農村貧困，確保糧食安全並為人們提供體面的謀生方式；森林還提供良好的中期綠色發展機會和重要的長期環境服務，如清潔空氣和水源、保護生物多樣性和減緩氣候變化。

　　在全球，由於人口的持續成長以及對糧食和土地需求量的增加，世界森林面積持續下滑，在 1990 年和 2015 年間，森林面積從 41 億公頃變成略少於 40 億公頃，減少了 3.1％。全球森林面積變化率放緩，放緩幅度已超過 50％。

　　世界各國的森林覆蓋率差異很大，排名前十的森林國家占全球森林面積的 67％，見表 7-1。

表 7-1 2015 年森林面積排名前十的國家（單位：千公頃）

| 國家 | 森林面積 | 占國家面積比例 | 占全球森林面積比例 |
| --- | --- | --- | --- |
| 俄羅斯聯邦 | 814,931 | 48% | 20% |
| 巴西 | 493,538 | 58% | 12% |
| 加拿大 | 347,069 | 35% | 9% |
| 美國 | 310,095 | 32% | 8% |
| 中國 | 208,321 | 22% | 5% |
| 剛果民主共和國 | 6,152,578 | 65% | 4% |
| 澳洲 | 124,751 | 16% | 3% |
| 印尼 | 91,010 | 50% | 2% |
| 祕魯 | 73,973 | 58% | 2% |

| 國家 | 森林面積 | 占國家面積比例 | 占全球森林面積比例 |
|---|---|---|---|
| 印度 | 70,682 | 22% | 2% |
| 合計 | 268,694,867 |  | 67% |

資料來源：FAO 2013 林產品年鑑。

天然林有助於儲存基因的多樣性，保持天然樹種的組成、結構和生態活力，並提供林產品中的重要物資。人工林往往是為了林業生產、風蝕控制和水土保持而建。管理良好的人工林可以用來提供各種林業產品和服務，有助於減輕對天然林的需求壓力。

在全球，天然林面積在減少，人工林面積在增加。到 2015 年，天然林占整個林地總面積的 93%，人工林占 7%，為 2.67 億公頃。最大的天然林在歐洲，占地面積約 9 億公頃，其中約 88% 在俄羅斯聯邦。

1990 至 2000 年間，天然林減少最多的地區則是南美，2010 至 2015 年間下降至每年 210 萬公頃。類似的趨勢也發生在撒哈拉南部非洲地區。東亞的天然林面積成長最大，自 1990 年開始每年約 45 萬公頃，其中平均 43% 來自於天然林的自然擴大，其餘則來自植樹造林。在歐洲、大洋洲和加勒比地區，變化趨勢相對穩定。

自 1990 年開始到 2015 年，人工林面積增加了 1.1 億多公頃，占世界林地面積的 7%。儘管天然林減少速度放緩，但是其面積或許有可能繼續下滑，尤其在熱帶，主要原因是林地轉化為農業用地。另一方面，由於對林業產品和環境服務的需求不斷增加，人工林的面積很有可能在未來幾年得到繼續增加。

透過森林保護和保護區對生物多樣性的保護可使物種得以生存、發展並動態地適應不斷變化的環境條件。這也增強了動、植物基因庫，可為林木育種提供基因，保護生物多樣性對世界森林長期健康可持續的生產力發展至關重要。主要指定用於生物多樣性保護的森林面積占世界森

林的 13%，為 5.24 億公頃，面積最大的在美國和巴西，見表 7-2。森林砍伐、森林退化、森林碎化、汙染和氣候變化都會對森林生物多樣性產生負面影響。儘管保護工作不斷增強，生物多樣性損失的威脅依然存在並有可能繼續，具體體現在原生林的退化或喪失。

表 7-2 2015 指定用於保護生物多樣性森林面積前十國家（單位：千公頃）

| 國家 | 用於保護生物多樣性的森林面積 | 占森林面積比例 |
| --- | --- | --- |
| 美國 | 64,763 | 21% |
| 巴西 | 46,969 | 10% |
| 墨西哥 | 28,049 | 42% |
| 俄羅斯聯邦 | 26,511 | 3% |
| 澳洲 | 26,397 | 21% |
| 剛果民主共和國 | 6,314 | 17% |
| 委內瑞拉 | 24,313 | 52% |
| 加拿大 | 23,924 | 7% |
| 印尼 | 21,233 | 23% |
| 祕魯 | 19,674 | 27% |
| 合計 | 308,147 | |

資料來源：FAO 2013 林產品年鑑。

## 7.2.2 全球林產品生產

林業生產已經進入產業化。產業化是指一個產業內的各項生產經營和服務活動構成一個有機的完整的產業體系。不是各項活動的簡單組合，而是一個穩定高效、結構合理、良性循環的有機完整系統。

林業產業化是指以社會需求及市場需求為導向，以生態效益、經濟效益、社會效益為中心，以森林資源和生態環境產業為基礎，正確確定主導及支柱產業，分類、分割槽生產，協同經營，實行社會化服務、企

業化管理，最終形成由多條長的上連基地、下連市場的結構合理、有機構成的產業鏈組成的產業體系。

自 1990 年代以來，隨著各國經濟不斷發展、生產技術、運輸能力的大幅提升，以及人們對生活品質要求的不斷提高和建築業的高速發展，世界林產品國際貿易自由化發展加快。

原木是指砍伐或用其他方法採伐和採運的所有木材，包括加工原木和造紙原木。2014 年原木生產情況見表 7-3。

表 7-3 2014 年原木生產國產量及其所占比例（單位：百萬 $m^3$）

| 國家 | 產量 | 比例 |
| --- | --- | --- |
| 世界 | 1,737,370 | 100.00% |
| 美國 | 293,583 | 16.90% |
| 俄羅斯 | 180,379 | 10.38% |
| 中國 | 168,675 | 9.71% |
| 巴西 | 149,446 | 8.6% |
| 加拿大 | 146,741 | 8.45% |

資料來源：2015 年 FAO 林產品年鑑。

鋸材是指從國內生產和進口的原木中透過縱向鋸制或剖面切削的方法化工的厚度超過 5 毫米（有少數例外）的成材。2014 年鋸材生產情況見表 7-4。

表 7-4 2014 年鋸木生產國產量及其所占比例（單位：百萬 $m^3$）

| 國家 | 產量 | 比例 |
| --- | --- | --- |
| 世界 | 420,897 | 100.00% |
| 美國 | 69,221 | 16.45% |
| 中國 | 63,040 | 14.98% |
| 加拿大 | 42,859 | 10.18% |

| 國家 | 產量 | 比例 |
|---|---|---|
| 俄羅斯 | 33,500 | 7.96% |
| 德國 | 21,478 | 5.10% |

資料來源：2015 年 FAO 林產品年鑑。

木漿是由紙漿材、木片、碎料、剩餘物或回收紙透過機械或化學過程製成的纖維材料，可進一步加工成紙、紙板、纖維板或其他纖維素產品。木漿是造紙的原料，也是造紙產業的重要組成部分。2014 年木漿生產情況見表 7-5。

表 7-5 2014 年主要的木漿生產國產量及其所占比例（單位：百萬 m³）

| 國家 | 產量 | 比例 |
|---|---|---|
| 世界 | 173,847 | 1.00 |
| 美國 | 49,056 | 28.22% |
| 加拿大 | 17,953 | 10.33% |
| 巴西 | 15,492 | 8.91% |
| 瑞典 | 11,572 | 6.66% |
| 芬蘭 | 11,282 | 6.49% |

資料來源：2015 年 FAO 林產品年鑑。

在紙品出口中，以紙、紙板、紙製品（HS48）為主，其次是印刷品（HS49）。在全球經濟整合的背景之下，全球貿易飛速發展，由此各國人民對於紙和紙製品的需求越來越大。2014 年紙和紙質品生產情況見表 7-6。

表 7-6 2014 年紙和紙質品生產國產量及其所占比例（單位：百萬 m³）

| 國家 | 產量 | 比例 |
|---|---|---|
| 世界 | 397,611 | 100.00% |
| 中國 | 105,150 | 26.45% |
| 美國 | 74,228 | 18.67% |

| 國家 | 產量 | 比例 |
|------|------|------|
| 日本 | 26,093 | 6.56% |
| 德國 | 22,393 | 5.63% |
| 韓國 | 11,801 | 2.97% |

資料來源：2015 年 FAO 林產品年鑑。

## 7.2.3　全球林產品貿易局勢

　　全球氣候變化及由此為人類生存與發展所帶來的影響，成為當今學術界共同關注的話題。基於此背景，人們更多地開始認真思考自身發展方式的問題，對此提出了低碳經濟與資源節約的發展模式，而在解決碳排放與資源稀缺等問題過程中，林業發揮著無可替代的作用。世界各國政府對森林的碳匯等功能非常重視，透過各項政策措施推動了與林業相關新低碳產業的誕生和發展，延長了林業產業鏈。

　　世界上原木貿易規模小，發展較為平穩。在氣候變化下，世界各國都十分重視環保，紛紛制定各種政策措施限制甚至禁止原木出口，使得原木貿易緩慢成長，在世界林產品貿易發展中所占比例還將繼續下降。2014 年原木進出口情況見表 7-7。

表 7-7 2014 年原木的主要進出口國家其進出口量及進出口比例（單位：百萬 m$^3$）

| 國家 | 進口量 | 比例 | 國家 | 出口量 | 比例 |
|------|--------|------|------|--------|------|
| 世界 | 126,435 | 100.00 | 世界 | 128,444 | 100.00 |
| 中國 | 45,977 | 36.36 | 俄羅斯 | 19,045 | 14.83 |
| 奧地利 | 8,214 | 6.50 | 紐西蘭 | 16,545 | 12.88 |
| 德國 | 7,979 | 6.31 | 美國 | 16,476 | 12.83 |
| 瑞典 | 7,542 | 5.97 | 加拿大 | 7,005 | 5.45 |
| 芬蘭 | 6,694 | 5.29 | 法國 | 4,713 | 3.67 |

資料來源：2015 年 FAO 林產品年鑑。

鋸材是木家具和其他林產品加工原料，屬於中間產品。除特殊年分如 2001 與 2009 年外，國際鋸材貿易一直保持平穩成長狀態，所占份額也較為穩定。原木不論以進口量，還是以貿易額來衡量，中國都位居第一，其中進口量占世界的 1／3。2014 年鋸木進出口情況見表 7-8。

表 7-8 2014 年鋸木的主要進出口國家其進出口量及比例（單位：百萬 m³）

| 國家 | 進口量 | 比例 | 國家 | 出口量 | 比例 |
| --- | --- | --- | --- | --- | --- |
| 世界 | 121,733 | 100.00 | 世界 | 124,491 | 100.00 |
| 中國 | 25,455 | 20.91 | 加拿大 | 28,019 | 22.51 |
| 美國 | 20,049 | 16.47 | 俄羅斯 | 21,320 | 17.13 |
| 日本 | 7,497 | 6.16 | 瑞典 | 11,637 | 9.35 |
| 英國 | 5,537 | 4.55 | 芬蘭 | 7,154 | 5.75 |
| 埃及 | 4,835 | 3.97 | 德國 | 6,745 | 5.42 |

資料來源：2013 年 FAO 林產品年鑑。

人造板世界人造板進口國前五位是美國、日本、德國、中國和加拿大。儘管美國在近些年世界占比有所下降，但是始終位列第一。人造板主要是以木質原料經加工而成的板材，在家具、建築裝飾及包裝等產業中廣泛運用。就人造板整體而言，其在國際貿易上一直呈快速成長態勢，僅在 2009 年經濟危機時，貿易額有所下降，見表 7-9。

表 7-9 2014 年木板的主要進出口國家其進出口量及比例（單位：百萬 m³）

| 國家 | 進口量 | 比例 | 國家 | 出口量 | 比例 |
| --- | --- | --- | --- | --- | --- |
| 世界 | 74,917 | 100.00 | 世界 | 77,400 | 100.00 |
| 美國 | 10,080 | 13.45 | 中國 | 14,025 | 18.12 |
| 德國 | 5,143 | 6.68 | 加拿大 | 6,113 | 7.90 |
| 日本 | 5,009 | 6.69 | 德國 | 5,707 | 7.37 |
| 中國 | 3,211 | 4.29 | 馬來西亞 | 5,391 | 6.97 |
| 英國 | 2,963 | 3.96 | 泰國 | 3,617 | 4.67 |

資料來源：2013 年 FAO 林產品年鑑。

紙品主要包括廢紙，紙、紙板和紙製品、印刷品 3 類。世界紙品貿易額在波動中上升趨勢，特別以紙、紙板和紙製品較為明顯。廢紙的主要進口國有中國、德國、荷蘭、印度和印尼；而美國、德國、英國、法國和義大利是紙和紙板的主要進口國。按貿易額衡量，美國、德國、法國、英國和義大利是紙、紙板和紙製品的主要進口國。2014 年紙和紙板的進出口情況見表 7-10。

表 7-10 2014 年紙和紙板的主要進出口國家其進出口量及比例（單位：百萬 m$^3$）

| 國家 | 進口量 | 比例 | 國家 | 出口量 | 比例 |
| --- | --- | --- | --- | --- | --- |
| 世界 | 107,051 | 100.00 | 世界 | 109,438 | 100.00 |
| 德國 | 10,575 | 9.88 | 德國 | 13.070 | 11.94 |
| 美國 | 9,735 | 9.09 | 美國 | 12.084 | 11.04 |
| 英國 | 5,921 | 5.53 | 瑞典 | 10,132 | 9.26 |
| 法國 | 4,990 | 4.66 | 芬蘭 | 9,864 | 9.01 |
| 中國 | 4,750 | 4.44 | 加拿大 | 8,234 | 7.52 |

資料來源：2013 年 FAO 林產品年鑑。

世界林產品貿易地區發展不平衡，主要集中在歐洲和北美洲。美國的工業材原木、人造板、紙製品和木漿及鋸材的產量長期以來位居世界前位，加拿大、瑞典、德國、芬蘭、巴西、俄羅斯、印尼等國家為世界林產品的主要生產國。這些國家森林資源稟賦好，人均森林面積多，林產工業發達，擁有先進的設備工藝和高科技，具有高附加值林產品生產的突出優勢。根據 FAO 統計顯示，世界上 95％以上的針葉林、90％以上的闊葉林和工業林集中在北半球，其中，俄羅斯森林資源豐富，占世界森林面積的 22.2％。先進國家主導著世界林產品貿易，尤其是高附加值產品貿易。

## 7.3 漁業

漁業和水產養殖在人類消除飢餓、減少貧困、增加就業和促進健康等方面發揮著巨大的作用，目前，越來越多的人將漁業和水產養殖業作為食物和收入的來源。但是，粗放的漁業生產活動和薄弱的管理致使這個產業的可持續性受到威脅。因此，在關注漁業對當今社會和經濟重大貢獻的同時，我們也應該關注全球漁業的長期和可持續發展。

全球水產品產量成長繼續超過世界人口成長，水產養殖仍是增速最快的食品生產行業之一。由於野生魚類捕撈產量持平，同時全球新興中產階級需求大幅上升，預計這個比例到 2030 年將達 62%。如果以負責任方式開發、作業，水產養殖就能夠為全球糧食安全和經濟成長做出持久貢獻。

漁業和水產養殖業正面臨著嚴峻挑戰，包括打擊非法、不報告和不管制捕魚；危害性捕魚作業；浪費問題以及治理不善。如能加強政治意願、策略夥伴關係以及民間社會和私營部門的更充分參與，就能克服所有這些困難。

### 7.3.1 全球漁業生產

全球水產品產量穩定成長，食用水產品供應量年均成長 3.2%，超過 1.6% 的世界人口成長率。中國是水產品供應增加的主要原因，其水產品產量增幅巨大，特別是來自水產養殖的產量。

大多數亞洲國家增加了海洋捕撈產量，除了日本和韓國。日本自 1980 年代早期以來逐漸縮小捕撈船隊規模。2011 年 3 月，其東北沿海遭受自 1900 年有記錄以來世界上第五個強震導致的海嘯襲擊，造成漁船和

基礎設施的毀壞。泰國產量顯著下降的原因是過度捕撈使一些海洋資源衰退和泰國灣的環境退化。

全球內陸水域捕撈產量向上的趨勢似乎還在繼續，但是在全球捕撈漁業總產量的份額不超過13%。亞洲內陸水域捕撈產量占全球的三分之二左右。內陸漁業在非洲是重要的，占其捕撈漁業總產量的三分之一，靠近大型湖泊（維多利亞、坦噶尼喀和馬拉威）和主要河流（尼羅河、尼日河、剛果河等）居住的大量人口主要依賴魚作為攝取的蛋白。其他大洲內陸水域總產量穩定，美洲為58萬噸，歐為38萬噸，大洋洲為1.8萬噸。

世界水產養殖生產可歸類為內陸水產養殖和海水養殖。內陸水產養殖一般利用淡水，此外在埃及一些生產活動利用內陸區域的鹹水以及在中國利用鹽鹼水域。海水養殖包括在海洋和潮間帶的生產以及在岸上設施和構築物中的生產。魚作為商品具有非常多樣化的特徵，差異可能源於物種、生產地區、捕撈或養殖方式、處理操作和衛生。

加工、運輸、配送、銷售以及食品科技創新和改進推動擴大物種和產品種類的貿易和消費。消費物種的變化也是由於水產養殖產量急遽成長，還與不斷增加的魚和漁產品需求有關。水產養殖推動了對主要靠野生捕撈轉到主要靠水產養殖物種的需求和消費，降低了價格並極大提高了商品化，如對蝦、鮭魚、雙殼貝類、羅非魚、鯰魚和巨鯰（Pangasius）。水產養殖還透過一些低價值淡水物種的大量生產在糧食安全方面發揮了作用，主要是國內生產，同時也透過綜合養殖。

世界水產養殖產量繼續成長，儘管增速緩慢。由於大多數水產養殖國家對食用魚的需求在成長，水產養殖產量的總體成長相對強勁。

全球水產養殖發展不平衡、產量分布不均，亞洲約占世界水產養殖產量的88%。在主要生產國中，主要養殖物種和養殖系統差異巨大，印

度、孟加拉、埃及、緬甸和巴西嚴重依賴內陸養殖的魚類，而基本未開發海水魚類養殖生產潛力。

但是挪威水產養殖幾乎單一地依靠海水魚類養殖，特別是世界市場上越來越受歡迎的大西洋鮭海水網箱養殖。智利的水產養殖與挪威相似，所有養殖的物種都以出口為目標。在日本和韓國，水產產量的一多半是海洋貝類，食用魚生產依靠海水網箱。泰國產量的一半是甲殼類，包括國際貿易程度最高的海水對蝦。印尼海水養殖魚類產量有相對高的比例，主要依靠沿海鹹淡水池塘，其還是世界第四大海水對蝦養殖國。

在菲律賓，魚類產量高於甲殼類和軟體動物產量。該國海水養殖魚類產量多於淡水養殖魚類產量，約四分之一海水養殖是養魚，大多為遮目魚，從海水網箱和鹹水水域收穫。在越南，內陸水產養殖一半以上的魚類是巨鯰（Pangasius），銷往海外。此外，其甲殼類養殖領域，包括海水對蝦和羅氏沼蝦，產量僅小於中國和泰國。

中國在水產養殖物種和養殖系統方面非常多樣化，淡水魚養殖為國內市場提供了大量食用魚。中國的海水魚養殖，特別是海水網箱養殖相對要弱一些，只有約38%（39.5萬噸）為海水網箱養殖。

目前，內陸水產養殖發展快於海水養殖成長，年均成長率分別為9.2%和7.6%。內陸水產養殖穩定增加，對食用魚養殖總量的貢獻率從1980年的50%提高到2012年的63%。2012年在6,660萬噸養殖的食用魚中，儘管海水養殖的魚類物種只占養殖魚類總產量的12.6%，但是其235億美元的產值卻占養殖的所有魚類產值的26.9%，其原因是海水養殖魚類包括很大比例的肉食性物種，如大西洋鮭、鱒魚和石斑魚，這些物種的單價高於大多數淡水養殖的魚類。

內陸魚類養殖的快速發展反映了一個事實，與海水養殖相比，開發中國家的淡水水產養殖相對容易實現。現在淡水養殖占全球養殖食用魚

總量的 57.9%。淡水魚養殖對提供經濟合理的蛋白食物方面做出了最大的直接貢獻，特別是對亞洲、非洲和拉美開發中國家依然貧困的人們，有利於這些地區的實現長期食物和營養安全。

縱觀歷史，漁業領域就業成長快於世界人口成長以及傳統農業領域的就業成長。

過去二十年，從事漁業主要領域的人員數量趨勢因區域而不同。人口成長率很低以及農業領域經濟活躍人口下降的歐洲和北美洲，經歷了從事捕撈的人數的最大下降，以及從事養魚人數的極少成長甚至下降。相反，有著高人口成長率和農業領域經濟活躍人口增加的非洲和亞洲，顯示從事捕撈的人數持續增加，以及從事養魚的人數甚至有更高的成長率。漁業就業的趨勢也與漁業產量持續成長有關。

拉丁美洲和加勒比區域水產養殖產量強而有力的成長一方面是源於養魚就業人數的強而有力的成長，更主要的一方面是該區域依靠技術發展從而提高了效率、品質和降低成本。從國家來看，中國有占世界總量的 25% 的 1,400 多萬漁民，其中捕撈漁民占世界總量的 16%，養殖漁民占世界總量的 9%。總體上，在資本密集型經濟體，捕魚就業人數繼續下降，特別是在多數歐洲國家、北美和日本，其主要原因是實施了減少船隊過度捕撈的政策；因技術發展和相關的效率增加減少對人力的依賴。

## 7.3.2　全球水產品消費

150 克的魚可以為一個成年人提供約 50% 至 60% 的每日蛋白需求。水產品占全球人口攝取動物蛋白的 16.7%，所消費總蛋白的 6.5%。魚和漁產品在開發中國家和先進國家人口的糧食安全和營養需求方面發揮著關鍵作用。

世界人均水產品消費量成長，這是由人口增加、收入提高和城市化發展綜合作用驅使，並受到了水產品產量強勁成長及更為有效的配送管道的推動。儘管對消費者來說魚的可供量整體增加，但是人均表觀水產品消費量成長不均衡。

例如，消費量在撒哈拉以南的非洲一些國家（如剛果、加彭、賴比瑞亞、馬拉威和南非）以及日本（儘管處於高位）停滯或下降，而實質性成長大多是在東亞、東南亞和北非。

儘管發展中區域和低收入缺糧國的年人均水產品表觀消費量飆升，但是發達區域消費量依然更高。先進國家消費的水產品中，相當大部分是進口產品，原因是穩定的需求以及國內漁業產量下降。在開發中國家，水產品消費趨向於基於區域性和季節性可獲得的產品。

由於國內收入和財富不斷增加，新興經濟體的消費者正經歷著由於漁業進口品增加而獲得的水產品類型的多樣化。就人均消費重量和品種以及營養攝取而言，國家和區域內部以及之間的差異顯。消費差異取決於水產品的可供量和價格以及其他替代性食品、可支配收入和一系列社會經濟和文化因素的相互作用。這些因素包括食物傳統、口味、需求、收入水平、季節、價格、衛生基礎設施和通訊設備。

許多人日常飲食的一部分是水產品，開發中國家依賴度通常高於先進國家。許多這類國家的膳食模式高度依賴主糧，水產消費的重要性在於能幫助修正卡路里／蛋白比率失衡問題。水產往往是可承擔的動物蛋白來源，不僅是因為比其他動物蛋白來源便宜，還有喜好因素，是當地傳統食譜的組成部分。如在一些發展中小島國以及孟加拉、柬埔寨、甘比亞、迦納、印尼、獅子山和斯里蘭卡，魚對總動物蛋白攝取的貢獻率為50%或更多。漁業和水產養殖領域在世界糧食安全方面發揮著並可繼續發揮重要作用，為多樣化和健康飲食做出有價值的貢獻。

## 7.3.3 全球魚產品貿易

魚是世界上貿易程度最高的食品。漁業產品製作、銷售並提供給消費者的方式發生了顯著變化，商品在最終消費前可能穿越國境若干次。可在一國生產魚，在第二國加工以及在第三國消費。

這個全球化漁業和水產養殖價值鏈背後的驅動力是：運輸和通訊成本急遽下降；加工外包到薪資和生產成本相對低的國家提供了競爭優勢；日益增加漁業商品的消費；有利的貿易自由化政策；更高效的配送和銷售；以及持續的技術創新，包括改進加工、包裝和運輸。漁業貿易所發揮作用因國家而異，對許多經濟體都是重要的，特別是開發中國家。對許多國家及大量海島、沿海、沿河和內陸區域，漁業出口對經濟至關重要。

漁產品貿易的特徵是廣泛的產品類型和參與者。近幾年貿易局勢最重要的變化就是開發中國家在漁業貿易中份額增加，以及發達經濟體份額相應下降。對許多開發中國家來說，水產品貿易代表著創匯的重要來源，此外，該領域在產生收入、就業、糧食安全和營養方面發揮著重要作用。

自 2002 年起，中國成為到目前為止最大的出口國。與此同時，中國的魚產品進口也在成長。自 2011 年起，中國成為美國和日本之後世界第三大進口國，中國的加工商從主要區域進口原料，包括南美和北美以及歐洲，用於再加工和再出口。

2013 年，中國的魚和漁產品貿易創新紀錄，出口值為 196 億美元，進口值為 80 億美元。挪威作為第二大出口國有著不同的產品結構，從養殖的鮭科魚類到小型中上層物種以及傳統上的白魚肉產品。北極鱈的恢復也使挪威擴大了新鮮鱈魚產品市場。

2013 年，挪威進一步提高了漁業出口，達到 104 億美元，比 2012 年

成長 16.4%。泰國和越南是第三和第四大出口國。2013 年，泰國經歷了出口下降（降至 70 億美元，比 2012 年下降超過 13%），原因是病害導致養殖對蝦產量下降。在這兩個國家，加工業透過創造就業和貿易對國內經濟有顯著貢獻。泰國是很好的魚產品加工中心，在相當程度上依賴進口原料。相反，越南國內資源基礎不斷發展，僅進口有限數量的原料。越南增加出口與其繁榮的水產養殖業有關，特別是巨鯰以及海淡水的對蝦和明蝦。

先進國家繼續在魚和漁產品世界進口方面占優勢地位，儘管近年分額下降。其在世界進口的份額 1992 年為 85%，2012 年為 73%。由於國內漁業產量停滯，先進國家不得不依賴進口或國內水產養殖來滿足日益成長的魚和漁產品消費量。這可能是先進國家進口魚低關稅的原因之一。

歐盟是到目前為止魚和漁產品最大的單一進口市場。美國和日本是魚和漁產品最大的單一進口國，水產品消費也高度依賴進口，分別占其水產品總供應量的約 60% 和 54%。

開發中國家增加漁業進口，供應加工廠以及滿足不斷上升的國內消費。

漁業市場很有活力並快速變化，物種和產品類型更為多樣化。高價值物種，如對蝦、明蝦、鮭魚、鮪魚、底層魚類、比目魚、鱸魚和鯛魚貿易程度較高，特別是面向更繁榮市場。低價值物種也大量進行著貿易，主要出口到開發中國家的低收入消費者。活魚貿易還包括觀賞魚以及要養殖的魚。這些魚價值高，但是在貿易量方面幾乎可忽略不計。

對蝦：就價值而言，對蝦依然是最大的單一商品，主要生產國是開發中國家，許多產量進入國際貿易。但是由於這些國家的經濟條件改善，日益成長的需求導致國內消費增加，因而減少出口。

## 7.3 漁業

鮭魚：鮭魚在世界漁業貿易的份額在近幾十年強勁成長到14%，主要歸功於北歐和南美鮭魚養殖產量擴大。總體而言，多數市場需求穩定成長，並透過養殖的大西洋鮭以及新加工產品開發而擴大了地域範圍。但是近年，供應量更為起伏不定，主要由於智利病害相關問題所致。挪威依然是大西洋鮭占優勢的生產國和出口國。智利是第二大生產和出口國。

底層魚類：底層魚類物種，例如鱈、無鬚鱈、綠鱈和狹鱈，占水產品出口總值的10%左右。底層魚類產品市場廣泛多樣。鱈魚依然是最昂貴的底層魚類物種，即使在供應充足的情況下，其價格也在不斷成長。過去，傳統物種占據著世界白肉魚市場，但是隨水產養殖的發展而發生了顯著變化。

養殖的白魚肉物種，特別是價格不貴的替代品，如羅非魚和巨鯰（Pangasius），進入傳統底層魚類市場，使該領域獲得實質性成長並獲得新的消費者群體。巨鯰是淡水魚，最近幾年才進入國際貿易。其產量主要在越南，並全部進入國際市場，該物種是低價交易魚的重要來源。歐盟和美國是巨鯰的主要進口國。

鮪魚：鮪魚在水產品出口總值的份額約為8%。由於產量波動較大，為更可持續地管理資源對延繩釣和圍網捕撈限制增加、其他可持續性行動以及引入生態標籤，鮪魚市場不穩定。這些因素對鮪魚生魚片以及製作罐頭的市場有影響，導致價格波動。日本依然是生魚片等級鮪魚的最大市場。美國對新鮮／冷藏生魚片的需求依然高漲，目前是非罐頭鮪魚產品的第二大市場。

頭足類動物：頭足類動物（魷魚、墨魚和章魚）在世界水產品貿易值中的份額約為3%。西班牙、義大利和日本是這些物種的最大消費國和進口國。泰國是魷魚和墨魚最大出口國，其次是西班牙、中國和阿根廷，而摩洛哥和毛里塔尼亞是章魚主要出口國。

在東南亞，越南在擴大頭足類動物市場，包括魷魚。其他亞洲國家，如中國、韓國、印度和泰國也是重要供應國。在南美，對莖柔魚 (Dosidicus gigas) 的興趣在增加，秘魯向50多個國家出口該產品，並在努力開發新產品。

魚粉：儘管秘魯鯷魚產量產生年度波動，但是總體上自2005年起利用整魚製作的魚粉產量逐漸下降。下降造成的缺口只能部分由從漁業副產品獲得的不斷增加的魚粉產量彌補。

總體需求繼續成長，推動價格達歷史高位。由於大豆粉價格同期維持相對穩定，不斷上漲的價格刺激陸地養殖戶用價格不太貴的飼料替代品代替魚粉。中國依然是主要市場，就重量而言，魚粉總量中的進口量超過30%，秘魯和智利是主要出口國。

魚油：魚油產量也在下降，主要是拉美產量降低以及更嚴格的原料配額，對價格造成壓力並增加了波動性。由於魚油是若干肉食性魚類飼料的重要配料，對投餵型養殖產品不斷成長的需求提高了對魚油的需求，並因此推高價格。魚油作為人體營養補充的需求也繼續成長。

## 案例討論

縱觀世界森林自然資源各國基本都經歷了開發、利用、改造的過程，林業由開始的薪材林木利用，一直延伸到如今的多功能利用。從林業所有制結構來看，荷蘭國有林占31%，私有林占41%；美國私有林占59%，公有林占27%；瑞典私有林占50%，公司林占26%；德國私有林占66%，國有林占35%；加拿大公有林占91%，私有林僅占9%。

可見，私有林占大部分國家相當大比例，對私有林的科學合理管理

對林業產業化發展意義重大。林業合作組織是世界上林業先進國家私有林經營的主要集中力量，總結出了國內外五種主要林業合作組織模式。

(一)國家、區域、地方三級協會網路體系模式以芬蘭為主要代表的這種模式，其具體實施措施是以國家層面的農業生產者和森林所有者聯盟，就私有林法律問題和有關政策與相關政府進行協調；以區域層面的森林所有者聯盟主要指導基層森林經營協會的運作，負責指導本區域私有林的管理及發展；地方層面的森林經營協會主要負責為成員提供與森林有關的各種服務，包括木材經行銷售；森林撫育和造林等生產經營活動；資訊服務和技術的供給；種苗造林等生產資料的購買。

這種林業合作組織的一個主要特點是有法可依、法律健全、定位明確。芬蘭在西元 1886 年就頒布了第一部《森林法》，經過多次修訂，對私有林的發展起著關鍵的作用。《森林法》的頒布規範了林業合作組織的發展和管理，保證了私有林主的合法權益。

(二)林場主協會模式

以瑞典為主要代表的林場主協會模式，瑞典私有林占多數，發展至今的林場主協會形成了從中央到地方的三級管理組織結構：農場主聯盟、區域級的林主協會、基層的林主協會。農場主聯盟是國家級的林主協會聯盟。國家級和區域級的林主協會為基層林主協會提供相關技術指導和資訊服務，另外也協調有關私有林的法律和政策問題，參與國際間合作。基層的林主協會作為一個經濟實體，下屬有一批林業企業，為私有林主提供育苗、造林、森林管理、木材採伐加工、銷售等服務。

林主協會內部管理規範，有明確的規章和管理制度。林場主協會模式的實施極大地解決了私有林權分散所導致的森林經營管理問題，為林農提供了技術資訊服務，保證資訊在各級之間暢通傳輸，而且具有一定的專業化水準。

### (三)林主中心模式

以法國為代表的林主中心模式,這種形式的顯著特點是保持產權歸私人所有,國家透過一定優惠政策歸併林權,極大地減少了林主數量。林主中心模式的實施使林主中心擔任替代了政府對私有林的經營管理工作,性質為半官方的合作組織,國家林主中心下設若干個地方林主中心,地方林主中心的資金主要來源於政府管控的基金,主要向國家林業局負責。地方林主中心的任務是制定最佳森林經營方案和地區森林管理策略,參與私有林管理相關檔案的制定和批准,嚴格管理私有林的採伐。

### (四)林主協會和林業專業合作組織模式

這種合作組織模式主要以德國為代表,林主協會主要是代表林主爭取法律和政策上的利益,林業專業合作組織則主要透過森林經營、林產品銷售與流通領域的合作來提高私有林的經營管理效益。私有林主協會和林業專業合作組織是私有林管理的主要力量,使私有林在經營中應對市場和抵抗災害能力加強。

### (五)森林組合式模式

這種合作組織形式主要是以日本為代表,森林組合組織從上到下劃分為四級:全國森林組合聯合會、都到府縣森林組合聯合會、森林組合、組合員聯合會。上一級為下一級負責提供相應的設施利用和服務,下一級為上一級出資參與其營運。森林組合提供了包括營林、造林、治山工程、林產品銷售、物資的採購供應、信貸等方面業務,森林組合的營運機關由總會、理事會、監事會三個機構組成。森林組合具有一定的公益性質,但是同時也具有經濟合作組織的屬性。這種模式的服務全面便利,組織程度高,具備一定的規模和效益。

資料來源:世界林業產業化模式及啟示 作者:馮國英

# 前沿閱讀

## 兼捕和遺棄 —— 全球和區域行動

聯合國大會呼籲對兼捕和遺棄行為採取行動，包括在聯大第六十四屆會議透過的關於可持續漁業的 A／RES／64／72 號決議。該決議敦促各國、次區域和區域漁業管理組織和安排以及其他有關國際組織，減少或消除兼捕、丟失或遺棄的網具導致的捕撈量、遺棄魚和捕撈後處理的損失，支持對減少或消除幼魚的兼捕量進行研究。

在 2009 年 3 月漁委第二十八屆會議上，要求糧農組織制定關於兼捕管理和減少遺棄的國際準則。在第二十九屆會議上（2011 年 2 月），漁委通過了該準則，建議糧農組織為能力建設和執行該準則提供支持。在漁委第三十屆會議上，建議繼續關注兼捕和遺棄，確保在生態系統內的養護和管理評估中以綜合方式加以處理。

自漁委通過後以及隨著糧農組織、聯合國環境規劃署和全球環境基金的全球兼捕項目的成功，糧農組織和其夥伴開始發起一系列全球和區域有關兼捕的行動。

**東南亞區域兼捕項目**

糧農組織與全球環境基金「拖網漁業兼捕管理策略」項目（2012 至 2016）涉及來自印尼、巴布亞紐幾內亞、菲律賓、泰國和越南的利益相關者。該項目採用綜合辦法管理拖網漁業的兼捕，並直接與漁民、捕魚界和其他利益相關者一道工作。項目活動在許多主要拖網區域進行，例如阿拉弗拉海（馬魯古至巴布亞）、巴布亞灣、薩馬海、泰國灣和越南的建江省。在每個區域，將確定最相關的問題，建立公共和私人部門夥伴關係，尋求適當解決辦法，並得到該項目和其夥伴的技術支援。

**拉丁美洲和加勒比區域兼捕項目**

　　糧農組織與全球環境基金「拉丁美洲和加勒比區域拖網漁業兼捕的可持續管理」區域項目正在籌備中。該項目的夥伴國是巴西、哥倫比亞、哥斯大黎加、墨西哥、蘇利南以及千里達及托巴哥。該項目技術內容的重點為：改進兼捕管理的合作制度和規則安排；強化管理，最佳利用兼捕物以及可持續生計、多樣化和替代選擇。

資料來源：FAO《世界漁業發展報告》

**思考題**

1. 世界糧食生產的基本特點？
2. 跨國糧商成功經營的經驗有哪些？
3. 世界主要林產品的產量如何？
4. 世界有哪些原木、鋸材、紙和紙板的進口國和出口國？
5. 簡述全球魚產品的貿易局勢？

# 第 8 章

# 全球能源業供需

**學習目標**

本章主要介紹鐵煤炭、石油、天然氣以及各種新能源的儲量、供求和貿易地理布局等地理布局相關知識。透過本章的學習，要求學生了解各種能源的儲量分布，掌握這幾種能源的需求和供給分布。

## 8.1 煤炭

### 8.1.1 全球煤炭儲量分布

煤炭是地球上蘊藏量最豐富、分布最廣泛的化石能源，但是全球的煤炭資源的區域分布具有不平衡性。全球擁有煤炭資源的國家約有 80 個以上，共有大小煤田 2,300 多個。就資源分布區域而言，主要分布在北半球。全球共有兩大煤炭分布帶，一條橫貫亞歐大陸，從西歐經北亞，一直延伸到中國華北地區；另一條呈東西向貫穿於北美洲中部，包括了美國和加拿大的大多數煤田。南半球的煤炭資源多分布在溫帶地區，如澳洲、南美洲的波札那和非洲南部。

2012 年，全球煤炭儲量為 8,609 萬噸。儲量在 10 億噸以上的國家共有 22 個，占全球煤炭資源的 96.2%；其中儲量在百億噸以上的國家有 9

個，即美國、俄羅斯、中國、澳洲、印度、德國、烏克蘭、哈薩克和南非，煤炭儲量合計占全球的91.1%。總體而言，全球煤炭資源分布集中。

## 8.1.2　全球煤炭生產分布

2015年，全球煤炭產量為3,830.1百萬噸油當量，比2014年降低了4%。主要的煤炭生產國為中國、美國、印度、澳洲、俄羅斯、印尼和南非，集中程度較高。其中中國產量高達1,827百萬噸油當量，約占世界總產量的一半。就區域分布言，亞洲東南部、俄羅斯、非洲南部、大洋洲是全球煤炭的主要供應地。

## 8.1.3　全球煤炭消費分布

2015年，全球煤炭的消費量為3,839.9百萬噸油當量，比2014年減少了1.8%。煤炭的主要消費地區為亞太地區、北美和歐洲等，而非洲、拉丁美洲等欠發達地區的煤炭消費量非常低。主要的煤炭消費國有中國、美國、印度、日本和南非，集中程度非常高。2015年中國的消費量為1,920.4百萬噸油當量，占了全球總消費量的一半，是全球第一消費大國。

## 8.1.4　全球煤炭貿易流向

由於煤炭在全球分布的不均勻，導致了全球煤炭的供需分離，煤炭貿易主要依靠海運進行。海運成本是影響煤炭貿易的關鍵因素之一，而運費與運輸距離有直接的關係。因此，全球煤炭市場受地理位置、運輸成本等因素影響自然形成了兩大貿易圈，即太平洋貿易圈和大西洋貿易圈。

在太平洋貿易圈，主要的煤炭出口國有澳洲、印尼、越南等。澳洲

是老牌的煤炭供應國，國內煤炭需求量較小，所產的煤炭多用於出口；印尼和越南則是由於近十年來國內煤炭產量的大量增加而逐步成為太平洋貿易圈的主要供應國。

太平洋貿易圈中主要的煤炭進口國有中國、日本、韓國、印度。其中，日本和韓國屬於經濟發展迅速但是資源極度匱乏的國家，各種礦產均需大量進口，煤炭也不例外。值得一提的是中國和印度，這兩個國家之前均是主要的煤炭供應國，向其他國家出口煤炭；但是由於兩個國家經濟的崛起拉動了國內消費量的快速成長，均轉變成為煤炭的進口國。不同的是，中國的進口量很大，而印度進口還處於較低水準，但是隨著經濟的發展，印度未來將成為太平洋貿易圈的主要進口國之一。

在大西洋貿易圈，主要的煤炭出口國有南非、哥倫比亞、波蘭、俄羅斯和加拿大等。這些國家的煤炭均具有儲量和產量較大，而國內需求量不多的特點。煤炭進口國主要是西歐各國，其中英國、德國、法國、西班牙、葡萄牙等進口量較大。

## 8.2 石油

### 8.2.1 全球原油供給分布

全球油氣產量集中分布在中東──中亞──俄羅斯和美洲兩個油氣富集帶中。從主要資源國原油產量看，全球原油累計產量排名居前 10 位的國家是沙烏地阿拉伯、俄羅斯、美國、伊朗、中國、墨西哥、加拿大、委內瑞拉、阿聯酋和科威特，這 10 個國家原油產量占全球原油總產量的 66%。

本輪全球原油供給總量增加主要有兩個原因：

一是 OPEC 堅持不減產政策；OPEC 作為全球最大的石油輸出國組織，保有一定份額的剩餘產能，這是世界上其他油氣資源國所不具備的特點。OPEC 正是透過調節其剩餘產能來影響全球原油供給量，進而控制全球原油市場走勢。

二是以美國為代表的非常規原油以及以巴西為代表的海域原油產量快速成長。美國是世界原油產量成長最快的國家，非常規緻密油是其原油產量成長的主要來源。與此同時，以巴西為代表的深水鹽下新領域的原油產量也呈成長趨勢。

## 8.2.2　全球原油需求分布

全球油氣消費集中分布在亞太、歐洲和美國三個消費中心。2014年，歐洲、亞太和美國原油消費量分別占全球消費量的 15.5%、33.9% 和 19.8%，合計約占全球消費總量的 69.2%。從主要消費國（地區）原油消費量的年度變化率看，從 2006 年開始，由於能源消費結構的調整，歐洲原油消費量持續下降；作為世界最大的成熟經濟體，美國原油消費總量也呈穩中有降的趨勢；受經濟增速放緩的影響，中國 2011 年之後原油消費呈較低速成長；印度的原油消費成長速度有望超過中國。

## 8.2.3　全球原油供需平衡布局

在進行全球原油地緣供需平衡分析時，習慣上以蘇伊士運河為界，將全球石油市場劃分為蘇伊士以東和蘇伊士以西兩個大區市場。BP《世界能源統計年鑑》將全球石油分為北美、中南美、歐洲、非洲、中東和亞太 6 個區。其中，非洲處於東西地緣之間的「懸擺」地區，其原油出口

既有東向又有西向；歐洲及歐亞大陸地區的俄羅斯、哈薩克等產油國也有部分原油東向出口到亞太地區。

因此，可以近似把非洲、中東和亞太地區看作是蘇伊士以東地區，把北美、中南美和歐洲及歐亞大陸地區看作是蘇伊士以西地區。

全球石油市場按地緣布局劃分，存在著三大區域平衡。

第一個平衡是東西平衡，即蘇伊士以東市場和蘇伊士以西市場各自基本平衡。

第二個平衡是跨大西洋兩岸平衡，即美洲地區和歐洲地區也是各自基本平衡。

第三個平衡是中東——亞太平衡，即中東富集了石油資源，是最大的石油出口地區，而亞太地區石油資源嚴重缺乏，是最大的石油進口地區。國際石油市場當前地緣供需布局的形成，與美國頁岩油氣革命有著直接的關係。美國國內石油產量自 2011 年開始大幅成長，目前頁岩油產量已經占據美國原油產量的半壁江山，與加拿大油砂資源的開發一起改變了北美石油對外依存度，使得美國海路進口原油的數量大幅減少。

非洲的地緣位置居中，成為東西區之間的「懸擺」市場。東非蘇丹的石油資源基本流向東區；北非的石油資源受到蘇伊士運河的阻隔，無法有競爭力地向東區出口；西非原油市場則成為東西兩區煉廠資源競爭的焦點地區，其中奈及利亞原油主要流向歐洲和美國為代表的西區市場，安哥拉原油資源則主要流向中國和印度為代表的東區市場。

全球石油市場地緣供需布局依靠全球的跨區石油貿易進行平衡。區域間的供需失衡推動著石油貿易的開展，將資源從過剩地區輸送到缺乏地區；而套利交易對跨區的動態平衡起到調節和維持作用。

在整體供需數量平衡的局勢下，還存在著區域性的供應側油種結構和需求側成品油結構的不平衡，也需要透過原油和成品油跨區貿易進行

再平衡。例如，巴西國內生產的原油主要為重質低硫原油，需要從區域外進口中輕質高硫原油，以滿足煉廠加工要求；而美國和歐洲在成品油消費結構上存在較大差異，美國汽油消費量高於柴油消費量，歐洲是則柴油消費量高於汽油消費量，這是跨大西洋兩岸成品油貿易的根本動因。

## 8.2.4　全球原油貿易流向

世界原油貿易流向出現新的分化組合，多元化程度進一步加深。一方面是亞洲替代美國和歐洲成為原油進口的中心，亞洲原油進口量將成為非洲、拉美以及中東原油最重要的輸出目的地市場，對重新平衡世界原油供需發揮關鍵作用。

另一方面，北美成為世界原油新的供應中心，中東地區仍然是最重要的原油出口地，隨著俄羅斯、非洲、拉美等地區出口量增加，世界原油供應的多元化趨勢明顯，低油價下出口國對市場占有率的爭奪日趨激烈。

從具體貿易流向上看，世界原油主要出口地區包括中東、非洲、俄羅斯和拉美。中東和非洲地區資源豐富但是自身消費能力不強，主要出口目標市場為亞洲和歐洲，非洲出口至北美的原油數量急遽下降。

由於中東地區近年來大規模新建煉油能力，未來原油出口量也可能有所下降。俄羅斯地區的原油出口量顯著成長，其中超過 2／3 出口至歐洲，其餘出口至以遠東為主的亞太地區。

隨著歐洲原油消費量下降，以及俄羅斯油品出口政策的變動，出口至歐洲的原油將有所減少。同時，隨著東西伯利亞油田的開發以及東西伯利亞至太平洋（ESPO）管道輸油量的增加，向亞太地區的出口量正在

逐漸增大。拉美地區是另一個原油淨出口地區。近年來，隨著美國的進口量下降，拉美原油生產國正在積極開拓亞太和歐洲市場。世界的原油進口主要集中在亞太、歐洲和北美地區。

美國除自產頁岩油增加外，主要在北美區域內大量進口加拿大油砂。歐洲地區原油進口量略有下降，進口來源保持多元化，主要原油進口來自俄羅斯、非洲和中東地區，其中東歐地區主要從俄羅斯地區進口。

亞太地區 2014 年原油進口量超過 1,800 萬桶／日，替代美國和歐洲地區，成為世界最大的原油進口地區，進口量在世界總量中占比接近 50%。進口量的增加主要來自於中國和印度，而日本需求有所下降。亞太地區原油進口來源主要是中東地區，來自俄羅斯地區、非洲和拉丁美洲的進口量也在逐漸增加。

## 8.3 天然氣

### 8.3.1 全球天然氣儲量分布

截至 2015 年末，全球天然氣剩餘探明儲量為 $196.8 \times 10^{12} m^3$，相比 2014 年的十餘年來最低儲量增幅及淨增量略有回升，但是仍然保持低位執行。石油勘探更是受價格嚴重拖累，2015 年增幅僅 0.1%，而 2005 至 2014 年間受油價不斷走高的刺激，年均探明石油儲量增速高達 2.78%。

2015 年全球天然氣勘探表現表現平平，剩餘儲量成長的國家屈指可數，但是得益於美國天然氣儲量快速提升的慣性，全球天然氣儲量得以

保持穩中略增。重要的儲量變化包括：美國天然氣儲量保持自 2013 年以來的年均 10%左右的高速成長態勢；由於少數國家（例如中國）的儲量成長顯著，亞洲剩餘探明儲量呈現較強反彈；北海油氣田資源枯竭進一步加劇西歐天然氣儲量下滑。

俄羅斯、伊朗和卡達，總共擁有全球剩餘探明天然氣儲量的一半以上。

## 8.3.2　全球天然氣生產分布

世界天然氣產量仍然保持低位成長。

美國繼續以 $386 \times 10^8 m^3$ 的淨增量為世界天然氣產量成長做出重大貢獻。其次，亞洲至大洋洲和中東地區部分國家的穩定增產也是世界天然氣產量回升的重要支撐。

美國和俄羅斯仍是全球最主要的天然氣生產國，貢獻了全球約 39%的天然氣商品量。俄羅斯天然氣商品量自 2013 年被美國超越後與其產量差距仍在逐年加大。

非常規氣高效開發加固北美洲世界最大天然氣產區地位。儘管氣價走低，美國和加拿大非常規氣的高效開發彌補了常規氣產量成長頹勢，推動北美洲（包括墨西哥）天然氣商品量以 $375 \times 10^8 m^3$ 的年淨增量繼續穩步成長，保持了自 2010 年美國頁岩氣革命以來的年 4%以上的高增速。

2015 年氣價較低和鑽機數量減少，美國乾氣產量同比增幅仍高達 5.3%，創下 $7,668 \times 10^8 m^3$ 的歷史新高。馬塞勒斯盆地和尤蒂卡盆地頁岩氣的高效開發使美國頁岩氣占總商品產量的比例由上年的 52%增至 56%。

另外，由於緻密氣產量的成長，加拿大天然氣產商品產量達到 $1,542 \times 10^8 m^3$，較 2014 年成長 2%。儘管地區內的墨西哥天然氣商品量

同比減少 $41\times10^8\text{m}^3$，跌幅同比進一步擴大，但是由於美國的突出表現，地區商品天然氣產量仍保持強勢上揚，世界最大天然氣產區地位更加穩固。

俄羅斯繼續減產，獨立國協天然氣產量小幅下滑。土庫曼和哈薩克雖然 2015 年在產量方面有尚佳表現，但是仍不足以填補俄羅斯減產的缺口，獨立國協國家天然氣商品量延續上年跌勢，小幅下降 0.6%，共生產了 $7,920\times10^8\text{m}^3$。

2015 年綜合冬季較暖、向烏克蘭供氣減少和國內經濟不振等多種因素的影響，俄羅斯產量微跌 1%，其中俄羅斯天然氣工業股份公司（Gazprom）減產約 6%，創下了 $3,910\times10^8\text{m}^3$ 的歷史新低。另外，地區內的土庫曼和哈薩克商品天然氣則分別成長了 4.3% 和 5.2%。

亞洲和大洋洲天然氣產量繼續保持穩定成長。亞洲和大洋洲共生產商品天然氣 $5,321\times10^8\text{m}^3$，成長 3.3%，保持在過去 5 年平均成長率水準上。產量成長主要與澳洲的兩個壓縮天然氣、液化天然氣項目的啟動，以及巴布亞紐幾內亞液化天然氣增產相關，而印度和東南亞地區產量有所下降。

其中，澳洲商品天然氣產量超過 $600\times10^8\text{m}^3$，較上年猛增 12.6%。其中液化天然氣產量同比飆升 24%，2015 年第四季度更是躍升了近 50%。由於出口量（向中國、泰國出口）成長的推動，緬甸天然氣產量連續第 2 年實現兩位數增速，產量達 $175\times10^8\text{m}^3$。但是，區域內一些國家近年來由於成熟氣田枯竭而新項目滯後等原因造成天然氣產量持續下跌，比如印度和印尼，2015 年產量都下滑了 3.4%。

荷蘭格羅寧根氣田限產致歐洲產量繼續下跌。作為歐洲天然氣供應的新希望，格羅寧根氣田於 2013 年大幅增產後，近兩年卻受荷蘭新政的限制大幅減產。

2015年政府對其產出進一步限制在 $300\times10^8 m^3$ 的範圍內，致使荷蘭天然氣商品產量大幅下滑23%，僅生產了 $535\times10^8 m^3$，為近40年內的最低水準。相反，挪威和英國表現不俗：挪威的天然氣商品量成長8%，創下 $1,172\times10^8 m^3$ 的歷史新高；英國商品氣產量達到 $370\times10^8 m^3$，增幅6%，為自2000年以來最大增幅。目前，挪威、荷蘭和英國3大歐洲天然氣生產國的天然氣產量占區域總產量的份額分別為47%、22%和15%。

非洲天然氣產量繼續下滑。非洲天然氣工業發展近年來陷入供應短缺、政治不穩定和投資不足的多重困境。天然氣商品產量也受到非洲北部尤其是在埃及生產的影響，提振乏力。雖然地區內多地持續面臨天然氣供應短缺，但是產量卻依然不見成長且時有下滑，極不穩定。

2015年非洲天然氣商品產量繼續減產2%，產量降為 $2,045\times10^8 m^3$。埃及天然氣產量近年來急速下跌，2015年跌幅仍達9%，僅產 $445\times10^8 m^3$，供應缺口進一步加大。另外，利比亞產量下降8%至 $115\times10^8 m^3$，產量水準仍遠低於衝突前。

中東天然氣產量量繼續快速成長，但是生產仍落後於需求。中東地區是近年來天然氣商品量成長最快的地區。2015年除了葉門因內戰造成產量下跌外，中東其他國家天然氣產量均上漲，總的地區天然氣商品產量因此提高3%，達 $5,934\times10^8 m^3$。地區產量成長主要因素包括：伊朗南帕斯氣田產量繼續擴大；阿聯酋憑藉阿布達比的沙赫含硫氣田項目增產8.4%；以色列因塔瑪爾氣田開發產量得到提升。隨著電力需求急遽上升的同時更多的天然氣用於石化行業，天然氣已經在中東地區的大多數國家出現短缺。因此雖然中東國家近年來天然氣產量保持快速成長，但是增量仍主要投入國內市場。

拉丁美洲產量保持平穩，委內瑞拉產量猛增。2015年拉美地區的生產保持相對平穩，達 $1,710\times10^8 m^3$，產量與上年基本持平。其中，委

內瑞拉和阿根廷產量成長彌補了哥倫比亞、千里達及托巴哥產量持續下跌。其中，委內瑞拉因被稱為拉美地區目前為止所發現的最大近海氣田佩爾拉氣田的投產，在繼兩年的停滯以後，天然氣商品產量在 2015 年飆升 9.9%，而阿根廷產量也在歷經 8 年的結構性下降後，意外成長 2.7%。

### 8.3.3　全球天然氣消費分布

世界天然氣消費需求成長並非預示著全球天然氣市場的回溫。因為這個成長相當程度源於歐洲冷冬帶來的需求反彈，並且是以美國為代表的少數幾個國家來推動的，而新興國家經濟前景不佳、燃料間的競爭加劇等負面因素將導致天然氣市場會持續不景氣。

世界主要天然氣區域市場走勢各異：中東和北美繼續引導全球需求增勢；歐洲和拉美低速成長；非洲和獨立國協繼續下滑，亞洲和大洋洲加入下跌隊伍。

亞洲、大洋洲的實際天然氣消費量出現滯漲。幾個因素仍然影響著天然氣的消費成長，一是供暖季氣溫溫和；二是經濟成長變緩；三是日本和韓國重啟核電和加大可再生能源發電量；四是大多數國家天然氣燃料與煤、石油的競爭加劇。

中東天然氣需求近年來成長迅速，這種成長源於低價天然氣促使電力部門天然氣消費增加，2015 年春季，天然氣首次超過煤炭成為發電的主要來源。

由於俄烏衝突、地區經濟形勢嚴峻以及持續的暖冬，獨立國協國家天然氣實際消費量連續 4 年出現明顯下滑。主要消費國俄羅斯和烏克蘭的消費量跌勢進一步加劇（烏克蘭跌幅高達 25%；俄羅斯下跌 3.3%）。

歐洲絕大部分國家天然氣消費量呈較快成長，而成長原因各不相

同。氣候恢復正常是消費回升的主因，如德國。而經濟復甦和發電用氣消費成長也造成了部分國家天然氣消費上升。

## 8.3.4 全球天然氣貿易流向

由於總體需求不旺，天然氣產量更多地用於出口，世界天然氣貿易量占天然氣商品總量的比例升至30%。天然氣貿易流向出現變化，由亞太地區轉向消費復甦的歐洲地區，日韓天然氣進口量減少，而歐洲各國進口量顯著成長。

管道氣貿易量反彈回升。管道氣貿易量成長的主要因素仍然來自需求回升的歐洲，歐洲區域內銷易量以及自俄羅斯和非洲進口量均有一定程度成長，在國際管道氣貿易總量中的比例升至56.5%，其作為最大管道氣進口地區的地位更加鞏固。

另外，美國出口墨西哥管道氣的穩定成長也帶動了北美洲貿易量上升。只有新興市場國家為主的中東、拉丁美洲和亞洲至大洋洲管道氣貿易明顯減弱。需求復甦伴隨本土產量下跌，歐洲管道氣進口總量躍升6%，達到$4,029 \times 10^8 m^3$。區域外和區域內進口量分別成長7.5%和4.5%。雖然荷蘭因產量下滑導致管道氣出口總量下滑15%，但是挪威和英國等其他歐洲國家的供應成長彌補了缺口，其中挪威對歐洲供應量達到創紀錄的$1,063 \times 10^8 m^3$。

另外，俄羅斯和透過管道共向歐洲出口約$1,518 \times 10^8 m^3$，較上年成長8.7%，其在歐洲天然氣市場的占有率從2014年的29%上升到了2015年的31%。非洲出口歐洲管道氣飆升9.5%，達到$320 \times 10^8 m^3$。

其中，阿爾及利亞向歐洲的管道氣出口量飆升9.6%，恢復到$245 \times 10^8 m^3$。利比亞出口義大利的管道氣量也提高了9.4%。美國頁岩

氣產量不斷增加減少了對加拿大的進口需求並支撐了對墨西哥的出口成長，2015 年北美區域內管道氣貿易量成長 5.6%，達到了 $1,235 \times 10^8 m^3$。美國增加的出口量主要來自德克薩斯州南部鷹灘頁岩氣產量。

國際 LNG 貿易在 2015 年增勢加速。在亞洲新項目投產、歐洲需求回升以及新加入 LNG 進口國消費成長等因素刺激下，世界 LNG 貿易量升至 $3,230.5 \times 10^8 m^3$，增速達 2.8%。儘管如此，由於日本、韓國和中國 3 個最大進口市場的進口量下跌，這個增速仍低於預期，也遠低於 2001 至 2011 年 LNG 快速發展期年均 8% 的成長水準。

2015 年世界 LNG 貿易局勢出現較大變化，主要特點包括：

(1) 亞洲和歐洲地區需求趨勢出現反轉。繼 3 年持續下滑以後歐洲 2015 年 LNG 淨進口量超過 $500 \times 10^8 m^3$，成長 12.3%。相反，作為世界最主要的 LNG 進口地區的亞洲，淨進口量自 2009 年以來首次出現負成長，下跌 2.3% 至 $2310 \times 10^8 m^3$。由於核電站重新啟用以及與煤炭和可再生能源的競爭，地區兩個重要進口國日本和韓國 LNG 進口量分別下跌 3.9% 和 10.2%，甚至近年來進口量快速成長的中國也因國內需求減弱降低了 LNG 進口。

(2) 區域內和盆地內銷易活躍而區域間貿易量減少。一方面由於管道氣和澳洲 LNG 新項目的投產為亞洲使用者提供了更便捷低價的供應源，亞洲區域內 LNG 貿易增加了 13%，達到了 $1,100 \times 10^8 m^3$，區域外 LNG 進口量同比減少了 12%，從 $1,420 \times 10^8 m^3$ 跌至 $1,250 \times 10^8 m^3$。

另一方面隨著中東和北非區新興進口國——約旦和埃及加入 LNG 進口行列，本地區的 LNG 輸出大國卡達和奈及利亞增加了地區內供應。2015 年，全世界共投運了 7 個 LNG 接收站，分布在日本、巴基斯坦、埃及、約旦和波蘭等國，其中，巴基斯坦、埃及、約旦和波蘭為新加入的 LNG 進口國。

## 8.3.5 全球天然氣市場發展趨勢

全球天然氣需求趨勢呈現以下主要特點：

(1) 天然氣需求成長主要來自非 OECD 國家。全球天然氣需求 85% 的增量將來自非 OECD 國家（除中國）。OECD 國家年均增速則僅為 0.7%，其中最大的不確定性來自美國，其天然氣需求成長或將取決於公路運輸及海運業等新興領域天然氣利用是否有所突破。

(2) 中國仍然是全球天然氣需求增速最快的市場。未來幾年中國環境因素導致的運輸、發電及工業部門天然氣需求量成長將完全彌補經濟增速放緩帶來的負面影響。

(3) 俄羅斯和歐洲非 OECD 國家的需求量較為穩定。除俄羅斯和歐洲非 OECD 國家，其他地區需求增速展現較高的態勢。俄羅斯和歐洲非 OECD 國家的需求量較為穩定，主要是近年來非 OECD 歐洲國家為減少對俄依賴，大幅減少天然氣利用量。

(4) 低價煤競爭致 OECD 亞洲至大洋洲天然氣需求成長受限。OECD 亞洲至大洋洲成為 OECD 所有地區中需求量成長最快的地區。但是這個趨勢或將面臨低價煤炭帶來的競爭。預計受煤炭競爭的影響，澳洲和紐西蘭的天然氣需求量將下降，日本和韓國保持平穩。

(5) 多種因素影響天然氣發電需求預測的不確定性。發電部門是拉動天然氣需求成長最重要的行業，占預測天然氣需求增量的 53%。發電業用氣需求預測因燃料間的相互競爭和政府政策方向的不確定性具有相當的不確定性。因此，在氣價較高或電力需求較低的地區，例如歐洲國家，政府改善環境狀況的決心將是提高發電需求量的決定因素。

(6) 中國和美國成為運輸業需求量成長的主要推動力。未來幾年，運輸部門的天然氣需求量將出現上漲，石油需求量將下滑。天然氣汽車用

氣需求增量將占全球天然氣需求增量的 10%。其次隨著卡車用液化天然氣需求的成長，美國將成為運輸部門用氣量第二大國家。而其他地區和國家因天然氣供應短缺或價格等因素致天然氣在運輸業的運用推廣受到制約。

據 IEA 預測，OECD 美洲、OECD 亞洲——大洋洲以及中東地區將是支撐世界天然氣供應成長的重要地區。

其中，美國的天然氣產量繼續攀升，澳洲 LNG 出口項目將推動天然氣產量快速成長。相反，俄羅斯／非 OECD 歐洲增產量不容樂觀，主因是俄羅斯因歐洲市場遭遇 LNG 競爭、俄羅斯／非 OECD 歐洲區域內供應減少以及到中國的出口項目尚未投產等因素導致的產量成長受限。全球天然氣需求趨勢將呈現以下主要特點：

(1)常規天然氣開發仍主要集中在北美地區。天然氣開發將主要集中在北美、中國和澳洲。美國將在非常規天然氣開發中繼續保持絕對的領導地位，其頁岩氣和緻密氣產量都將有顯著提高。其他有生產潛力的國家包括阿根廷和墨西哥。

(2)俄羅斯國家爭奪亞歐市場，俄羅斯供應增速滯後。受區域內需求成長遲緩、歐洲天然氣進口需求有限、向亞洲的天然氣出口受到天然氣管線和 LNG 廠等基礎設施缺乏的限制，儘管有很高的生產潛力，俄羅斯地區的天然氣產量成長不明顯。

同時，區域內各國間在歐洲和亞洲市場的出口競爭也更趨激烈，隨著亞塞拜然和土庫曼等國基礎設施建設的完善，其供應歐洲或亞洲市場的氣量有所增加，從而導致俄羅斯天然氣出口疲軟。

(3)歐洲是唯一一個產量下行的地區。預測期內歐洲天然氣產量將下降 $250 \times 10^8 m^3$。似乎沒有成長因素可以抵消歐洲天然氣產量的下行趨勢：荷蘭天然氣產量加速下跌；挪威供應量成長有限；英國和波蘭的頁岩氣產量預期僅數十億立方公尺。產量下降意味著歐洲地區的天然氣供應將

更多地依賴進口。

(4)中東：伊朗和伊拉克是未來地區供應量成長的主要因素，主要滿足區域內需求。雖然中東地區是全球天然氣產量成長最快的地區之一，但是仍不足以彌補區域內需求的成長，從而導致地區天然氣總出口量持續走低。

(5)北美：天然氣凝液或成為天然氣產量成長的驅動力。美國未來天然氣產量依賴於富含天然氣凝析液區塊的天然氣開發，為保證開發商基本收益，預計富含天然氣凝析液區塊開發將成為美國天然氣產量持續成長的關鍵因素。

(6)非洲、拉美和非OECD亞洲表現出相對強勁的成長勢頭，新興小國崛起。非洲產量成長可能會越來越多地依賴非洲南部、西部和東部地區；非OECD亞洲近一半產量成長來自印度產量恢復，其他成長來自於巴布亞紐幾內亞新的LNG液化廠產量、緬甸增加到中國出口量和越南增加的天然氣產量。

拉美的天然氣產量成長或將主要來自阿根廷、巴西和智利等國非常規天然氣資源的開採和開發。儘管新興小國產量崛起，為滿足地區需求量成長，這些地區的老牌產氣國仍需努力扭轉產量下降的局面。

未來天然氣貿易發展的特點包括：

(1) LNG貿易量增速將遠遠超過管道氣貿易增速，在全球貿易總量中的比例將成長到62%，屆時將占全球天然氣總需求的11%。

(2) LNG貿易流向也將發生一些變化。因為未來有大量中亞管道氣進入中國，以及澳洲的大量的LNG投入生產，亞洲LNG進口量有限。因此，其餘的LNG進口成長將依賴於歐洲的進口需求恢復，滿足歐洲大部分的天然氣需求。另外，新投產的LNG接收終端也將促使LNG進入亞洲、拉美和中東等地的新興天然氣市場。

(3) 隨著 LNG 項目的建成或全面營運，LNG 貿易快速擴大。

(4) 中國和非 OECD 亞洲占全球天然氣貿易成長量的 74%，整個亞洲地區貿易量將占全球天然氣貿易總量的 56%。

(5) 美國開始向墨西哥灣出口 LNG，躋身 LNG 出口國行列，OECD 美洲占全球出口份額將增至 5%。

(6) 目前全球再氣化能力幾乎達到 LNG 貿易總額的 3 倍，從而導致了一些地區尤其是歐洲的再氣化終端利用率低。因此，LNG 碼頭營運商決定採取新的商業模式，如 LNG 再出口，但是也在考慮利用這些設施為輪船和卡車加註 LNG 燃料。

## 8.4 風電

### 8.4.1 2015 年全球風電產業概況

2015 年，全球風電市場延續大幅成長勢頭，新增風電裝機容量 63.6GW，同比成長 30.1%。其中陸上風電新增裝機容量 59.2GW，較 2014 年增加 11.2GW，主要原因是中國、美國和德國的開發商選擇存現有的補貼政策被完全替代之前進行了搶裝；海上風電隨著德國和英國大型海上風電項目的併網，新增裝機容量達到 4.4GW 的新高。

### 8.4.2 全球陸上風電市場布局

從 2015 年全球陸上風電新增裝機容量排名前五的資料可以看出，中國仍是全球最大的陸上風電裝機市場，占比高達 43.2%。其次是美國，

占比為 15.3%，德國排名第三，占比為 6.5%。

2015 年中國以新增裝機容量 256GW 高居全球陸上風電市場榜首，同比成長 23.7%。

2015 年歐洲陸上風電新增裝機容量達到 11GW，與 2014 年基本持平。其中德國新增裝機容量 3.8GW，同比下降 13.9%，但是仍繼續領跑歐洲市場；英國和土耳其新增裝機容量均為 1GW，法國和波蘭新增裝機容量均為 0.9GW。未來英國發電容量招標政策或將對市場造成短期下行壓力，其他歐洲國家也將陸續實施替代現有固定上網電價的市場定價機制。

2015 年美國陸上風屯新增裝機容量為 9GW，同比成長 75.8%，主要原因是 2014 年出於對美國聯邦政府是否延續生產稅收減免（Production Tax Credit，PTC）政策的擔心，美國風電開發商紛紛搶裝，其中部分項目完工時間延期至 2015 年，另外原計劃在 2014 年底完工的 700MW 項目因融資困難遞延到 2015 年。

### 8.4.3　全球海上風電市場布局

2015 年，全球海上風電新增裝機容量達到創紀錄的 4.4GW，累計裝機容量達 12.2GW，新增裝機容量同比成長 389%。新增裝機容量大幅成長的主要原因是部分德國和英國大型海上風電項目建設完工日期由 2014 年延期至 2015 年。

目前全球的海上風電產業，尤其是歐洲的項目，正在大力發展更大規格的風機。5MW 以上的風機可以降低海上風場的成本，這對於補貼預算嚴格、競爭激烈的海上風電產業而言非常重要。

### 8.4.4 全球風機供應現狀

2015 年全球風機產能為 83.5GW（其中海上風機產能約 11GW），同比增加 9.4GW，但是相對於全球 63.6GW 的新增裝機容量而言，產能明顯過剩，全球風機供需比例由 2014 年的 1.5：1 下降到 2015 年的 1.4：1，產能過剩有所緩解。隨著 2017 年後全球年度新增裝機容量的回落，全球風機產能進一步調整，供需將逐漸趨於合理。

## 8.5 太陽能光電

### 8.5.1 全球太陽能光電發電市場需求布局

截止到 2015 年底，全球太陽能光電累計裝機容量達到 242.8GW，較 2014 年成長幅度達到 30.3%。2015 年全球太陽能光電累計裝機容量排名前十的國家依次為：中國、日本、德國、美國、義大利、英國、法國、印度、澳洲和西班牙，其累計裝機容量之和占全球總量的 84%。印度從 2014 年的排名第十位上升為 2015 年的第八位。從區域分布來看，亞洲太陽能光電累計裝機容量達到 100.7GW，占全球累計裝機容量的 41.5%，歐洲太陽能光電累計裝機容量達到了 94.1GW，占全球累計裝機容量總量的 38.8%，美洲太陽能光電累計裝機容量達到 35.6GW，占全球累計裝機容量的 14.7%。

### 8.5.2 全球主要太陽能光電發電市場

2015 年中國太陽能光電新增裝機容量為 17GW，繼續保持全球最大的太陽能光電市場地位。成為全球太陽能光電累計裝機容量最大的國

家。受益於中國的政策和較大的太陽能光電市場空間。

日本 2015 年日本太陽能光電新增裝機容量為 13.5GW，同比成長 318%，日本成長為全球僅次於中國的第二大太陽能光電市場。在日本可再生能源激勵政策的推動下，日本太陽能光電發電市場將延續快速成長的勢頭。

美國 2015 年美國太陽能光電新增裝機容量為 8GW，同比成長 28.6%，累計容量達到 26.3GW。在 2015 年美國新發表一系列太陽能光電利好政策以及投資稅減免（Investment Tax Credit,ITC）政策延長 5 年在等因素影響下，美國太陽能光電發電市場的表現遠超預期。

英國 2015 年英國太陽能光電新增裝機容量為 3.9GW，同比成長 58.9%，累計裝機容量達到 9.2GW。在可再生能源法案的刺激下，2015 年英國太陽能光電發電市場蓬勃發展，連續兩年成為歐洲地區年度最大的太陽能光電裝機國。與此同時，英國太陽能光電發電市場面臨政策的不確定性，即大型太陽能光電地面電站不再享有可再生能源責任支持計畫。

印度 2015 年印度太陽能光電新增裝機容量約為 3.1GW，同比成長 285%，累計裝機容量達到 6.2GW。鑒於印度政府透過立法設定了可再生能源責任目標，印度太陽能光電發電市場呈現爆發式成長態勢。總的看來，未來印度市場將成為新一輪太陽能光電產業的投資熱點之一。

## 前沿閱讀

### 全球主要區域基準原油

按照地緣分割槽，目前國際石油市場在西區有兩個重要的基準原油，分別是北美的 WTI 原油和歐洲的 Brent 原油，東區的基準原油則由

Dubai 原油和它的姐妹原油 Oman 原油來承擔。

　　WTI 原油產自美國內陸的西德克薩斯，屬於低硫輕質原油，作為主要的原油期貨交易品種在芝加哥商品交易所集團（CME）的紐約商業交易所（NYMEX）掛牌交易，區域內（大西洋西區）的現貨原油普遍以 WTI 為基準原油聯動作價。期貨原油可以實貨交割，交割地位於美國奧克拉荷馬洲的庫欣地區（Cushing）。

　　Brent 原油是產自英國北海油田的低硫輕質原油。Brent 基準原油由複雜的期貨、遠期和現貨構成「三足鼎立」的獨特價格體系。Brent 期貨在倫敦的洲際交易所（ICE）掛牌交易；Brent 遠期市場將未來三個月的實貨提前，以絕對價格的方式開展交易。由於 Brent 原油產量的持續下滑，實際的遠期合約可交割的實貨包括 Brent、Forties、Oseberg、Ekofisk 四個北海油種。遠期合約進入實物交割後，就蛻變為現貨 Brent（DTD Brent）。期貨和現貨 Brent 成為大西洋東區（大西洋海盆地區）實貨原油的計價基準原油。

　　Dubai 原油是產自阿聯酋的高硫中質原油，是中東地區乃至蘇伊士以東市場最重要的基準原油，但是 Dubai 原油沒有期貨交易，而是透過普氏（Platts）公司推出的現貨視窗交易平台開展交易，滿足交易條件要求的交易者在新加坡時間下午 4：00 至 4：30 開展交易並確定 Dubai 當天的現貨定盤價格。由於 Dubai 原油自身實物量少，現貨交易可交割的油種包括 Dubai、Oman、Upper Zakum、Al Shaheen。

　　普氏公司持續地根據市場變化來完善視窗機制，確保現貨交易的流動性。Dubai 原油的姐妹油種 Oman 原油在杜拜商品交易所（DME）掛牌交易，但是由於其合約設計的特點，Oman 原油期貨僅僅是具有期貨交易的形式，實質上與 Dubai 原油一樣屬於現貨交易，因此 Oman 原油期貨的流動性遠不及 WTIBrent 原油期貨。目前，絕大部分中東產油國向亞太

地區銷售的原油均採用普氏 Dubai 原油和 Oman 原油作價，阿曼政府則採取 DME Oman 期貨為 Oman 原油實貨定官價。

　　三大基準原油是各自區域的原油宏觀基本面的載體，圍繞三大基準原油交易形成的價格和價格關係，既可以反映出基本面的強弱，同時價格關係體現出的套利機會又為市場基本面形成反作用力。

> **思考題**
>
> 1. 全球煤炭的分布、生產和貿易局勢？
> 2. 世界原油的儲量分布格局如何？
> 3. 全球天然氣貿易流向及特點？
> 4. 全球風電市場局勢如何？
> 5. 全球太陽能光電市場局勢如何？

# 第 9 章

# 全球礦業供需

**學習目標**

本章主要介紹鐵礦石、銅、鎢、稀土、黃金、鉑金、鎳的儲量分布、需求和供給分布。透過本章的學習,使學生了解這幾種礦物的儲量分布,掌握這幾種礦物的需求和供給分布。

## 9.1 鐵礦石

### 9.1.1 全球鐵礦石生產分布

世界三大鐵礦石生產國:澳洲、巴西、印度。表 9-1 顯示,對於這些國際鐵礦石主要生產國來說,2003 至 2012 年三大鐵礦石生產國的產量一直在持續增加,澳洲從 2003 年的 212 百萬噸增加到 2012 年的 520 百萬噸;巴西從 2003 年的 245.6 百萬噸增加到 2012 年的 367 百萬噸;印度從 2003 年的 99.1 百萬噸增加到 2012 年的 155 百萬噸。

其中,澳洲鐵礦石產量的增加幅度最大,從 2003 年的居於第二上升到 2012 年的排名第一。且三者在國際鐵礦石市場的份額有所提升,從 2003 年的 47.8%增加到 2012 年的 56.1%,在國際鐵礦石貿易體系中的控制力日增,僅在 2009 年金融危機之後出現了一定的程度的下滑。

表 9-1 2003 至 2012 年全球主要生產鐵礦石產量（百萬噸）

| 單位／百萬噸 | 2003 年 | 2006 年 | 2009 年 | 2012 年 |
|---|---|---|---|---|
| 澳洲 | 212 | 275.1 | 394.1 | 520 |
| 巴西 | 245.6 | 318.6 | 305 | 367 |
| 印度 | 99.1 | 180.9 | 218.6 | 155 |
| 其他國家 | 606.8 | 802.6 | 651.3 | 814.2 |
| 三國產量占比 | 47.8 | 49.1 | 58.5 | 56.1 |
| 全球總計 | 1,163.5 | 1,577.3 | 1,569 | 1,856.20 |

## 9.1.2 全球鐵礦石消費分布

在鐵礦石消費方面，我們重點觀察世界主要鐵礦石需求國：中國、日本、韓國、德國。2000 至 2012 年四大鐵礦石需求國的需求量一直在持續增加，中國從 2000 年的 209.6 百萬噸增加到 2012 年的 1,050.4 百萬噸；日本從 2000 年的 129.7 百萬噸增加到 2012 年的 130.2 百萬噸，韓國從 2000 年的 39.9 百萬噸增加到 2012 年的 66.8 百萬噸，只有德國對鐵礦石的需求從 2000 年的 49.4 百萬噸下降到 2012 年的 42.8 百萬噸。

四國在國際鐵礦石市場的份額有所提升，從 2000 年的 46.4% 增加到 2012 年的 72.8%。特別是中國由於經濟的快速、穩定成長，對鐵礦石需求保持持續成長，2012 年對鐵礦石的需求比 2000 年翻了五倍，占世界總需求的比例從 2000 年的 22.7% 增加到 2012 年的 59.2%。可見，中國推漲了國際鐵礦石的供應，拉高了國際鐵礦石的價格。

## 9.1.3 全球鐵礦石貿易流向

在國際鐵礦石貿易體系中，澳洲、巴西、印度等鐵礦資源大國是鐵礦石主要出口國。從表 9-2 中可以看出，2000 至 2012 年三大鐵礦石生產國的出口量一直在持續增加，如澳洲從 2000 年的 157.3 百萬噸增加到

2012 年的 524.1 百萬噸；巴西從 2000 年的 160.1 百萬噸增加到 2012 年的 326.5 百萬噸；印度從 2000 年的 34.9 百萬噸增加到 2009 年的 90.7 百萬噸，但是受金融危機影響下降很快，持續跌至 2012 年的 28.4 百萬噸，低於 2000 年的出口量。三國在國際鐵礦石市場的份額保持比較穩定的狀態，鐵礦石出口占比一直都在 70% 以上，其中，澳洲和巴西的鐵礦石出口占比從 2000 年的 63.6% 增加到 2012 年的 70.3%。

可見，在國際鐵礦石貿易中，澳洲、巴西在鐵礦石出口市場中處於壟斷地位。2012 年兩國鐵礦石出口量為 850.6 百萬噸，國際鐵礦石出口量為 1,210.6 百萬噸。由此可知，這兩國在國際鐵礦石貿易局勢中居於最核心的地位。

表 9-2 2000 至 2012 年世界主要鐵礦石生產國出口情況（百萬噸）

| 單位／百萬噸 | 2000 年 | 2003 年 | 2006 年 | 2009 年 | 2012 年 |
| --- | --- | --- | --- | --- | --- |
| 澳洲 | 157.3 | 186.1 | 248.1 | 380.5 | 524.1 |
| 巴西 | 160.1 | 184.4 | 246.6 | 266 | 326.5 |
| 印度 | 34.9 | 57.3 | 86.8 | 90.7 | 28.4 |
| 其他國家 | 146.7 | 162.1 | 206.5 | 222.3 | 331.5 |
| 三國產量占比 | 70.6 | 72.5 | 73.8 | 76.8 | 72.6 |
| 全球總計 | 499 | 590 | 788 | 959.5 | 1,210.6 |

就鐵礦石生產和消費而言，中國、日本、韓國、德國也生產鐵礦石，但是國內生產不能滿足本國的需求，還必須大量進口。在國際鐵礦石貿易體系中，中國、日本、韓國、德國四國的鐵礦石進口量占國際鐵礦石進口量的絕大多數份額，2012 年四國鐵礦石進口量總份額達到 81.5%，這個值在 2000 年還是 56.4%。

2000 至 2012 年日本和德國鐵礦石進口量保持較為穩定的狀態，韓國的鐵礦石進口略有增加，而中國占國際鐵礦石進口量的比例也逐年上升，從 2000 年的 13.7% 成長至 2012 年的 61.8%，成為全世界鐵礦石最主要的進口國。由此可見，中國、日本、韓國、德國四國鐵礦石進口量在國際鐵礦石貿易體系中一直處於十分重要的地位。

產業篇｜第9章　全球礦業供需

綜上，在國際鐵礦石進出口貿易布局中，澳洲、巴西、印度三國和中國、日本、韓國、德國四國居於最主要的位置，尤其是澳洲、巴西和印度，這是因為，一方面，2000 至 2012 年這三國進出口量持續成長，占國際鐵礦石的比例越來越大，另一方面，這三國對國際鐵礦石資源的供給基本處於壟斷地位，具有決定國際鐵礦石價格的控制力。

## 9.2　銅

### 9.2.1　全球銅儲量分布

據美國地質調查局 (USGS) 調查資料，2013 年全球銅儲量為 6.9 億噸，主要集中分布在智利、澳洲和秘魯，三國儲量分別為 1.9 億噸、8,700 萬噸和 7,000 萬噸，占全球總儲量的 50.6%，全球銅資源主要分布在美洲地區。如圖 9-1 所示。

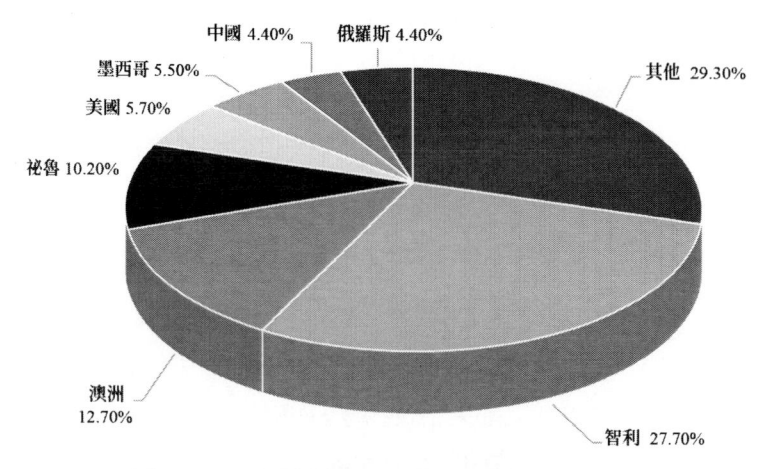

圖 9-1 2013 全球銅儲量分布圖 (總儲量：6.9 億噸)

數據來源：WBMS

## 9.2.2 全球銅生產分布

長期以來，拉美、俄羅斯及東歐地區是全球礦山銅的供應中心，占全球生產總量的比例長期在 65％以上，最高達到 74％（2003 年），拉美地區生產總量長期保持成長，但是在 2005 年以後占比逐步緩慢下降，而北美、俄羅斯及東歐地區生產占比長期以來緩慢下降。非洲地區早期也是全球一個銅資源重要的供應區域，1990 年代，受資源、戰爭、勞工等因素的影響，供應總量和占比均有所下降，新世紀供應總量和占比均有所回升。

2013 年，全球礦山銅產量 1,831 萬噸（金屬量，下同），如圖 9-2 所示，智利是第一大生產國，占全球的 31.5％（578 萬噸），中國（175 萬噸）、秘魯（138 萬噸）是最主要的生產國，以上三國礦山銅產量合計占全球總產量的 48.6％。南美是全球最主要的礦山銅生產區域。

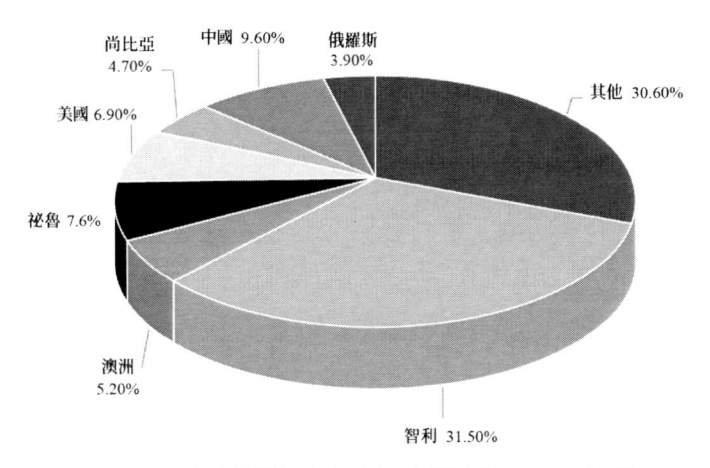

圖 9-2 2013 全球精煉銅生產分布圖（總產量：2,139 萬噸）

數據來源：WBMS

2013 年，全球精煉銅產量 21,391 萬噸（金屬量，下同），中國是第一大生產國，占全球的 32％（684 萬噸），智利（275 萬噸）、日本（147 萬

噸），以上三國精煉銅產量合計占全球總產量的51.8%。東亞和南美是全球精煉銅的主要生產區域，見圖9-3。

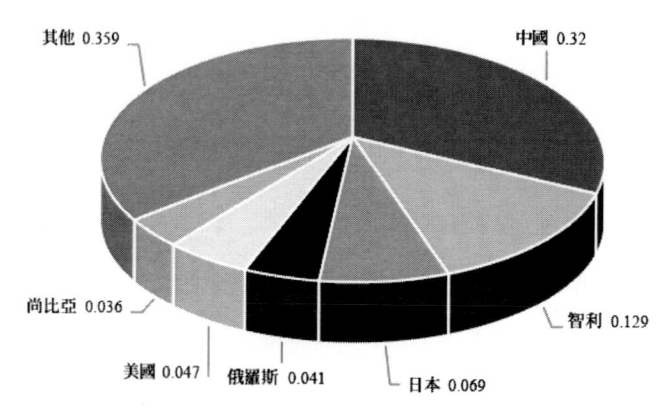

圖9-3 2013 全球礦山銅生產分布圖（總產量：1,831萬噸）

數據來源：WBMS

## 9.2.3 全球銅消費分布

在21世紀之前，西歐、北美是全球精煉銅的消費中心，消費占比長期全球消費總量的一半以上。21世紀，隨著中國消費總量的飛速成長及日本、韓國消費總量長期維持高位，2005年，中國、日本、韓國三國消費總量首次超過西歐、北美地區，成為全球銅資源的消費中心。

俄羅斯及東歐地區在蘇聯解體前後銅消費總量及消費占比均發生明顯變化，占比由早期的近四分之一，下降到最低的3.5%（2000年），近年來有所回升。東南亞地區在1990年以後，消費總量及消費占比均明顯上升，而大洋洲和非洲地區消費總量隨全球消費總量的成長而成長，消費占比基本維持不變。

2013年全球精煉銅消費量2,091萬噸。中國是第一大消費國，占全球消費總量的47.0%（981萬噸），其他主要消費國家分別為美國

(8.8%)、德國(5.4%)、日本(4.8%)和韓國(3.4%);東亞三國合計消費了全球 55.2%,是全球最主要的消費區域,見圖 9-4。

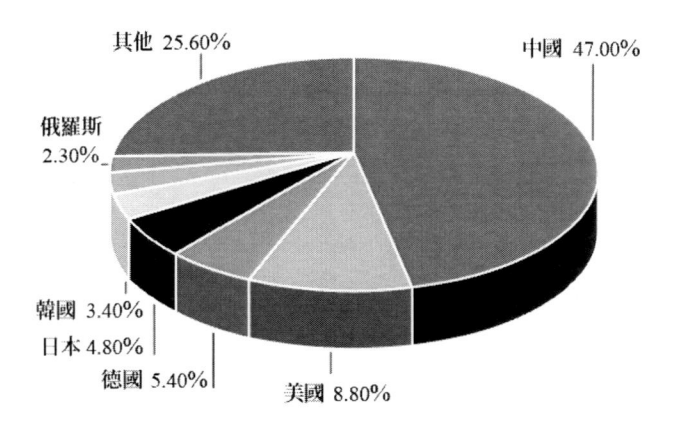

圖 9-4 2013 全球精煉銅消費占比(總產量:2,091 萬噸)

## 9.2.4 全球銅貿易流向

2013 年,全球銅精礦貿易總量 640 萬噸(金屬量,下同),中國是第一大進口國,占全球的 39.6%,其他主要國家有日本(20.6%)和印度(9.2%),三國合計占全球進口總量的 69.4%,東亞和南亞地區是全球主要的銅精礦進口區域;智利是全球第一大出口國,占全球的 36.9%,其他主要國家有秘魯(15.4%)和加拿大(6.6%),三國合計占全球出口總量的 58.9%,美洲是全球主要的銅精礦出口區域。

2013 年,全球精煉銅貿易總量 838 萬噸,中國是第一大進口國,占全球的 39.7%,其他主要國家有美國(9.0%)和德國(7.7%),三國合計占全球進口總量的 56.4%;智利是全球第一大出口國,占全球的 32.3%,其他主要國家有尚比亞(8.8%)和日本(6.8%),三國合計占全球出口總量的 47.9%。

## 9.3 鎢

鎢是一種非常重要的策略金屬,有「工業牙齒」之稱。具有高熔點、高硬度、高密度、導電性和導熱性良好、膨脹係數較小等性質,在航空航天、軍事、鋼鐵、汽車、機械、石化、礦業等領域有著重要而廣泛的用途。隨著全球經濟的發展、科學技術的進步,鎢的應用範圍擴大、需求強勁,而全球鎢資源儲量極少、保障程度不高,許多國家將其列入策略儲備清單,其地位十分突出。

### 9.3.1 全球鎢儲量分布

全球鎢資源集中在中國、俄羅斯、加拿大、美國、玻利維亞、奧地利、葡萄牙等國家。以上七個國家擁有全球 80% 以上的鎢資源。

### 9.3.2 全球鎢生產分布

1910 年以來,伴隨各類鎢產品的應用,戰爭和經濟發展等因素影響,鎢礦產量出現幾次較大成長和回落時期,從 1910 年的 0.33 萬噸增加到 2014 年的 8.24 萬噸,增加了 25 倍。從 19 世紀初鎢的高速鋼的應用出現,到 1928 年碳化鎢為主的硬質合金的誕生,鎢的產量出現迅速增加,尤其是鎢的「戰爭金屬」的屬性。

第一次世界大戰、第二次世界大戰、朝鮮戰爭期間,鎢產量激增,1961 至 1975 年,越南戰爭和三次中東戰爭使得鎢的產量達到一個頂點,1970 年鎢產量達到 8.56 萬噸。進入新世紀,鎢產量由 2000 年谷底時期的 3.74 萬噸,基本逐年增加,增加到 2014 年的 8.24 萬噸的新高產量,年均成長率 8.6%。

根據 USGS 統計 2004 至 2014 年，全球鎢產量維持在 5 萬至 9 萬噸，2014 年全球原鎢產量 8.24 萬噸，需求 6.4 萬噸，產能過剩 2 萬噸。2014 年中國鎢產量 6.8 萬噸，占全球比例高達 83%。俄羅斯是第二大鎢生產國，2014 年鎢產量 3,600 噸；加拿大是第三大鎢生產國，2014 年鎢產量 2,200 萬噸；玻利維亞、越南、澳洲、奧地利、葡萄牙、剛果金等也是重要的鎢生產國。

全球曾有 30 多個國家生產鎢，由於中國鎢大量盲目進入國際市場，導致鎢價下降，很多產量小的鎢生產國被迫減產或者停產。2014 年，中國、俄羅斯、加拿大、玻利維亞、越南 5 個國家是全球生產鎢最多的國家，供應比例高達 98%。

### 9.3.3　全球鎢消費分布

2000 至 2014 年全球人均鎢消費量，逐年遞增，從 7.51g／人增加到 13.16g／人，年均成長率 5.4%。其中中國人均鎢消費 10 至 25g／人，美國人均鎢消費 25 至 35g／人，日本人均鎢消費 42 至 78g／人。相較於已經完成工業化的發達資本主義國家，中國人均鎢資源消費很少。2006 至 2013 年的 8 年間，中國累計消耗 99.84 萬噸鎢資源儲量，成長潛力大。隨著印度和東盟經濟崛起，未來全球鎢資源需求將持續增加。

## 9.4　稀土

稀土元素具有特殊的光學和電磁學性質，加入少許即可極大改變材料效能，被譽為現代工業的「維生素」，是當今世界各國發展高新技術和國防尖端技術以及策略性新興產業不可缺少的策略物資。

稀土在自然界的含量超過銅、鉛、鋅、錫、銀等常見金屬，但是分布廣泛，很少能夠富整合經濟開採的礦床。稀土礦床多數為共伴生礦床，共生或伴生礦產主要有鐵、鈾、銅、金、磷、鋅和鋯等。

### 9.4.1　全球稀土儲量分布

全球稀土資源豐富，主要分布於中國、美國和俄羅斯國家。據美國地質調查局（USGS）數據，2013 年全球稀土儲量 1.4 億噸，儲產比高達 1,272 年，其中，中國儲量 5,500 萬噸，占全球總量的 40%，居全球第一位；巴西儲量 2,200 萬噸，占全球總儲量的 16%，美國排名第三，占比 10%，三國合計占比為 66%。此外，印度、澳洲和馬來西亞等國均有稀土儲量分布。

### 9.4.2　全球稀土生產分布

自 1992 年中國超越美國成為全球最大的稀土供應國以來，全球稀土供應一直處於中國主導時期，中國稀土產量占據全球產量的絕大部分。據 USGS 數據，2013 年中國稀土產量 10 萬噸，占全球產量的 89.5%，剩餘產量依次分布在美國、印度、俄羅斯和澳洲等國。

### 9.4.3　全球稀土消費分布

2013 年全球稀土消費量 12.4 萬噸稀土元素氧化物（REO），較 1997 年的 6.71 萬噸成長了 85%，平均每年成長 3.9%。歷史上全球稀土消費集中於中國、美國、日本及東南亞和歐洲國家。

近年來，由於中國具備稀土資源優勢、生產成本優勢，以及中國稀

土產業政策的鼓勵，國外稀土產業不斷向中國轉移，導致全球稀土消費增量幾乎全部來自中國，2003 年中國更是超過日本成為全球第一消費大國。2013 年中國消費稀土 7.94 萬噸，占全球消費總量的 64%，日本及東南亞國家消費 2.36 萬噸，占比 19%，美國和歐洲國家消費稀土占比分別為 9%和 8%。

隨著科學技術的快速發展，稀土在高新技術領域中的應用越來越廣泛，稀土新材料（永磁體、螢光粉、拋光粉、催化材料和貯氫材料）等產品消費快速成長，相比之下傳統應用領域中的消費成長緩慢。2000 年以來玻璃行業稀土消費量持續下降，其他各主要行業均呈成長態勢，其中永磁體行業成長最快，從 2000 年的 1.05 萬噸成長到 2013 年的 2.85 萬噸，成長近 2 倍。

## 9.5 黃金

### 9.5.1 全球黃金儲量分布

全球黃金資源分布較為分散，據美國地質調查局統計，世界黃金儲量為 5.2 萬噸。其中澳洲以 7,400 噸的儲量居於世界首位，第二位南非儲量為 6,000 噸，第三位俄羅斯 5,000 噸，第四位智利 3,900 噸，美國和印尼均以 3,000 噸居於第五位。中國以 1,900 噸的儲量位列第九，約占世界儲量的 4%。

### 9.5.2 全球黃金生產分布

黃金在地殼中的豐度很低，為貴金屬中最低的。由於黃金資源的稀缺性導致在全球，黃金需求一直受到黃金供給的限制。黃金的生產主要

受到資源稟賦、開採條件、技術進度等因素的影響。全球黃金供應主要有三個方面：礦產金、再生金和官方售金，其中以礦產金為主，占比60%以上。1990年代中期以來，礦產金的產量一直維持在2,500噸左右，波動不大；再生金的產量呈逐年上升的趨勢；官方售金波動較大。

礦產金。全球黃金生產的歷史悠久。18世紀100年間生產黃金200噸，19世紀實行金本位制後黃金生產力較之前的歷史時期大幅度成長了100多倍，19世紀100年的黃金產量總計達到了1.15萬噸。20世紀以來100年間黃金產量總計達到了11.12萬噸，期間黃金產量雖然有幾次短暫下滑，但是總體呈上升的趨勢。第一次黃金產量下滑是在第一次世界大戰期間，第二次下滑是在第二次世界大戰期間，第三次下滑是在1970年代石油危機前後，然後伴隨著1970至1980年十年黃金牛市，黃金的產量也連年增加。1980至1999年黃金20年熊市使得全球金礦的勘探和建設投入減少，2000年以後全球黃金產量逐年下降。2000至2012年黃金牛市使得黃金開採熱度回升，黃金的勘探投入的增加，全球黃金產量於2008年止跌回升，2012年全球黃金產量達到2,700噸。

目前，全球主要黃金生產國有中國、南非、美國、澳洲、俄羅斯、秘魯和加拿大等國家。經過多年的開採，雖然全球黃金供應局勢沒有發生大的變革，但是傳統產金國例如南非、美國等國家的黃金產量已開始下滑；而中國、澳洲、秘魯等國家的黃金生產量呈逐年上升勢頭。

透過對比南非和美國的黃金生產歷史，我們發現即使南非的黃金資源量最為豐富，但是南非黃金產量快速成長時期為1950至1970年，只持續了約20年左右；美國的黃金產量快速增加時期為1980至1998年，約18年左右，但是中國的黃金產量從2000年開始進入快速發展階段，黃金的產量將有可能很快達到峰值，隨後黃金產量將會下降。

再生金。由於黃金具有良好的穩定性，黃金不能被消耗掉，因此數

千年來，生產的黃金 90% 以上被儲存下來。在礦產金供應不足的時候，可以呼叫地面存金來彌補。地面存金的供應量約占全球黃金供應量的 30% 至 40%。但是地面存金受到全球經濟形勢、政治形勢和預期金價的影響。當經濟形勢不好時，消費者傾向於持有黃金以抵抗通膨；預期金價進一步上漲時，同樣傾向於繼續持有黃金而不是售出黃金。

政局的波動也會對地面存金造成不同程度的影響。2010 年底，地面存金為 166,600 噸，其中首飾 84,200 噸，官方儲備 29,000 噸，私人投資 31,100 噸，其他製品 18,700 噸，未記錄的 3,600 噸。隨著全球經濟的發展，黃金冶煉技術的提高，再生金的產量也是逐年增加的。

官方售金。金本位時期是以黃金為本位貨幣，一國國內貨幣發行量是與央行所持有的黃金儲備量相匹配，這個時期世界主要國家的黃金儲備規模一直在擴大。布列敦森林制度時期，以美元為國際貨幣結算的基礎，美元直接與黃金掛鉤，美元的發行以黃金為基礎，但是沒有固定比例關係。在 1960 年代中期以前，世界黃金儲備量也是呈增加趨勢。60 年代後期美國經濟惡化，一些國家政府用美元來兌換黃金，美國的黃金儲備急遽減少，全球黃金儲備也略有下降。

牙買加貨幣體系時期，黃金非貨幣化，各國開始增加美元儲備拋售黃金，黃金儲備在國際儲備中的比例不斷下降。1991 至 2000 年十年間，各國央行累計減少了約 4,500 噸黃金儲備。但是近年來，各國央行拋售黃金的行為越來越少。1999 年歐洲簽署黃金銷售協議，限制了各個央行每年的黃金拋售上限；到 2009 年，已經簽署了第三份為期 5 年的中央銀行黃金銷售協議，該協議限制央行每年出售的黃金不多於 400 噸，即整個 5 年期間內不多於 2,000 噸。

由於全球經濟危機的影響，黃金的抗通膨保值功能又突顯出來，2010 年央行已經變為官方淨購買，這是自 1990 年代以來央行首次轉為黃

金市場的淨買方。2012 年底全球黃金官方儲備為 31,490 噸，較 2000 年底的 33,055 噸略有下降。

透過對 1990 年代全球金礦勘查投入和金礦礦床發現個數和查明資源量進行分析，可以看出之間存在著滯後關係，在金礦勘查投入約 10 年時間才會有可能發現新的礦床；並且全球金價與礦產金供應量之間也存在滯後關係，金價對全球礦產金供應量的影響效果滯後大約 10 年。

### 9.5.3　全球黃金消費分布

2013 年全球黃金消費量為 3,756.1 噸，雖然黃金首飾為 2,209.5 噸已經恢復到金融危機前的水準，為 1997 年以來最高水準；金條與金幣需求量為 1,654.1 噸，同樣創歷史新高，但是由於黃金 ETF 類產品降至 880.8 噸，央行淨購買也降至 368.6 噸，全年黃金消費量較前一年有所下降，也低於近五年來的平均消費水準 4,104.3 噸。

全球黃金需求結構變化。由於黃金同時兼備商品屬性、貨幣屬性和金融屬性，黃金不同於一般的礦產品，其需求主要有：首飾用金、工業用金和投資用金，其中以首飾用金所占比例最大。黃金的工業用途主要應用於電子業、牙醫業和其他。

1970 年代以來，工業用金緩慢成長，占黃金消費量所占比例變化不大，一直維持在 13% 左右。但是其中電子用金所占工業用金比例越來越大，由 42% 上升到 69%，牙醫用金所占比例由 30% 降低到 11%。

2000 年黃金牛市以來，金價的不斷攀升對首飾需求產生了一定的抑制作用。但是當金價的上漲成為一種常態之後，消費者又會恢復對黃金首飾的購買，因為購買金飾不僅是用來佩戴，還可以作為一種投資。黃金投資是抗景氣循環的，在全球經濟不好時，黃金特有的避險保值

功能使得投資用金反而增加。全球投資用金從 1995 年的 446 噸增加到 2012 年的 1,568 噸，2013 年由於 ETF 持倉量的減少，投資用金量下降到 773 噸。

黃金需求由西向東轉移。全球黃金消費國已經呈現出由西方向東方轉移的趨勢，歐美地區的消費量下降，而東亞和印度次大陸的消費量呈成長趨勢。這一方面是基於中國和印度源遠流長的黃金文化，另一方面得益於中國和印度經濟的發展。中國的城市化率由 1980 年的 31% 增加到 2013 年 52%，GDP 平均增速達 9% 以上，近十年來平均儲蓄率達到 49%。預計未來幾年中國 GDP 增速會放緩，但是隨著中國經濟的變革，個人消費率仍將成長。據歷史經驗表明，一個國家的中產階級人數增多會帶動其貴金屬的消費。

預計 2030 年，中國將有 10 億人躋身中產階級。預計印度 2030 年達到 4.75 億人。同期，中國和印度的黃金消費量也會隨之增加。

1970 至 1980 年代，歐洲對黃金的需求量很高，約占全球黃金需求量的三分之一，90 年代以來歐洲的黃金需求量逐漸下降，目前約占全球黃金需求量的 18%。而 80 年代以來，東亞、印度次大陸（其中印度占 85%）和中東地區的黃金需求量逐漸增加，目前已經成為全球黃金的主要消費地區。

中國和印度兩國是其中最大的黃金消費國，都具有很深遠的黃金消費文化，其黃金需求約占全球黃金需求的 60%，且黃金需求在節日、慶典期間和婚嫁日時會成長。中東地區主要消費國家是土耳其、沙烏地阿拉伯和阿聯酋等國家，近年來黃金需求量也緩慢成長。全球黃金呈現已由西方國家向東方國家轉移之勢。

從黃金的消費部門來看，首飾用金一直是黃金需求的第一大部門，呈現出由歐美地區向亞洲地區轉移的趨勢。在 1970 至 1980 年代，首飾

消費主要集中在歐洲，其次是印度次大陸和美洲；但是90年代以來，歐洲和美洲的首飾消費所占比例逐漸下降，隨著東亞和印度次大陸經濟的發展，黃金首飾用金快速增加。特別是中國和印度經濟的快速發展，國民越來越富裕，對黃金的購買力加強，已成為最大消費國。

工業用金也是從歐美向亞洲轉移的。在1970至1980年代，歐美地區工業用金量占全球工業用金量70%以上，目前所占比例已經降到30%以下；而東亞地區的工業用金量所占比例由1970年的15%增加到2010年的64%。

投資用金在全球也呈現出明顯的地域轉移趨勢，1980年時歐洲地區的投資用金量約占全球投資用金量的一半左右，但是隨後所占比例逐漸減少，2010年時僅占全球投資用金量的10%；而東亞、印度次大陸的投資用金量大幅增加，分別由1980年的10%左右增加到2010年的35%和30%；中東地區的投資用金量略有減少。

新興國家官方黃金儲備或增加。雖然全球主要國家拋售黃金將近40年，但是出於歷史原因，歐美國家的黃金儲備較大，其中美國以8,133.5噸的黃金儲備居於全球首位，其次是德國、義大利、法國、荷蘭等國家，這些國家不僅黃金儲備量較高，而且黃金儲備占外匯存底比例也較高，即黃金儲備的絕對量和相對量均較高。

而亞洲國家的黃金儲備量雖然位於世界前列，但是黃金儲備占外匯存底的比例卻較低。例如中國的黃金儲備為1054噸排名第六位，但是其黃金儲備僅占外匯存底的1.1%；日本黃金儲備為765噸排名第九位，其黃金儲備占外匯存底的2.4%；印度的黃金儲備為557噸，其黃金儲備占外匯存底的7.6%。新興國家的黃金儲備占外匯存底的比例較低，而黃金儲備在外匯存底中的合理規模又關係到國家的金融安全，是一個國家經濟實力的體現，目前新興國家有進一步增持黃金儲備的趨勢。

# 前沿閱讀

## 未來全球鎳資源的供應來源地預測

由於紅土型鎳礦產量的大幅度增加，亞洲已經成為世界上最重要的鎳產區。但是 2014 年 1 月 12 日占全球產量 20％左右的印尼政府發文禁止鎳原礦出口，這使得市場對鎳的供給產生憂慮。除印尼原礦出口禁令外，影響 2014 年全球鎳價走勢的原因還包括俄羅斯與烏克蘭局勢緊張、巴西淡水河谷 GORO 汙水洩漏以及「聖嬰」現象等，很顯然，印尼原礦出口禁令無疑是一切矛盾的焦點。

據資料顯示，2014 年中國從印尼進口的鎳礦石從 1 月的 612 萬噸驟降至 2 月的 310 萬噸。從印尼進口原礦受阻之後，菲律賓便成為全球礦商們進口鎳礦的新的熱土，未來菲律賓鎳礦市場將會更加受到關注。

大洋洲地區是世界另一重要的鎳礦產區，在這一地區既有傳統的鎳礦生產大國澳洲同時也有因紅土型鎳礦產量增加而迅速崛起的鎳礦生產強國新喀裡多尼亞。

儘管未來澳洲鎳礦產量還會有些許波動，但是由於一方面澳洲和新喀里多尼亞擁有無可比擬的資源優勢，即擁有豐富的硫化物型鎳礦同時也擁有豐富的紅土型鎳礦，澳洲目前探明的儲量按最高產能計算，至少可以生產 132 年，資源充足。

另一方面，澳洲擁有良好的生產技術和生產潛力；再加上，離澳洲和新喀裡多尼亞最近的東亞地區是世界鎳資源缺乏區和鎳資源消費區，東亞地區的經濟快速成長為澳洲和新喀里多尼亞的鎳礦資源提供了良好的外部市場環境。因此，在未來很長一段時間內，大洋洲都將繼續提供

世界鎳資源需求量的很大一部分，並將始終占據世界鎳資源生產中的重要地位。

資料來源：全球鎳資源供需格局淺析
作者：燕凌羽

> **思考題**
>
> 1. 鐵礦石的分布、生產和貿易現狀？
> 2. 世界銅的儲量分布？
> 3. 稀土資源的消費分布？
> 4. 全球黃金供應主要來源於哪三個方面及供應量如何？
> 5. 全球鉑金的供應局勢如何？

# 第 10 章

# 全球製造業供需

學習目標

本章主要介紹汽車工業、船舶工業、航空工業、化工業的世界生產分布格局、需求分布格局。透過本章的學習，使學生了解汽車工業、船舶工業、航空工業、化工業的世界生產分布格局，掌握汽車工業、船舶工業、航空工業、化工業的需求分布格局。

## 10.1 汽車工業

### 10.1.1 汽車產業的全球生產網路

在全球生產網路下，跨國公司想要得到或者加強其競爭優勢，需要全面分析世界的不同國家以及地區的競爭優勢差異，並將其最終的產品生產分解為不同的生產步驟和模組，並在最優區域進行生產和組合。

汽車產業的全球化相當顯著，它主要是由生產零元件的企業和整車總裝生產企業組成。傳統的觀點認為，汽車產業是一個具有寡頭壟斷特徵的集中程度相當高的產業，而全球汽車生產網路就是一個典型的生產者驅動型網路。處於網路核心的領導廠商是擁有控制能力和系統整合能力的六大汽車跨國集團和三家獨立汽車公司組成，他們分別是：①戴姆

勒克萊斯勒──現代──三菱集團；②福特──馬自達──沃爾沃──大宇集團；③通用──富士重工──鈴木──菲亞特──五十鈴集團；④日產──雷諾──三星集團；⑤大眾──斯堪尼亞集團；⑥豐田──大發──日野集團；⑦寶馬；⑧本田；⑨雪鐵龍──寶獅。

「6＋3」汽車產業發展布局的產量占世界汽車總產量高達82.4%，而其年銷售量更是高達91%，實現了高度壟斷。但是，隨著汽車產業的競爭更加激烈，這些占壟斷地位的汽車生產商開始對外擴張，不斷地在亞洲和美洲的新興市場投資建廠。

長期以來，全球汽車產業一直呈現日系、歐系和美系三足鼎立的發展局勢。然而，近年來透過重組、兼併、合資以及轉移等形式，汽車產業布局正在發生新一輪的調整。歐洲汽車廠商在行業中逐漸趕超日本汽車廠商的擴張步伐，加上中國、印度等開發中國家汽車產業的崛起，全球汽車產業局勢將發生新變化，即呈現出多元化產業發展局勢。

不僅如此，南美、中國、東盟、印度乃至非洲等開發中國家和新興市場國家正憑藉相對較低的要素成本、日漸成熟的製造業配套能力、完善的原材料工業體系、巨大的國內和區域市場消費潛力，而吸引全球汽車及汽車零元件製造和加工組裝環節繼續轉移。在此基礎上，隨著大數據時代的到來以及網路資訊科技的發展，開發中國家傳統的區位劣勢地位得以改善，加之汽車人才的培養和引進，將使其中一部分國家汽車整車設計開發、核心部件及模組研發能力得到培育和增強。

總之，這些因素在一定程度降低了傳統汽車強國的高度「壟斷」地位，為具有後發優勢的開發中國家發展汽車產業提供了更好的外部條件。

## 10.1.2 全球汽車消費

2013 年全年全球汽車需求為 8,288 萬輛，同比成長 4.2%。中國汽車銷量同比成長 14.3%。美國汽車市場也進一步復甦，成長 7.6%。南美汽車市場成長 1.5%，巴西政府延長對汽車業的支持政策，這也有利於汽車市場，但是全年車市仍下跌 1.7%。東盟汽車市場成長，但是周邊的印度市場大幅下滑 8%，使得南亞市場需求下滑 1.3%。

歐洲成為全球車市的拖累者，該地區汽車銷量下降 1.7%。僅有的亮色是英國車市成長 11%。在金磚國家中，俄羅斯市場下跌了 6%。中東、非洲市場很可能會進一步下滑 4.8%，受到制裁的影響，伊朗車市大幅下降 28.3%。

歐洲市場 2013 年歐洲汽車銷量為 1,786 萬輛，比 2012 年的 1,815 萬輛下跌 1.6%。歐洲經濟復甦之路很嚴峻，其中大部分是結構性經濟問題。回歸到經濟正常發展的過程將緩慢而呆滯，而且免不了會出現波動。歐洲將不得不面對其他可能妨礙汽車市場發展的因素，如不利的人口數量、越來越多的交通法規制約，顛覆性的社會變革，如交通方式、汽車擁有關係的改變等。

## 10.1.3 全齊汽車整車貿易

整車貿易布局。整車出口貿易大多數集中分布在汽車產地。2013 年全球整車出口額達到 7,726.3 億美元，這些主要集中在歐盟、東亞和北美三大汽車主產區，這三大地區的整車出口額分別占全球整車出口總額的 45.7%，21.2% 和 15.0%。從國家尺度上看，整車出口的分布也較為集中。2013 年出口排名前 19 位的國家整車出口額的累積比例高達 90% 以上。德國和日本為整車出口最多的國家，兩國整車出口之和為 2,661.7 億

美元，占全球整車總出口的 34.4%。

2003 至 2013 期間，整車出口貿易局勢變化不大。德、日、美等傳統汽車大國一直占據重要地位，並沒有隨著汽車生產局勢的變化，而中國、印度、泰國、巴西等新興市場轉移。數據顯示，2013 年美、日、德 3 國整車出口占世界的比例為 43.4%，僅比 2003 年下降 3.2 個百分點。雖然新興市場國家在世界整車生產中的地位大大提升，但是其生產的汽車主要用於本地消費，所以整車出口並沒有明顯上升。以中國為例，雖然中國已連續 4 年位居世界第一大汽車生產國，但是中國的整車出口量一直不大，2013 年中國整車出口額僅占世界的 1.4%。

整車貿易的全球化和區域化。隨著世界各國對汽車的需求越來越大，整車貿易範圍越來越廣，整車貿易的全球化程度逐漸深化。2003 至 2013 年間，整車貿易網路逐漸涵蓋全球 230 多個國家和地區，網路的貿易連繫量由 5,956 萬輛擴至 6,779 萬輛，網路出口中心性即平均每個出口國擁有的出口目的地個數由 45.5 升至 49.6。

傳統的汽車生產大國出口保持穩定成長，一些欠先進國家的汽車出口成長也十分迅速，如坦尚尼亞、保加利亞、尚比亞、羅馬尼亞等國 2003 至 2013 年整車出口的年均成長率都在 50% 以上。從整體貿易網路結構的角度看，全球化對整車貿易的影響強於區域化。2003 至 2013 年間，整車貿易網路 E-I 指數由 0.287 上升到 0.295，區域間的貿易聯繫相對區域內的貿易連繫更頻繁，總體的貿易區域化程度有所下降，整車貿易的全球化特徵相對區域化特徵更加突顯。

整車貿易網路的核心——邊緣結構。2003 至 2013 年間，整車貿易網路核心——邊緣結構穩定，德、日、美一直為控制性核心國，其中德國和日本以輸出控制為主，美國則以輸入控制為主。德國主要面向歐洲市場出口整車，西班牙、比利時、英國、法國、義大利、荷蘭等國圍繞

德國形成發育良好的區域性整車貿易組團。

相對而言,日本的出口目的地則較為分散,尚未在東亞、東南亞形成完善的區域性貿易組團。美國作為整車貿易網路中另一個重要的核心國,兼具世界第三大整車出口國和最大整車進口國的角色,但是美國與其他國家地區的關係以進口連繫為主;美國的整車進口在 2003 至 2013 年間一直占世界 1／5 以上,遠大於其整車出口在世界的比例。

加拿大和墨西哥則透過美國成為整車貿易網路的核心國。2013 年,加拿大 96.9% 的整車出口和墨西哥 75.9% 的整車出口被美國吸納控制,美國近一半的整車進口來源於加、墨兩國,三者構成連繫緊密的核心貿易組團。

中國、印度、泰國、捷克、南非等整車出口迅速成長新興市場國家處於整車貿易網路的邊緣位置,不論是度中心性、強度中心性還是核心度指標均顯示,這些國家在整車貿易網路中的地位逐漸上升,但是它們在整車貿易網路中的角色有所不同。

## 10.1.4 新能源汽車消費

混合動力是與未來的純電動汽車、燃料電池汽車關連最緊密的節能技術,對未來發展新能源汽車具有策略意義。豐田公司作為世界上最大的汽車製造企業之一,從 1997 年開始推出世界首款混合動力汽車豐田。

豐田第一代產品主要在日本試用,從第二代產品開始混動動力的主戰場轉移到美國。豐田公司的混合動力平台具備強勁動能和較少油耗,節能效率已經達到 40%,豐田公司被業內公認為是混合動力汽車技術最領先的企業,同時也是混合動力汽車的堅守者,其生產的混合動力汽車在美國和日本保持著較高的市場占有率。2014 年,豐田混合動力汽車全

球累計銷量約 530 萬輛。

美國 2011 年的新能源汽車銷量為 19 萬輛，2012 年的銷量是上年的 2.5 倍以上，達到 48.26 萬輛，成為當年全球第一大新能源汽車市場。在眾多的新能源車型品種中，純電動車的比例為 10% 多一點，混合動力車型所占比例接近 90%。2014 年上半年，美國的純電動車銷量為 2.58 萬輛，同比成長 15.6%；插電式混合動力車上半年的累計銷量為 5.5 萬輛，同比大增 35.1%。分析表明，插電式混合動力汽車是美國新能源汽車市場銷量最大、增幅也最大的產業。

近年來日本汽車市場上銷量最大的車型是由混合動力產品，而且日本目前是全球最大的混合動力汽車市場。2009 年日本出現爆發式成長，年銷量超過 45 萬輛，約為 2008 年的 4 倍，占當年新車銷量的比例 10%；2011 年的銷量占新車的比例進一步增大，升至 17.1%。2013 年，在日本 330 萬輛的全部新車市場上，銷量位居前幾名的車型都是混合動力產品。

在新能源汽車發展比較緩慢的德國，2014 年出現了大幅成長態勢，特別是混合動力車型。插電式混合動力汽車出現爆發式成長，與此同時，純電動汽車的新車登記數量也出現成長之勢。

法國的新能源汽車市場也呈日益成長的發展局面，而且混合動力車型的銷量和增幅較為明顯。2013 年，法國電動汽車的註冊量為 8,799 輛，與 2012 年的 5,663 輛相比成長 55%。與電動汽車相比，混合動力車型銷量的成長更加明顯。2013 年，在法國註冊的混合動力汽車共計 46,785 輛（其中汽油混合動力 32,799 輛、柴油混合動力 13,986 輛），同比成長 60%。

2013 年，英國混合動力和插電式汽車的合計銷量比 2012 年成長 17.5%，這個增幅高於該國整個汽車行業 10.8% 的平均值，就整個地區

的總體情況而言，歐洲以前比較重視純電動汽車而不大看好混合動力車型，但是近年來混合動力車型的銷量大幅成長，2011 年的累計銷量上升到 45 萬輛。2013 年，僅豐田公司一家企業的混合動力車型，就在歐洲銷售了 15.7 萬輛。

## 10.2 船舶工業

船舶業是集勞動密集型、技術密集型和資本密集型為一體的出口導向型綜合產業，與眾多產業都有較高的關聯度，對國民經濟具有重大帶動作用，許多先進國家及新興工業國家都將其列為國家支柱產業優先發展。

造船業的產品類型多樣，主要包括油船、貨櫃船、散貨船、液化石油氣及液化天然氣船、成品油運輸船、豪華遊輪等，各種大陸架和海上作業平台、海上工廠和海上工程，潛水艇、驅逐艦等特殊船舶等。

### 10.2.1 世界造船業中心的遷移

世界造船業中心的遷移歷程。世界造船產業在國家之間的轉移大體經歷了五個階段。

第一階段：西元 1820 年代，船舶技術革命象徵著造船產業成為綜合性產業，「日不落」帝國 —— 英國在世紀初是世界造船產業的霸主。

第二階段：在第二次世界大戰中，美國造船生產的規模擴大，曾兩度超過英國雄踞世界霸首。

第三階段：20 世紀年代中期，出於勞動力成本的考慮，美國進行了

造船產業結構的調整。而日本藉助於勞動力成本相對較低的優勢，再加上其老牌的工業強國的產業基礎，打破了歐美統一天下的局勢，摘得世界頭號造船大國的桂冠。

第四階段：自1970年代起，世界經濟受危機的衝擊，世界船舶造船市場低迷，西歐與北美造船產業受到的打擊較為嚴重，在造船技術上的優勢不斷喪失，市場競爭力不斷衰退。而韓國憑著本國良好的經濟形勢，相對廉價的勞動力資源和政府政策的傾斜，造船產業逐漸發展壯大，世界造船中心轉移至韓國。

第五階段：21世紀初，世界航運形勢好轉，中國憑藉低廉的勞動成本、豐富的人力資源、良好的工業基礎、政府的重點扶持以及自然條件等優勢，造船三大指標遙遙領先。

2013年中日韓三國及世界其餘地區造船完工量所占份額分別為40.2%、24.2%和30.9%，世界其餘地區為4.7%。2007年和2013年統計數據表明：東亞三國以載重噸計的造船產量已經占到世界市場占有率的90%和95%，而歐洲造船主要以高階船舶為主。21世紀前十年世界造船產業局勢總體上呈現出日韓雙雄爭霸、中國快速成長、歐洲逐漸衰退的態勢，世界造船中心由西方國家逐步向東亞國家，尤其是向中國轉移的趨勢十分明顯。

世界造船產業轉移動因表現為三個方面：(1)國際產業分工的結果。世界造船產業轉移是產業轉移的一種，因此世界造船產業轉移也是國際產業分工逐漸發展的結果。從生命週期的角度講，最早世界造船產業的中心在英國，隨著造船產業在英國的發展，從成長期逐漸進入發展期，再進入到成熟期，最後不可避免地進入衰退期。

在該時期這種產業的發展可能會影響到英國整體產業的布局，影響到其經濟發展的方式，影響到環境等。當進入衰退期後，造船產業就從

英國的經濟舞臺上逐漸退出，轉移至美國、中國。

從造船業本身的生產過程的角度講，船舶建造過程具有工作強度大、危險程度高的特點，先進國家人民生活水準的不斷提高，從事此類職業的人逐漸較少，最後轉移至開發中國家。

(2) 世界經濟形式 —— 金融危機。造船產業轉移是在全球經濟的大背景之下的，因此世界經濟的發展狀況對於造船產業的轉移的影響也是極其深遠的。尤其是像金融危機這樣具有突發性質的經濟現象的出現。世界性的金融危機的爆發，使各個國家積極尋找擺脫經濟危機的方法，進行產業結構調整就是其中之一。造船產業也被包括在其中。以日本和韓國為例，將具有競爭潛力、高附加值的產業留在了國內，而將部分造船產業轉移到了中國。

(3) 國家產業政策的推動。國家政策從國家政治宏觀調控的層面促進了造船產業的轉移。它具有很強的影響力，集國民智慧於一體，具有很強的科學性，它是國家政府所主導的，具有一定的強制性。以韓國政府為例，針對各個時期的經濟狀況的好壞，適時地制定出不同的政策，進而為造船產業的發展創造良好的環境，保證韓國造船產業在國際市場上的競爭力。

例如國家發表相關規定鼓勵技術研發，鼓勵建立完善的科學研究機制，引導性的進行產業結構調整，將高附加值的造船產業留在國內，相對的將產業低端轉移出去。

(4) 成本推動。以勞動力成本為例。對於造船企業而言，勞動力成本是其整體成本的重要組成部分。為了造船市場上爭取絕對的競爭優勢就要把造船產業轉移至勞動力成本較低的地區。

就韓國造船企業來講，其面對著對內較高的勞動力成本，對外逐漸走低的船舶價格的嚴峻局面，為了打破這種內憂外患的形勢，韓國造船

企業需要選擇「走出去」的策略。與韓國鄰近的幾個國家具有良好的自然條件同時具有相對低廉成本的勞動力，它的選擇是中國。

根據國際比較優勢理論，同時考慮到造船產業的產業特徵——技術密集型、資金密集型以及勞動密集型的有機結合，由於開發中國家也在不斷革新技術，當先進國家的造船產業進入衰退期之後，世界造船中心向開發中國家轉移的趨勢不可避免。這與造船產業從高成本國家向低成本國家轉移的基本規律也是相一致的。

### 10.2.2　國外造船業發展

韓國造船業。造船業是韓國的主要支柱產業之一，特別是 1997 年的金融危機後，韓國造船業發展迅速，為帶動韓國經濟的復甦和發展發揮了重要作用，被韓國經濟界稱為「孝子產業」。

現代重工集團、大宇造船海洋、三星重工被稱為韓國造船業的三大大廠，其他有影響力的造船企業包括韓進重工、STX 和成東造船。這幾大造船企業擁有全國 95% 的造船能力，主導造船業的整體生產，同時這些造船企業 95% 的造船出口海外，韓國造船業是典型的出口主導型產業。韓國現代重工集團（Hyundai Heavy Industries）目前是全世界最大的造船公司，主要產品為各種大型商船、海洋石油、天然氣鑽探設備等，尤其擅長建造液化天然氣運輸船。

日本造船業。日本近代造船工業始於西元 1850 年代，在第一次世界大戰中得到迅速發展。自 1956 年日本超過英國成為世界一大造船國，這地位一直維持至 20 世紀末。1990 年代以後，由於中國和韓國等新興工業國大力發展造船工業，使得日本在國際造船市場上的份額不斷縮小。從手持訂單量、新船完工量、新船成交量等數據來看，當今日本均已落

至中國與韓國之後，位居世界第三。

日本主要的造船企業包括：今治造船集團、常石集團、萬國造船公司、三菱重工、石川島播磨聯合造船公司、川崎造船公司、三井造船等。

今治造船集團位居當前日本造船產量的首位。該集團近年來的迅速發展主要來自於大量兼併中小造船企業和生產設施的擴建。常石造船是日本一家中型造船企業，總部設在廣島縣福山市。由於近年來貫徹執行全球化的經營策略，在中國、菲律賓等地興建新船廠，目前包括海外公司在內員工數量已經超過 1 萬名。

萬國造船公司建於 2002 年，造船的設施能力在日本造船企業中居領先地位。由於該企業目前以建造大型油船和散貨船為主，因此從載重噸計算的產量看，明顯高於三菱、石川島聯合等另外幾家日本大型造船企業。

三菱重工在船舶研發和製造海洋工程建築物以及貨櫃船、液化天然氣船、郵輪、高速渡船等各類船舶方面擁有長達百年以上的歷史。

歐洲造船業。歐洲曾經是世界造船業的中心。隨著日本、韓國、中國以及新興造船經濟體的迅速崛起，從 1970 年代下半期開始，歐洲的造船產量份額在逐年下降，按照總噸計，其造船產量占世界市場占有率從 42％ 左右降至目前的不到 10％，造船業從業人數也從 1975 年的大約 46 萬人下降到今天造船和修船業總計 10 餘萬人。當前歐洲造船業在常規船型，特別是大型常規船舶的建造上已遠遠落後於東亞地區，一些尚在少量建造這些船舶的企業競爭力有限。

然而歐洲造船業在豪華郵輪、高速客渡船、挖泥船等高附加值船和諸如大型遊艇、科考船等特種船方面處於世界領先地位，且使其在貨櫃船，成品油船、化學品船、多用途船、汽車運輸船等方面保持一定的競

爭優勢。因為建造這些船舶需要較高的技術和有經驗的熟練的高級技術人員。目前世界上幾乎所有的豪華郵輪都在歐洲建造。

德國是歐洲目前最大的造船國家，在歐洲，建造高附加值船舶的主要國家有德國、義大利、挪威、西班牙、芬蘭和克羅埃西亞等，這些國家的手持訂單量中有50％以上為高附加值船舶，特別是義大利建造量中100％都是高附加值船舶。歐洲國家中只有羅馬尼亞繼續建造低端的商船。

歐洲作為現代造船業的發源地，經過幾百年的發展，已形成了實力強大的船舶配套業體系，歐洲船舶配套約占全球市場的48％，仍然保持著全球船舶配套產業絕對領先的地位。在船用設備中價值比率大的設備系統主要包括柴油機、發電機組、螺旋槳、輔助鍋爐、甲板機械、操舵系統、導航及測量系統、艙室系統、輔助系統、安全及救生系統工程，歐洲在這些領域均不同程度地占據著全球高階市場。這個條件為歐洲繼續占據高附加值船舶的建造市場提供了有利條件。

美國造船業。1970年代美國的商船生產一度形勢較好，美國的商船完工量曾居世界第二位。80年代以後美國造船工業變成了以軍工為主的製造業，美國的船廠主要依賴於海軍艦船的訂貨，而大型商船的建造，特別是出口船的建造，由於沒有政府的補貼和其他各種原因，現在基本處於空白狀態。現在美國主要有六大船廠，即紐波特紐斯造船公司（New Port News Shipbuilding）、通用動力電船公司、英格爾斯船廠（Ingalls Shipbuilding）、巴斯鋼鐵公司（Bath Iron Works）、阿馮達爾船廠和國家鋼鐵造船公司（NASSCO）。

經過近年的兼併和重組，目前這6家船廠已分別隸屬美國的通用動力集團公司和諾斯羅普·格魯曼（Northrop Grumman Corporation）集團公司，6家船廠的職工總數占美國船廠職工總數的90％，承擔了美國海軍

80%以上的艦艇建造任務。紐波特紐斯造船公司是美國十大國防工業公司之一，也是美國首屈一指的造船公司，公司建立於西元 1886 年，承造美國海軍的作戰艦艇，並於西元 1891 年起開始交船。該公司位於美國東海岸維吉尼亞州的紐波特紐斯市。

美國現役所有航母都在紐波特紐斯造船廠建造，它是目前美國僅有的一個航母造船廠，同時也是國內僅有的兩家擁有設計和製造核動力潛水艇能力的公司之一，公司主要收入靠軍工生產。該公司目前擁有員工 1.7 萬人，擁有 8 座船塢、兩個舾裝泊位、4 座舾裝碼頭等。通用動力電船公司的主要產品包括核動力潛艇、常規動力潛艇等。英格爾斯船廠的主要產品有：「硫磺島」級、「塔拉瓦」級和「黃蜂」級兩棲攻擊艦，「斯魯恩斯」級驅逐艦等。

### 10.2.3　世界造船工業分布

主要造船國家中，中國造船業三大指標穩居世界首位。新船完工量方面，2013 年中、日、韓三國造船完工量累計分別為 4,327.66、2,474.54 和 3,330.22 萬載重噸，分別占全球總量的 40.2%、23% 和 30.9%，同比下降 33.8%、16.2% 和 31.3%。

在新船訂單方面，中國全年累計接單 6,603.92 萬載重噸，占全球總量約 47%，超過 2012 年總量 2.5 倍。韓國新接訂單 4,269.61 萬載重噸，占全球總量 30.4%，超過 2012 年總量 2.2 倍。日本新接訂單 2,277.30 萬載重噸，占全球總量 16.2% 超過 2012 年總量 1.4 倍。

在手持訂單方面，年末中國手持訂單量 12,827.06 萬載重噸，占全球總量 45.6%，韓國為 7,527.91 萬載重噸，占全球 26.7%，日本為 5,458.84 萬載重噸，占全球 19.4%。中、日、韓三國手持訂單分別比 2012 年末成

長 17%、4.3%和 7.7%。

全球 LNG 船新船訂單穩定成長。LNG 能源和運輸需求的上升，是推動 LNG 船需求成長的重要原因。近年來，由於亞洲天然氣進口、北美天然氣出口以及全球對新能源需求的持續成長，市場對 LNG 船的需求進一步增加。2013 年，全球 LNG 船新增訂單 44 艘、約 629.1 萬立方公尺，比 2012 年分別成長 22.2%和 9.1%，與 2011 年基本持平。自 2011 年以來，全球 LNG 船新船訂單已累計達到 130 艘，共 1,955 萬 $m^3$。日本一直是世界最大的 LNG 進口國。日本船東在不斷加速全球 LNG 運輸市場布局的同時，也為全球造船市場創造了大量的 LNG 船新船需求。

## 10.3 航空工業

航空工業是研製、生產和修理航空器的工業，是集機械、電子、光學、資訊科學、材料科學為一體的新技術與新工業綜合體，航空產品主要包括軍用飛機、民用飛機、航空發動機、機載設備、航空飛彈以及其他相關產品。

民用飛機主要包括幹線客機、支線客機、貨機、直升機、通用飛機等。

軍用飛機包括戰鬥機、轟炸機、武裝直升機、軍用運輸機、空中加油機、空中預警機、教練機等。

航空發動機包括渦扇、渦槳、渦噴等以及由此發展的艦艇用燃氣輪機。機載設備範圍比較廣泛，包括飛行儀器儀表、控制系統、雷達系統。航空工業具有極為典型的知識和技術密集、產品和工藝高度精密、綜合性強、軍用與民用結合密切的基本特徵。

航空工業發端於 20 世紀初。1903 年 12 月 17 日，美國萊特兄弟（Wright brothers）成功製造出世界公認的第一架飛機，第一次實現了人類持續的、有動力的、可操縱的飛行。從 1909 年起，一些國家注意到飛機的軍事用途，陸續成立了航空科學研究機構。

第一次世界大戰中，航空工業有較快的發展。第二次世界大戰後，噴氣技術推動航空工業的大發展，軍用飛機的飛行速度從亞音速發展到 1940 年代後期的超音速，1950 年代後期的兩倍音速，1970 年代的三倍音速，並出現了超音速的大型客機。

## 10.3.1　全球航空工業布局

從世界範圍來看，航空工業布局也呈現明顯的集群化特徵，主要的航空產業集群都集中在一些大都市地區，如美國加利福尼亞州的洛杉磯和華盛頓州的西雅圖、法國的巴黎和圖盧茲、德國漢堡、英國英格蘭西北部、加拿大的渥太華和蒙特羅、巴西的聖保羅等。航空產業集群包括大型公共研究機構、大型航空工業公司、企業研究與工程中心、關鍵分系統製造商、大量的外圍中小型零元件配套企業及相關產業。

波音──西雅圖。西雅圖是波音發家之處，是美國西北部最大的城市，位於華盛頓州，1916 年，威廉·波音（William Boeing）先生在此創立太平洋航空產品公司，不久就改名為波音飛機公司。第一次世界大戰期間，波音公司主要為海軍和陸軍生產雙翼飛機。

第一次世界大戰後，波音開始把主要精力轉向開發商用飛機。1925 年，波音航空運輸公司獲得了從舊金山到芝加哥的聯邦航空郵政業務。1934 年發表的《航空郵政法案》禁止一家公司同時擁有航空運輸企業和航空製造企業，因此波音被一分為三：波音飛機公司、聯合航空公司、

聯合航器公司。不久，波音與泛美航空公司達成協議，開始開發製造一種能夠跨洋飛行的商用飛機。

1938年，波音314「快帆」號首飛，它可以搭載90位乘客，是當時最大的民用飛機。第二次世界大戰為波音公司的發展提供了大量的資金和技術儲備，噴氣機時代的來臨又為波音在商用飛機上的成功提供了機遇。在其發展的早期，兩次世界大戰及軍方的訂貨和支持對於波音公司的發展功不可沒。經過了100年的發展，在西雅圖形成了一個巨大的航空產業集群，除了吸引了一大批美國本土航空工業企業外，還吸引了一大批歐洲航空工業企業，如賽峰集團公司、佐迪亞克公司、法國達索系統公司以及其他一些研發密集型企業。這些公司生產多種航空器材和零元件，銷往世界各地。

波音公司很多員工都來自於華盛頓大學，華盛頓大學的老師也經常為波音公司從事各種研究，波音公司的工程技術人員也被華盛頓大學請去授課，波音公司還資助在華盛頓大學建立風洞設施以供教學和科學研究之用。

空巴——圖盧茲。空中巴士公司的總部位於法國西南部的大城市圖盧茲。圖盧茲的航空工業初創於1921年。圖盧茲是歐洲航空航天產業的基地，也是宇航產業集聚區，聚集了空中巴士、伽利略定位系統、SPOT衛星的總部、法國與義大利合作的渦槳發動機製造商ATR；梅塞——道蒂公司（主要生產起落架）。此外，這裡還有很多專為航空工業企業服務的市場行銷和服務公司。航工業的發達還吸引了大批專業技術人才和服務機構的聚集。

1969年，法國國立高等航空航天學院遷至圖盧茲，其目的就是為這個地區的航空航天產業提供高標準畢業生。透過這些研究機構和大學，圖盧茲與世界航空科技界建立起廣泛的連繫。圖盧茲航空產業集群的最

## 10.3 航空工業

大特點是產業與研發的密切連繫，政府與產業的密切互動，龍頭企業與中小企業的互動。

龐巴迪——蒙特羅。加拿大的航空工業主要分布在魁北克和多倫多。根據魁北克投資促進局的說法，大蒙特羅地區是世界航空工業領域唯一可以利用本地供應商獨立製造一架飛機的城市。蒙特羅的航空工業起步於 1920 年代。最初，美國和英國的航空製造企業在這裡建立修理和組裝廠。1923 年，英國威格斯公司的子公司——加拿大威格斯 (Canadian Vickers) 公司在蒙特羅組裝了第一架飛機，1924 年加拿大威格斯公司就具備了獨立設計飛機的能力。

後來，幾家美國、英國和加拿大的飛機製造商開始在這裡生產小型的螺旋槳飛機。第二次世界大戰促進了蒙特羅地區航空工業的發展，這一地區的飛機製造商按照美國的設計和許可生產軍用飛機，產品全部銷售給同盟國。受第二次世界大戰對軍機需求的刺激，1944 年，一群加拿大威格斯公司的僱員在蒙特羅的北面創立了 Canadair 公司，並在同年收購了加拿大威格斯公司。整個冷戰期間，Canadair 公司主要生產軍用飛機。

1986 年，Canadair 公司被龐巴迪公司收購。自 1980 年代後期，世界飛機市場發生了巨大變化，這主要是因為航空運輸業的運輸模式由點對點的運輸模式轉變為星型網路運輸模式，這時航空公司一般需要大型飛機為大型空港提供運輸服務，而需要支線飛機來為中心城市周圍提供短途運輸服務。在此後的十年時間裡，龐巴迪迅速成長為世界第三大飛機製造商，龐巴迪也把原本分散在各地的飛機設計部門全部遷至蒙特羅。蒙特羅也成為世界重要的航空製造基地。

在蒙特羅其他的比較重要的航空製造業公司有：哈利維爾加拿大分公司，主要製造航電系統；CMC 電子公司，是加拿大主要的機載通訊

系統製造商，產品出口給其他的主要飛機製造商。此外，還有超過250家處於不同層級的中小型製造公司，多半處於航空工業金字塔的低層級上，為主要承包商提供各種零元件。

蒙特羅的競爭優勢還來自於成本優勢，這裡有優惠的稅收政策和大量的受過良好教育的熟練員工。據畢馬威估計，加拿大航空工業的成本要比美國低12個百分點，這種成本優勢又被富於吸引力的優惠政策所強化，特別是在研發支出的稅收優惠方面，所有的研發支出直接從稅收中扣除，設備成本也可以適當扣除，此外還有大量靈活的稅收抵免，這種成本優勢吸引了大量美國航空工業公司把自己的分包業務放在加拿大。

巴西航空工業公司——聖若澤——杜斯坎普斯地區。巴西航空工業公司 (Embraer) 是目前世界第四大宇航製造企業，坐落在巴西聖保羅州的聖若澤——杜斯坎普斯地區，被稱為是巴西的「科技谷」。這裡彙集著多樣化的高科技研發與生產部門，生產總值占巴西GDP的3%，其中包括巴西航空工業公司、愛韋伯拉斯、大眾、福特、通用、愛立信、松下、飛利浦等，這為巴西航空工業公司零元件生產的分包提供了很好的產業基礎。

巴西航空工業公司的前身是與軍方有著密切關係的，最初主要是為軍方提供零元件、教練機和戰鬥機等。巴西航空工業公司是一家公私合營企業，巴西政府占有51%的股份，其主打產品有ERJ——145系列、ERJ——135系列和ERJ——170／190系列支線飛機。目前，巴西航空工業公司的一級供應商主要還是來自於海外，其飛機分系統、結構件、零元件都是依靠從國外進口，這說明巴西缺乏地方供應鏈能力，這是巴西航空工業公司目前遇到的最大問題之一。

近年來，巴西航空工業公司的發展主要得益於與國際一級供應商建立的良好合作關係，其主要的分系統承包商是國際上較大的航空工業企

業，如 GE 等大公司。但是隨著其技術的不斷成熟，其向中小企業的技術擴散也在加速。

通觀這幾大航空工業中心（集群），都有如下一些共同的特點：

(1)大型航空工業公司的存在。大型航空工業公司扮演了「旗艦租客」的角色，對區域航空工業的發展產生巨大的「定錨效應」和「溢出效應」，形成了巨大市場吸引並維持了一個巨大的高水準勞動力蓄水池，吸引了大量製造企業的入駐，也是航空科技知識在國際間流動的主要通道。

(2)與國際航空工業網路保持密切連繫。在航空工業中心，國際著名航空工業公司的分公司，本地的航空工業公司也會為國際航空工業大廠提供零元件或分系統，本地的大型飛機製造商也會從其他地區採購發動機、航電、機載系統、起落架等主要分系統，可以使本地的航空工業企業與國際航空工業網路保持密切連繫。

(3)集群化與全球化並行發展。航空工業是一個既高度集群化、又高度全球化的產業。航空技術的複雜性及航空產品開發的鉅額成本與巨大風險，導致集群內部和集群之間形成複雜的航空工業供應網路。

集群化發展可以保證航空工業的區域根植性，有利於資訊交流、合作創新、技術擴散和地方經濟發展；而全球化則可以保證區域產業集群時刻與國際航空科技發展同步，避免技術過時和集群退化。

(4)相關產業高度發達。航空工業的發展離不開相關產業（如機械製造、電子、通訊、先進材料、電腦、軟體等）的發展。這些產業的發展一方面可以為航空工業發展提供配套，另一方面可以從航空工業那裡獲得知識溢位，從而促進這些產業本身的發展。

(5)創新網路與生產網路的互動。航空工業是科技與生產的結合，區域內必須有科技創新集群與產業集群統一，才能支撐航空製造業的發展。在航空工業中心，不僅有發達的航空工業，一般也都有大量的宇航

科學研究機構，與產業界有著多種多樣的連繫，形成區域性航空產業科技創新體系，因此生產集群和創新集群高度重疊。

(6)航空科技教育與研發密集。航空工業的發展離不開技術進步和人才支撐，在航空工業中心本地有一些大型的教育與科學研究機構，能夠為產業的發展培養大量人才，並且這些大學和科學研究機構與航空工業企業有著密切的合作關係，他們共同開發新的技術和產品。

(7)人才密集。隨著航空工業產品越來越複雜，技術含量越來越高，對專業技術人才的需求也越來越高。教育與研發機構的密集以及高科技產業的發展，吸引了大量各類人才的聚集，大量高水準人才的集聚又成為吸引高科技企業進入的「磁石」。

(8)專業化的基礎設施，包括航空研發、測試等專用設施，此外還包括通用性的港口、碼頭、機場、高速通訊網路等公共基礎設施。

(9)有針對性的政策支持和組織保障。航空工業中心在其起步階段和發展的關鍵時期，都受到了來自政府的有力支持，政府透過軍品訂貨、直接投資、「債務國有化」、研發項目支持、出口補貼、稅收優惠等形式支持那些龍頭企業的發展，再透過這些企業的發展帶動當地航空工業的發展。

為了促進區域航空產業集群的發展，這些地區一般都建立有官、產、學、研、商等共同參與的產業聯盟組織，以共同商議、研究、推動制定實施有針對性的區域性產業發展政策。

## 10.3.2 全球航空工業產業轉移

產業的國際轉移是形成國際產業分工的重要因素，也是轉移國與轉移對象國進行產業結構調整，實現產業更新的重要途徑。目前，國際航空工業廠商已經開始利用轉包生產、售後維護等方式，將部分生產能力

轉移到航空工業較為落後的國家。

而形成全球航空工業產業轉移的主要動因如下：亞太地區，特別是東亞、東南亞、南亞地區的航空運輸市場需求快速擴張。據波音公司的預測，2007 年到 2026 年，亞太地區將需要 8,350 架新飛機，價值 10,200 億美元；北美地區需要 9,140 架飛機，價值 7,300 億美元。

而快速成長的中國市場，也對航空製造企業具有較大的吸引力。及時滿足市場需求，為客戶提供及時的售後服務要求航空製造企業在航空運輸業快速擴張的市場建立生產基地，實現生產能力轉移。

目前，在民用航空市場上，大型飛機已經形成波音和空巴為主體的雙寡頭壟斷競爭局勢；在支線飛機市場上，巴西航空工業公司和加拿大龐巴迪公司占據優勢地位，而中國的 ARJ、俄羅斯的 SRJ、日本計劃的 MRJ 開始在世界支線航空市場上嶄露頭角。

在全球航空工業市場競爭愈加激烈的態勢下，要實現降低生產成本、提升售後服務品質與水準，轉移部分生產能力，設立售後服務機構，就成為世界航空工業產業轉移的必經之路。在先進國家對航空工業的技術轉移進行管制的情況下，國際航空工業廠商已經開始利用轉包生產、售後維護等方式將部分生產能力轉移到具備一定生產製造能力並且生產成本相對較低的國家。

航空工業產業轉移趨勢的特徵如下：

轉包生產成為航空工業生產能力轉移的重要手段。轉包生產是航空製造業全球化的象徵之一，也是國際分工深入的結果，可以發揮合作雙方各自的比較優勢。它是指一國的承包商，以自己的資金技術、勞務、設備、原材料和許可證等，承攬外國企業的相關零件或系統的製造，並按承包商與發包商簽訂的承包合約所規定的價格、支付方式收取各項成本費及應得利潤的一種國際生產能力轉移方式。

對國際主要航空系統整合商如空巴、波音、通用動力而言，可以透過生產的轉包尋求更低的生產成本，獲得更大的利潤；同時，轉包生產還可以降低發包商的製造任務，以便集中精力發展更新、更好的技術，專注於自己的核心領域，透過這種業務的重組與產業布局的調整來獲得策略優勢。

比如，波音和空巴的機體工作量的 50% 包括機體結構、發動機和機載設備等都採取了轉包方式，機體結構的主要承包商有美國的沃特飛機工業公司、Spirit 航空系統公司、義大利的阿萊尼亞航空公司、日本的三菱重工公司等；發動機的主要承包商有美國的伍德沃德公司、法國的伊斯帕諾──西扎公司等；機載設備的主要承包商有美國的漢勝公司、古德里奇公司、霍尼韋爾公司等。

風險合作夥伴成為研發活動轉移的重要方式。風險合作夥伴是指透過承擔一定的研製費，參與少量的研製任務的方式。航空工業是投資大、風險高、技術密集的產業，其所面臨的投資風險、市場風險也越來越高，因而，尋求風險合作夥伴共擔新產品研製風險，是航空工業主系統整合商的主觀選擇，客觀上也成為航空工業研發活動國際轉移的主要形式。

比如波音公司在波音 777 項目開發時，其風險合作夥伴就包括阿萊尼亞航空公司、富士重工公司、川崎重工公司、三菱重工公司、沃特飛機工業公司等。

主系統整合商仍將是航空工業產業轉移的推動者。不管是航空工業的生產能力轉移，還是研發活動轉移，其主要的推動者仍然是波音與空巴這樣的航空工業頂層的主系統整合商，其自身策略調整，產業布局調整，直接影響了其一級供應商的行為，同時帶動了大批低層次的轉包夥伴、生產商，影響著它們的興衰與發展。

## 10.4 化工業

作為重要的策略性基礎原材料產業之一，石化產業在國民經濟和國防安全領域的雙重策略地位不言而喻。在現代經濟和歷史中，石化產業扮演著獨一無二的角色，它對國家命運、軍事發展、全球貿易策略以及國家之間的關係所產生的影響為其他行業所不能比擬。擁有強大而獨立自主的石化產業，已經成為衡量大國經濟和國防實力的重要尺規。受此影響，即便是在全球化發展空前加快的今天，石化產業仍具有很深的國家烙印，提高石化產業競爭力、實現石化產業安全已成為各國政府矢志不移的奮鬥目標。

### 10.4.1 全球石化產業演進歷程

萌芽階段。在當今社會，有機化學工業幾乎等同於石油化學工業。從產業門類上講，石油化學工業屬於有機化學工業的一部分。有機化學工業的生產原料來源眾多，包括植物物質、蜜糖、煤炭和石油等。在石油化工產業真正誕生之前，很多化工產品的原料來源於其他物質，尤其是煤炭，而煤炭資源豐富、化學基礎研究能力雄厚的德國則成為現代有機化工業的發源地。

西元 1820 年代，以尤斯圖斯·馮·李比希 (Justus von Liebig) 為代表的德國科學家提出了有機化學理論，為現代化學工業奠定了理論基礎。19 世紀中期，紡織業的大發展對染料的巨大市場需求，為合成染料的發展提供了「需求拉動型」動力。到 1913 年，德國合成染料的生產量已經占到全球的 88%。20 世紀初期，為了滿足農業發展對肥料的迫切需求，「哈伯——博施」合成氨工藝的誕生，進一步奠定了德國在早期有機化工領域的霸主地位。

第一次世界大戰使各國政府意識到，德國對合成染料工業的絕對控制地位，以及它在化肥、炸藥、藥物生產等有機化學領域的領先優勢，這促使美國和英國政府大力支持本國化學工業的發展，以追趕德國。1916 年，在政府的資助下，英國染料公司成立。美國為保護本國的化學工業而採取的進口抑制政策，加上戰時對炸藥需求量的急遽成長，為杜邦、陶氏化學和赫克力士等企業的早期發展提供了重要動力。

1940 年以前，絕大多數合成材料以煤炭為原材料。德國煤炭資源豐富，而石油長期依賴進口，這決定了法本公司的技術開發以煤炭為基礎。在英國，帝國化工認為煤炭作為有機化學原材料的地位不會改變，直到 1943 年，帝國化工還保持著石油對化學工業不具吸引力的觀點。

相比之下，美國油氣資源豐富，煉油業發達，為現代石油化工的發展奠定了基礎。因此，儘管歐洲化學公司主導了化工行業的主要產品，但是石油煉製業領域的工藝創新大都來自美國。其中，石油裂解工藝的創新與應用，使煉廠氣逐漸替代煤焦油，成為現代化工的主要原料。隨著原材料的變化，全球有機化工產業的研發中心逐漸由德國轉移到美國。

美國獨霸階段。直到第二次世界大戰前夕，石油化工都很難稱得上是一個產業，煤炭仍是絕大多數有機化工的原材料，大多數石油化工公司生產規模較小，空間分布處於分散狀態，但是一些先導企業已經將目光投向了墨西哥灣地區。受豐富而廉價的油氣資源吸引，紐澤西標準石油公司、殼牌、陶氏化學和聯合碳化物先後在此落戶，為後來石油化工行業在墨西哥灣地區的集聚埋下了伏筆。

第二次世界大戰的爆發加快了石化產業向墨西哥灣地區的集聚程序。與加利福尼亞及東北部沿海等傳統煉油中心相比，休士頓地區不易被空襲，出於國防安全的考慮，該區域成為戰時美國石化產業的建設重

心。1943 年，政府出資修建了從德州通往中西部和東北部市場的原油和成品油管道，這強化了墨西哥灣區域的原材料優勢，推動了煉油業和石油化工產業的飛速發展。

第二次世界大戰期間，美國政府出資興建了一大批生產合成橡膠的工廠，主要包括生產丁二烯和苯乙烯的工廠，以及生產最終產品的聚合體工廠。此外美國還資助了古德伊爾和費爾斯通等橡膠使用企業更新生產設備，以適應合成橡膠的諸多特性。第二次世界大戰結束後，美國政府以極低的價格拍賣國有工廠給它們，從而推動了戰後美國石油化工產業的飛躍。

此外，戰爭需求迫使美國煉油業做出調整，產出重點由戰前重視汽油轉為重視燃料油、航空柴油、丁二烯、甲苯。其中，航空煤油等油品的巨大需求，推動了催化裂解工藝的發展。此外，1939 年至 1945 年間，在政府直接資助和軍方訂單的刺激下，美國煉油能力成長了 29%。煉油業的發展，加上催化裂解等煉油技術的進步，為石油化工提供了更加豐富的原材料。第二次世界大戰結束時，美國已經具備了相當大的化工原料產能。戰爭結束後，這些產能被迅速從軍事用途轉移到民用，使多家石油公司進入化工生產領域。

1944 年，盟軍聯合轟炸，極大地破壞了德國有機化工的生產力。與盟軍轟炸相比，戰後國家分裂對德國化學工業的打擊是致命的。作為戰爭賠款的一部分，蘇聯人將東德的化工設備整體拆除並搬到本國，到 1948 年，大約三分之一的東德化工產能被透過這種方式轉移至蘇聯。類似的拆除與轉移也發生在後來的西德，截止到 1951 年官方停止戰爭賠款時，667 個工廠被從西德拆除轉移。

第二次世界大戰結束後，德國被迫工業裁軍，合成汽油、合成橡膠與合成氨的生產被明令禁止，而其他基本化合物的產出不得高於 1936 年

產出水準的 40%。此外，法本公司被強制解散，使德國化學工業雪上加霜，在全球化工行業中的地位逐漸下降。相比之下，美國的地位日益提升。

第二次世界大戰結束後，美國憑藉資本優勢，以高待遇為誘餌在全球籠絡科技菁英，大批德國科學家和工程師加入美國國籍，為美國戰後石化產業儲備了大量人才。此外，透過占領德國的工廠和實驗室，大量德國化工技術機密檔案被運往華盛頓，常規技術轉移機制強化了技術擴散過程，而美國則成為德國專利技術的最大買家。至此，德國將自西元 1870 年代以來在化學工業中的技術領先地位，拱手讓給了美國。

第二次世界大戰是化學工業演進的重要轉捩點，美國超越了德國及歐洲，在化學工業的技術和產出方面，成為世界無人企及的新霸主。1950 年以前，美國幾乎囊括了當時世界上所有的石油化工生產活動。

西歐追趕階段。馬歇爾計畫的實施推動了歐洲煉油能力的擴張。1948 至 1955 年間，歐洲煉油能力從 1,950 萬噸迅速提高到 1.03 億噸，占全球的比例也從 1940 年的不足 7% 提高到 1960 年的 16%。煉油能力的擴張為石油化工提供了豐富的原材料，西歐石化產業獲得了快速發展。

1950 年，西歐乙烯產能為 1.4 萬噸，僅占全球總量的 10%。到 1960 年，西歐乙烯產能迅速擴張到 82 萬噸，占全球總量高達 22.2%。同時，受戰爭拖累而元氣大傷的德國化學工業，經過戰後快速恢復重建，到 1963 年就重新回到歐洲石油化工行業領先者的行列。

生產全球擴散階段。1960 年代初期，美國和西歐壟斷了全球石化產業的大部分產能。據統計，1960 年，美國與西歐的乙烯產能占全球總量的 97.9%。1950 年至 1973 年是美國和西歐石化產業發展的黃金時期，國內市場逐漸飽和，產業發展速度緩慢下降。同時，隨著日本及廣大第三世界國家經濟的快速發展，對石化產品的需求迅速增加。為搶占海外

市場，大型跨國石化公司的對外直接投資行為，推動了石化產業的全球擴散。

1930 年代，在政府的支持下，多家大型化工企業迅速成長起來，奠定了日本石化產業的發展基礎。第二次世界大戰後不久，日本與美國建立了策略夥伴關係，為其獲取石化產業的先進技術提供了便利。

日本早期石化產業相關技術的獲取，幾乎全部透過購買國外技術專利，而絕大部分專利來自美國。戰後十年恢復重建，日本經濟實力迅速提升，對石化產品的需求迅速增加，市場規模不斷擴大。在技術、經濟、市場等因素的綜合作用下，日本成為繼美國和西歐之後依託本國企業發展石化產業的第三個主體，而政府的干預加速了這個發展。1960 年代末，日本基本實現了石化產品的自給自足，隨後迅速成長為主要的出口國之一。

1960 年代末期，在市場因素的作用下，跨國公司開始海外擴張。在地理位置與地緣政治的綜合影響下，拉丁美洲成為跨國公司海外擴張的首選區域，而出口產品成為主要的擴張方式。然而，對於急於推進工業化發展的廣大拉美國家，利用 FDI 發展本土石化產業被視為明智選擇。為達到此目的，拉美國家實施了稅收優惠、關稅壁壘等旨在推動進口替代的各種政策措施。

對跨國公司而言，一方面，東道國的高關稅壁壘和進口限制，使其很難利用母國設備生產化工產品出口至東道國市場；另一方面，東道國對 FDI 所採取的稅收優惠政策，以及對其將盈利部分轉到母國較少限制，對跨國公司直接投資東道國生產具有很大的吸引力。這些政策極大地推動了拉丁美洲石化產業的發展，截止到 1970 年代早期，就已經有 18 到 20 家外國企業在拉丁美洲設立工廠，供應受保護的本地市場。

與拉丁美洲類似，東亞地區石化產業的發展也開始於進口替代，除

日本之外，其他國家在發展時間上稍晚於拉美國家。產業發展初期，政府干預發揮了決定性作用。

在韓國第一個五年計畫中，紡織業和煉油業被列為優先發展行業。「一五」期間，韓國首家煉油廠在蔚山建成投產，為後期石油化工的發展奠定了基礎。為了利用煉油業產生的生產紡織業等下游產業所需要的原材料，韓國在第二個五年計畫開始將石化產業列為優先發展行業，並實施了相應的支持政策。由於缺少必要技術和資金，韓國政府積極鼓勵FDI介入本國石化產業的發展，但是前提是必須和國企或者本土私企合作，而政府通常要求占據半數以上的股份。

到1980年，韓國基本實現了化工產品的自給自足。亞太地區其他國家的發展歷程與韓國大致相同，都是在進口替代策略的指引下，先發展煉油業等上游產業及紡織業等下游產業，後發展石化產業以填補上下游產業鏈環節上的空缺。

從1970年代末開始，在原材料優勢和政府干預的綜合作用下，北非與中東地區石化產業逐漸興起。與拉丁美洲滿足本國需求的市場定位不同，兩大區域的石化產業從建立之初就是以出口為導向的。

在這兩個區域，根據其利用天然氣的成分不同，石化產業的發展可以分成兩種類型。一是利用甲烷生產氮肥，二是利用乙烯生產化工產品。石油危機之前，化肥產業是石化產業發展的主要模式。石油危機之後，以乙烯為原料的石油化工迅速發展起來。

1978年，阿爾及利亞建立了OPEC成員國中首家乙烯基石油化工綜合體，隨後卡達和沙烏地阿拉伯分別於1981年和1985年建立了自己的石油化工綜合體。伊朗與伊拉克均從1970年代末開始著手興建類似的綜合體，然而兩伊戰爭影響了兩國石化產業的發展。

## 10.4.2 全球石化業局勢演進動因

技術因子。技術創新是推動石化產業興起並迅速發展的先導因素。一戰之前，德國憑藉有機化學領域的技術優勢，登上全球有機化學工業的霸主之位。二戰前後，在多種因素的綜合作用下，化工技術由德國加速向美歐國家擴散。

隨著法本公司的被迫解體及戰勝國的掠奪，德國有機化工元氣大傷，而美國憑藉二戰時期累積的資本和技術實力，成為戰後全球石油化工技術的研發中心。二戰以後，有機化工原料由煤炭轉為石油，依託國內發達的煉油業和戰時化工技術的累積，美國一躍成為全球石化產業的霸主。

1950 年代末，在美國戰後政策的推動下，石油化工技術擴散到西歐，西歐石化產業發展開始加速。在美國和西歐等核心經濟體中，技術壟斷時間較短，技術延遲時間不長。然而，在從核心經濟體向外圍國家擴散的過程中，受地緣政治影響，技術延遲時間較長，大約在 50 年左右。

從 1970 年代末開始，技術已經不再是石化產業全球擴散的主要障礙。透過向美國和西歐國家購買石化技術，日本、拉丁美洲，石化技術得到很大發展。需要特別指出的是，傳統的產業生命週期理論認為，隨著技術及生產的全球擴散，產業在創新型先發國家逐漸衰落，轉而在外圍後發國家興起。然而，這種狀況在石化產業的全球擴散發展中並未發生。

在外圍後發國家石化產能加速擴張的同時，先發國家的石化產業並未出現衰落跡象，反而有所成長或處於高位穩定狀態。究其原因，主要有以下三點：

第一，石化產業作為策略性產業，其在產業安全及國防安全中的地位之高，使先發國家政府不能放棄該產業。

第二，石化產業作為基礎原材料產業，與整個國民經濟體系保持著密切的產業連繫，相關產業的興衰及產品的更新換代都無法撼動其基礎原材料的地位，反而進一步刺激石化產業的產品創新和技術創新，因此，經久不衰的市場需求和永不停止的創新活動共同促成了石化產業的長青。

第三，石油基礎化工原料和中間體等石化產品非常不適合遠距離運輸，受此影響，石化產業的全球分工體系始終不能像其他產業那麼完善，這從客觀上也導致了先發國家石化產業的穩定發展。

市場因子。從全球尺度來看，石化產業的發展與國家的經濟實力密切相關，石化產業全球空間擴散表現出明顯的市場導向型模式。

第一次世界大戰之前，化肥和染料的市場需求，促進了德國早期有機化工的發展。第二次世界大戰前夕，德國出於策略層面的考慮，大力發展煤制油、合成塑膠及橡膠等技術，由此對石油化工的誕生起到了間接推動作用。

第二次世界大戰期間，珍珠港事件造成了橡膠短缺，直接催生了美國合成橡膠和現代石油化工產業。戰後恢復重建時期，汽車製造業、紡織業和建築行業的飛速發展，為石油化工產品提供了巨大的市場需求。此外，隨著合成材料品質的提高和價格的降低，對天然材料的替代發展不斷加快，使合成材料的產能在發展初期呈現指數成長。

在巨大利潤的吸引下，石油公司和化學公司紛紛介入石化產業，競爭日益激烈。為獲得價格競爭優勢，各大企業紛紛擴大工廠規模，追求規模經濟。急遽擴張的產能，需要足夠的市場來消化。然而，經過20年的飛速發展，核心經濟體國內市場基本飽和，產能出現嚴重過剩。

同時，隨著第二世界國家工業化發展的加快，紡織業等勞動密集型產業快速發展，為石化產品創造了巨大的市場需求。在這種情況下，跨國公司紛紛搶占國外市場，轉移多餘產能，由此推動了石化產業的全球擴散。在外圍國家石化產業的發展中，市場規模的大小和經濟發展階段的高低，在相當程度上決定了各國石油化工產業發展時間的早晚。相比之下，日本、巴西、阿根廷、韓國等市場規模較大的國家，石化產業起步較早，發展效果較好。

政策因子。石化產業作為影響國防安全的策略性產業，在其發展之初就受到各國政府的高度重視。此外，石化產業與上下游產業之間存在密切連繫，其技術創新引領能力和產業發展帶功能力很強，具備主導產業的一般特徵，在現代經濟體系中發揮著主導產業的作用，被公認為推動區域經濟發展的核心產業。由於美歐等核心經濟體和廣大外圍國家石化產業的發展歷程不同，政府政策因素的表現方式也存在差異。

在核心經濟體，政府干預主要體現在三個方面。

第一，在石化產業發展早期，政府透過政策支持和財政資助，鼓勵石化企業進行技術研發，保護本國石化產業免受外來衝擊，提高本國石化企業的競爭力。

第二，在石化產業快速發展階段，憑藉強大的軍事和政治實力，透過外交手段為本國跨國企業的海外擴張保駕護航。

第三，出於地緣政治的考慮，控制本國企業技術轉移的方向，對友好國家進行技術援助，對潛在的敵對國家實施技術封鎖。

相比之下，在廣大外圍國家中，政府干預主要體現在兩個方面。

第一，在進口替代政策和出口導向政策的指引下，透過貿易、稅收等政策，迫使跨國公司在本國投資建廠，以獲得必要的資本和技術，帶動本土石化產業的發展。

第二，透過成立國有石化企業，掌握本國石化產業命脈，推動區域工業化程序，帶動區域經濟發展。

原材料因子。石化產業是以石油和天然氣為原材料和燃料的能源密集型行業，其發展受到原材料可得性及價格的影響較大。在有機化工產業發展的早期，原材料主要是以煤炭為主，技術創新主要發生在歐洲，尤其是德國和英國。

後來，原材料逐漸轉變為天然氣和煉廠氣，石油化工的技術創新中心從歐洲逐漸轉移到美國，化工原材料稟賦的差異是導致這個轉移的主要原因。1940年，全球煉油能力的71%集中在北美其中絕大部分集中在美國，而僅有7%分布在歐洲，這導致當美國以石油為原料大力發展有機化工時，歐洲仍然依賴於煤炭。

在石油危機之前，與技術、市場和政策因素相比，原材料對全球石化產業的空間擴散影響較小。隨著1973年和1979年兩次石油危機的到來，石油價格猛漲，使原材料成本成為影響石化產業發展的重要因素。

根據美國1986至1987年對國內主要石化企業的一項調查顯示，原材料及燃料價格不僅是影響它們當前競爭優勢的最主要因素，而且在可見的未來也是最主要的因素之。從1970年代末開始，憑藉原材料優勢，北非與中東地區石化產業逐漸興起，以沙烏地阿拉伯為代表的新的石化產業中心的出現，改變了世界石化產業空間布局。

跨國公司因子。跨國公司在石化產業的發展過程中始終發揮著主導作用。在早期技術創新階段，德國的法本公司及後來的巴斯夫、美國的杜邦和陶氏化學、英國的帝國化工等跨國公司的貢獻不可磨滅。在後期全球擴散階段，跨國公司在相當程度上發揮了將石化產業傳播到世界各地的作用。

此外，對於廣大經濟相對落後的開發中國家，本土社會資本難以支撐如此龐大的投入，因此只能依賴於FDI或者政府出資。在市場和原材

料因素的拉動下，跨國公司透過對外直接投資介入開發中國家的石化產業發展，不僅提供了必要的技術，還投入了大量資金，這無疑加快了相關國家的石化產業發展過程，進而推動了石化產業的全球擴散。

跨國公司主導下的石化產業全球擴散分為三個階段，即產品出口階段、初級 FDI 階段和高級 FDI 階段。在產品出口階段，東道國經濟發展水準較低，石化產品市場需求較小，跨國公司將在東道國開採的石油運回母國，經加工後再將油品及化工產品出口至東道國。隨著東道國經濟的發展和市場需求的擴大，政府開始透過提高貿易壁壘等方式發展本土石化產業。跨國公司為避開貿易壁壘，與東道國政府合資共建煉油廠，進入初級 FDI 階段，跨國公司涉足東道國煉油業是該階段的主要特徵。

隨著東道國紡織業等下游產業的進一步發展，石化產品的市場需求開始劇增，東道國政府開始有意識地發展石油化工產業，貿易壁壘進一步增加。為保障市場占有率、避開貿易壁壘，跨國公司與東道國一起建設石油化工廠，利用當地煉油業生產的原材料，生產初級石化產品供應本國市場，進入高級 FDI 階段。然而，高級石化產品的生產技術仍壟斷在跨國公司手中，其生產在母國進行然後出口至東道國。

勞動力因子。在傳統國際勞動分工理論中，勞動力是導致產業活動在全球以及國家層面發生空間轉移的主要因子。然而，作為資本密集型行業，勞動力在石化產業成本體系中所占比例較小，這意味著那些推動某些產業向勞動力成本低廉地區轉移的作用力，並不對石化產業產生重大影響。對規模經濟的追求進一步強化了石化產業的資本密集特徵，從而導致勞動力成本這個影響眾多產業擴散的主導因素，並沒有在石化產業的空間擴散中發揮同等的作用。

廣大外圍國家石化產業的迅速崛起，不能簡單地用勞動力成本低廉來解釋。勞動力的比較優勢推動了外圍國際經濟的快速成長，這反過來

成為推動石化產業發展的重要動力，因為紡織業、塑膠製品業等勞動密集型行業的快速發展需要石化產業為其提供支撐。因此，市場因素是這些地區的石化產業發展的根本動力，而不是勞動力。

## 10.4.3　全球石化業發展模式特徵

在系統梳理全球石化產業空間組織的演進歷程和機制後，我們發現，全球各國家和地區石化產業的發展模式存在較大差異，主要分為三種類型：以美歐等核心經濟體為代表的「技術創新推動型」、以拉美和東亞地區為代表的「進口替代型」、以中東北非地區為代表的「出口導向型」。

一、技術創新推動型。該類型以美國和英國、德國等歐洲核心經濟體為典型代表。在這些國家和地區的石化產業發展過程中，技術創新發揮了主導作用，並使其始終處於全球石化產業的產業鏈和價值鏈高階，而市場與技術創新的互動進一步促進了石化產業的發展，使其保持長盛不衰。

在全球一體化和經濟全球化的大背景下，核心經濟體國家在保持高階技術的絕對壟斷的前提下，將落後技術和成熟技術有選擇性的輸出到外圍後發國家，使其發展本土石化產業，生產技術水準低、附加價值低、環境汙染大的初級石化產品。

然後，透過進口初級產品進行深加工獲得附加價值較高的高階產品，並出口至外圍後發國家，由此形成了石化產業的全球分工體系，並將後發國家鎖定在產業鏈和價值鏈的低端。

二、進口替代型。該類型以拉美和東亞地區為典型代表，在其石化產業的發展歷程中，政府發揮了主導作用，此外，跨國公司也發揮了非

常重要的作用。進口替代型石化產業的發展歷程基本可以劃分為兩大階段：

第一階段，在當地政府的國家壟斷控制下，石油勘探與開採業、煉油業等石化產業上游行業首先得到發展，同時依在廉價的勞動力，紡織業等下游勞動密集型輕工業作為第一階段進口替代產業也獲得較大發展，由於早期缺乏足夠的資本和必要的技術，石油化工產業未能發展起來，主要產品依賴進口。

第二階段，本土石油化工產業的發展。隨著下游紡織業發展引發的石化產品市場規模的不斷擴大，以及上游煉油業發展帶來的原材料保障度的提高，當地政府開始提高貿易壁壘，以市場為籌碼與跨國公司進行談判，迫使其提供必要的技術和資金，與當地政府共同發展當地石化產業。

三、出口導向型。該類型以拉美和東亞地區為典型代表，在其石化產業的發展歷程中，跨國公司和政府發揮了主導作用。在石化產業發展的早期，跨國公司在其母國的政治軍事保護下，與東道國簽訂不平等的油田租賃協約，大肆掠奪原油資源。1970年代，在民族運動的浪潮推動下，石油國有化運動席捲中東和北非，政府在民眾的支持下，將油田收歸國有，並以此為籌碼與跨國公司談判，迫使其提供必要的技術和全球行銷支持。

出口創匯、平衡區域發展是出口導向型國家發展石化產業的兩大目標。受此影響，這些國家的石化產業不斷向下游延伸，以提高油氣資源的附加價值，發揮石化產業的產業成長極效應，推動區域發展，拉動當地就業。

## 案例討論

### 拉美製造業的下滑與回歸 ——
### 以巴西、墨西哥和阿根廷為例

1970年代至1980年代，拉美國家逐步由進口替代工業化轉向出口引導的外向型經濟，90年代貿易自由化進一步提高拉美國家的開放度。但是，發展模式的轉換卻以製造業「下滑」為代價，初級產品的出口依存度和消費品的進口依存度加大，國內製造業遇冷，工業化發展放緩甚至走向「去工業化」。

拉美意欲「再工業化」，既要應對國外商品的進口衝擊和國際市場的競爭壓力，又要掙脫國內通貨膨脹和要素費用高企的成本束縛，同時還得抵禦來自國內服務業對生產要素的爭奪。「回歸」之路尚不清晰，但是引擎或將啟動，何去何從，還需拭目觀察。

**一、半個世紀以來拉美製造業的下滑趨勢**

拉美地區製造業分布非常集中。巴西、墨西哥和阿根廷3國製造業產值占整個地區的75%左右，智利、哥倫比亞、古巴、厄瓜多、瓜地馬拉、秘魯、多明尼加、委內瑞拉等國製造業合計占20%，其餘國家合計不到5%。因此，巴西、墨西哥和阿根廷3國基本可以代表整個地區製造業發展的總體態勢。

（一）製造業成長步伐減緩。自1950年代以來，拉美地區製造業經歷了由上升到滑落的發展軌跡。由於進口替代工業化策略和貿易保護政策，1950年代至1970年代拉美製造業保持較快發展，產值年均成長率在7%左右，墨西哥和巴西曾一度達到9%，整個地區製造業產值占GDP

的比例由 21.3% 上升到了 27.9%。

1980 年代，拉美走上進口替代轉向出口導向的發展道路。1990 年代，在新自由主義和貿易自由化影響下，拉美國家進一步開放國內市場，但是由於新的工業化模式還未成型，大量國外商品的湧入對製造業造成了衝擊，整個地區製造業幾乎停滯，年均成長率徘徊在 2% 上下，製造業占 GDP 的比例降至 15% 左右。之後，在耐用消費品生產擴張的帶動下，拉美主要國家製造業增速略有提高，但是仍無法恢復到進口替代工業化時期的水準。

2008 年全球金融危機後，受巴西製造業降速和對其他拉美國家的進口需求減少的影響，拉美地區製造業成長率降至危機前的一半。阿根廷在 1950 年代已經將製造業作為國民經濟支柱產業，到 1970 年代製造業總產值占 GDP 由 25% 提高到 30% 以上，此後進入下滑軌道，直至 2008 年金融危機之後才有了起色。

巴西的製造業產值，最高時曾達到 GDP 的 33%（1970 年代），後一路下滑，到 2013 年降至 13%。墨西哥自 1994 年加入北美自貿協定後，很快成為美國海外汽車製造的重要基地，製造業的發展軌跡幾乎與美國的經濟週期同步。近年來，美國經濟回暖止住了墨西哥製造業的跌勢，但是其製造業在 GDP 的占比一直在下降。

(二)製造業在國民經濟中的地位不斷滑落。1950 至 1970 年的 20 年間，拉美地區製造業在工業中的地位不斷上升，這得益於巴西和墨西哥製造業的較快發展。從 1970 年代開始，巴西的製造業在工業體系中的地位持續滑落，墨西哥和阿根廷製造業則持續徘徊。

1990 年代之後發展趨勢出現異化，墨西哥在加入北美自貿協定後「客戶工業」得到發展，製造業的地位有所回升；阿根廷在 2002 年之後從債務危機中走出，因貨幣升值增強國內需求，製造業受其帶動有所回

暖。但是總體上看，受巴西製造業下滑態勢影響，近 30 年來拉美地區製造業在工業體系中的地位持續滑落。

（三）製造業對經濟下行的敏感度更高。製造業成長彈性反映了製造業對經濟波動週期的敏感度。自 1980 年代以來，拉美製造業成長彈性越來越小，對經濟成長的反應越來越遲鈍。在國內生產總值（GDP）正成長年分裡，製造業的成長彈性更小。

相反，在 GDP 負成長年分裡，製造業的成長彈性更大，說明製造業對經濟上行的敏感度低，對經濟下滑的反應更大。2000 至 2008 年國際大宗商品價格上升，初級產品出口為拉美國家帶來巨大財富，但是製造業並未跟上，成長彈性降至 1 以下。因產業結構僵化、產業鏈短化，拉美製造業錯失發展良機。

## 二、造成拉美製造業下滑的根本原因

（一）始終沒有找到核心發展動力。1950 年代至 1970 年代，儘管拉美國家不同程度地實施了進口替代工業化，但是貿易保護措施對製造業發展的影響完全不同。阿根廷的貿易保護措施覆蓋了消費品、中間品和資本品，對國外商品的進口限制較嚴，因此製造業受進口商品衝擊小，發展速度相對較快，對經濟成長的貢獻度也較大。

相反，巴西僅僅對國內的消費品生產企業提供了有效保護，中間品和資本品的有效保護率低，大批國外資本品的湧入雖然促進了國內消費品製造業的發展，但是衝擊了中間品和資本品的生產活動，經濟成長失去了核心動力，製造業對經濟成長的貢獻度也很有限。而墨西哥推行貿易自由化，利用地緣優勢和自由貿易平台參與國際競爭，製造業受美國經濟週期影響明顯。

1990 年代拉美掀起私有化浪潮，製造業命脈由國有企業轉至跨國企業手中。出於對東道國國內市場不穩定和通膨危機四伏的擔心，也因拉美國家普

遍對消費品的需求旺盛，這些跨國公司在收購原有的重化工業企業後，轉而生產小汽車、電子、電信等短線商品（市場供不應求的商品），耐用消費品生產逐漸成為拉美製造業的主體，工業製成品的生產始終沒有突破性發展。總體上看，在過去的半個多世紀裡，拉美國家製造業的發展或者依賴貿易保護手段，或者依賴單一產品出口，始終沒有形成核心發展能力。

（二）「荷蘭病」拖累工業化發展。在經濟發展模式轉型過程中，拉美主要國家正在經歷由工業化成長期邁向成熟期階段。由於貿易自由化政策過於激進，為國內製造業帶來重創，一些國家重新走上了資源加工生產專業化道路。此後，在國際大宗商品價格上揚趨勢帶動下，拉美國家紛紛提高了初級產品出口比例。

如阿根廷出口前10位的商品占總出口的85.7%，其中食品活畜、飲料菸草和動植物油脂等3類商品占前十位商品出口總額的61.7%。近十年來，巴西的食品活畜和原料（不含燃料）的出口比例也在不斷上升，到2013年出口額接近前10位商品出口總額的40%。依靠初級產品出口，一些國家的外債大幅削減、國際儲備明顯增加。

根據拉美經委會的統計數據，阿根廷在2002至2003年債務危機時，外債最高相當於GDP的130%，到2013年已經降到23%；巴西在2006年以後外債規模就被控制在GDP的15%以內，這個比率相當於90年代的一半。再例如，2002至2007年間阿根廷和巴西的國際儲備年均成長40%和47%。

初級產品出口創匯帶來貨幣升值，國內進口需增加，旺盛的國內需求加上擴張的總體經濟政策導致物價飛漲，迫使政府不得不抬高利率，結果導致貨幣進一步升值。

1990年代，為了對付惡性通貨膨脹，阿根廷和巴西相繼推出貨幣局制度和雷亞爾計畫，其核心都是採取盯住美元的匯率制度來嚴防貨幣超發的措施，結果導致本幣高估，遏制了製成品的出口，誘發「荷蘭病」。

2003 至 2011 年間（不含 2009 年）阿根廷和巴西的消費品進口年均成長率分別達到 32%和 28%，而製成品出口成長率均只有 19%。

（三）產業根植性差。從拉美地區製造業產值成長率與 GDP 成長率之間的關係來看，前者長期低於後者，且二者差距不斷擴大，說明拉美製造業的產業根植性差，生產迂迴過程不長，對經濟成長的貢獻有限，其主要原因是生產過度集中。拉美主要國家的支柱產業高度同質，而且主要集中在運輸、電子和電力設備生產上，產業關聯度不高。

在 3 個主要國家中，墨西哥的產業關聯度較好，尤其是 2000 年以來製造業成長率與 GDP 成長率的差距縮小；巴西的製造業增速持續下滑，對 GDP 的貢獻不斷下降，國民經濟更多依賴初級產品出口和國內消費需求；阿根廷近 20 年來製造業增速普遍快於 GDP，但是二者差距較大，說明製造業對 GDP 的拉動作用小。

（四）遭到服務業的「擠出」。拉美的服務業吸納了大量生產要素，對製造業造成一定程度的「擠出」。按照錢納里工業化階段理論和聯合國的「標準國際貿易分類」（SITC，REV.4），各種經濟活動可劃分為可貿易的資源出口部門、可貿易的製造業部門和不可貿易的服務部門。

在拉美主要國家中，資源出口部門和製造業部門都處於收縮趨勢，服務業部門不斷擴張。1950 至 2013 年間，拉美服務業部門占經濟活動總產值的比值上升了近 20 個百分點。其中，阿根廷的金融保險房地產和商業上升了 8 個百分點，整個地區上升了 13 個百分點，巴西的運輸倉儲業上升了 5 個百分點，其他生產性服務業都有不同程度的擴張。

相比之下，製造業占經濟活動總產值的比例持續下降，整個地區平均下降了 6 個百分點，阿根廷和巴西分別下降了 6 個和 13 個百分點，墨西哥變化不大，但是也比最高值（1970 年）下降了近 6 個百分點。富餘的和新增的生產要素大都轉移到了服務業部門。

以巴西為例，服務業吸納了 72% 的就業和 82% 的新增正規就業，產值占 GDP 的比例幾乎與先進國家相當（2011 年），在製造業增加值中服務業的投入占 64.5%。理論上，巴西已步入服務經濟。但是，從服務業結構來看，巴西的貨櫃運輸、用電、倉儲、金融服務、通訊網路等行業的服務成本過高，工業支付的全部服務成本中，融資費用、第三方提供的倉儲費用和運輸成本占到了 60%。在市場價格難以提高的情況下，生產性服務業投入比例過高，必定「擠占」製造業的利潤空間。

資料來源：拉美製造業的下滑與回歸 —— 以巴西、墨西哥和阿根廷為例

作者：張盈華

## 前沿閱讀

### 世界汽車市場新的成長點 —— 東盟

近年來，東盟地區汽車市場規模持續擴大。2012 年該地區汽車銷售同比成長 31.8% 至 342 萬輛，占全球汽車銷量的 4.2%。其中，泰國和印尼銷量占總銷量的 73%，加上馬來西亞、菲律賓、越南，東盟 5 國占該地區汽車需求總量的 98%。

儘管整體市場發展較好，東盟地區各國家間仍存在較大差異。具體而言，從汽車市場規模以及生產能力的角度，大致可將東盟市場劃分為四大類：

(1) 高購買力高需求市場。以泰國、印尼和馬來西亞為代表。這三國國土面積較大，人口眾多，汽車發展的基礎條件相對較好。近年來，伴隨經濟的平穩發展，人均 GDP 的不斷上升，三國汽車市場規模迅速成長。

2012年三國汽車年需求量均超過50萬輛，泰國和印尼更是榮升為百萬級市場。除具有較高的汽車需求外，三國汽車工業也具備較強的生產能力，2012年泰國、印尼和馬來西亞的汽車產量分別達134萬輛、59萬輛和29萬輛。其中泰國更是東盟地區最主要的汽車生產國和出口國，享有「東方底特律」的美譽。

(2)高購買力低需求市場。以新加坡和汶萊為代表。作為東盟最為發達的兩個國家，儘管人均GDP較高，兩國汽車需求量在東盟地區卻處於較低水準。由於國土面積較小，汽車使用的基礎條件較為有限，兩國為了適應其交通情況，發表了一系列汽車購買和汽車使用的限制政策，直接抑制了汽車需求的釋放。

(3)中購買力中需求市場。以菲律賓和越南為代表。兩國人均GDP不足3,000美元。汽車市場起步較晚，但是充滿活力，市場規模在10萬輛左右。

(4)低購買力低需求市場。湄公河流域的三個國家緬甸、柬埔寨、寮國屬於此類市場。雖然國土面積較大，但是經濟發展落後，主要為傳統農業國，工業基礎薄弱，基本沒有建立自己的汽車工業。個人所得也較低，汽車需求尚未大規模形成，需求多由進口中古車來替代完成。

儘管2013年汽車市場經歷了小幅波動，東盟地區憑藉自身眾多的人口、快速發展的經濟水準、較低的汽車千人保有量成為有巨大潛力的新興市場。未來，受下述利好因素帶動，東盟汽車仍值得期待。

(一)經濟發展下人均GDP的快速提高，帶來人們消費需求向汽車等大件物品更新。先導市場的經驗顯示，經濟發展水準是決定汽車發展水準的關鍵因素。汽車千人保有量將隨人均GDP的成長不斷上升。

2012年，新加坡、汶萊和馬來西亞人均GDP已超過1萬美元，泰國超過5,000美元，印尼超過3,000美元，主要國家人均GDP收入水準

逐步滿足汽車普及的收入條件，但是汽車千人保有量均處於相對較低水準。未來，東盟經濟仍將具有較好的發展前景。在較快的經濟增速下，東盟地區中產收入者將大幅增加。收入的提升必然帶來人們生活改善需求的快速提升，進而帶動汽車等大件物品的消費。

(二)產品供給日趨豐富，在地化生產潮大量出現。近期東盟汽車市場競爭日益激烈。作為最早進入東盟地區的日系企業，豐田、本田、日產等整車廠紛紛宣布擴充其在東盟的工廠產能，並投放適應當地消費者需求的小型產品。面臨東盟這個具有潛力的市場，其他跨國車企也後來居上。在地化生產以及市場的充分競爭必然帶來汽車產品售價下降，進而進一步刺激東盟地區的汽車需求。

(三)汽車使用環境未來仍將繼續改善。東盟地區道通行條件較好，到 2012 年該地區公路鋪裝率達 59.2%。其中汽車市場發展較好的泰國、印尼、馬來西亞等國家的公路鋪裝率均在 80% 左右。較好的道通行條件為汽車使用提供了基礎設施保障。此外，除新加坡、汶萊等發達市場外，預計東盟其他國家普遍採取促進汽車產業發展和刺激汽車消費的政策取向，透過發表消費信貸、稅收優惠等政策，鼓勵和促進汽車產業投資和消費。

資料來源：世界汽車市場新的成長點——東盟

作者：李婷

## 思考題

1. 全球汽車產業的貿易局勢

如何？
2. 新能源汽車的發展現狀如何？
3. 世界造船業轉移的動因有哪些？
4. 世界造船工業的分布格局情況如何？
5. 全球航空工業的分布現狀如何？

# 國家篇

# 第 11 章

## 亞洲

學習目標

本章主要介紹亞洲的自然地理環境、社會文化環境、投資吸引力、總體經濟、重點及特色產業、對外經貿關係。主要介紹了日本、韓國、印尼、印度、哈薩克、沙烏地阿拉伯 6 個國家。透過本章的學習，使學生了解亞洲的自然環境和人文環境，掌握 6 個國家的重要產業以及經濟發展概況，熟悉貿易關係以及貿易情況。

## 11.1　日本

### 11.1.1　自然地理環境

日本地處亞歐大陸東部，東臨太平洋，西隔東海、黃海、朝鮮海峽、日本海與中國、朝鮮、韓國、俄羅斯相望，九州、長崎與中國上海市距離僅有 460 海里。全國由本州、四國、九州和北海道 4 個大島及 6,800 多個小島組成，是一個從東北向西南延伸的弧形島國。日本的陸地面積為 37.8 萬平方公里，位於環太平洋火山地震帶，地震、火山活動頻繁，有「地震之國」之稱。全球有 1 ／ 10 的火山位於日本，1 ／ 5 的地震發生在日本。

1995 年的阪神大地震、2004 年的新潟縣中越地震造成重大人員傷亡

和財產損失，引起世界各個國家的關注。2011年3月11日，日本發生芮氏9.0級特大地震，並引發海嘯和核電站洩漏，被稱為「日本戰後以來最嚴重的危機」。另據日本中央防災會議預測，東京地區30年內發生芮氏7級直下型地震機率為70%，南海海溝30年內發生芮氏8級以上超大型地震機率為70%。

日本自然資源非常貧乏，除少量礦產資源以外，其他工業生產所需的主要原料、燃料等都要從海外進口。但是，日本森林和漁業資源豐富，森林覆蓋率占日本陸地面積的67.7%，是世界上森林覆蓋率最高的國家之一。北海道和日本海是世界著名的大漁場，盛產700多種魚類。

日本屬海洋性溫帶季風氣候，終年溫和溼潤，冬天嚴寒、夏天酷暑。6月多梅雨，夏秋季多颱風。1月平均氣溫北部-6°C，南部16°C；7月北部17°C，南部28°C。降雨量為1,000至2,500毫米。梅雨和颱風是日本氣候的一大特點。

## 11.1.2　社會文化環境

日本是以大和族為主的國家，位於北海道地區的阿伊努族人是唯一的少數民族，約有2.4萬人，通用日語。另外，截至2014年6月，居住在日本的外國人約208.9萬人，其中，朝鮮人、韓國人、中國人和巴西人居多。其中，中國人有60多萬人，主要分布在東京、橫濱、大阪、神戶等大城市，這些城市建有「中華街」、「南京町」等。

日語為日本官方語言，北海道地區有少數人會阿伊努語。英語是日本人主要學習的外語。近年來學習漢語的日本人越來越多。日本主要宗教為神道教和佛教，信仰人口分別占宗教人口的52.3%和42.2%。作為有較長歷史的國家，日本民間保留了一些獨具特色的風俗習慣，這些習

俗至今仍受到日本人的重視。

在日本，每個地方灑豆的時節及名稱都有所不同，也稱為鬼打，它是在日本的除夕或 12 月 27 日等日子舉行的一種習俗儀式，主要是驅趕邪氣。稻草繩是正月時掛在門上用來驅邪的東西。稻草繩原本是使用橘子、龍蝦等吉祥物集合在一起的掛飾。橘子有子孫繁榮等意義，其他的吉祥物也都有不同的意義。新年結束後，稻草繩就會和門松一同拆下，再帶到神社燒掉。

日本飲用屠蘇的習俗始於平安初期，屠蘇是一種加有山椒、桔梗、肉桂等草藥的藥酒，據說喝了可以驅除邪氣，還可延年益壽，是過年時不可或缺的東西。日本人為慶祝新年會在家門口擺飾「門松」，這是一個招神的記號，同時也是神降臨世上停留處的代表。門松和許多的過年裝飾品都會在 1 月 7 日撤掉，代表過年將告一段落。

在端午節懸掛鯉魚旗的習俗始於江戶中期，它是從中國「鯉魚跳龍門」的傳說演化來的，希望藉此來祈願孩子向上並有所成就。日本各地的盂蘭盆節活動有所不同。一般為 7 月 13 日至 16 日，節日期間大致有迎祖、祭祖、送祖等一系列活動。

### 11.1.3　投資吸引力

日本是世界第三大經濟體，也是重要而成熟的消費大市場。日本大量原材料、資源、能源、食品依賴進口並向世界出口高效能產品和中間材料。日本各項法律法規健全，市場秩序規範，信用體系健全，基礎設施配套完善。日本有眾多資本、技術和管理實力雄厚的大企業，也有大量掌握核心技術、產品的中小企業。

日本企業擁有全球領先的資源、能源利用效率和先進的節能環保技

術、設備和專有技術。作為高齡化最嚴重的發達經濟體，日本在老年產品和養老產業方面累積了豐富的經驗，擁有一流產品、設備和服務。總之，雖然門檻較高，但是外國企業仍在許多領域有與日本企業開展商務合作的空間。

日本市場規模大，每年商品零售總額約為 1.2 兆美元，許多中低檔商品和原材料都依靠國外進口。特別是隨著少子高齡化的程度日益加深，在醫療、健康、護理等領域產生了各式各樣的需求。另外，約 690 萬人的「團塊世代」（指在 1947 至 1949 年之間的第一個生育高峰期出生的一代人），從 2007 年起陸續進入退休年齡，這些人擁有約 1.1 兆美元金融資產，加上每年近 1.4 兆美元的退休金，其潛在的市場消費能力不容忽視。

日本戰後走上和平發展之路，建立起非常完備的法律制度，政局比較穩定。1990 年代以後，日本推進了會計準則以及相關法律制度的國際化。2005 年 6 月修改、制定新公司法，使設立公司更加容易（撤銷了最低資本金制度），企業兼併重組方式靈活，商業環境規範有序。日本各項基礎設施完善，高速公路、鐵路、航空、海運等物流設施便利，除綜合稅負較高外，企業投資日本的總體商務環境較好。

世界經濟論壇《2014 至 2015 年全球競爭力報告》顯示，日本在全球最具競爭力的 144 個國家和地區中，排第 6 位。

目前，日本政府正研究擬訂新的經濟成長策略，擬透過放寬管制、降低稅負等政策刺激民間企業投資，增強日本經濟活力，這將為外國企業投資日本帶來新的機會。

節能環保、新能源、汽車零元件、中小企業合作、生物醫療、IT 產業、現代農業、老齡服務產業等領域成為外國企業對日經濟合作的重點領域。外國企業可與日本企業夥伴合作，充分發揮各自比較優勢，共同開發第三國市場。

## 11.1.4　總體經濟

隨著全球經濟形勢緩慢改善，加上災後重建需求和政策拉動，日本經濟成長逐漸觸底反彈。特別是 2012 年底，自民黨安倍政權上任以來，積極推動實施所謂「安倍經濟學」的「三支箭」——大膽的金融緩和及量化寬鬆，積極的財政擴張政策，引導民間投資消費的成長策略，提出兩年內實現 2%的物價上漲目標，擺脫長期「通貨緊縮」局面。

目前，日元匯率超高局面得到改善，日本股市強勢上漲，經濟界和消費者心理預期有所改善。2014 年 4 月 1 日起，消費稅率由 5%提高到 8%，個人消費需求受到衝擊，安倍經濟學面臨考驗，日本經濟能否成功走出長期通縮，要看新成長策略能否帶來經濟可持續成長。日本央行 2014 年 10 月 31 日宣布將每年基礎貨幣的貨幣刺激目標加大至 80 兆日元（約合 7,234 億美元），目的是刺激經濟成長。

隨著日本少子高齡化趨勢日益加劇，日本企業紛紛投資海外，海外生產、採購及銷售成為日本經濟成長的重要動力。據日本國際協力銀行（JBIC）2013 年度對日本製造業海外事業調查顯示，日本製造業海外生產和銷售比例分別達到 34.6%和 37.3%。2013 年，農業、工業和服務業占 GDP 的比例為：1.2%、24.5 和 74.3%。

## 11.1.5　重點及特色產業

日本是世界第三大經濟體，部分產業在世界上占有重要地位，如汽車、鋼鐵、機床、造船和機器人產業等。

汽車產業。日本是汽車生產大國。汽車產業在日本經濟中占有重要地位，與汽車相關聯的就業人數 548 萬人。

主要汽車公司有豐田、日產、本田、馬自達、三菱等，其中豐田汽車公司是日本也是世界最大的汽車生產廠家。

鋼鐵業。日本是重要的鋼鐵生產國。主要企業有新日鐵住金（新日鐵和住友金屬工業於 2012 年 10 月合併成立新日鐵住金）、JFE、神戶制鋼所和日新製鋼等。日本生產的鋼鐵以高附加值產品為主，如汽車用高級鋼板、電子工業用高級鋼板、表面處理鋼板以及特殊效能鋼材等。同時，日本是傳統的鋼鐵產品出口大國。

機床產業。日本機床產業在世界上占有重要地位。從 1982 年起，日本機床產業產值連續多年位居世界首位。世界機床企業前 20 名中，日本占 7 家，主要包括山崎·馬紮克、大隈、天田、森精機、牧野、日平、富山等公司，產品以數控機床等高附加值產品為主。

造船業。日本是世界上的造船強國之一。據英國克拉克松研究公司統計，2013 年日本造船完工量 2,468 萬載重噸，僅次於中國、韓國，位列世界第三，占當年世界造船完工總量的 22.9%。主要造船公司有三菱重工、川崎重工、日立重工和住友重工等。

建築機械產業。日本建築機械同樣聞名於世。據日本建築機械工業會統計，2013 年日本建築工程機械出貨總額 2.23 兆日元，同比下降 0.9%。其中，外需出貨額為 1.49 兆日元，同比減少 8.6%，國內出貨額為 7,591.5 億日元，增幅為 27.1%，連續三年保持成長。小松製作所和日立建機等公司排名世界前列，產品以工程機械、道路建築機械等為主。

機器人產業。日本的機器人產業始於 1960 年代。由於日本政府採取積極扶植的政策，機器人產業迅速發展，到 1980 年代中期，已躍升為「機器人王國」，其機器人的產量和安裝的臺數在國際上均居首位。目前，日本工業機器人的裝備量約占世界工業機器人裝備量的 60%。

日本的 FANUC 是世界上最大的機器人公司之一。安川電機公司生產的工業用機器人占全球機器人市場的 24%。此外，本田、豐田、索尼等也都在積極研發包括人形機器人在內的多種機器人。

## 11.1.6　對外經貿關係

對外貿易在日本經濟中占有非常重要的地位。據日本海關統計，2014 年日本貨物貿易進出口 15,112.62 億美元，較上年同比下降 3%。其中，出口 6,943.53 億美元，同比下降 3.5%；進口 8,169.08 億美元，同比下降 2.6%。貿易逆差 1,225.5 億美元，同比成長 2.3%。

機電產品、運輸設備和賤金屬及製品是日本的主要出口商品，2014 年出口額為 2,363.7 億美元、1,617.3 億美元和 641.0 億美元，占日本出口總額的 34.2%、23.4% 和 9.3%。礦產品、機電產品和化工產品是日本前三大類進口商品，2014 年進口額為 2,943.7 億美元、1,640.6 億美元和 554.6 億美元，占日本進口總額的 37.8%、19.1% 和 6.9%，礦產品和化工產品進口較上年下降 6.5% 和 2.7%，機電產品進口成長 3.2%。2014 年日本賤金屬及製品的進口出現較大漲幅，成長 12.7%。

據日本貿易振興機構統計，截至 2012 年末，外國在日本投資存量合計 2,063.01 億美元，投資以非製造業為主。2013 年，外國對日投資成長約 23.41 億美元。美國、盧森堡、英國、瑞典和新加坡是主要投資國。據聯合國貿發會議釋出的 2015 年《世界投資報告》顯示，2014 年，日本吸收外資流量為 20.9 億美元；截至 2014 年底，日本吸收外資存量為 1,706.2 億美元。

## 11.2 韓國

### 11.2.1 自然地理環境

韓國地處亞洲大陸東北部,朝鮮半島南端,面積為9.972萬平方公里,北與朝鮮接壤,西與中國隔海相望,東部和東南部與日本隔海相鄰。韓國礦產資源較少,已發現的礦物有280多種,但是其中有經濟價值的僅有50多種。有開採利用價值的礦物有鐵、無煙煤、鉛等,但是儲藏量不大。由於自然資源匱乏,主要工業原料均依賴於進口。韓國屬溫帶季風氣候,海洋性特徵顯著。年均氣溫13℃,夏季8月分最熱,平均氣溫為25℃,最高達37℃;冬季平均氣溫為零度以下,最低達-12℃。年均降水量1,500毫米左右,其中6至8月雨量較大,約為全年的70%。

### 11.2.2 社會文化環境

民族。韓國為單一朝鮮民族國家。目前在韓華僑約2萬人(持永久居住權者),主要從事中餐廳、旅遊、物流和中藥鋪等行業。

語言。韓國語為通用語言,在機場、觀光酒店及大百貨公司、購物街區等場所亦可使用英文、日文、中文,一些公共設施和大百貨公司還增設了中文解說廣播和中文講解員、導購員、導遊。

宗教。韓國總人口中,信仰佛教者約占22.8%,信仰基督教新教者占18.3%,信仰羅馬天主教者占10.9%,信仰其他宗教者占1%,無宗教信仰者占47%。韓國已登記立案的佛教團體有36個,其中以曹溪宗、太古宗、天台宗及圓佛教最具代表性。目前,韓國的佛教事業已深入民

間，如 BBS 廣播電台每天 21 小時播出各種教化節目、佛教電影、贊佛歌大合唱等，引領社會大眾提升生活境界。在人員編制上，除了出家僧侶、居士外，有軍僧、警僧，也有由全國專任講師、教授組成的韓國教授佛子聯合會，共同致力於佛教的復興。

韓國政府還於 1975 年批准每年的陰曆四月初八（佛誕日）為法定節日。韓戰結束以後，韓國基督教新教迅速發展，目前最大的教派是屬於靈恩派的五旬節派。基督教對於韓國教育文化具有重要影響，著名的韓國延世大學就是一所以基督教精神為準則而設立的高等學府。此外，韓國教會還積極在海外進行傳教活動，目前已經成為世界上第二大傳教士派出國（僅次於美國）。

習俗。韓國接受儒家傳統思想薰陶有兩千年的歷史，講究禮儀禮貌，尊老愛幼、互相謙讓。韓國人在社交場合與客人見面時，習慣以鞠躬並握手為禮。女人一般不與男人握手，只是鞠躬致意。韓國人喜歡相互斟酒，不能自斟，年輕人要主動為長者斟酒。如要抽菸，須向對方示意，如對方年齡較長，更應獲得對方的允許，否則會被認為失禮。

### 11.2.3　投資吸引力

韓國投資環境的吸引力包括軟環境和硬環境兩個方面。從投資的軟環境看，近年來韓國的經濟發展態勢較好，市場消費潛力較大，政府積極鼓勵利用外資並發表了一系列有利於外商投資的政策與措施；從投資的硬環境看，韓國的地理位置優越，交通運輸便捷，通訊設施世界一流。

世界經濟論壇《2014 —— 2015 年全球競爭力報告》顯示，韓國在全球最具競爭力的 144 個國家和地區中，排第 26 位。

韓國在世界銀行《2015年經商環境報告》對全球189個國家和地區的營商便利度排名中列第5位。

### 11.2.4　總體經濟

近年來，韓國經濟保持了持續成長勢頭。據韓國銀行統計，2014年韓國GDP為14,100億美元，位居世界第13位，人均GDP為28,754美元，位居世界第29位。韓國一、二、三產業比例分別為2.1%、34.9%和63.0%。

### 11.2.5　重點及特色產業

韓國製造業實力較強，2014年韓國製造業實現產值410.21兆韓元（約合3,894.7億美元），占全年GDP的27.6%，代表產業有汽車、造船、鋼鐵、電子、石化等。

汽車產業。韓國汽車產業起步於1950年代中後期，逐步成長為韓國製造領域的領頭羊。1997年的亞洲金融危機使韓國汽車業遭受重創，汽車工業被迫進行大規模結構調整和重組改革，產業競爭力逐步提高。

2010年，隨著韓國經濟的強勁復甦，汽車產業重拾升勢，全年汽車產量427.2萬臺，成長21.6%。2014年韓國生產汽車452.5萬臺，同比增加0.1%。出口汽車306萬臺，同比減少0.9%；整車出口額為489億美元，創下歷史最高紀錄，同比成長0.6%。汽車零元件出口額為266億美元，同比成長1.9%。韓國主要汽車生產企業有現代汽車、起亞汽車（上述兩家企業均屬於現代起亞集團）、通用大宇汽車公司、雙龍汽車公司和雷諾三星汽車公司。

造船產業。1970年代，作為十大重點策略產業部門之一的造船工

業，獲得了迅速的發展。自 1980 年起，韓國年接收訂單及造船總噸位均躍居世界第二位，僅次於日本，成為世界第二大造船國。1999 年，韓國接收造船訂量首次超過日本，成為世界第一造船大國。

1990 年代末，韓國造船價格競爭力和生產率等方面大幅提高。韓國自 2001 年超過日本成為世界最大船舶出口國，2006 年，為進一步鞏固和提高韓國造船業的競爭力，韓國政府、燃氣公司、造船公司共同投資開發韓國型 LNG 貨物儲藏艙，提高 LNG 運輸船自有技術量。

目前造船業是韓國的主要支柱產業之一，居世界領先地位。據韓國造船海洋成套協會數據顯示，2011 年，韓國接收船舶訂單量達 1,355.4 萬修正總噸，位居世界第一，並大量承攬大型貨櫃船、LNG 船、海洋工程的高附加值船舶及海洋設備。

2012 年，韓國承攬的船舶和海洋成套設備訂單量為 750 萬修正總噸，同比減少 45.7%，全年訂單總額為 300 億美元，同比減少 37.7%，但是仍憑藉 35% 的全球訂單占有率連續兩年穩居世界第一。船舶出口額為 378 億美元，同比減少 30%，被中國超越。

2013 年，韓國船舶產量為 1,003.6 萬修正噸，訂單量為 1,369.2 萬修正噸，訂單餘量為 3,227.5 萬修正噸，出口額為 371.68 億美元。2014 年，韓國船舶產量為 1,029.5 萬修正總噸，同比成長 2.5%；訂單量為 1,072 萬修正總噸，同比大減 21.6%；訂單餘量為 3,247 萬噸，同比成長 0.6%；出口額為 398.86 億美元，同比成長 7.3%。

鋼鐵產業。作為韓國主導型產業，鋼鐵產業在過去的半個世紀中，一直保持著快速成長，並在推動韓國經濟的繁榮中做出了重大貢獻。近年來韓國一直保持著世界第五大鋼鐵製造國的地位。據韓國鋼鐵協會統計，2014 年，韓國粗鋼產量為 7,154.2 萬噸，同比成長 8.3%。鋼鐵出口 3,227 萬噸，同比增加 10.6%；鋼鐵出口額 345.77 億美元，同比成長

9.5%；鋼鐵及其產品（含鋼鐵）出口額為 475.2 億美元，同比增加 8.9%。

電子產業。韓國電子產業在短短 30 年取得了世界矚目的成就。2006 年韓國電子產業繼美國、日本、中國之後，居世界第 4 位，產量占世界總量的 7.2%。

隨著工業結構的轉變自 1980 年代中期韓國將電子工業的生產重點從民用電子產品轉向附加值高的工業用電子產品，加快邁向高技術電腦、電信設備和工廠自動化設備的步伐。2005 年開始，韓國將尖端儲存器技術運用到大規模積體電路的研發生產中並不斷探索和研發尖端技術，其電子通訊產品的先進性和創意性世界矚目。2014 年，韓國電子產業實現出口 1,744.7 億美元同比增加 2.0%，其中半導體出口額為 630.7 億美元，同比增加 9.2%；電腦為 73.4 億美元，同比增加 1.8%；無線通訊設備 173.2 億美元，同比減少 0.1%；家電為 135.72 億美元，同比減少 4%。

石化產業。韓國的石油化學工業始於 1960 年代後半期。目前，韓國石油化學工業所需原油全部依賴進口。因此韓國的石化工業中心集中分布在沿海地帶。麗川為韓國最大的石化工業中心，其次是蔚山、臺山。經歷了多年發展後，韓國石化工業不僅滿足了韓國國內產業需求，還成為其出口主力。2007 年，韓國石化產品出口金額達 288 億美元，乙烯生產能力為 690 萬噸，位居世界第五位。2013 年韓國成為全球第四大乙烯生產國，乙烯生產量達 835 萬噸／年。石油、化工產品出口額分別為 489.2 億美元和 644.4 億美元。2014 年，韓國石油產品出口額為 507.8 億美元，同比減少 3.8%；化工產品出口額為 656.5 億美元，同比增加 1.9%。

機械產業。在韓國政府發表的一系列政策引導及促進下，韓國通用機械產業經歷了零配件進口、組裝生產、零配件國產化、獨立模式開發過程。2014 年，通用機械和精密器械出口額為 578.9 億美元，同比成長 4.7%。

## 11.2.6 對外經貿關係

貿易規模。據韓國關稅廳統計，韓國 2014 年進出口貿易總額達 10,986.55 億美元，同比成長 1.02%，繼 2011 年外貿總額連續四年突破 1 兆美元。其中，出口 5,730.91 億美元，同比成長 2.4%，進口 5,255.64 億美元，同比增加 1.9%，實現 475.27 億美元順差。全年外貿總額、出口額和貿易順差額均創歷史新高。

商品結構。2014 年，韓國主要出口商品中半導體（631 億美元，同比成長 9.2%）、鋼鐵製品（475 億美元，同比成長 8.9%）、船舶（387 億美元，同比成長 7%）、通訊設備（383 億美元，同比成長 6.3%）等出口成長，家電（136 億美元，同比 -4%）、石油製品（515 億美元，同比 -3.2%）、輕工業產品（386 億美元，同比 -1%）等出口減少，見表 11-2。

2014 年韓國生產數據和消費品進口數量呈成長趨勢，全年韓國進口額共計 5,255.64 億美元，同比成長 1.9%。從進口商品類別看，原材料全年進口 3113 億美元，同比減少 0.6%。

其中鋼材和油脂進口分別成長 9.9%，化工品、原油、礦產和輕工業原料、有色金屬、紡織原料呈小幅減少趨勢。生產數據全年進口 1,489 億美元，同比成長 3.2%，其中通訊儀器和半導體增幅明顯。消費品全年進口 653 億美元，同比成長 12.2%，其中，汽車、菸酒、家電進口大幅增加，糧食、黃金等進口減少。

表 11-2 韓國進口額和同比成長率（單位：億美元）

| 排名 | 商品名 | 出口額 | 占比 |
| --- | --- | --- | --- |
| 1 | 化工品 | 657 | 11.46% |
| 2 | 半導體 | 631 | 11% |
| 3 | 機械類及精密機器 | 579 | 10.10% |
| 4 | 石油製品 | 515 | 8.99% |

| 排名 | 商品名 | 出口額 | 占比 |
|---|---|---|---|
| 5 | 鋼鐵產品 | 475 | 8.29% |
| 6 | 乘用車 | 448 | 7.82% |
| 7 | 船舶 | 387 | 6.75% |
| 8 | 輕工業製品 | 386 | 6.74% |
| 9 | 資訊通訊器材 | 383 | 6.69% |
| 10 | 汽車零件 | 266 | 4.65% |

數據來源：韓國關稅廳

2014年韓國同11個FTA（自由貿易協定）締結國家和地區間貿易額為4,790億美元，占貿易總額的43.6%，其中出口額2,636億美元，同比成長25.2%；進口額2,154億美元，同比成長26.5%。

據韓國產業通商資源部統計，2014年韓國外資申報規模為190.0億美元，同比成長30.6%。外資實際到位規模為115.2億美元，同比下降17.1%。

從投資來源地看，歐盟對韓國投資規模居首，達65.0億美元，同比成長35.4%；其後依次為美國、日本、荷蘭、盧森堡、新加坡、中國、香港，投資額分別為36億美元、25億美元、24億美元、19億美元、17億美元、12億美元、11億美元。

從投資領域看，對韓國製造業投資達76.5億美元，同比成長64.6%；對韓國服務業投資達111.9億美元，同比成長13.6%。製造業中，對零元件材料投資達46.1億美元，同比成長41.0%，占對製造業投資總額的60.3%；服務業中對軟體、經營諮詢業投資最多。

從投資方式看，綠地投資為110.2億美元，同比成長15.2%，併購投資達79.8億美元，同比成長60.3%。

據聯合國貿發會議釋出的2015年《世界投資報告》顯示，2014年，韓國吸收外資流量為99.0億美元；截至2014年底，韓國吸收外資存量為1,820.4億美元。

## 11.3　印尼

### 11.3.1　自然地理環境

　　印尼位於亞洲東南部，由太平洋和印度洋之間的 17,508 個大小島嶼組成，面積 1,904,443 平方公里，海洋面積 3,166,163 平方公里（不包括專屬經濟區）。印尼群島東西達 5,300 公里，南北約 2,100 公里，其中 6,000 個島嶼有人居住。印尼處於亞洲大陸及澳洲之間，扼守出入太平洋、印度洋之間的門戶馬六甲海峽，在全球策略上居重要地位。印尼位於環太平洋地震帶，境內多火山，是一個地震頻發的國家。

　　印尼自然資源豐富，有「熱帶寶島」之稱。盛產棕櫚油、橡膠等農林產品，其中棕櫚油產量居世界第一，天然橡膠產量居世界第二。主要礦產資源有石油、天然氣、錫、鋁、鐵、銅、錫、金、銀、煤等，儲量均非常豐富。

　　印尼地處熱帶，全年氣候溫暖溼潤，平均氣溫為 25 至 27℃，溼度為 70% 至 90%。通常每年 4 月至 10 月為旱季，11 月至次年 3 月為雨季。

### 11.3.2　社會文化環境

　　根據印尼政府公布的數字，印尼有 300 多個民族，其中爪哇族占人口總數的 45%，巽他族占 14%，馬都拉族占 7.5%，馬來族占 7.5%，華人約占 5%，超過 1,000 萬人。華人在印尼商貿和工業領域發揮著重要作用。

　　印尼有 200 多種民族語言，官方語言為印尼語（Indonesian）。印尼約 87% 的人信奉伊斯蘭教，是世界上穆斯林人口最多的國家。6.1% 的人信奉基督教新教，3.6% 的人信奉天主教，其餘的人信奉印度教、佛教和原

始拜物教等。

印尼人在衣著上總體比較保守，在公開場合人們服裝普遍十分得體。男性在辦公時通常穿著統一工裝或穿長褲、白襯衫並打領帶。長袖蠟染衫（當地稱「巴迪衫」）為印尼國服，在多數正式場合都可以穿著。

婦女在辦公室穿裙子和有袖的短外套，並避免色彩過於鮮豔。如果參觀廟宇或清真寺，不能穿短褲、無袖服、背心或比較裸露的衣服。進入任何神聖的地方一定要脫鞋。在峇厘島，進入寺廟要在腰間束腰帶。

在印尼，當人們坐下來時，兩腿不能交叉，如果非要這樣做，要把一條腿的膝蓋放在另一條腿的膝蓋上面。在峇厘島，坐下時兩腿要平放在地板上。在印尼，打呵欠要用右手將嘴遮住，否則是不禮貌；不要嘲笑別人犯的錯，也不能模仿任何人的動作，否則會傷害他們的感情；不要在街上或走路時吃東西，也不要用左手與人握手、觸碰別人；與人談話或進入別人家，都要摘下太陽鏡。

印尼人友善且容易接近。在社交場合與客人見面時，一般習慣以握手為禮。在作正式介紹時，對稱謂要多加注意，多數中間階層的印尼人有兩個名字，而許多下層人民只有一個。富有者通常都有很長的姓和名，通常只選用一個短名和首字母縮寫名。在稱呼人時，只能使用他們的第一個姓，不能使用第二個。

印尼人飲食習慣上以稻米為主食，副食品主要有魚、蝦、牛肉等，伊斯蘭教徒忌食豬肉。印尼人習慣吃西餐。由於受當地華人的影響，他們普遍喜歡中餐。除在官方場合有時使用刀叉外，一般都習慣用右手抓飯。他們在用餐時，有邊吃邊喝涼開水的習慣，也愛喝葡萄酒、礦泉水等，一般不喝烈性酒。

印尼人特別注重送名片。初次相識，客人應送自己的名片給主人，名片文字用英文。印尼人喜歡平和的聲調、不擺架子的姿態和尋求一致

的良好願望，與他們談判應態度謙遜些並放低聲音。拜訪印尼商人時最好帶上禮物，收下禮物即意味著承擔了某種責任，對別人送的禮品要欣然接受，但是不要當面開啟包裝。印尼商人喜歡宴請，作為客人，在回國前應以相同標準回報他人一次。

印尼人忌諱用左手傳遞東西或食物；忌諱有人摸他們孩子的頭部，那會被認為是缺乏教養的行為；忌諱老鼠和烏龜；與印尼人交談應避開政治、宗教等話題。

### 11.3.3　投資吸引力

近年來，印尼吸引外資持續較快成長，特別是2008年國際金融危機以來，每年保持13％以上增速。據聯合國貿發會議釋出的2015年《世界投資報告》顯示，2014年，印尼吸收外資流量為225.8億美元；截至2014年底，印尼吸收外資存量為2,530.8億美元。

從投資環境角度看，印尼的吸引力主要表現在以下六個方面：(1)政局較為穩定；(2)自然資源豐富；(3)經濟成長前景看好，市場潛力大；(4)地理位置重要，控制著關鍵的國際海洋交通線；(5)人口眾多，有豐富、廉價的勞動力；(6)市場化程度較高，金融市場較為開放。

印尼利用外資快速成長，作為東南亞最大的國家，已成為東盟10國中最具吸引力的投資目的國之一。

礦業是外商投資印尼的傳統熱點行業。印尼礦產資源極為豐富，成為國際煤炭、鐵、錫、金等金屬礦產品市場供應的重要來源，吸引大批外資投入礦業上游行業以穩定原料供應。特別是2012年5月，印尼政府對65種礦產品出口加徵20％出口稅，並要求外國投資者在印尼投資設立冶煉加工廠等措施，刺激了外商對礦產下游行業的投資，目前礦業成

為印尼第一大外商投資行業，約占利用外資總量的 1／60。

印尼不斷成長的國內需求和龐大的國內市場吸引外資流入。印尼幅員遼闊、人口眾多，中產階級日益壯大，消費需求和消費能力不斷增強。長期以來重點投資印尼汽車、家電、化工等製造業領域的日本、韓國等，近年來更加大了投資力度，在利用印尼勞動力成本低、開發東盟市場便利等優勢的同時，注重開發印尼國內市場需求。

另外印尼政府大力改善基礎設施條件，發表中長期經濟發展規劃著力推動交通、通訊等大型基礎設施項目建設。僅 2013 年就計劃啟動總投資約 545.6 兆印尼盾（約合 565 億美元）的基礎設施項目，巨大的基建市場也為外資帶來投資機遇。

2014 年印尼政府推出的投資一站式服務、稅收優惠、加大宣傳推介等政策和措施對吸引外資有一定促進作用。印尼投資協調委員會以簡化手續、提升服務的方式促進外商投資，加強一站式服務並建立「電子追溯系統」網上公布投資申辦手續的狀態及投資資訊。印尼工業部、財政部發表稅收優惠，以外商投資企業自用設備免徵進口關稅、出口產品的原材料實行退稅、特定行業和大規模投資所得稅減免等方式，吸引外商投資。

目前印尼經濟保持較快成長，國內消費成為印尼經濟發展穩定動力，各項總體經濟指標基本保持正面，經濟結構比較合理。印尼持續向好的經濟發展前景和特有的比較優勢將繼續吸引外資湧入。2014 年印尼實際吸引外資 307 兆盾（約合 292 億美元），同比成長 13.5%，再創歷史最高紀錄，但是與 2013 年外資成長 22.5% 相比，增速減弱。按投資國別統計，新加坡投資額 58.32 億美元，占外資總額的 20.4%，取代日本，成為印尼最大投資國。日本和馬來西亞投資額分別占外資總額的 9.5% 和 6.2%，分列第二和第三位；其次為荷蘭和英國，投資額分別占外資總額的 6.1% 和 5.6%。

2014 年印尼國內投資和外國投資總額 463.1 兆盾，同比成長

16.2%，其中外國投資額占國內國外總投資額的 66.3%。按投資區域統計，國內投資和外國投資總額的 46% 在爪哇島，其餘在爪哇島外。

印尼投資環境的諸多硬傷仍未出現明顯改觀。基礎設施嚴重滯後是最大的瓶頸，物流成本高、通訊條件普遍較差、電力供應難以滿足基本需求等。基礎工業落後，產業鏈上下游配套不完備，影響部分製造企業擴大再投資。

政府低效和腐敗現象仍比較嚴重，部分領域如礦業等行政管理混亂、稅費複雜繁多等等，都在相當程度上降低了印尼對外資的吸引力。外資企業在印尼面臨的一些障礙有：

印尼各地區工人最低薪資、工業用電、燃油價格較大幅度上漲，增加企業特別是勞動力密集型企業成本。

資源民族主義和貿易保護主義抬頭，少數保守社會團體鼓動政府發表不利於外資的政策。基礎設施滯後問題越發嚴重，機場、碼頭、道路運力嚴重不足，雅加達和重點城市交通幹道常年擁堵，猝不及防的水災、停水、停電等時有發生。最近，政府有關經濟政策帶有較強的「民粹」色彩，不利於穩定投資者信心。近期印尼盾已再度貶值，可能對已有投資的收益造成匯兌損失。

世界經濟論壇《2014 —— 2015 年全球競爭力報告》顯示，印尼在全球最具競爭力的 144 個國家和地區中排第 34 位。

## 11.3.4 總體經濟

如表 11-3 所示，儘管遭受了 2008 年國際金融危機的影響，印尼經濟依然保持了較高的成長率。繼 2009 年、2010 年、2011 年分別實現 4.5%、6.1%、6.5% 的經濟成長後，2012 年印尼國內生產總值 (GDP) 比

上年成長 6.23%，人均 GDP 達 3,700 美元。2013 年印尼 GDP 比上年成長 5.78%。印尼中央統計局從 2014 年開始，將實際 GDP 的計算基準年由原來的 2000 年改成了 2010 年。如果按照原來的基準，2014 年的成長率為 5.06%，為 2009 年（4.63%）以來的最低水準。2013 年的實際 GDP 按照原來的基準為 5.73%，按照新基準為 5.58%。印尼 2014 年的名義 GDP 為 10,542 萬 6,935 億印尼盾（約合 8,350 億美元），見表 11-3。

表 11-3 2008 至 2014 年印尼經濟成長情況

| 年份 | 經濟成長率（%） | 人均 GDP（美元） |
| --- | --- | --- |
| 2008 | 6.1 | 2,245 |
| 2009 | 4.5 | 2,349 |
| 2010 | 6.1 | 3,005 |
| 2011 | 6.5 | 3,500 |
| 2012 | 6.23 | 3,583 |
| 2013 | 5.78 | 3,499 |
| 2014 | 5.02 | 3,531 |

資料來源：印尼中央統計局

產業結構。印尼是東盟最大的經濟體，農業、工業和服務業均在國民經濟中有著重要地位。印尼三大產業結構為第一產業占 15.04%；第二產業占 46.04%，其中工業占 35.86%，建築業占 10.18%；服務業占 38.92%。在工業增加值中，製造業占 GDP 的比例為 23.59%，電力、燃氣及水的生產和供應業占 0.83%。

## 11.3.5 重點及特色產業

目前，印尼油氣產業占 GDP 的比例約為 7.3%；非油類產業占 92.27%，其中第一產業農林牧漁業占 14.44%；採礦業占 11.78%，製造業

占 23.94%，電氣水供應業占 0.79%，建築業占 10.45%，合計第二產業占 46.96%；貿易、住宿、餐飲業占 13.90%，運輸通訊業占 6.66%，金融房地產商業服務業占 7.26%，其他服務業占 10.78%，合計服務業占 38.60%。

石油天然氣。印尼油氣資源豐富，共有 66 個油氣盆地，其中 15 個盆地生產石油天然氣。政府公布的石油儲量為 97 億桶，折合 13.1 億噸，其中考核儲量 47.4 億桶，折合 6.4 億噸。印尼天然氣儲量 176.6 兆標準立方英呎 (TCF)，折合 4.8 兆至 5.1 兆立方公尺。

石油勘探開發基本上依靠國外石油公司。近年來，印尼石油產量逐漸下降。自 2003 年以來，印尼已成為石油淨進口國，2008 年初印尼宣布退出石油輸出國組織（歐佩克）。2012 年印尼原油和凝析油產量降至 87 萬桶／日，低於政府制定的 93 萬桶／日產量目標。印尼最大的石油企業為國家石油公司 (Pertamina)。據 2012 年《財富》公布，印尼國家石油公司成為首個進入世界 500 強的印尼企業，排名第 122 位。

農林植業。印尼是一個農業大國，全國耕地面積約 8,000 萬公頃，從事農業人口約 4,200 萬人。印尼自然條件得天獨厚，氣候溼潤多雨，日照充足，農作物生長週期短，主要經濟作物有棕櫚油、橡膠、咖啡、可可。2012 年，印尼棕櫚油產量達到 2,850 萬噸，成為全球最大的棕櫚油生產國。

印尼森林覆蓋率為 54.25%，達 1 億公頃，是世界第三大熱帶森林國家，全國有 3,000 萬人依靠林業維持生計。膠合板、紙漿、紙張出口在印尼的出口產品中占很大份額，其中籐條出口占世界 80% 至 90% 的份額。

印尼最大的林業和造紙企業集團為金光集團 (Sinar Mas)。作為世界上最大的群島國家，印尼海岸線 8.1 萬公里，水域面積 580 萬平方公里，包括領海漁業區 270 萬平方公里，專屬經濟區 310 萬平方公里。漁業資源豐富，海洋魚類多達 7,000 種，政府估計潛在捕撈量超過 800 萬噸／

年,目前已開發的海洋植業產量占總漁業產量的 77.7%,專屬經濟區的漁業資源還未充分開發。

採礦業。印尼礦產資源豐富分布廣泛。採礦業為印尼國民經濟發展創造了可觀的經濟效益,是出口創匯、增加中央和地方財政收入的重要來源,也為保持經濟活力、創造就業和發展地區經濟做出了正向貢獻,同時還具有輻射社會經濟其他領域的間接作用以及對邊遠地區發展的推動作用。印尼主要的礦產品有錫、鋁、鋅、鐵、銅、金、銀、煤等。印尼最大的國有礦業公司為安塔公司(Antam),另外還有印尼國有錫業集團公司(PTTimahTbk)。

工業製造業。印尼的工業化水準相對不高,製造業有 30 多個不同種類的部門,主要有紡織、電子、木材加工、鋼鐵、機械、汽車、紙漿、紙張、化工、橡膠加工、皮革、製鞋、食品、飲料等。其中紡織、電子、木材加工、鋼鐵、機械、汽車是出口創匯的重要門類。印尼最大的鋼鐵企業為國有克拉卡陶鋼鐵公司(Krakatau Steel),年產量約 300 萬噸。

旅遊業。印尼旅遊資源非常豐富,擁有許多風景秀麗的熱帶自然景觀、豐富多彩的民族文化和歷史遺跡發展旅遊業具有得天獨厚的條件。從 1970 年代起,印尼政府大力發展旅遊業,興建星級酒店等旅遊基礎設施,透過發展旅遊業的法規,逐步擴大到印尼旅遊免辦簽證的國家,並採取其他有力措施,多方吸引外國遊客,目前旅遊業日益成為印尼創匯的一個重要行業。

## 11.3.6　對外經貿關係

貿易規模。2014 年印尼出口 1,762.9 億美元,同比下降 3.4%,進口 1,781.8 億美元,同比下降 4.5%,貿易逆差為 18.9 億美元。其中,中國是印尼非油氣商品的最大出口市場、最大進口來源國和最大貿易夥伴。

商品結構。印尼主要出口商品有礦物燃料、動植物油、機電產品、橡膠及製品、機械設備等。其他出口商品還有礦砂、運輸設備、紙張、紡織品、鞋類製品和木製品等。

印尼其他進口商品還有有機化學品、塑膠製品、航天器、鋼鐵、糧食、肥料、橡膠製品、棉花和無機化學品等。

2014 年印尼吸引外資 292 億美元，比上年成長 13.5%。2014 年印尼外國投資的前五大來源國為新加坡、日本、馬來西亞、荷蘭、英國，其中新加坡投資 58.32 億美元，占外國投資總額的 20.4%；日本投資 27.05 億美元，占比 9.48%；馬來西亞投資 17.76 億美元，占比 6.23%；荷蘭投資 17.26 億美元，占比 6.05%；英國投資 15.88 億美元，占比 5.57%。中國投資 8 億美元，排名第 7 位，占比 2.8%。

## 11.4 印度

### 11.4.1 自然地理環境

印度是南亞次大陸最大的國家。國土面積 298 萬平方公里（不包括中印邊境印占區和喀什米爾印度實際控制區等），列世界第七位。印度東北部同中國、尼泊爾、不丹接壤，東部與緬甸為鄰，東南部與斯里蘭卡隔海相望，西北部與巴基斯坦交界。東臨孟加拉灣、西瀕阿拉伯海，海岸線長約 8,000 公里。

資源豐富，有近 100 種礦藏。雲母產量世界第一，煤和重晶石產量均為世界第三。截至 2010 年年底，主要資源總儲量（探明儲量）為：雲母 39.4 萬噸（6.9 萬噸）、煤 2,672 億噸（1,058 億噸）、重晶石 7,420 萬噸

(3,431萬噸)、鐵礦石146億噸（70億噸）、鋁土32.9億噸（9億噸）、銅13.9億噸（3.7億噸）、鉛238.1萬噸、石灰石756.79億噸、磷酸鹽3億噸（5,272萬噸）、黃金498萬噸（85萬噸）、銀礦2.24億噸（1.16億噸）、石油12億噸、天然氣14.370億立方公尺。

此外，還有石膏、鑽石及鐵、鈾等礦藏。森林面積67.8萬平方公里，覆蓋率為20.64%。擁有世界1／10的可耕地，面積約1.6億公頃，人均0.17公頃，是世界上最大的糧食生產國之一。

印度全境炎熱南部屬熱帶季風氣候，北部為溫帶氣候，而西部的塔爾沙漠則是熱帶沙漠氣候。一年分為涼季（10月至翌年3月）、暑季（4月至6月）和雨季（7月至9月）三季。降雨量忽多忽少，分配不均。冬天時受喜馬拉雅山脈屏障影響，較冷寒流或冷高壓南下影響印度。

## 11.4.2　社會文化環境

民族。印度是多民族、多宗教的國家，有十個大民族和幾十個小民族，其中包括印度斯坦族（46.3%）、泰盧固族（8.6%）、孟加拉族（7.7%）、瓜地馬拉地族（7.6%）、泰米爾族（7.4%）、古吉拉特族（4.6%）、坎拿達族（3.9%）、馬拉雅拉姆族（3.9%）、奧里雅族（3.8%）、旁遮普族（2.3%）、錫克族（2%）等。由於歷史原因，印裔華人數量極少，在政治和經濟生活中的影響微小。華人居住較為集中地方主要在加爾各答等地，主要從事皮革加工、餐飲等行業。

語言。印度1941年憲法343條第一款規定，印地語是印度的官方語言，憲法343條第二款規定，保留英語作為官方工作語言至1965年，並授權議會透過修改法律延長英語作為官方工作語言的使用。1963年，印度透過《官方語言法》，明確1965年以後，英語仍將繼續作為官方工作語言，並規定政府在釋出決議、通告、報告、新聞公告等檔案時，將強

制使用印地語和英語兩種語言。

印地語為全國使用人數最多的語言,約30％人口使用,其次是英語,是全國性通用語言,也是在政治和商業交往中主要使用的語言。當地有多家大型英文日報,政府檔案絕大多數使用英文。此外,官方承認的地方性語言還多達20餘種。

宗教。印度居民中約有80.5％信奉印度教,13.4％信奉伊斯蘭教、2.3％信仰基督教、1.9％信仰錫克教、0.8％信奉佛教、0.4％信香那教,還有少數居民信仰其他宗教。

習俗。印度是世界上最大的「牛國」,共有2億多頭牛,約占世界上牛總數的1／4左右。這與印度的宗教習俗有很大關係。牛為印度人提供了奶食,並擔負耕地、運輸等工作。印度教徒把牛看作「神牛」、「聖牛」,牛受到特別的尊敬。在供奉溼婆神的廟門口有牛的塑像,遊人進廟,首先要脫下皮鞋,因皮鞋大多用牛皮製成。在城市街道上,牛可以自由自在地行走,車輛要讓路給牠們。

在市場上牛可以隨便吃市場上的食品,主人不但不加以驅逐,相反還要跪在牛的面前,雙手捧著最好的食品供奉牠享用。

當牛衰老後,就被送到「聖牛養老院」去供養。印度每年都要舉行一次敬牛的節日活動,把花環和銅鈴繫在牛頸上,牛角塗上色彩並在牛頸上掛上糕餅和椰果,僧侶擊鼓誦經,在街上護送牛遊行。當牛把頸上的食物、果品搖掉時,旁邊的人紛紛搶拾,認為這是神的恩賜。

印度男子的傳統服裝下身是「托蒂」,實際上是一塊纏在腰上的寬幅白棉布,也有麻製或絲製的,長度一般為3.6至4.5公尺,纏在腰間,垂至膝蓋或垂至腳面。上身穿較肥大、長至膝蓋的「古爾達」上衣。頭巾的色澤各異,纏法也不同。

在印度農村,男子有時不穿上衣,只在肩上搭一條汗巾,或用一塊

布圍住上身，一端搭在肩上，人們稱之為「恰達」。印度婦女的民族服裝是「紗麗」。紗麗通常用一塊長約 6 公尺、寬 1.1 至 1.3 公尺的布料做成。紗麗的穿法是從腰部纏起，最後披蓋在肩上或蒙在頭上。

印度人喜歡佩戴各式各樣的首飾，名目繁多。根據傳統的風俗，印度男子把首飾贈予女子被視為應盡的義務。女子把戴首飾視為生活的重要內容。鼻飾多為金銀製品，它是已婚女子的裝飾象徵。頸飾中的項鍊被當作避邪之物，在婚禮中由新郎為新娘戴上，只要不離婚，妻子要戴著這條項鍊一輩子，印度農村至今仍保留這個風俗。

印度飲食南北差異很大。北方受伊斯蘭文化影響，烹飪通常是蒙兀兒式的多肉植物、穀物和麵包。南方多素食，主要是米飯和辛辣咖哩。所有印度菜餚中，唯一共同點是辣味。印度人的正餐常以湯菜開始，通常是稀薄咖哩，其餘菜餚一般全部同時送來。吃甜食也是印度人的一種嗜好。另外，印度教徒最忌諱在同一食盤用菜，素食者多。一般來說，等級越高，葷食者越少；等級較低者，才吃葷（羊肉）。

印度人用餐通常不使用餐具。在北方，人們用右手的指尖吃東西，把食物拿到第二指關節以上是不禮貌的。在南方，人們用整隻右手攪拌米飯和咖哩，並把它們揉成團狀，然後食用。印度人用手進食，但是不能用手觸及公共菜盤或為自己從中取食，否則將為同餐的人所厭惡。就餐時常有一個公用的盛水器供水，喝水時不能用嘴唇接觸盛水器，而要對準嘴往裡倒。餐後印度人通常為客人端一碗熱水放在桌子上，供客人洗手。

## 11.4.3　投資吸引力

從投資環境吸引力角度來看，印度的競爭優勢有以下幾方面：政治相對穩定；經濟成長前景良好；人口超過 12 億，市場潛力巨大；地理位

置優越，輻射中東、東非、南亞、東南亞市場。

世界經濟論壇《2014──2015年全球競爭力報告》顯示，印度在全球最具競爭力的144個國家和地區中，排第71位。

### 11.4.4 總體經濟

印度獨立後至1980年代，經濟平均成長率只有3.5%，80年代上升為5%至6%。21世紀初進入8%至9%的快速成長階段。農業由嚴重缺糧到基本自給，工業已形成較為完整的體系，自給能力較強。1990年代後，服務業發展迅速，占國內生產總值的份額逐年上升。高科技發展迅速，成為全球軟體、金融等服務的重要出口國。

1991年7月印度開始實行全面經濟改革，放鬆對工業、外貿和金融部門的管制。「八五計畫」（1992至1997年）期間經濟年均成長6.7%。「九五計畫」（1997至2002年）期間經濟年均成長率有所下降，為5.5%。1999年開始實行第二階段經濟改革，深化第二階段經濟改革，加速國有企業私有化，改善投資環境，精簡政府機構，削減財政赤字。

「十五」（2002至2007年）、「十一五」（2007至2012年）期間，國內生產總值（GDP）年均成長率均達到7.6%。2015年1月30日，印度中央統計局調整了GDP的統計方法，將統計基期由2004／05財年調整為2011／12財年，根據新的統計方法，印度2013／14和2014／15財年GDP增速分別為6.9%和7.4%。

受全球金融危機影響2008／09財年（當年4月至次年3月下同）GDP增速下滑。2010年隨著全球經濟企業穩定復甦，印度在出口回升和投資回暖的拉動下，經濟逐步回歸快速成長軌道。2011／12財年以來，受全球經濟復甦緩慢、製造業低迷、國內經濟改革推進乏力等因素影

響，印度總體經濟指標全面下滑，經濟增速持續下探。在印度調整GDP統計方法後，從2012／13財年開始GDP提速。

2014／15財年印度農業、工業、服務業增速分別為1.1%、5.9%和10.6%，同比分別提高-2.6、1.4和1.5個百分點。其中，受2014年季風季降雨量大幅減少的影響，糧食、豆類和油料作物大規模減產，導致農業增速降低。受新政府推行經濟改革的利好因素影響，製造業較上財年小幅回暖，水電氣供應和建築業增速均有較大提升，但是採礦業增速回落。遠洋貨運、民用航空運輸、銀行存貸款業務、私營房地產部門較上財年均有較大成長。

## 11.4.5 重點及特色產業

印度擁有世界1／10可耕地，耕地面積約1.8億公頃，是世界上最大的糧食生產國之一。農村人口約占總人口的72%。主要糧食作物有稻米、小麥等，主要經濟作物有油料、棉花、黃麻、甘廉、咖啡、茶葉和橡膠等。2014／15財年，農業GDP增速為1.1%（基本價格），農作物產量為2,571萬噸，糧食（稻米和小麥）庫存為4,100萬噸。

印度工業體系比較完善。主要包括紡織、食品、化工、製藥、鋼鐵、水泥、採礦、石油和機械等。近年來，汽車、電子產品製造、航空航天等新興工業發展迅速，但是能源供應不足制約了工業的發展。印度汽車零配件、醫藥、鋼鐵、化工等產業水準較高、競爭力較強。2014／15財年工業產值成長5.9%。其中，採礦和採石業成長2.3%，製造業成長6.8%，建築業成長4.5%，電力、燃氣、水工業和其他設施服務業成長9.6%。

印度服務業占國民經濟比例較高，連鎖經營和現代物流配送方式還不普遍，金融和保險業發達，管理較嚴。2014／15財年服務業產值成

長 10.6%，占 GDP 的比例為 52.6%。其中貿易、酒店、運輸及與廣播相關的通訊服務業增速為 8.4%，金融、固定資產和專業服務業增速為 13.7%，公共管理、國防和其他服務業增速為 9%。

印度軟體出口和服務外包業發展迅速。印度電信部年報顯示，2011／12 財年，印度實現軟體出口 3.33 兆盧比（約合 688 億美元）；2012／13 財年，實現軟體出口 4.11 億盧比（約合 758 億美元），同比成長 23.5% 左右。隨著軟體服務業的發展，近年來形成了邦加羅爾、金奈、海德拉巴、孟買、普納和德里等一批著名的軟體服務業基地城市。塔塔諮詢（Tata Consultancy Services）、威普羅公司（Wipro Technologies）和印孚瑟斯公司（Infosys Technologies）成為全球著名的軟體服務外包企業。

紡織業在印度國民經濟中佔有極其重要的地位。印度紡織部年報顯示，紡織業貢獻了印度 GDP 的 4%、工業總產出的 14%、出口創匯的 11%。產業共吸引就業 3,500 萬人，是繼農業後第二大就業部門。主要產品有棉紡品、人造纖維、毛製品、絲織品、黃麻製品、地毯、手工藝品及成衣等。主要紡織企業包括印度國家紡織公司（NTC）、印度國家黃麻生產公司（NJMC）、印度棉花公司（CCI）、ELGINMills 和 Spentex 等。

印度的醫藥業規模上在全球排第二位，生物醫藥是印度製藥業的領頭羊。2010／11 財年，醫藥產值達到 1.05 兆盧比，醫藥出口額達到 4,755 億盧比，占當年出口總額的 4.2%。從業人員 300 多萬，較大規模的研發型生物醫藥企業約 270 家。此外，還有約 5,600 家擁有藥品生產執照的小規模仿製藥企業。

## 11.4.6 對外經貿關係

貿易規模。2013／14 財年，印度進出口達 7,633 億美元，同比下降 3.5%。其中，印度出口 3,124 億美元，成長 3.98%，進口 4,509 億美元，

下降 8.11%，貿易逆差額 1,386 億美元，同比下降 27%。

商品結構。印度主要出口商品包括石油、珠寶、交通設備、機械和儀器、醫藥製品及精細化學品、金屬製品、棉紗、面料、成衣、電子產品、塑膠和油氈產品等。主要進口商品包括原油和成品油、電子產品、黃金、非電子類機械、珠寶、有機化學品、煤及焦煤、金屬礦砂和金屬碎料、交通設備、可食用植物油等。

自 1991 年實行經濟改革以來，印度政府逐步放寬對外商直接投資領域的限制，使印度近年來利用外資實現了快速成長。2000 年 4 月至 2014 年 12 月，外商直接投資累計達到 3,647 億美元（包括利潤再投資和其他資本投資）。

印度的外國投資主要來自毛里求斯、新加坡、英國、日本、美國等，投資領域主要包括金融和非金融服務業、建築業（含房地產開發）、電信、電腦軟硬體、製藥、化學品（化肥除外）、汽車、電力、酒店與旅遊等行業，其中服務業吸引外資總額占印度 2000 年以來吸引外資總量的 17%。目前，在印度投資的世界 500 強企業包括滙豐、沃達豐、大眾汽車、福特汽車、本田汽車、豐田汽車、現代汽車、雀巢食品、寶潔等知名企業。

據印度工業政策和促進總局數據顯示，2014 年全年，印度累計吸引外國直接投資 287.84 億美元，同比成長 31%。

據聯合國貿發會議釋出的 2015 年《世界投資報告》顯示，2014 年，印度吸收外資流量為 344.2 億美元；截至 2014 年底，印度吸收外資存量為 2,523.3 億美元。

## 11.5 哈薩克

### 11.5.1 自然地理環境

哈薩克位於亞洲中部，西瀕裏海（海岸線長 1,730 公里），北鄰俄羅斯、東連中國，南與烏茲別克、土庫曼、吉爾吉斯接壤。哈薩克面積 272.49 萬平方公里居世界第 9 位為世界最大內陸國。東西寬約 3,000 公里，南北長約 1,700 公里。哈薩克境內多平原和低地，全境處於平原向山地過渡地段。境內 60% 的土地為沙漠和半沙漠。最北部為平原，中部為東西長 1,200 公里的哈薩克丘陵，西南部多低地、東部多山地。歐亞次大陸地理中心位於哈薩克，哈薩克約有 15% 的土地為歐洲部分。

哈薩克的自然資源豐富，尤其是固體礦產資源非常豐富，境內有 90 多種礦藏，1,200 多種礦物原料。已探明的黑色、有色、稀有和貴重金屬，礦產地超過 500 處。不少礦藏儲量占全球儲量的比例很高，如鉻超過 50%、鈾 25%、鉛 19%、銅和鐵 10%，許多品種按儲量排名在全世界名列前茅。哈薩克石油儲量非常豐富，已探明儲量居世界第七位、獨立國協第二位。根據哈薩克儲量委員會公布的數據，目前哈薩克石油可採儲量 40 億噸，天然氣可採儲量 3 兆立方公尺。

哈薩克陸上石油探明儲量為 48 億至 59 億噸，天然氣 3.5 兆立方公尺；哈薩克屬裏海地區石油探明儲量 80 億噸，其中最大的卡沙乾油田石油可採儲量達 10 億噸，天然氣可採儲量超過 1 兆立方公尺。

哈薩克屬裏海地區，是哈薩克石油開採量成長潛力最大的地區。瀕裏海盆地是當今世界油氣儲量最豐富的地區之一。據專家估算，該地區石油總儲量可達 900 至 2,000 億桶，天然氣儲量約為 458.8 兆立方公尺，

分別占世界石油和天然氣總量的 17.2% 和 7.5%，因而裏海被稱為「第二個中東」。

裏海周邊共有五個國家即哈薩克、亞塞拜然、土庫曼、俄羅斯和伊朗。如五國能就裏海權益劃分問題達成協議，哈薩克屬裏海水域將達到 30%，為五國中最大，同時石油儲量也位居榜首。根據美國能源部能源信息署公布的材料，哈薩克屬裏海的石油總儲量約 1,010 至 1,096 億桶，約占整個裏海地區儲量的一半，天然氣總儲量為 153.3 兆立方公尺，約占總儲量的 1／3。

哈薩克全國煤資源儲量 1,767 億噸，排在中國、美國、俄羅斯、澳洲、印度、南非和烏克蘭之後，位列全球第八，占世界總儲量的 4%。全國已探明和開採的煤田 100 個，其中大部分煤田分布在哈薩克中部（卡拉干達、埃基巴斯圖茲和舒巴爾科里煤田）、北部（圖爾蓋煤田）和東晗州。

哈薩克鈾的儲量非常豐富，已探明儲量 150 萬噸左右，總儲量占全球儲量的 19%，居世界第二位。哈薩克鈾礦主要集中在南部楚河 —— 薩雷蘇河鈾礦區、錫爾河鈾礦區（超過哈總儲量的 70%）和北部鈾礦區（占總儲量的 17% 左右），已探明鈾礦超過 55 個。哈薩克鈾礦的水文地質條件非常好，開採成本低。目前正在開採的鈾礦 90% 以上採用地下浸出的低成本方法開採。

哈薩克黃金已探明儲量約 1,900 噸，居世界第 8 位，占全球黃金儲量的 3.4%。哈薩克有 20 個金礦區，主要分布在哈薩克的北部、東部和東南部地區。從金礦的種類上看，單一金礦占總儲量的 68% 左右，其餘為共生礦。但是目前全國黃金產量的 2／3 來自共生礦，是在加工鋅和銅的過程中提煉出來的。哈薩克黃金產量排行世界前 20 位。

哈薩克銅礦已探明儲量為 3,450 萬噸，占世界儲量的 5.5%，列智利、印尼和美國之後，排名第 4 位。哈薩克已勘探出 93 座銅礦，一半以

上處於開採階段。全國共有大型銅業開採公司 11 家,其中兩家為外國公司。排名靠前的兩家公司為哈薩克銅業公司和哈薩克鋁業公司。

哈薩克已探明鉛儲量為 1,170 萬噸世界儲量占比為 10.1%。列俄羅斯、加拿大、澳洲、美國和中國之後,排名第 6 位。哈薩克已探明鋅儲量為 2,570 萬噸,世界儲量占比 9.5%。儲量排在澳洲、美國和俄羅斯之後,排名第 4 位。目前在哈薩克發現的鉛鉢礦有 3,000 多個主要集中在中哈、南哈和東哈地區。

哈薩克已探明鋁礬土儲量 4.5 億噸,為世界第 10 位,在幾內亞、澳洲、牙買加、巴西、印度、中國、蓋亞那、蘇利南和委內瑞拉之後。哈薩克的鋁礬土礦儲量很豐富,按每年開採 500 萬噸計算,可開採 90 年。

哈薩克鐵已探明儲量 91 億噸,排世界第 6 位,前 5 位為俄羅斯、澳洲、烏克蘭、中國和巴西。哈薩克的鐵礦屬於富礦,鐵精礦含量可達 65%左右。哈地質學家預測其遠景儲量為 150 億噸,其中約 60%為富礦和易選礦。

錳礦儲量居世界第 2 位,僅次於南非。哈薩克目前已探明儲量的錳礦有 20 個,總儲量超過 4 億噸,總儲量占世界儲量的 1/3。幾乎全部集中在阿克糾賓州的赫羅姆套(意為「錳山」)。

鉻礦儲量為 200 萬噸,居世界第 1 位,占全球儲量的 50%。哈鉻礦主要集中在中部卡拉干達州及東南部的 12 個礦區多為鴿鋼共生礦。最大的鉻礦是位於卡拉干達州阿塔蘇東大約 100 公里的上凱拉克特礦。

哈薩克位於北溫帶,為典型的大陸性氣候夏熱冬寒。1 月平均氣溫 -19℃至 4℃,7 月平均氣溫 19℃至 26℃。有歷史記錄的最高和最低氣溫分別為 49℃和 -57℃。

哈薩克境內各地氣候又有比較大的差異,北方少數城市(如彼得羅巴夫洛夫斯克、科斯塔奈、科克奇塔夫、巴甫洛達爾和阿斯塔納等)因接近

西伯利亞，氣候較為寒冷，1月平均氣溫為-19℃，7月平均氣溫為19℃；南部地區（如希姆肯特、克孜勒奧爾達等地）氣候比較溫和，1月平均氣溫為-4℃，7月平均氣溫為26℃。年降水量在不同地區差別較大：荒漠地帶不到100毫米，北方為300至400毫米，山區可達1,000至2,000毫米。

## 11.5.2　社會文化環境

哈薩克是一個多民族國家，共有125個民族，主要有哈薩克族、俄羅斯族、烏茲別克族、烏克蘭族、維吾爾族等。哈薩克的國家語言是哈薩克語，屬於突厥語族。哈薩克語和俄語同為官方語言。掌握哈薩克語的成年人約占總人口67.5%。哈薩克民眾普遍信仰宗教。根據2011年頒布的《宗教活動和宗教團體法》進行了宗教團體再註冊，截至2012年10月25日，經過再註冊後的全國宗教派別從46個減至17個，宗教團體從4,551個減至3,088個。

主要宗教有：伊斯蘭教、基督教（東正教、天主教、新教）、佛教、猶太教、印度教等。主體民族哈薩克族信仰伊斯蘭教，屬遜尼派，約占人口總數的69%，為哈薩克第一大教派。東正教是哈第二大宗教，信徒約占總人口數的30%，主要為俄羅斯族。其他各少數民族分別信仰各自民族的傳統宗教。哈薩克憲法規定：哈薩克共和國是民主的、世俗的、法制的和社會的國家。這表明哈薩克實行世俗化的治國方針，奉行政教分離的政策。

哈薩克人民過去長期過著游牧生活，被稱作「馬背上的民族」，哈薩克人的衣食住行、婚喪娶嫁、文化活動都反映出一個從游牧到定居的民族的鮮明特點。

在飲食方面，歷史上他們過著食肉飲酒的生活，以食羊肉、馬肉、

牛肉和喝奶為主，食用糧食少。從蘇聯時期至獨立後，受俄羅斯人影響，哈薩克飲食結構發生了較大變化，但是仍保留自身特點。肉食以羊肉為主，其次是牛肉和馬肉。馬腸子是哈薩克的美食之一。具有民族特色的飲食是「馬肉麵」——煮好的麵片上撒滿一層馬肉片。奶製品也是哈薩克人日常生活中必不可少的食品，不僅包括牛奶，還有羊奶、馬奶、駱駝奶。

作為一個歷史上「逐水草而居」的游牧民族，哈薩克人曾長期住在用毛氈、木桿搭成的圓頂形帳篷——氈房中。現在的農牧民多已定居，住磚木結構的瓦房。但是氈房的形象已經深深印在了哈薩克人的腦海中，成為他們民族的一個象徵，哈薩克國徽正中就是氈房的圓頂圖案。

哈薩克人的傳統習俗多來自游牧活動，多數與馬有關，如叼羊、姑娘追、馬上搶羊、馬上射箭等，反映出了游牧民族的鮮明特點。哈薩克人能歌善舞，歌聲悠揚，舞姿奔放。盛大慶祝活動的表演中，常有表現古代將士征戰疆場的舞蹈場面，氣勢宏大。

在婚姻方面，哈薩克人多遵守部落外聯姻的習俗，一個部落7代人之內不得通婚。哈薩克人的婚禮熱鬧隆重。農村的婚禮一般採取傳統的方式，城裡人的婚禮則喜歡用扎花結綵的豪華車輛組成婚禮車隊，鳴著長笛，浩浩蕩蕩地走街串巷。

治喪方面遵循伊斯蘭教規，實行土葬。

### 11.5.3　投資吸引力

哈薩克是中亞地區經濟發展最快、政治局勢比較穩定、社會秩序相對良好的國家，有著豐富的石油、天然氣、煤炭、有色金屬等礦產資源，農業基礎良好，廣闊的牧場適於畜牧業發展、生態狀況優良，地理

位置優越，人文條件也好於其他中亞國家。

哈薩克自獨立以來，堅持奉行積極吸引投資的政策，並加強了有關立法工作。1997 年，哈薩克頒布了《哈薩克吸引外國直接投資的優先經濟領域的清單》和《與投資者簽定合約時的優惠政策》。近些年又先後透過了《國家支持直接投資法》等多部法律法規，對投資者做了各種保證。

此外，哈薩克批准了創辦投資保護多邊協會的 1985 年《釜山公約》，以及 1997 年投資者權利保障的《莫斯科公約》。哈薩克加入了國家與自然人，或法人之間投資糾紛協調公約組織（ICSID），已與英國、美國、法國、俄羅斯等國家簽訂了保護投資的雙邊協議。

2015 年 6 月，哈薩克作為意向創始成員國簽署建立亞洲基礎設施投資銀行的協議。哈薩克已在 2015 年 12 月成為世界貿易組織正式成員國。哈薩克的法律規定所批准的國際協議優先於國家法律。如果所批准的國際協議中的規則不同於國家法律中的原則內容，將接受國際協議中的原則。2003 年 4 月，哈薩克頒布了新的《投資法》。投資立法工作對吸引外資發揮了正面作用。

2009 年納扎爾巴耶夫總統演講，闡明一貫堅持的投資開放政策，鼓勵外國投資者增加投資並拓寬投資領域，促進哈薩克經濟多元化發展。強調當前形勢下的再投資對哈薩克和外國投資者均有利。再投資使哈薩克獲得更多資金，有利於實現經濟多元化發展目標。對外國投資者來說，因哈薩克開始實施增加本國企業產品及服務採購份額的計畫，再投資可以創造獲利的機會。同時，為外國投資者的利潤再投資創造必要條件，政府也將採取措施，提高本國公司經營透明度、完善公司審計與管理、增強企業競爭力、提高本國企業對外資的吸引力。

哈薩克也鼓勵外國投資者面向加工製造業、農業、可再生能源等領域投資。目前，哈薩克希望外國投資者對哈薩克中小企業的新技術、加

工及服務領域進行再投資，同時希望外國投資者轉變投資觀念，關注基礎領域如農業，以及可再生能源等新經濟領域的投資潛力。

多年來，在良好的投資環境下，大量外國投資者不僅擴大對哈薩克斯投資規模，而且進入相關經濟領域，為哈薩克非能源領域發展提供了必要的資金。

世界經濟論壇《2014──2015年全球競爭力報告》顯示，哈薩克在全球最具競爭力的144個國家和地區中，排第50位。

世界銀行《2015年經商環境報告》顯示，哈薩克在189個經濟體中排名第77位。

### 11.5.4 總體經濟

2010年哈薩克經濟增速為7%，2011年為7.5%，2012年為5.0%，2013年為6%，2014年為4.3%。2014年哈薩克第一、二、三產業增加值占GDP的比例分別為4.3%、33.5%和62.2%。

### 11.5.5 重點及特色產業

採礦業。2014年採礦業總值628億美元，在工業總產值中占比達60.8%，是哈薩克國民經濟的支柱產業。其中，石油天然氣開採業是主要產業之一。2014年，哈開採原油6,792.7萬噸，開採凝析油1,291.8萬噸，開採天然氣429.22億立方公尺。採油企業主要集中在哈西南部的5個州。

外國在哈薩克的最大採油企業是美國的「田吉茲──雪佛龍」公司，2014年開採原油2,670萬噸，同比下降1.5%，占到哈薩克原油總開採量的38.9%。哈薩克本國最大的石油企業是哈薩克國家石油天然氣股份公司，2014年產量（包括份額油）1,232.8萬噸，占32.6%。目前，

幾乎世界所有的著名石油公司，包括中國三大石油公司（中石油、中石化、中海油）都進入了哈薩克石油開採領域。

其次是固體礦產資源開採業。大型企業有哈薩克銅業公司、鋁業、金業、煤業公司、米塔爾鋼鐵公司、哈原子能工業公司等。銅、鈷、鋁等有色金屬開採業主要集中在哈薩克南部、北部和中西部地區，煤炭工業主要在中部的巴甫洛達爾州，鈾礦開發地則在南部和北部地區。

加工工業。哈薩克加工工業主要包括石油加工和石化工業、輕紡工業、建材、家用電器和汽車製造、機械設備和黑色、有色金屬材料生產，以及菸酒和食品及製藥工業，近幾年發展迅速。

建築業。2014年哈薩克建築業產值為148億美元，比上年成長4.1%，2013年建築業增加值在GDP中所占比例為6.1%。

農業。哈薩克地廣人稀，全國可耕地面積超過2,000萬公頃，每年農作物播種面積約1,600至1,800萬公頃，糧食產量在1,800萬噸左右。主要農作物包括小麥（占糧食作物產量的90%左右）、玉米、大麥、燕麥、黑麥。糧食主產區（90%產量）在北部的科斯塔奈州、北哈薩克州和阿克莫拉州。南方部分地區可種植水稻、棉花、菸草、甜菜、葡萄和水果等。2014年農業產值140億美元，同比成長0.8%。

農業產值中，種植業產值1.31兆堅戈（約71.1億美元），同比下降1.6%，占比55%；畜牧業產值1.18兆堅戈（約68.90億美元），同比成長3.8%，占比45%。2014年，哈薩克穀物及豆類產量1,716萬噸，同比降低3.7%；蔬菜產量347萬噸，同比成長7.0%；馬鈴薯產量340萬噸，同比成長2.0%；油料作物產量157萬噸，同比成長14.9%。

服務業。哈薩克服務業產值在GDP中占比高於商品生產。2014年，哈薩克服務業增加值17.64兆堅戈，約1,159.5億美元，占哈薩克GDP總值的55.6%。

## 11.5.6 對外經貿關係

哈薩克已與 190 多個國家和地區建立了貿易關係。

貿易規模。自 2000 年起哈薩克的對外貿易額年均以 30%以上的速度成長。2014 年受國際大宗商品價格下跌影響哈薩克外貿形勢所有惡化，外貿總額 1,195 億美元，同比下降 10.5%，其中出口 782 億美元，同比下降 17.6%；進口 412 億美元，同比下降 15.6%。外貿順差 370 億美元，與 2013 年相比增加 11 億美元，如表 11-5 所示。

表 11-5 2010 至 2014 年哈薩克對外貿易額一覽表（單位：億美元）

| 年份 | 2010 年 | 2011 年 | 2012 年 | 2013 年 | 2014 年 |
| --- | --- | --- | --- | --- | --- |
| 貿易總額 | 890 | 1,261.6 | 1,368.3 | 1,314 | 1,195 |
| 出口額 | 592 | 881.2 | 922.9 | 825 | 782 |
| 進口額 | 298 | 380.4 | 445.4 | 489 | 412 |
| 順差 | 295 | 500.8 | 477.5 | 359 | 370 |

資料來源：哈薩克國家統計署

商品結構。2014 年哈薩克出口的主要商品有：能源和礦產品出口額 685.9 億美元，在出口總額中占 86.7%，其中燃料能源商品出口額 659.4 億美元，在出口中占比 83.4%；金屬及其製品出口額約 49.8 億美元，在總出口中占比 6.3%；化工產品、塑膠和橡膠出口額為 1.7 億美元，占比 2.2%；動植物產品和食品出口額 2.2 億美元，占比為 2.8%；機械、設備、交通工具、儀器儀表出口額為 8,283 萬美元，占比為 1.0%，其他出口 5,581 萬美元，占比 0.7%。

哈薩克進口的主要商品有：機械設備、運輸工具和儀器儀表類產品進口金額達 11.7 億美元，占進口總額的 43.6%；化工及相關產業產品進口額為 3.16 億美元，占比 11.8%；金屬及其製品進口金額達 2.6 億美

元,占進口總額的 9.6%;能源、礦產品進口額為 2.7 億美元,占比為 10.4%;動植物產品及食品進口額為 2.7 億美元,占比 10.3%;其他類產品進口 9,466 萬美元,占總進口額 3.5%。

哈薩克獨立以後,為發展本國經濟,哈薩克一直致力於吸引外資。同時開放的市場經濟和豐富的自然礦產資源也吸引著外國資本蜂擁而至。據哈薩克中央銀行公布的統計數據顯示,1993 至 2014 年,哈薩克歷年吸引外國直接投資流量總和 2,138.69 億美元,是獨立國協國家中吸引外資最多的國家之一。

據哈薩克央行統計,截至 2014 年 12 月 31 日,對哈薩克直接投資存量前十名的國家／地區占外國對哈薩克直接投資存量的 82.77%。其中,對哈薩克直接投資存量最多的國家是荷蘭,總額 641.9 億美元,占 49.7%。其他直接投資較多的國家和地區還有美國、日本、中國和英國等。見表 11-6。

表 11-6 主要外資國別來源

| 排名 | 國家／地區 | 外國對哈薩克直接投資存量 | 占比 |
| --- | --- | --- | --- |
| 1 | 荷蘭 | 641.9 | |
| 2 | 美國 | 187.6 | 49.7 |
| 3 | 日本 | 50.1 | 14.5 |
| 4 | 中國 | 40.82 | 3.87 |
| 5 | 英國 | 34.2 | 3.15 |
| 6 | 俄羅斯 | 32.8 | 2.64 |
| 7 | 瑞士 | 30.6 | 2.54 |
| 8 | 維京群島(英) | 21.4 | 2.37 |
| 9 | 奧地利 | 17.1 | 1.66 |
| 10 | 法國 | 11.3 | 1.32 |

資料來源:哈薩克中央銀行

據聯合國貿發會議釋出的 2015 年《世界投資報告》顯示，2014 年，哈薩克吸收外資流量為 95.6 億美元。截至 2014 年底，哈薩克吸收外資存量為 1,292.4 億美元。

## 11.6 沙烏地阿拉伯

### 11.6.1 自然地理環境

沙烏地阿拉伯位於阿拉伯半島，國土面積 225 萬平方公里。東瀕波斯灣，西臨紅海，同約旦、伊拉克、科威特、阿聯酋、阿曼、葉門等國接壤。海岸線長 2,437 公里。地勢西高東低。

沙烏地阿拉伯石油剩餘可採儲量 363 億噸，占世界儲量的 26%，居世界首位；天然氣剩餘可採儲量 8.2 兆立方公尺，占世界儲量的 4.1%，居世界第四位。沙烏地阿拉伯還有金、銅、鐵、錫、鋁等礦藏。沙烏地阿拉伯是世界上最大的淡化海水生產國，其海水淡化量占世界總量的 20% 左右。

沙烏地阿拉伯西部高原屬地中海氣候，其他地區屬亞熱帶沙漠氣候。夏季炎熱乾燥，最高氣溫可達 50℃ 以上。冬季氣候溫和，年平均降雨量不超過 200 毫米。

### 11.6.2 社會文化環境

沙烏地阿拉伯民族主要是阿拉伯族。遜尼派穆斯林占人口大多數，分布在全國各地。什葉派人數極少，約占全國人口的 10%，主要居住在

東部地區。此外，還有少量貝都因人。

沙烏地阿拉伯官方語言為阿拉伯語，商界通行英語。

伊斯蘭教為沙烏地阿拉伯國教，遜尼派占85%，什葉派占15%。禁止在公共場所從事除伊斯蘭教之外的宗教活動。沙烏地阿拉伯一年有兩個重大的宗教節日，即開齋節和宰牲節。開齋節放假七天，宰牲節長達兩星期。每年伊斯蘭教曆的9月為齋月。在齋月的30天內除病人、孕婦、餵奶的婦女和日出前踏上旅途的人以外，人們從日出到日落禁止飲水、進食。宰牲節在伊斯蘭教曆12月10日，宰牲節也是朝聖的日子，從12月9日到12日，數百萬世界各國的穆斯林湧向沙烏地阿拉伯，到聖城麥加和麥地那朝聖。

沙烏地阿拉伯人待人熱情真誠樂於助人。飲食習慣喜好甜食。沙烏地阿拉伯婦女始終保持著伊斯蘭教的傳統習慣，不接觸陌生男人，外出活動穿黑袍、蒙面紗。青年男女的婚姻由父母決定。沙烏地阿拉伯人衣著樸素，男人穿白色長袍，頭戴白頭巾，用黑色繩圈壓著。許多人喜歡戴紅色格子的頭巾。社會地位高的人士，在白袍外面穿一件黑色或金黃色鑲金邊的紗袍，王室成員和大酋長們都穿這種紗袍。

需注意的禁忌包括：嚴禁崇拜偶像。不允許商店出售小孩玩的洋娃娃，不得攜帶人物雕塑進入公共場所，在他們的心目中真主只有一個。對男女間的接觸很忌諱。嚴禁飲酒，飲酒和私自釀酒都會受到嚴刑制裁，輕者一般要受6個月徒刑或鞭笞之刑。不可隨意照相，嚴禁對女人、宗教設施和皇室建築等拍照。旅遊者最好向周圍人詢問，獲得肯定答覆再拍照。禁食豬肉及一切外形醜陋和不潔之物如甲魚、螃蟹等。忌諱左手遞送東西或食物，認為這種舉動有汙辱人的含義。

## 11.6.3　投資吸引力

　　沙烏地阿拉伯的投資環境不斷改善。根據世界銀行和國際金融公司聯合釋出的《2012年營商環境報告》在全球183個經濟體中，沙烏地阿拉伯的營商自由度排名第12位，是西亞北非國家中營商環境最佳的國家，同時也是最受投資者歡迎的阿拉伯國家之一。世界經濟論壇《2012——2013年全球競爭力報告》顯示，沙烏地阿拉伯在全球144個國家和地區中，排名第18位。

　　沙烏地阿拉伯進口關稅較低，平均關稅為5%。對投資領域和投資比例的限制逐步減少，利潤可自由兌換和匯出。通訊、交通、銀行、保險及零售業已陸續對外國投資者開放。2010年底以來沙烏地阿拉伯成功抵禦了席捲西亞北非地區政治動盪風波的衝擊，國內政治社會保持穩定、經濟執行平穩、政府財政儲備雄厚、外匯存底繼續增加，支付能力強，受金融危機影響相對較小，可持續發展空間比較大。2011年7月國際著名評級機構穆迪對沙烏地阿拉伯國家信用的評定等級為AA3級，評級展望為穩定。大公國際則保持對沙烏地阿拉伯國家信用等級M的評定標準，評級展望為穩定。

## 11.6.4　總體經濟

　　2003至2012年，沙烏地阿拉伯經濟保持持續穩定成長。2008年經濟成長達4.5%，2009年受國際金融危機影響，國際原油價格急遽下挫，沙烏地阿拉伯經濟受到嚴重影響，2010年實現經濟恢復成長，經濟成長率為3.76%，2011年經濟成長6.8%，2012年經濟成長6.8%。

## 11.6.5　重點及特色產業

　　石油和石化工業是沙烏地阿拉伯的經濟命脈，石油收入占國家財政收入的70%以上，占國內生產總值的42%。2012年原油產量4.9億噸。近年來，沙烏地阿拉伯政府充分利用本國豐富的石油、天然氣資源，積極引進國外的先進技術設備，大力發展鋼鐵、鍊鋁、水泥、海水淡化、電力工業、農業和服務業等非石油產業，依賴石油的單一經濟結構有所改觀。

　　沙烏地阿拉伯希望本國石油產業具備日產1,250萬桶的生產能力，並有能力將此日產量繼續保持50年。同時，具備在此基礎上繼續提高產能的能力，並正在研究擴大產量至1500萬桶／天。

　　近年來，沙烏地阿拉伯天然氣探明儲量和產量雙雙實現成長。2011年天然氣產量為893億立方公尺，比2010年成長13.2%。

　　沙烏地阿拉伯國內的天然氣消耗量呈逐年成長態勢，天然氣將主要用於滿足國內消費。

　　沙烏地阿拉伯已探明石油儲量2,645.9億桶，居世界第一。天然氣儲量8.2兆立方公尺，排世界第四。

　　阿美石油公司，總部坐落在沙烏地阿拉伯東部省達蘭市，是沙烏地阿拉伯唯一的國有石油公司，公司員工總數55,066人，經營石油、天然氣的勘探、開發、煉化、運輸、儲存、出口，是世界500強企業之一。

　　沙烏地阿拉伯基礎工業公司（SAUDI BASIC INDUSTRIES CORPORATION）是世界500強企業，全球第十大石化公司，也是中東最大的石油化工企業公司和沙烏地阿拉伯最大的上市公司，固定資產792億美元，政府持有70%的股份，員工33,000人。

　　SABIC石化產量占海灣國家的78%，中東地區的53%，全球的

3.8%。乙烯、乙二醇、甲醇、甲基叔丁基醚（MTBE）和聚乙烯等關鍵產品在國際市場上的占有份額較大。其聚烯炬產量居世界第四，聚乙烯產量居世界第三，聚丙烯產量居世界第四。SABIC 是全球第二大乙二醇、甲醇及甲基叔丁基醚（MTBE）生產商，是世界上最大的尿素生產和出口企業，也是世界主要石蠟生產企業之一。該公司 2012 年純利潤約 6 億美元，比 2011 年下降 15%。

## 11.6.6 對外經貿關係

貿易規模。沙烏地阿拉伯實行自由貿易和低關稅政策。由於大量出口石油，沙烏地阿拉伯對外貿易長期順差。2012 年沙烏地阿拉伯進出口總額 5,240 億美元，出口額 3,960 億美元，進口額 1,280 億美元，順差 2,680 億美元，見表 11-8。

表 11-8 2008 至 2012 年沙烏地阿拉伯進出口數據（單位：億美元）

| 年度 | 進口 金額 | 增幅 | 出口 金額 | 增幅 | 進出口總額 金額 |
|---|---|---|---|---|---|
| 2008 年 | 1,151 | 27.75 | 3,135 | 34.43 | 4,286 |
| 2009 年 | 864 | −24.93 | 1,921 | −38.72 | 2,785 |
| 2010 年 | 1,540 | 78.24 | 2,468 | 28.47 | 4,008 |
| 2011 年 | 987 | -56.03 | 3,432 | 28.09 | 4,419 |
| 2012 年 | 1,280 | 29.68 | 3,960 | 15.39 | 5,240 |

資料來源：沙烏地阿拉伯經濟計劃部統計局《沙烏地阿拉伯年度經濟執行報告》

商品結構。出口以石油和石油產品為主，約占出口總額的 90%，石化及部分工業產品的出口量也在逐漸增加。進口主要是機械設備、食品、紡織等消費品和化工產品。

據聯合國貿發會議釋出的 2013 年《世界投資報告》顯示，2012 年，

沙烏地阿拉伯吸收外資流量為 121.8 億美元；截至 2012 年底，沙烏地阿拉伯吸收外資存量為 1,990.3 億美元。

從投資存量上看，約 40%的外商直接投資集中在沙烏地阿拉伯的工業領域，如煉油、石化、礦業、建築、食品、塑膠、橡膠等行業。

在沙烏地阿拉伯投資的公司和主要項目有：

阿美石油公司分別與法國道達爾石油公司和美國康菲石油公司，投資 124 億美元建設的兩座日煉化能力為 40 萬桶的原油煉化廠。阿美公司和美國道化公司計劃共同在沙烏地阿拉伯東部海灣沿岸的拉斯坦努拉（RasTanura）建設一個總投資 260 億美元的化工產品綜合體，可年產 800 萬噸化工品和塑膠製品。這將是沙烏地阿拉伯能源領域最大的外商投資石化企業。韓國三星工程有限公司與沙烏地阿拉伯礦業公司（Ma'aden）共同投資建設的合成氨生產廠，合約總價 36 億里亞爾（合 9.46 億美元），日產 3300 噸合成氨，將成為世界上同類產品最大生產企業（化工業）。

阿聯酋埃瑪阿（Emaar）投資建設的吉達門項目價值 16 億美元（房地產業）。法國阿爾斯通電力公司的 120 萬千瓦發電廠項目，金額 28.8 億美元（發電業）。荷蘭殼牌石油公司、托塔爾石油公司和沙烏地阿拉伯石油公司的天然氣勘探和生產項目，預計總投資 200 億美元（天然氣行業）。

# 前沿閱讀

## 中亞經濟整合面臨的挑戰

(一)經濟發展水準低且不均衡，經濟結構同質化嚴重。

經濟優勢互補是區域經濟整合的重要條件。中亞國家在蘇聯計劃經

濟體系中被作為原料供應產地，經濟結構相似而單一。中亞國家獨立以後國家經濟受到重創，再加上工業基礎薄弱和市場容量的局限性，在沒有龍頭產業和經濟體的帶動下，中亞經濟整合很難獲得較大的發展空間。

另外，中亞國家的經濟同質化嚴重、互補性差，實現經濟整合對本國的經濟帶動力有限，使得部分國家缺乏實現經濟整合的動力。即使將土庫曼、烏茲別克、吉爾吉斯、塔吉克四國對哈薩克的貿易量作為一個整體也僅占哈薩克對外貿易總額的 3.6%。中亞國家間由於同質化導致的區域內銷易需求不強可見一斑。

(二)經濟發展道路選擇存在差異，一體化的利益訴求迥異。

中亞國家在獨立後選擇了不同的發展策略，導致中亞國家間經濟政策、法規以及經濟策略思考方式上存在很大的差異，這也構成了阻礙中亞經濟整合的重要因素。哈薩克和吉爾吉斯選擇快速轉向社會化的市場經濟體制，積極與國際市場經濟規則接軌。1996 年，哈薩克便向世界貿易組織提交加入申請，1998 年吉爾吉斯成為第一個加入世界貿易組織的獨立國協國家。塔吉克和烏茲別克以建立效率與公平相平衡的市場經濟體製為目標，採用漸進式轉軌，但是也導致了大量計畫經濟色彩的殘存，在金融等領域市場改革步伐緩慢。制定經濟政策出發點的不同必然導致在國家間實際經貿合作的過程中造成摩擦，甚至導致雙邊經貿合作的倒退。

在區域經濟整合方面，中亞國家總體上謀求合作發展，但是各有訴求。哈薩克作為中亞強國力圖主導區域經濟合作；塔吉克由於連年戰事、國家貧窮，迫切需要透過經濟合作實現國家和平發展；吉爾吉斯在政治和經濟上對鄰國的依賴使其具有參與經濟整合的迫切需求；烏茲別克儘管對全面一體化遲懷疑態度，但是基於其國內安全和經濟穩定的需求而

對區域一體化仍抱有興趣。與其他四國不同，土庫曼宣布成為永久中立國，拒絕參與地區層面的一體化項目。中亞國家主權意識和民族主義的增強，也使中亞實現真正的經濟整合蒙上了陰影。

(三)經濟環境不穩定且基礎設施仍有完善空間。

中亞五國雖然仿效西方實行多黨制並建立三權分立的議會制度，但是國家領導人仍相當程度保留了集權，導致經濟政策的穩定性和連貫性無法保證。公共部門普遍效率低下，在經濟政策的執行過程中隨意性較強。中亞地區民族主義情緒嚴重，恐怖主義盛行，毒品和槍械走私氾濫，伊斯蘭極端勢力對中亞地區的安全形勢構成了嚴重威脅，也相當程度上影響了該地區的貿易和投資的發展。

此外，在基礎設施建設方面，中亞五國基本實現了交通管網的互聯互通，但是便利程度不高。如中亞地區鐵路普遍使用蘇聯制式的寬軌，而中國和歐洲國家普遍採用窄軌，鐵道運輸軌道換裝工程量較大。同時，第二歐亞大陸橋運輸線路儘管在距離上有優勢，但是途徑較多，法律法規存在差異、通關程序複雜、辦事效率低下、推高物流成本、影響貿易發展。此外，中亞國家之間在水資源利用和保護、鹹水治理等方面仍存在矛盾，合作進度緩慢，需要外部力量的協調與支持。

(四)大國博弈導致利益分化，影響一體化程序。

由於地處亞洲腹地和豐富的能源礦產資源，中亞地區歷來是大國博弈爭奪之地。俄羅斯一直以來是影響中亞的重要力量。俄羅斯一直以來弱化中亞國家自身的經濟聯合，主推將中亞國家納入到以其為首的獨立國協一體化體系中。美國為維護其在全球的霸權地位，積極介入中亞國家事務，並於2009年推出「新絲綢之路計畫」，旨在發揮阿富汗連線中亞和南亞的地理優勢，將阿富汗打造成為地區貿易和交通樞紐，整合美國在中亞和南亞的力量，削弱俄中在中亞地區影響力，建構以美國為主

導的該地區新秩序。

歐盟則提出「東方夥伴計畫」，歐盟勢力東擴，分化俄羅斯在中亞地區的一體化計畫。歐美俄在該地區行動的目標都是旨在鞏固其在該地區影響力，分化其他勢力，這也必然導致中亞國家由於利益分化而採取的「站隊行為」，影響一體化具體行動的達成。

資料來源：「一帶一路」與中亞經濟整合的未來

作者：劉壯，袁磊

> **思考題**
>
> 1. 日本的工業發展情況如何？
> 2. 哈薩克的農業發展情況如何？
> 3. 韓國的對外經貿關係如何？
> 4. 印度的資訊產業情況如何？

# 第 12 章

## 美洲

學習目標

本章主要介紹美洲的經濟貿易地理情況，詳細介紹了美國、加拿大、墨西哥、巴西、阿根廷的自然地理環境、社會文化環境、投資吸引力、總體經濟、重點及特色產業、對外經貿關係。透過本章的學習，使學生了解這五國的自然環境和人文環境，掌握其重要產業以及經濟發展概況，熟悉兩國對外貿易關係以及貿易情況。

## 12.1 加拿大

### 12.1.1 自然地理環境

加拿大位於北美洲北半部，約在北緯 41°至 83°、西經 52°至 141°之間。東臨大西洋、西瀕太平洋、西北部鄰美國阿拉斯加州、南接美國本土、北靠北極海達北極圈。海岸線超過 24 萬公里。東部氣溫稍低，南部氣候適中，西部氣候溫和溼潤，北部為寒帶苔原氣候。中西部最高氣溫達 40°C 以上，北部最低氣溫達到 -60°C。

加拿大國土面積為 998.5 萬平方公里，整體面積僅次於俄羅斯，居世界第二位，其中陸地面積 909.4 平方公里，淡水覆蓋面積 89.1 平方公里。在經度上，加拿大東起紐芬蘭斯皮爾角，西到阿拉斯加和加拿大邊

界，直線距離約 5,360 公里。陸地的最南點是伊利湖上的米德爾島，最北點是埃爾斯米爾島上的哥倫比亞角，直線距離為 4,640 公里。全國地貌呈西高東低狀。類型多姿多彩，有巍峨的高山、雄渾的高原、寬廣的平原、富饒的谷地、低窪的湖泊、豐盈的河流、眾多的島嶼。

加拿大礦藏豐富石棉、鈈、鈾的產量居世界之首。銅、石膏、餌鹼、硫磺的產量居世界第二位；鑽、銘、鋁、鉗、銷礦物儲量均居世界前列。已開發生產的有石油、天然氣、銅、鐵、鎮、銲、石棉、黃金、白銀、鈾等 60 餘種。

加拿大原油資源潛力高達 3,430 億桶，其中 90% 來自油砂。目前已探明儲量 1,730 億桶，排名世界第三，其中 98% 來自油砂，基本全部位於阿爾伯塔省。阿薩巴斯卡油砂礦區為世界最大油砂富集地區，已探明原油儲量為 80 億桶。加拿大森林資源豐富，森林覆蓋面積為 440 萬平方公里，約占全國總面積的 44%，僅次於俄羅斯和巴西，居世界第三位。

加拿大北部地區處在高緯度，冬季寒冷漫長、人跡罕至，而南部絕大多數地區四季分明。春季是加拿大南部大多數地區的雨季，白天平均氣溫逐日上升，但是晚上仍然較冷。夏季通常始於 7 月，加拿大南部地區夏季氣候溫暖，白天氣溫通常超過 20°C，有時甚至會達到 30°C，從 9 月底到 10 月，楓葉開始變色，景色宜人，夏秋兩季是加拿大最可愛的季節。在冬季，加拿大大部分地區都被冰雪覆蓋，氣溫通常在 0°C 以下，某些北部地區最低可達 -60°C。

## 12.1.2 社會文化環境

加拿大是世界上面積第二大的國家，截至 2014 年 10 月人口為 3,567.6 萬，居世界約 35 位。加拿大是多民族國家。移民到加拿大的族裔分別來自英國、愛爾蘭、法國、蘇格蘭、德國、義大利、中國、北美

印第安、烏克蘭和瑞典等。據 2006 年的人口普查，加拿大有約 200 個民族。混血人口占總人口的 41%。

加拿大居民以英裔和法裔居民為主，歐洲人後裔和土著居民（印第安人、米提人和因紐特人）次之。其中英裔居民占 28%、法裔占 23%、其他歐裔占 15%、原住民（印第安人、米提人和因紐特人）約占 2%，其餘為亞洲、拉美、非洲裔等。

加拿大現有華人約 150 萬人，約占加拿大總人口的 4%。華人在多倫多地區（GTA）大約有 70 萬，溫哥華約 30 萬、蒙特羅約 20 萬、渥太華約 4 萬，其餘分布在其他省分。

加拿大是雙語國家，官方語言為英語和法語。據加拿大統計局統計，加拿大信仰羅馬天主教的人占 43.6%，基督教新教占 29.2%、基督教東正教占 1.6%、其他基督教占 2.6%、猶太教占 0.1%、伊斯蘭教占 1.9%、其他宗教占 1.4%、非宗教人士占 16.5%。

加拿大是個移民國家，包括了世界各主要民族，因此也被稱為「移民的國家」。政府鼓勵多元文化的並存和發展。不同的民族團體保留了各自的文化傳統習俗，同時尊重其他民族的習俗和傳統，民族的包容性是加拿大人生活的一大特點。

在加拿大，不同的場合有不同的著裝。在正式場合，如教堂、正規晚宴、商務談判，男性穿深色西裝、打領帶，女士則穿樣式莊重的衣裙。在參加婚禮時，男子或穿西裝，或穿便裝。到朋友家做客或參加宴會，男子要穿深色西服套裝，婦女則應穿樣式莊重的衣裙、化淡妝。

加拿大人在社交場合與客人相見時，一般都行握手禮。親吻和擁抱禮僅適用於熟人、親友和情人之間。加拿大人在飲食上與英美人相似。由於氣候寒冷，他們喜好烤製食品。加拿大有付小費的習慣，一般在餐廳按消費額的 10% 至 15% 支付。

在加拿大從事商務活動，初次見面一般要先作口頭自我介紹，同時遞上名片。可談論一些關於加拿大氣候、風俗習慣、遊覽勝地等輕鬆的話題。這樣，雙方一開始就會找到共同語言，彼此熟悉，使談話氣氛有利於商務活動。交談中不宜詢問對方的年齡、收入和私生活，這會引起他們的反感和不安。在商務活動中贈送禮品最好是比較精緻並具有民族特色的工藝美術品。禮物一般要用禮品紙包好附帶一張寫有對方和送禮人姓名的卡片。

在正式談判場合，衣著要整齊莊重。在商務談判中要集中精力，切忌心不在焉、東張西望或打斷別人講話。加拿大人有較強的時間觀念，參加活動時不宜過早到達，如不能按時赴約應及時通知對方。

### 12.1.3 投資吸引力

加拿大對外國投資的吸引力主要包括：社會政治穩定、法律制度健全、政策公開透明、市場化程度高、經濟持續穩定成長、勞動力受教育程度高、自然資源豐富、製造業及服務業發達、基礎設施完善、地理位置優越，東西兩岸分別瀕臨大西洋和太平洋，透過NAFTA，向南可輻射至美國和墨西哥。

世界經濟論壇《2014——2015年全球競爭力報告》顯示，加拿大在全球最具競爭力的144個國家和地區中排第15位。

畢馬威（KPMG）2014年競爭選擇報告指出，全球10個國家之中（包括成熟及高成長率市場），加拿大是成熟市場國家中最具商業成本競爭力的國家，整體排名第2。主要由於航運及天然氣成本減少、設施費用穩定、勞工費用支出成長低及加幣匯率近年下跌等因素，加拿大商業成本較美國低7.2%。

## 12.1.4 總體經濟

加拿大是西方七大工業國之一,經濟規模在全球排名第十一位。加拿大經濟基礎整體扎實,金融機構監管嚴格,受到經濟危機衝擊較其他 OECD 國家更輕,在西方七大工業國組織中率先走出經濟危機的影響。2014 年加拿大經濟雖受到低油價衝擊,但是全年經濟成長達 2.4%,增速高於上年的 2.1%。

## 12.1.5 重點及特色產業

資源工業、初級製造業、農業和服務業是加拿大國民經濟的支柱產業。

加拿大是傳統的資源大國,其自然資源包括礦業、能源業、林業、漁業等。

自然資源對 GDP 的貢獻率保持在 13% 至 15%。貨物貿易出口中 40% 的產品來自資源業。加拿大高科技產業發達在核能、水電、通訊、航天、環保、交通、石化、地球物理勘探、生物工程、醫學、造紙、客運車輛和小型客機製造等方面擁有先進的技術和設備。

農牧業。2013 年農牧業產值 203.37 億加元,占 GDP 的 1.3%。可耕地占國土總面積的 16%,已耕地 6,800 萬公頃,占國土面積的 7.4%。人均耕地面積 2.14 公頃。農牧業機械化程度高,農牧業人口 31.5 萬,占全國勞動人口的 1.8%。主要農產品有小麥、大麥、油菜籽和菜籽油、亞麻籽、燕麥等,主要畜產品包括牛肉、豬肉、牛奶和乳製品。

2013 年牲畜存欄為 1,310 萬頭牛、1,290 萬頭豬、113 萬頭羊;全國油菜籽產量為 1,796 萬噸、小麥 3,753 萬噸、大麥 1,024 萬噸、燕麥 389

萬噸、大豆520萬噸、玉米1,419萬噸。

加拿大是世界第四大糧食出口國，2013年農漁業產品出口總額約為280.9億加元、小麥67.3億加元、油菜籽43.2億加元、菜籽油為28.4億加元、豬肉為26.3億加元。

林業。加拿大森林面積達3.5億公頃，居全球第三位。森林及綠化覆蓋率約40%，占世界森林覆蓋面積的10%。約2.4億公頃為可用木材林，其中67%為針葉林（軟木）、16%為混合林、11%為闊葉林。

加拿大擁有世界42%的獲可持續管理認證的森林、30%的世界北部森林、世界25%的溫帶雨林、世界25%的溼地。加拿大94%的森林為公有，其中90%由省區管轄、2%為聯邦管轄，餘下的6%為私有。加拿大是世界主要軟木、新聞紙和木漿出口大國，第五大木板、印刷紙和書寫紙出口國。2013年林產品出口為295.3億加元、林業產值為198億加元，對加拿大的GDP貢獻為1.3%。美國是加拿大林產品的最大進口國。木材、紙漿等林業產品也是加拿大對華出口量最大的產品之一。2014年加對華木材、木漿等出口額46億加元，占加對華貨物貿易出口總額的24%。

漁業。加拿大外接太平洋、大西洋、北極海，內擁五大湖，海岸線長達24.4萬公里，占世界海岸線的25%。淡水面積75萬平方公里，占世界淡水儲量的20%。加拿大漁業年均產值超過50億加元，80%以上的水產品用於出口，2014年出口的海產總值達49億加元，是世界第七大漁產品出口國，其中63%銷往美國。同時，中國超越歐盟成為加拿大海產第二大出口市場，出口額達5.08億加元，出口最多的品種是龍蝦、蟹、蝦和鮭魚等。

加拿大漁業年均產值約50億加元，80%以上的水產品用於出口，是世界第七大漁產品出口國，其中62%銷往美國。

礦業。加拿大是世界第三大礦業國，已探明的金屬和非金屬礦物超過 60 種、鉀礦儲量 52 萬噸，占全球儲量 9%，高品味、低開採成本的鈾礦儲量全球最大；2013 年產量 9,332 噸，占世界產量 15%，其中 85% 均出口海外市場。2013 年，鋁、石棉、鑽石、鐵精礦、硫磺等金屬和礦產品產量均位居世界前列。

2013 年，礦業總產值 540 億加元，占 GDP 的 3.4%。其中，礦業開採業產值 205 億加元，礦物加工和相關製造業產值 320 億加元。礦業開採、冶煉、加工和製造業就業總人數達 41.8 萬人。2013 年加礦產品出口總額超過 901 億加元，占加拿大出口總額的 19.6%，主要出口產品包括鋁、銅、金、鐵礦石、銀、鈾、鋅、鑽石和煤。

加拿大勘探者與開發者協會年會（POAC）是迄今世界上組織最成熟、參會人數最多和最重要的商業性國際礦業大會，每年 3 月在多倫多舉辦。

POAC 協會擁有 9,100 名個體會員及 1,215 個公司會員。

能源業。加拿大原油探明儲量達 1,730 億桶，排名世界第三，其中 90% 來自油砂，基本全部位於阿爾伯塔省。2013 年，加拿大原油產量 1.93 億噸，居世界第五位。截至 2013 年底，探明天然氣儲量為 20 兆立方公尺。2013 年天然氣產量為 1,548 億立方公尺，居世界第五位。可開採煤礦資源 66 億噸，按目前產量可開採 100 年。2013 年，加拿大能源總產值占 GDP 的 9.9%（不包括間接帶動），出口額約 1,280 億加元。

生物技術產業。加拿大是世界五大生物技術產業市場之一，在生物技術科學探索和應用的諸多門類中，如醫療衛生、農業、環境技術、工業和生產解決方案等，處於世界領先水準，在生物技術綜合指標排名中位居世界第 3 位。2011 年，加拿大生物技術經濟產值達 873 億加元，在過去 4 年中成長 12%。其中醫療衛生、藥品產值 557 億加元，占產業的

64.4%，農業和有機食品加工產值 226 億加元，占 26.1%，生物化學生產 82 億加元，占 9.5%。

加拿大擁有直接從事生物技術研發、生產、服務的公司 583 家，間接涉及生物技術的公司、機構、科學研究院所、醫院等共 497 家。生物醫藥領域，外國投資公司主要有：雅培製藥（Abbott）、美國安進（Amgen）、拜耳（Bayer）股份、安斯泰來（Astellas）製藥、諾華（Novartis）、光譜製藥（Spectrum Pharmaceuticals）、葛蘭素史克（Glaxo Smith Kline）等。加拿大本地企業主要有：Angicochem、奧貝泰克（Apotex）、Bioniche、Cangene 等。

生物技術公司主要集中於魁北克（31%）、安大略（25%）、不列顛哥倫比亞省（20%）和薩斯喀徹溫省（8%）。加拿大政府自 1998 年以來實施生物技術策略，促進加拿大生物技術發展，改善國民生活品質、保護國民健康、安全以及生活環境。加拿大政府每年在生物技術領域投資達 7.5 億加元，其中 85%用於研發。

汽車製造業。加拿大汽車製造業主要生產輕型車，包括轎車、麵包車、皮卡，重型車包括卡車、公車、校車、軍用車輛等，以及各種類型車輛零配件和電子系統。加拿大共有 1,300 家汽車及其零元件生產企業，創造就業職位 55 萬個，行業年產值達 710 億加元，出口超過 530 億加元，85%的汽車和 60%汽車零配件出口到美國。加主要汽車製造商包括美國三大汽車品牌克萊斯勒（Chrysler）、福特（Ford）及通用汽車（General Motors），以及日本的本田（Honda）和豐田汽車（Toyato）公司，汽車組裝廠主要分布在安大略省。

每年轎車和輕型卡車產量約 238 萬輛，占世界總產量的 3.0%，居全球第十位；國內市場銷量 174.5 萬輛，約占世界總銷量的 0.3%，位居世界第 10 位。2014 年加汽車及汽車零元件（含輪胎）出口額超過 710 億加

元，85%的汽車和60%汽車零配件出口到美國。

化學工業。加拿大化學工業（包括塑膠）2012年營業收入超過600億加元，其中60%用於出口，提供就業職位15.8萬個。加拿大化學工業公司主要集中在安大略省，約占行業的41%，其次為魁北克省27%、草原省分占16%、BC省12%、大西洋省分4%。北美前10大模具公司中，有6家來自加拿大。

本國企業主要有：ERCO World wide、Methanex、NOVA Chemicals、Raymor Industries等，外資企業主要有：液化空氣（Air Liquide）、安姆科（Amcor）、巴斯夫（BASF）、卡博特（Cabot）等。

航空航天。加拿大航空工業發達，是世界第三大飛機生產國，擁有700多家相關企業，2013年，加航空工業年產值280億加元，其中70%的行業收入來自飛機、航空發動機和配件製造和銷售，30%來自於飛機維修。加航空工業80%的產品均出口海外市場。該行業集中度較高，其中19家公司的銷售額約占總額的87%。龐巴迪公司（Bombardier）約占銷售總額的37%，其餘均為中小企業。

行業每年研發投資170多億加元，在OECD國家中排名第三。提供直接就業職位17.2萬個，其中大多數為高技能和高學歷職位。加航空航天工業公司集中分布在蒙特羅航空工業園區。該園區集中了該行業一半以上的就業人口，其他分布在多倫多地區、溫尼伯、溫哥華和東部沿海城市。

加拿大的支線飛機、商務機、商用直升機、飛機引擎、飛行模擬器、降落裝置和太空系統等在全球市場處於領先地位。其中，龐巴迪公司是全球最大的支線飛機製造商和第三大商用飛機製造商，CAE是世界最大的飛行模擬器供應商，位於世界各地的27個民航和軍事培訓中心，每年培養出7萬多名飛行員。

除民用航空器外,加拿大航天工業在地球觀測、太空機器人、太空科技和探測、衛星通訊等方面具有優勢,年產值達 34 億加元,提供直接就業職位 8,000 多個。80% 的產業收入來自衛星通訊服務出口占 50%。主要出口市場為美國和歐洲。

通訊業。加通訊業擁有 3.35 萬家公司,主要由小企業組成,知名企業有黑莓(Blackberry)公司、加拿大貝爾(Bell)公司、羅傑斯通訊(Rogers)公司等。2013 年產值達 1,599 億加元,其中電腦與軟體服務占 32.4%,服務領域占 37.0%,硬體生產占 5.4%,對國內生產總值貢獻 695 億加元,約占 GDP 總額的 4.4%,較上年成長 1.4%。企業研發投入 50 億加元。該產業的生產領域為出口外向型,約 81% 的產品出口,其中 67% 出口美國市場對亞太市場,出口約占 10%。2013 年加通訊產業貨物貿易出口 102 億加元,較上年下降 4.4%。

清潔技術。加拿大清潔技術行業由 700 餘家企業構成,絕大多數為中小企業,涵蓋生物燃料與冶煉、發電、智慧電網、工業節能、可持續交通運輸、環保、生態農業等領域,是加政府積極扶持的領域之一。加清潔技術行業近年保持較快成長,2009 年以來行業收入年平均增幅 10%。2013 年,行業收入約 113 億加元,出口總額約 58 億加元,行業就業人數 5 萬人,每年用於研發的投資總額達 16 億加元。

服務業。加拿大服務業在經濟發展中占有重要地位。以 2007 年不變價格計算(下同),2014 年加拿大服務業增加值 11,553 億加元,比 2013 年成長 2.1%,占加拿大 GDP 的 70.0%;服務業從業人員約 1,300 萬人,占就業人口總數的 78%。2014 年,加拿大服務貿易出口 834.8 億加元,進口 1,064.7 億加元。

加拿大主要和優勢服務領域:

金融保險。加拿大金融保險服務種類豐富且非常安全。加拿大金融

保險服務領域包括銀行、信託和貸款公司，生命、健康、財產和意外險保險公司、信用合作社、證券交易商、融資和租賃公司，養老基金管理機構，共同基金公司，以及獨立的保險代理人和經紀人。2014年，金融服務領域提供了70萬個直接就業職位，創造國內生產總值（GDP）1,113億加元。

加拿大銀行業資產集中。加拿大皇家銀行（Royal Bank of Canada）、多倫多道明銀行（Toronto-Dominion Bank）、豐業銀行（Bank of Nova Scotia）、蒙特羅銀行（Bank of Montreal）、加拿大帝國商業銀行（Canadian Imperial Bank of Commerce）和加拿大國民銀行（National Bank of Canada）等六大銀行持有超過90%的資產。2013年3月，加拿大金融機構管理辦公室認定這六大銀行為「大而不能倒」企業，需要持續的嚴格監管。

2008至2013年，連續六年被世界經濟論壇評為最穩健銀行體系。2008至2009年金融危機期間加拿大沒有一家主要銀行倒閉。穆迪評加拿大銀行業在服務實力和安全性方面世界排名第一。2013年，加拿大四家銀行入選《彭博市場雜誌》評出的全球十強銀行；加拿大銀行體系在投資者保護等方面被世界銀行評為全球第五位。滙豐銀行（HSBC）、摩根大通銀行（J.P.Morgan）、花旗銀行（Citibank）、巴克萊銀行（Barclays Bank）、德意志銀行（Deutsche Bank）等國際知名銀行在加拿大設有營業機構。

TMX集團總部設於加拿大城市多倫多，擁有並管理多倫多證券交易所、蒙特羅證券交易所和其他金融交易機構。多倫多證券交易所（Toronto Stock Exchange，縮寫：TSX）是加拿大最大、北美洲第三大、世界第六大的證券交易所。本土金融企業主要有：永明金融集團（Sun Life Financial Services）和宏利金融集團（Manulife Financial）。

商業服務。加拿大商業服務領域僱員約130萬人，占加拿大就業總

數的 7% 以上。

2014 年創造產值約 882 億加元。工程及相關服務領域從業人員超過 18 萬人，2014 年行業產值約 210 億加元，涉及資源開採、能源、電信、交通、基礎設施等多個方面，本土主要公司是蘭萬靈（SNC-LAVALIN）集團。會計服務，從業人員約 4.5 萬人，2014 年全行業產值 101 億加元；德勤、畢馬威、安永、普華永道等知名會計師事務所均在加拿大設有機構。

法律服務，2014 年行業產值約 121 億加元，主要律師事務所包括布雷克（Blakes）、貝內特瓊斯（Bennett Jones）律師事務所、麥啟泰（McCarthy）、諾頓羅氏・富布萊特（Norton Rose Fulbright）、高林（Gowlings）等。商業服務還包括電腦系統設計、廣告、人力資源管理等。

交通運輸。2012 年，創造增加值 684.4 億加元，占加拿大 GDP 的 4.1%，就業人數較上年成長 1.8%。其中，汽車運輸服務增加值約占全行業的 27%、空運占 9%、鐵路運輸占 10%、水運占 2%，其餘是機場、車站、碼頭管理等支持性服務。2013 年，加拿大機場運送旅客 8,520 萬人次，空運貨物 83.2 萬噸。2012 年，鐵路運輸貨物 3.37 億噸，其中 2.5 億噸由加拿大國家鐵路和太平洋鐵路公司承運。2012 年營運卡車運輸貨物 2,240 噸公里水運貨物 4.75 億噸。

## 12.1.6　對外經貿關係

加拿大政府奉行自由貿易政策，貿易和投資體制透明度與市場開放度均較高。加拿大貿易政策目標為：確保加拿大的外交貿易政策如實反映加拿大價值觀和國家利益，加強以原則為基礎的貿易安排，拓展雙邊、區域和全球領域的自由、公正市場准入；創造機會，加強國家和公民安全。

吸引外資。據聯合國貿發會議釋出的 2015 年《世界投資報告》顯示，2014 年，加拿大吸收外資流量為 538.6 億美元。截至 2014 年底，加拿大吸收外資存量為 6,313.2 億美元。

## 12.2 美國

### 12.2.1 自然地理環境

美國位於北美洲中部，領土還包括北美洲西北部的阿拉斯加和太平洋中部的夏威夷群島，北與加拿大接壤、南靠墨西哥灣、西臨太平洋、東瀕大西洋。國土面積 937.26 萬平方公里。本土東西長 4,500 公里，南北寬 2,700 公里，海岸線長 22,680 公里。

美國農業、礦產和森林資源豐富，在世界上占有舉足輕重的地位。美國耕地、牧地約為 4.3 億公頃，占全球農業用地 10% 左右。

美國耕地面積占全國土地面積 18.01%。農業自然條件得天獨厚，土壤肥沃、雨量充沛，加上現代化的生產手段，使得美國糧食產量約占世界總產量 1／5，主要農畜產品如小麥、玉米、大豆、棉花、肉類等產量均居世界第一位。

美國鐵、銅、鉛、煤、石油、天然氣以及硫磺、磷酸鹽等礦物儲量均居世界前列，鋁、鉻、金、銀、鈾、硼等礦藏也在世界儲量中占較大比例，但是鐵、錫、鈷、鉻等礦產主要依賴進口。美國許多礦產資源具有埋藏淺、分布集中、開採條件較好的特點。美國煤炭探明儲量近 4,910 億短噸，居世界第一位。有色金屬礦以銅、鉛為主，部分是二者共生礦，其中銅礦探明儲量 9,200 萬噸（金屬量），居世界第二位。鉛礦探明

儲量 5,352 萬噸（金屬量），居世界首位。

美國已探明原油儲量 334 億桶，居世界第 12 位；已探明天然氣儲量 7.716 兆立方公尺，居世界第 7 位。

美國林業資源比較豐富。北有阿拉斯加的寒帶林，大陸本土有廣闊的溫帶林，在波多黎各和夏威夷還有繁茂的熱帶林。全美共有 6.5 億公頃的森林和草地，其中森林約占一半。森林覆蓋率達 33%。林地面積僅次於加拿大和巴西，居全球第三位。主要樹種有美洲松、黃松、白松和橡樹類。

美國部分地區屬大陸性氣候，南部屬亞熱帶氣候。中北部平原溫差很大，芝加哥 1 月平均氣溫 -3℃、7 月 24℃、墨西哥灣沿岸 1 月平均氣溫 10℃、7 月 28℃。

## 12.2.2　社會文化環境

民族。美國屬多民族國家。白人約占 62.6%（拉丁或西班牙裔除外）、黑人 13.2%、亞裔 5.3%、拉丁或西班牙裔 17.1%、美洲印第安人和阿拉斯加土著人 1.2%、夏威夷或太平洋島國土著人 0.2%。亞裔人口 1,820 萬，其中華裔約 400 萬，占美國人口的 1.6%。另外，在亞裔中占比例較大的還有菲律賓裔、越南裔、印度裔、韓裔和日裔。哥倫比亞特區人口約 65.9 萬人，居民中的大多數是國家公務人員和律師，從人種來看，白人和黑人分別占 43.4%、49.5%。美國當地官方語言和主要的民族語言均為英語。

美國全國 51.3% 的居民信奉基督教新教，信奉其他宗教人口比例分別為天主教（23.9%）、摩門教（1.7%）、其他基督教（1.6%）、猶太教（1.7%）、佛教（0.7%）、伊斯蘭教（0.6%）、其他宗教（2.5%），不屬於

任何教派的占 4%。

習俗。美國是多民族和多元文化的集聚地風俗習慣因不同民族而各異。

美國人休閒時衣著隨意，但是在上班、參加宴會時很正規。例如參加婚禮、商業談判等活動時，應著正裝。

以美式西餐為主。使用餐具有講究，要注意餐具應先由最外面的一副刀叉開始使用。食物要用叉子壓緊，切成小塊才放入口中。吃食物及喝湯時不可出聲、喝咖啡的小湯勺是用來攪拌奶品及糖的，不可用湯勺來喝咖啡。不可在餐廳中喧譁。

## 12.2.3 投資吸引力

作為最發達的經濟體和吸收外國投資最多的國家，美國的投資環境具有很多優勢。包括：

良好的營商環境。美國具有世界上規模最大和最發達的經濟，人均 GDP 達到 5.4 萬美元。美國的市場體制、規章制度和稅收體系給外國投資者充分的經營自由。世界經濟論壇釋出的《全球競爭力報告》顯示，美國一直是世界上最具競爭力、最具創新和最開放的經濟體之一。在世界經濟論壇全球競爭力指數中，美國在創新、市場效率、高等教育和培訓以及綜合經商方面名列前茅。

巨大的消費市場。跨國公司在美國投資的一個重要因素就是，在一個具有誘惑力的市場上拉近了與供應商和消費者的距離。美國的貨物消費市場占據全球總量的 42%，人均可支配收入為 4 萬美元。此外，美國還與 20 個國家簽訂了雙邊或區域自由貿易協定，外國投資者可藉此進入其他國家市場。

全球研發中心。美國是全球創新的中心。美國國家科學基金會公布在其官網上的報告顯示，2012年美國研發支出為4,526億美元，高居全球第一。另據諾貝爾基金會統計，自2000年以來美國在科學領域獲得的諾貝爾獎數量超過了其他所有國家的總和。

全球技術領先地位。美國企業在技術開發和創新方面處於全球領先地位。外國投資者在美國這樣的投資環境下投資能夠有較高回報。美國市場對外國的生產、創意及各種創新都開放。在《商業週刊》評出的全球最大100家IT公司中，有45家美國公司，排名前十大的IT公司中，有5家美國公司。

智慧財產權保護。世界其他國家來美國進行研發並將其創新成果商業化，美國提供強大的智慧財產權保護和實施制度。2013年由美國專利局授予的30.3萬項專利中有51%的專利申請來自國外。

教育優勢。據《時代高等教育增刊》報導，世界最好的10所大學中有7所在美國。美國共有4,000餘所大專院校。已有5,600萬美國人獲得了學士及以上學位。此外，美國的研究機構還招收50多萬國際學生，約占全球國際學生總數的四分之一。很多社區學院還為在本地的外國投資者提供量體裁衣式的培訓。

除了鉅額的學位教育投入之外，聯邦政府還投入數百億美元用於勞動力的培訓，而地方政府也有相應的投入。同時，根據美國國務院、美國教育部和美國國際教育學會共同釋出的《2014年國際教育交流開放報告》顯示，赴美外國留學生人數連續8年增加，2013至2014年度，進入美國高等教育機構的留學生比例增加8%，達到88.6萬人的歷史高點。

勞動生產率持續提高。在美國，投資者可以利用生產率高、適應能力強的勞動力資源。自2000年以來，美國的商業生產率以年均3.2%的速度成長。1992至2011年間，美國的勞動生產率年均成長速度高於G7

其他任何成員。2014 年全年，美國非農業部門勞動生產率上升 0.8%，與 2013 年 0.9%的增幅相當。

完善的基礎設施。在全球最大的 10 個經濟體中，美國擁有最大的公路系統、鐵路網路和最多的機場。全球航空貨運量最大的 10 個機場中，有 5 個在美國，包括世界上最繁忙的貨運機場。美國還有世界上最繁忙的國際散貨和貨櫃裝卸港口。

移民國家的多元文化氛圍。美國是一個多元文化共存的國家，眾多外國人在此生活、投資。作為一個移民國家美國擁有容納世界多種文化元素的習慣，承諾以公平和平等的方式對待外國投資者。世界經濟論壇《2014 —— 2015 年全球競爭力報告》顯示，美國在全球最具競爭力的 144 個經濟體中，排名第 3 位。

### 12.2.4　總體經濟

美國是世界上最發達的市場經濟國家，其國內生產總值居世界首位。

2014 年美國實際 GDP 總值為 15.96 兆美元。美國商務部經濟分析局數據顯示：2010 至 2014 年，美經濟復甦步伐得以延續，年度經濟成長率分別達到 2.5%、1.6%、2.2%、1.5%和 2.4%。2014 年，美國全年經濟成長率為 2.4%。

### 12.2.5　重點及特色產業

美國是世界上最大的經濟體，也是技術最發達的國家。美國是多元的經濟結構，房地產業、重工業（如汽車和機械製造）、鋼鐵工業、航空工業、金融行業（銀行、保險和證券）、農業、軍事工業、食品工業和影

視娛樂業等，都是美國的支柱產業。其中，重點產業包括汽車、飛機製造、電信、化工、電子和電腦。服務業占 GDP 的絕大部分，其中最重要的是分銷貿易、房地產、交通、金融、保險、醫療和商業服務等。

油氣資源開發業。據美國能源情報署（EIA）統計，2013 年，美國原油及礦場氣凝析油儲量連續第五年成長，超過 360 億桶，為 1975 年以來首次。2013 年，美天然氣儲量達到 354 兆立方公尺，扭轉了 2012 年下降態勢，並創造新儲量記錄。德克薩斯州、北達科他州原油及礦場氣凝析油儲量占據美國內前兩名。

工業。據聯準會公布的報告稱，2013 年全年美國工業產值 59,269 億美元，成長 3.7%，較經濟衰退週期以前的峰值高出 0.9%。按照北美行業分類系統，2013 年度成長最快的行業包括飲料製造業（含軟飲料、瓶裝水、啤酒廠、葡萄酒廠、釀酒廠），成長了 20%；農業、建築和礦山機械製造成長了 20%、3D 列印產業成長了 8.8%、通用製藥產業成長了 6.3%。2014 年美國製造業產值成長 2.8%，高於國內生產總值增速的平均水準 0.4 個百分點。

農業。美國農業高度發達機械化程度高。據美國商務部經濟分析局統計，2013 年美國農業（包括種植、林業、漁業和畜牧業）產值 5,127 億美元，比上年成長 16.4%。美國農業部釋出的報告稱，2014 年美國農業淨收入下跌 27%，從 2013 的 1,305 億美元下降到 958 億美元，創 1973 年以來最大跌幅。美國農業部估算，2014 年大豆收入減少 60 億美元，玉米收入則減少 110 億美元，延續 2013 年以來的跌勢。

服務業。據美國經濟分析局統計，2013 年美國私營部門服務業產值 176,376 億美元，其中商業批發業產值 14,774 億美元、零售業產值 15,470 億美元、運輸和倉儲業產值 10,044 億美元、資訊服務業產值 14,377 億美元、金融、保險、房地產和租賃服務業產值 50,165 億美元、

專業服務和商務服務業產值 31,058 億美元，教育、醫療和社會服務業產值 23,394 億美元，藝術、娛樂、休閒、住宿和食品服務業產值 11,300 億美元，除政府服務以外的其他服務業 5794 億美元。2014 年美國服務業產值 135,344.85 億美元，占當年 GDP 的 77.7%。

## 12.2.6 對外經貿關係

美國是世界上吸收外資最多的先進國家。據聯合國貿發會議釋出的 2015 年《世界投資報告》顯示，2014 年，美國吸收外資流量為 924.0 億美元，位居中國和香港特別行政區之後，列世界第三位。截至 2014 年底，美國吸收外資存量為 54,098.8 億美元，居世界首位。據美國經濟分析局（BEA）公布的數據，2014 年美國吸引外資資金流量（financialflow，下同）1066.1 億美元，同比下降 53.8%。

從存量角度看，據 BEA 數據截至 2014 年底，美吸引外資來源地按金額排序前五位分別為：英國（4,485 億美元，占 15.5%）、日本（3,728 億美元，占 12.9%）、荷蘭（3,048 億美元，占 10.5%）、加拿大（2,612 億美元，占 9.0%）、盧森堡（2,429 億美元，占 8.4%）。

從美國吸引外資的行業分布看，截至 2014 年底，製造業累計吸引外資 10,455.2 億美元，占 36.0%、其他行業 5,282.3 億美元，占 18.2%、金融（存款機構除外）和保險 3,551.7 億美元，占 12.2%、批發貿易 3456.1 億美元，占 11.9%、資訊業 1,767.6 億美元，占 6.1%、存款機構 2,192.8 億美元，占 7.6%、零售貿易 592.7 億美元，占 2.0%、房地產 530.2 億美元，占 1.8%。

## 12.3 墨西哥

### 12.3.1 自然地理環境

墨西哥國土面積達 1,964,375 平方公里，其中陸地面積 1,959,248 平方公里，島嶼面積 5,127 平方公里。

墨西哥位於北美洲南部，北鄰美國、南接瓜地馬拉和貝里斯、東臨墨西哥灣和加勒比海、西南瀕太平洋，海岸線總長 11,122 公里，其中太平洋海岸 7,828 公里，墨西哥灣、加勒比海岸 3,294 公里。東、西、南三面為馬德雷山脈所環繞、中央為墨西哥高原、東南為地勢平坦的猶加敦半島、沿海多狹長平原。

墨西哥作為拉美經濟大國和世界重要的礦業生產國，擁有豐富的礦產資源。

據墨西哥國家統計局的數據：墨西哥的銀產量居世界第一位，錫、螢石產量居世界第二位；16 種礦石產量位居世界前十分別是：金、鉛、天青石、矽灰石、鋪、氧化矽、鋁、重晶石、石墨、鹽、石膏。此外，據加拿大金屬經濟集團（Metals Economics Group，MEG）2013 年 3 月釋出的報告，墨西哥的礦產勘探投資吸引力位居拉美地區之首、世界第四；據國際礦業諮詢公司貝里多貝爾（8ehre Dolbear）釋出的報告，墨西哥的採礦業務環境位居世界第五。

近幾年，礦業平均占墨西哥國內生產總值的 4.9%。2014 年礦業產值同比下降 5.6%，產量同比下降 1.7%，金、銀、鉛、螢石、非煉焦煤、鐵球團礦等產量減少，銅、石膏、焦炭和硫的產量則與去年同期相比有所提高。

油氣資源是墨西哥最重要的礦產資源，據墨西哥經濟部統計，2014年初，墨西哥的原油剩餘可採儲量為421.58億桶，其中31.9%為證實儲量，41.1%為可能儲量。2014年天然氣剩餘可採儲量為1,606.77億立方公尺。從油氣資源的地區分布上來看，北部地區占42.2%、東北部海上地區占29%、西南部海上地區占15.9%、南部地區占13%。

煤炭資源主要分布在東北部的科阿韋拉州和南部的瓦哈卡州，金礦主要分布在中央高原和西馬德雷山脈，其中最大的金礦是墨西哥州的雷亞爾──德奧羅礦。西馬德雷山區還儲藏著鉛、銅、錫等有色金屬，是墨西哥最重要的有色金屬資源分布地區。

墨西哥氣候複雜多樣，由於多高原和山地，垂直氣候特點明顯，高原大部分地區氣候比較溫和，平均氣溫為10至26℃。西北內陸為大陸性氣候、沿海和東南部平原屬熱帶氣候。大部分地區全年分旱、雨兩季，10月至次年4月為旱季，5月至9月為雨季，雨季集中了全年75%的降水量。每年最旱月分為2月，降水量僅5毫米，降水最多月分為7月，降水量約170毫米。70%的地方氣候乾燥。西北地區年平均降水量不足250毫米，內地為875至1,000毫米，墨西哥灣沿岸中部與太平洋沿岸南部為1,000至2,000毫米。

國土面積中溼熱地區占4.8%、乾熱地區占23%，溫帶地區占23.1%、乾旱地區占28.3%、極乾旱地區占20.8%。因墨西哥境內多為高原地形，冬季嚴寒、夏季酷暑，四季萬木常青，故享有「高原明珠」的美稱。

首都墨西哥城屬於高原地區，海拔2,240公尺，5月平均氣溫12至26℃，最冷月為1月，平均氣溫6～19℃。

## 12.3.2　社會文化環境

民族。墨西哥是一個民族大熔爐，印歐混血人和印第安人占總人口的 90% 以上。全國共有 62 個印第安族、360 種印第安語言。納瓦特爾族為最大的印第安族群，人數達 244.6 萬，占印第安人總數的 23.9%；其次是馬雅族，人數達 147.6 萬，占 14.4%。

自 1940 年代初起，歷屆政府對印第安民族採取一體化政策，積極促進民族融合。

語言。官方語言為西班牙語。此外還有 360 種美洲印第安語言。第一外語為英語。

宗教。墨西哥人信奉宗教情況如下：5 歲以上的信教人口 8479.4 萬；天主教 88.0%、新教和福音教 5.2%、非福音聖經教 2.1%、猶太教 0.05%、其他宗教 0.31%、不信教 3.5%、不確定 0.9%。墨西哥天主教徒還信奉墨特有的 GUADALUPE 女神。

習俗。墨西哥人的生活習慣除受天主教等影響外，還保留了其獨特的傳統色彩。在墨西哥，雖然許多人會說英語，但是卻希望用西班牙語交談。如果接到對方用西班牙文寫來的信而用其他文字回信，會被視為失禮。商務場合初次見面一般握手，擁抱和貼面禮是墨西哥較為常見的問候方式，主要用於熟人之間。

墨西哥國花為仙人掌、國鳥是雄鷹、國石為黑耀石。

## 12.3.3　投資吸引力

墨西哥以其獨有的區位優勢、資源優勢、市場優勢和投資環境優勢，充分展現出對全球投資的吸引力成為外國投資重點關注的拉美國家之一。

## 12.3　墨西哥

墨西哥利用其東西環海、與全球最先進國家美國為鄰、連線南北美洲橋梁的地理特點，逐漸形成具有競爭力的經濟區位優勢。如今，墨西哥是世界上簽訂自由貿易協定最多的國家之一，也是開發中國家中最早與世界上兩個最大貿易集團——北美自由貿易區和歐盟簽訂自由貿易協定的國家。

墨西哥自然資源豐富，擁有石油、天然氣和煤等動力資源、金和銀等貴金屬、鉛、銅等有色金屬以及鈾等稀有金屬，多種礦產品儲量和產量居世界前列。

墨西哥勞動力資源充足，拉美第二人口大國的基礎和年輕化的人口結構，為其充足而且低成本的勞動力供應提供保證；國內發達的教育體系和完備的職業培訓系統，則令其僱員成為高生產率的勞動提供者，適應市場開放的需求。

加入北美自由貿易區以來，墨西哥經濟表現出了穩健的發展勢頭，國內生產總值在拉美名列前茅。墨西哥總體經濟整體執行順暢，製造業持續發展，汽車業、紡織業、電子業和食品加工業等產業已具有國際競爭實力；國內基礎設施比較完備，具備海陸空一應俱全的國內外物流運輸體系、健全的金融基礎設施、投融資體制以及相關商業機構，有助於貿易和投資的順暢執行。

墨西哥與投資相關的法律主要包括《公司法》、《外國投資法》、《經濟競爭法》、《工業產權法》和《勞工法》等。具體到各個行業和部門，也有一些相應的行業法規。

《公司法》對公司的組織形態、設立一般公司和設立有限責任公司的基本條件作了規定。《外國投資法》對外資進入方式、投資細則等問題作了規定，允許外國投資者從事墨西哥境內的絕大多數行業，大部分行業可以建立外資獨資企業。

《經濟競爭法》借鑑了國際上反壟斷立法與執法的成功經驗，對壟斷行為、相關市場和實際權力的分析、企業集中、調查程序、諮詢與意見的釋出、案件的複審等問題做了詳盡規定，同時制定了《競爭委員會內部規則》，對競爭委員會的工作規則做出了規定。

《工業產權法》規定，墨西哥智慧財產權局和墨西哥國家作者版權局是墨西哥智慧財產權的主管機構。智慧財產權局是由墨西哥原工商部創立的獨立機構，它依據墨西哥工業產權法，負責專利和商標的註冊以及解決涉及此類問題的爭端。它對專利的種類和保護期、商標的種類與保護期、申請程序、智慧財產權保護、許可證安排、侵犯專利權和商標權的處罰等做出了相關規定。

墨西哥在保護勞動者權益方面的主要法規有《憲法》、《聯邦勞動法》、《勞動程序法》、《社會保險法》、《勞動仲裁法》等；還有最低薪資條例，工人保險條例法規，勞動安全與健康條例以及職員培訓條例等。

世界經濟論壇《2014——2015年全球競爭力報告》顯示，墨西哥在全球最具競爭力的144個國家和地區中，排第61位，較上年排名下降6位。

### 12.3.4　總體經濟

近年，受全球經濟放緩和國際金融市場的大幅波動等外部環境惡化影響，尤其是受制於美國經濟成長動力不足，國際市場石油下跌影響，墨經濟增速顯著放緩。

據世界銀行統計，2014年常住人口總數為1.24億，人均GDP 10,363.49美元，2014年全年墨西哥國內生產總值為1.28兆美元，同比成長2.1%，達到此前財政部對全年經濟成長預期的下限。其中第一產業

成長3.1%、第二產業1.9%、服務業2.2%。按具體行業部門分類，則製造業成長3.7%、商業3.3%、房地產2.1%、交通運輸和倉儲業1.9%、建築業1.8%、礦業2.2%。

## 12.3.5 重點及特色產業

農業。農牧林漁業是墨西哥經濟的基礎。墨西哥農林牧漁用地面積1.96億公頃，其中耕地面積2,313.2萬公頃，多年生作物種植面積267.6萬公頃，其他用地（包括草地、牧場、森林、內陸水域等）面積為1.7億公頃。

墨西哥主要週期性經濟作物有玉米、高粱、大麥、菜豆、大豆、小麥、水稻、馬鈴薯和青辣椒等，多年生作物包括咖啡、柳丁、芒果、檸檬、香蕉、桃子和葡萄等。全國牧場占地面積7,900萬公頃，主要飼養牛、豬、羊、馬、雞等。農業主產區主要有錫那羅（Sinaloa）、塔毛利帕斯（Tamaulipas）、薩卡特卡斯（Zacatecas）和瓜納華托（Guanajuato）州。得益於其較長的海岸線，墨西哥海洋捕魚業也很發達，主要產品有鮪魚、蝦和沙丁魚等。

墨西哥農業出口優勢明顯，出口主要產品包括小麥、玉米、高粱等糧食作物，鱔梨、葡萄、檸檬、芒果等酸性水果，黑莓、草莓、蔓越莓等莓類水果，以及凍蝦、鮪魚、牛肉、豬肉等。此外，龍舌蘭酒的出口量也在拉美地區名列前茅。墨西哥龍舌蘭酒（TEQUILA）作為該國國酒享譽世界市場，世界上99%的龍舌蘭酒均產自於墨西哥哈利斯科省。

據墨國家地理統計局數據，2014秋冬季糧食作物（包括穀物：玉米、菜豆、小麥、水稻、高粱，油籽、大豆、芝麻、紅花，其他：番茄、綠辣椒、草莓）的播種面積為212.25萬公頃，收穫面積為211.92萬公頃。2014年多年生主要農作物（咖啡、檸檬、蘋果、柳丁、香蕉）的播種面積

為238.61萬公頃，收穫面積（除蘋果外）為960.86萬公頃。

2014年墨農產品出口額為122.04億美元，同比成長8.52%，農產品進口額為123.76億美元，同比成長0.19%。墨西哥農業具有明顯的二元化特點，全國農業明顯分為兩種類型：一種是位於與美國毗鄰的北部和西北部地區較為發達的現代化商品性農業，實行大面積耕作，機械化程度較高，灌溉系統和基礎設施較好，主要適合商品糧和水果、蔬菜和花卉等出口農產品生產。

另一種是位於中部和南部地區傳統的小農經濟，經營規模很小，耕作方式落後。主要種植玉米、菜豆等農作物，單位面積產量很低。目前小農經濟已越來越難以適應現代農業發展的需求。

儘管墨西哥農業資源豐富，但是糧食生產依然不能自給，國內農產品消費嚴重依賴進口，市場容量較大。墨西哥在加入北美自由貿易區後高附加值農業沒有得到相應發展，原來一些占有優勢的傳統農業生產又受到衝擊，大量農田荒蕪，許多中小農戶破產、農村人口外流，農牧業在經濟中所占比例連年下降。據統計，加入北美自由貿易區以來，墨農牧業進口總額增加了近50%。目前墨西哥所需牛肉、豬肉、棉花、稻米、蔗糖、玉米等產品已經大量從美國進口。

據墨西哥農牧漁業及鄉村發展部統計，墨西哥農產品的主要進口國是美國（56.3%）、加拿大（26.1%）和中國（3.8%），其次是德國和韓國。美、加兩國的農產品憑藉先進的農業生產技術和北美自由貿易協定的優勢，以低廉的價格湧入墨西哥市場，使得原本生產率低下且投入不足的墨西哥農業，面臨更加嚴峻的挑戰。

目前，墨西哥進口的玉米、高粱、大豆、肉類和豆粉大部分來自美國。美國農產品出口公司充分利用了墨西哥較大的消費需求和北美自由貿易協定帶來的便利條件，透過其直銷網路或連鎖超市直接在墨西哥境

內銷售農產品，待市場成熟後再利用兩國距離近的優勢，直接在墨西哥境內設立工廠或辦事處。此外在墨西哥設點的美國農產品貿易公司，也十分注意其銷售策略，在宣傳方面和產品設計方面包含了很多在地化元素，以達到滿足墨西哥國內消費者認同的目的。

墨西哥農業受天氣影響較大，為應對可能引發巨大經濟損失的天氣現象，2014 年，墨西哥聯邦政府專門推行了「農漁業自然災害防護項目」，項目擬投資 40 億比索，覆蓋 1,000 萬頭牲畜以及 1,200 萬公頃農業土地，相當於墨西哥農業土地總面積的 55%。

工業。工業是墨西哥國民經濟中最重要的部門之一，提供了全國 30%以上的就業職位。墨西哥擁有比較完整且多樣化的工業體系，不僅擁有食品、製藥、紡織、製革、服裝、造紙等輕工業，而且有汽車、鋼鐵、化工、機器製造等重工業，能源工業比較發達，石油工業和採礦業也具有悠久的歷史。

2014 年，墨工業製成品（除石油產品外）出口額 3,372.89 億美元，同比增加 7.22%，進口額 3,448.31 億美元，同比增加 5.58%。

在墨西哥工業領域中，比較大的部門有石油業、汽車業、紡織服裝業和礦業。墨西哥是世界第六大石油生產國，石油工業在其經濟中占據重要地位，石油產品出口收入是墨西哥財政收入的主要來源。汽車業是墨西哥最大的製造業部門，是其支柱產業之一，墨西哥已成為全球重要的汽車生產大國和貿易大國，主要向美國出口。紡織服裝業是墨西哥傳統優勢產業，產品較為齊全，主要紡織品有各類紗線、面料、家用紡織品、無紡布及各類服裝、窄幅混紡布、平紋布和針織布等。

墨西哥石油資源豐富，海上石油開發潛力較大。石油工業在墨西哥經濟中占據重要地位。石油和石油產品出口為墨西哥經濟發展的主要動力之一。石油出口收入在墨西哥財政收入中占有重要地位。墨西哥最大

的石油產品出口市場是美國，墨西哥在美國原油進口來源國中位居第三位，僅次於加拿大和沙烏地阿拉伯。

據 INEGI 統計，2014 年墨西哥石油產品出口額約為 429.79 億美元，同比下降 13.16％，進口額約為 414.90 億美元，同比增加 1.52％。2014 年墨共出口原油 41.69 萬桶，價值 362.48 億美元，均價 86.94 美元／桶，墨西哥石油出口下降，一方面歸因於其最大的出口市場美國的需求減少，另一方面也跟其本身產業發展遭遇瓶頸、產能下降有關。

墨西哥的石油和天然氣資源，大多儲藏於東部距海岸線 150 公里以內的墨西哥灣。沿海與近海地帶，只有薩比納斯油氣儲藏區位於北部，距墨西哥灣較遠。按出產石油類別來分，墨西哥中東部陸上地區主要生產輕質原油，坎佩切海上油田則主要生產重質原油，生產出的原油均集中到米納蒂特蘭附近的中心站，經輸油管道輸送到國內煉廠以及墨西哥灣的太平洋出口基地。

汽車業是墨西哥最大的製造業部門和最活躍的產業之一，也已成為墨吸引外國直接投資的重要產業之一。目前墨西哥是全球第七大汽車生產商和第四大出口商。自 1994 年北美自貿協定生效以來，越來越多的汽車跨國企業在墨西哥建立了工廠，以充分利用墨西哥的廉價勞動力以及自貿協定所帶來的便利。隨著美國、德國、日本等國的知名汽車公司在墨西哥投資的增加，汽車產業逐漸成為墨西哥的支柱產業之一，墨西哥也成為全球重要的汽車生產大國和貿易大國。2006 至 2012 年間，墨西哥汽車終端和零元件產業共吸引外資 132.8 億美元，占同期墨西哥吸引外資總額的 8.8％。

據經濟部數據，2014 年汽車行業貢獻了墨西哥 GDP 的 3.5％，製造業 GDP 的 19.8％，工業勞動力市場的 15％，並對 23 個生產部門造成影響。截至 2014 年墨汽車產業共創造直接就業 1,250 萬個，間接就業 6,000

萬個。據墨西哥汽車工業協會數據，得益於新建組裝廠投入營運，以及美、加等策略市場的需求成長，2014年墨汽車產業的生產和出口量均達到新的歷史最高水準。

2014年，墨汽車產量近322萬輛，同比成長9.8%；出口量264.3萬輛，同比成長9.17%，其中美國仍是第一大汽車出口市場，占其出口總量的71%，其次是加拿大，占比10.1%，排在第三位的是巴西，占3.9%。2014年，墨西哥汽車組裝和零元件製造業共吸收外國直接投資40.48億美元，創歷史新高。

墨西哥已在中小型轎車、輕型卡車、汽車發動機製造和零元件生產上形成了自己獨有的優勢。墨西哥主要汽車製造和裝配廠有：克萊斯勒、通用、大眾、福特、本田和日產等，在墨西哥中部和北部地區形成了產業集群，從事金屬冶煉、模壓、汽車裝配和生產等活動。墨西哥的汽車產業幾乎完全被跨國公司所壟斷，而國內資本則在相當程度上只能參與汽車零元件生產。在北美自由貿易協定優惠關稅的刺激下，墨西哥的汽車零元件產業日趨繁榮。

2014年，墨西哥成為僅次於中國、日本、美國、德國和韓國的世界第六大汽車零元件生產商。根據墨西哥汽車零元件產業商會的統計，2014年墨西哥汽車零元件產值累計815億美元，同比成長8.96%。世界汽車零元件生產百強企業中的多數在墨西哥有投資和生產。

2014年墨汽車產業較為重要的新增投資如下：6月，德國戴姆勒和雷諾——日產聯盟宣布投資10億歐元在墨西哥阿瓜斯卡連特斯州建立汽車組裝廠，用於裝配英菲尼迪和賓士車型，年產量在30萬輛左右，項目建設於2015年啟動，於2017年正式投入使用。

7月，寶馬公司宣布在墨西哥聖路易斯波託西州投資10億美元建設一所工廠，年組裝量為15萬輛，於2019年正式投入營運，屆時將為當

地創造至少1500個直接就業職位。8月,韓國起亞汽車公司宣布進入墨西哥市場並投資10億美元在新萊昂州建廠,年產量為30萬輛,主要用於裝配三種車型。2015年至2018年,通用將在墨投資36億美元用於擴大產能以及收購本國汽車零元件產業。

汽車貿易在墨西哥出口產品中占有非常重要的地位。汽車和汽車配件是墨西哥除石油之外最重要的出口產品。目前墨主要進口的部件有變速器、汽油發動機、車身、安全系統、進樣器、感測器、電路板、水泵等。墨西哥汽車整車和零元件的最大出口市場是美國與此同時墨西哥汽車工業也注重發展出口市場多元化策略,對拉美、歐洲、亞洲和非洲均有一定出口。

墨西哥是全球主要的紡織服裝品貿易國之一,紡織服裝業是其傳統產業,在墨西哥國民經濟中居於重要地位。墨西哥紡織服裝行業的產品比較齊全,各類紗線、面料、家用紡織品、無紡布及各類服裝、窄幅混紡布、平紋布和針織布是墨西哥傳統的紡織產品。

在墨西哥紡織品工業協會和服裝工業協會(Canaive)在要求下,2014年12月26日,墨西哥總統辦公室在《聯邦官方日報》頒布了一道法令,規定經濟部和財政部須採取措施,促進生產力、競爭力,打擊紡織品和服裝部門價值低估行為。這些措施主要包括:延緩關稅遞減,納入特定部門進口商登記名錄,分稅號對特定的紡織品和服裝進口商品設定參考價格並收取保證金等。該協會認為近兩年紡織品和服裝進口環節低價報關現象頻繁、情節嚴重,價值低估幅度由12%升至60%,再加上盜版和走私,導致該行業成長乏力,產業競爭力和生產力遭受打擊。

另一方面,墨聯邦政府正著力於透過與州政府和企業一道在創新舉措、供應商開發、區域化經營等方面加大力度,以提高產品附加值,推動產業鏈轉型更新,促進紡織和服裝工業發展。目前,墨西哥伊達爾戈(Hidalgo)已建成一個全國紡織品和服裝創新中心(CENITV),該項目投

資近 500 萬美元，初始資本 1 億比索，旨在為全國所有的紡織和服裝部門提供「研究、開發和創新」服務。

CENITV 面臨的挑戰是將紡織服裝產業鏈納入知識經濟，涵蓋從教育和培訓、競爭情報、標準和認證、工業研究和開發，到新企業的創立的所有範圍。下一步，墨西哥擬推廣創新中心，目標是在每一個州都設有創新中心，與全國創新中心職能相連、協調工作。截至目前，墨西哥州、瓜達拉哈拉州和新萊昂州已擁有自己的創新中心。

礦業是墨西哥最古老的工業部門。據墨西哥經濟部統計墨西哥是世界主要產銀國，16 種礦物躋身世界前十大生產國，包括金、鉛、鋅、銅、錫、螢石、天青石、矽、鉬、重晶石、石墨、鹽、石膏等。在墨從事礦業勘探和開採活動的外資企業主要來自於加拿大、美國、中國、澳洲、日本、韓國、英國、秘魯等，其中加拿大和美國企業最多。

2013 年 11 月，墨西哥政府公布了財稅改革方案，其中包括對礦業部門徵收相當於完稅、折舊及攤銷前收入 7.5%的採礦特許權使用費，此外還將對金、銀和鉛金礦的收入徵收 0.5%的稅費。受國際市場原材料價格低迷和墨政府打擊黑社會參與盜採鐵礦砂等因素影響，2014 年在墨西哥礦業企業銷售出現困難，吸引外資數量減少，鐵礦砂等礦產品出口大幅下降。

服務業不僅是墨西哥產值最高的部門，也是創造就業機會最多的產業。墨西哥服務業部門主要包括商業、金融業、電訊產業、不動產、旅遊、保險、廣告、傳媒等，服務業近年已成為墨經濟成長的主要動力。

## 12.3.6 對外貿易關係

貿易規模。隨著美國經濟的逐漸復甦和墨西哥內需的不斷擴大，近年，墨西哥外貿總額一直保持成長態勢。據墨西哥國家統計局最新數

據，2014年墨外貿總額達到7,975.13億美元，同比成長4.8%，其中進口額3,999.77億美元，同比成長4.9%；出口額3,975.35億美元，同比成長4.6%；貿易逆差24.42億美元，是2013年的2.06倍。

商品結構。據墨西哥央行統計，在對外貿易中，墨西哥主要出口產品包括：機械和電氣設備、汽車及其零元件、機械設備和鍋爐及其零元件、礦物燃料及其產品、珍珠寶石和貴金屬、光學和醫療儀器、塑膠及其製品、礦石和礦渣、食用蔬菜和植物的根塊莖、飲料和酒等。墨西哥主要進口產品包括：礦物燃料及其產品、塑膠及其製品、光學和醫療儀器、有機化工產品、鋼鐵製品、橡膠及其製品、含油籽仁和各種水果、鋁及其製品、紙和紙板及其製品、醫藥產品、穀物等。

墨西哥政府一直大力鼓勵和推動農產品出口。近年來墨青檸稜、芭樂、芒果、柑楠、柚子、黑莓、藍莓、樹莓、綠咖啡、葡萄、辣椒、小番茄等出口不斷增加。

據墨經濟部統計，如按產業分類，2014年主要產業進出口貿易情況：

工業產品貿易額以7,428.17億美元居首，占墨對外貿易總額的93.14%（進、出口分別為3,720.06億美元和3,708.11億美元）；其次分別是農牧業產品，對外貿易額304.34億美元（進出口分別為160.81億美元和143.53億美元）；農工產品，221.50億美元（進、出口分別為109.41億美元和112.09億美元）；漁業產品，21.11億美元（進、出口分別為9.49億美元和11.63億美元）。

如果按照石油產品和非石油產品分類，則2014年墨石油產品貿易額共達756.11億美元，占進出口貿易總額的9.5%，其中進、出口石油產品分別達332.29億美元和423.82億美元，分別占進、出口貿易總額的8.3%和10.7%；非石油產品貿易額為7,219.02億美元，占進出口貿易總額的90.5%，其中進、出口非石油產品分別達3,667.49億美元和3,551.53

億美元,分別占進、出口貿易總額的 91.7% 和 89.34%。

在吸收外資方面,近年來墨西哥吸收外資總額一直呈上升趨勢。

2009 年,受金融危機造成的美國經濟衰退和流感疫情影響,墨西哥吸收外國直接投資僅為 114.18 億美元,同比下降 38.6%。但是得益於經濟形勢的迅速恢復和美國內需的不斷擴大,墨西哥在 2010 年世界吸引外資潛力最大的國家中位列第八,在七年後重回世界十大外資目的地國(據世界高階諮詢公司柯爾尼公司報告)。

從外資來源國看,2000 至 2014 年墨西哥累計吸收外資約 3,896.40 億美元,其中最大的外資來源國是美國,累計投資 1,791.03 億美元,占比 46.0%,其次分別是荷蘭 (13.0%)、西班牙 (12.6%)、加拿大 (6.0%)、比利時 (4.1%)、英國 (2.4%)、日本 (2.3%) 和盧森堡 (1.5%),其他國家共占 12.1%。

從行業來看,則吸收外資最多的是製造業,累計吸引投資 1,824.01 億美元,占比 46.8%,其次是金融和保險服務業,占 17.1%,其後依次是商業 (8.3%)、礦業 (5.7%)、大眾傳媒 (4.1%)、房地產服務 (3.7%)、建築業 (3.3%) 以及其他領域 (11.0%)。

截至 2014 年底,墨西哥吸收外資存量為 3,727.3 億美元。

2014 年墨西哥吸引外國直接投資 225.68 億美元,與 2013 年相比下降 36%。這些投資共來自於 4,310 家外資企業,其中新增投資占 18.8%,達 42.35 億美元,56.5% 來自利潤再投資,達到 127.69 億美元,其餘 24.7% 來自公司間轉帳,約 55.65 億美元。

從外資來源看,2014 年美國再次回歸成為墨西哥最大外資來源國,對墨投資 65.16 億美元,占墨西哥吸收外國直接投資總額的 25.5%,其次分別是西班牙 40.93 億美元、加拿大 24.21 億美元、德國 15.46 億美元,荷蘭 14.90 億美元、日本 14.34 億美元以及比利時 12.62 億美元,其

餘 72 個國家共投資 38.06 億美元。

從行業分布看，按主要經濟部門分類，2014 年墨西哥工業吸收外資占 73.37%、服務業吸收外資占 26.25%、農林牧漁業占 0.37%。按細分行業分類，2013 年製造業仍是墨西哥國民經濟各部門中吸收外國直接投資最多的行業，其吸收外資 128.70 億美元，其次是金融服務業 55.57 億美元，其後分別是礦業 22.15 億美元、商業 19.54 億美元和建築業 8.73 億美元。而相比之下，2014 年大眾傳媒業則出現大幅萎縮，流失外資 41.53 億美元。

## 12.4　巴西

### 12.4.1　自然地理環境

巴西位於南美洲東南部。北鄰法屬蓋亞那、蘇利南、蓋亞那、委內瑞拉和哥倫比亞，西鄰秘魯、玻利維亞，南接巴拉圭、阿根廷和烏拉圭，東瀕大西洋。國土面積 851.49 萬平方公里海岸線長約 7,400 公里。領海寬度為 12 海里，領海外專屬經濟區 188 海里。

巴西礦產、森林、土地和水資源豐富，其中有 29 種礦物儲量豐富。已探明鐵礦砂儲量 333 億噸，占世界總儲量 9.8%，居世界第五位，年產量 3.7 億噸，居世界第二位，出口量也位居世界前列。鉛、錫等多種金屬儲量占世界總儲量的 10% 以上。此外還有較豐富的黃金礦和石棉礦。煤礦探明儲量 101 億噸，但是品味很低。

2007 年以來，巴西在東南沿海相繼發現大油氣田，預計石油儲量將超過 500 億桶，有望進入世界十大石油國之列。2013 年生產原油 7.04 億桶。森林覆蓋率為 60.7%，木材儲量 658 億立方公尺。水資源豐富，擁

有世界 18％的淡水，人均淡水擁有量 29,000 立方公尺，水力蘊藏量達 1.43 億千瓦／年。

據巴西國家石油、天然氣及生物燃料管理局（ANP）披露，巴西天然氣（非石油伴生氣）分布廣泛，開發潛力巨大。據 ANP 估算，巴西 5 大地質盆地天然氣儲量不少於 500 兆立方公尺（約折合 14 兆立方公尺），高於鹽下層儲量。其中帕奈伊巴、帕雷西斯、雷孔卡沃、聖佛朗西斯科、帕拉納等 5 大盆地天然氣儲量分別達到 64 億、124 億、20 億、80 億和 226 兆立方公尺（其中帕拉納盆地的數據為一家美國公司估算，尚未獲巴西監管機構認可）。

巴西國土 80％位於熱帶地區，最南端屬亞熱帶氣候。北部亞馬遜平原屬赤道（熱帶）雨林氣候，年平均氣溫 27 至 29℃。中部高原屬熱帶草原氣候，分旱、雨兩季，年平均氣溫 28℃。南部地區年平均氣溫 -19℃。

## 12.4.2　社會文化環境

民族。巴西是多民族國家，白種人占 53.7％、黑白混血種人占 38.5％、黑種人占 6.2％、黃種人占 0.5％、印第安人占 0.4％。

東南地區是巴西民族分布最廣泛的地區，該地區主要有白人（主要是葡萄牙後裔和義大利後裔）混血人、非洲巴西混血以及亞洲和印第安人後代。巴西還有德國人、西班牙人、日本人、敘利亞人、黎巴嫩人、中國人及其他東南亞人。

目前在巴西生活的華人大約 30 多萬人，主要集中在聖保羅。

語言。巴西官方語言為葡萄牙語、西班牙語，英語為其主要外語。巴西是世界上天主教徒最多的國家，83％的居民信奉天主教，少數居民信奉基督教新教和猶太教。

習俗。巴西是由歐洲人、非洲人、印第安人、阿拉伯人以及東方人等多種民族組成的國家，但是核心是葡萄牙血統的巴西人。另外由於從西班牙、義大利等南歐國家來的移民在巴西占大多數，因此，巴西人的習俗和葡萄牙、南歐的習俗非常相似。

從民族性格來講巴西人在待人接物上所表現出來的特點主要有兩方面：一方面巴西人非常直率；另一方面巴西人大都活潑好動、幽默風趣，並慷慨好客。

目前，巴西人在社交場合通常都以擁抱或者親吻作為見面禮節，只有在十分正式的活動中，他們才相互握手為禮。初見面時，人們也以握手為禮。對完全不相識的陌生人也可以擁抱、親頰。社交禮儀的親頰，是在兩頰各親一下。男女彼此親頰問候女士之間也習慣如此。然而在大多數社交圈中，男士間彼此習慣握手，同時用左手在對方肩上拍一拍。比較親近的男士彼此習慣擁抱，在對方背上重重拍打。

像大部分拉美人一樣，巴西人對時間和工作的態度比較自由。和巴西人打交道時，如對方遲到，應予諒解；而且，交談中對方不提工作時，不要搶先談工作問題。巴西人沒有「私人空間」的禁忌，他們能在非常近的距離下交談。適於談論的話題有足球、笑話、趣聞等等。另外巴西人特別喜愛孩子，談話中可以誇獎他的孩子。巴西的男人喜歡開玩笑，但是客人應避開涉及當地民族的玩笑，對當地政治問題最好閉口不談。

無論訪問政府機關還是私人機構，均需事先預約。和巴西商人進行商務談判時，要準時赴約。個人介紹通常以「早安」或者「午安」開頭，然後是握手（特別是兩個男人見面時）。與其他很多國家不同的是，在初次介紹時，專業頭銜有時冠在名前，對於沒有專業頭銜的商界人士來說，「先生」加上姓更合適，這時應該遞給對方名片，名片上至少應該有一面是用葡萄牙語印製的。拘謹的禮節通常很快結束，各方馬上開始彼

此直呼其名。在談論嚴肅的話題之前，通常進行一些閒聊。

對巴西人來說，在商業交往中個人品行非常重要，往往比某一樁生意的細節更為重要。因此，在最後決定合約或其他安排前，都要同預期的合作夥伴或者客戶見幾次面，很少有透過電話或信函來完成重要交易的。如果外國銷售代表來訪短暫且次數較少，巴西的管理人員肯定不會很熱情。

巴西的談判進度較慢，而且更多的基於私人交往。緩慢的談判速度並不代表巴西人不了解工業技術或現代商業慣例。相反，在與巴西企業進行談判前，應充分做好各方面的技術準備。儘管巴西的辦公時間通常是早上九點到晚上六點，但是決策者上班較晚、下班也晚。打電話給巴西管理人員的最佳時段是上午十點到中午十二點，以及下午三點到五點。不過在聖保羅並非這樣，全天都可以約見。在巴西，按慣例商業會見時只喝咖啡。

商業午餐和晚餐在巴西很普遍，通常包括四五道菜，為時近兩個小時，但是不太適合介紹性會面。午飯是一天裡的主餐，晚飯通常在晚上8點進行。巴西餐桌禮儀沒有在美國和歐洲那麼嚴格。有些巴西人用餐一手總拿著叉子，而有的則用美國方式（換手拿叉子）。表示用餐完畢應把餐具水準放在盤子上面。巴西人認為用手和手指直接接觸食物「不乾淨」，拿食物時應該用餐巾。

在正式場合巴西人的穿著十分考究。他們不僅講究穿戴整齊，而且主張在不同的場合裡，人們的著裝應當有所區別。在重要的政務、商務活動中，巴西人主張一定要穿西裝或套裙。在一般的公共場合，男人至少要穿短襯衫、長西褲，女士則最好穿高領帶袖的長裙。

巴西人性格豪放，待人熱情且有禮貌。蝴蝶在巴西是吉祥的象徵。巴西人的手語非常豐富而複雜。可以說巴西人的個人交流主要是透過於勢來完成的。但是，英美人所採用的表示「OK」的手勢，在巴西人看來

是非常不禮貌的。

與巴西人打交道時，不宜贈送手帕或刀子。還應該注意的是，在巴西紫色表示悲傷、黃色表示絕望、深咖啡色被認為會招來不幸。所以，在巴西送禮物時應該非常慎重避免選擇禁忌顏色。

### 12.4.3　投資吸引力

巴西投資環境的有利條件包括：

巴西地域廣闊、資源豐富，經濟規模和市場規模居拉美第一，且有巨大的發展潛力；能源豐富，年發電能力為 7,500 萬千瓦，其中水力發電占 84%，風力發電潛力巨大，石油儲量豐富，已探明石油儲量為 142.5 億桶。2007 年以來，在巴西東南沿海相繼發現大型油氣田，預計石油儲量將超過 500 億桶；銀行資本平均回報率高達 20%；巴西對所有在巴西境內的外國獨資或合資企業實行國民待遇。

外資在巴西境內投資無須事先經政府批准，只要透過巴西有權經營外匯業務的銀行將外匯匯進巴西並在中央銀行登記，即可在巴西投資建廠或併購巴西企業。對外資企業的利潤支配及匯出限制較少；政治風險比較低，巴西經濟基礎穩固，經濟政策成熟，且得到國際貨幣基金組織認可；巴西政府公布 2015 年至 2018 年物流投資規劃（PIL）涉及公路、鐵路、港口和機場等建設項目。該規劃旨在推動巴西基礎設施建設，提高國家經濟。2015 年至 2018 年，投資金額約為 1984 億雷亞爾。

巴西人口眾多，並具有不同層次的消費水準和習慣，內需較大；巴西各州有權制定有利於地方發展和引進外資的鼓勵政策，給外資企業一定的減免地方稅收政策；民眾能夠接受不同習俗的外國人，並能友好相處、排外性小。

世界銀行認為，巴西投資環境中存在的問題是在基礎設施領域對投資缺乏可靠的法律保證。巴西的電信、能源和交通市場因尚未制定明確的法律法規，對希望投資基礎設施的企業家仍缺乏吸引力。

世界經濟論壇《2014——2015年全球競爭力報告》顯示，巴西在全球最具競爭力的144個國家和地區中，排第57位。世界銀行釋出的《營商環境報告2015》中，巴西在189個國家和地區中排名第120位。

美國傳統基金會和《華爾街日報》釋出的2015年經濟自由度指數，在全球178個經濟體的經濟自由度中巴西排名第114位。

### 12.4.4　總體經濟

自2011年以來，國際環境發生變化，美國和歐元區經濟低迷，國際原材料價格下跌、貿易需求量下降，加之巴西國內經濟存在高利率、高稅收、投資不足等問題，制約了巴西經濟的成長速度。為保持經濟能夠持續發展，巴西政府採取了一系列減稅降息、鼓勵投資、加快基建、拉動消費等刺激性措施，但是收效甚微，經濟成長乏力。

2014年巴西GDP（國內生產總值）達2.3兆美元，同比成長0.1％。人均GDP達到1.16萬美元。

2014年巴西農業、工業和服務業占GDP的比例分別是：5.6％、23.4％和71％。

### 12.4.5　重點及特色產業

農牧業。巴西全國可耕地面積達1.525億公頃，占國土面積的18％，牧場1.73億公頃、森林面積5.16億公頃（2010年），占國土面積

的 60.7%，僅次於俄羅斯（8.09 億公頃），居世界第二位。巴西農牧林業就業人數 1726 萬人，占全國就業人口的 19.3%。

巴西是農產品生產大國種植業和畜牧業是農業中兩大重要產業部門。除小麥、奶製品等少數農產品尚需進口外，巴西主要農產品均實現自給。巴西同時還是全球農產品出口大國，農產品出口是巴西國民經濟的支柱產業，進入新世紀以來，巴西農產品出口額迅速成長，至 2013 年達到歷史最高點，出口總額達到 999.68 億美元，農產品貿易順差達到 829.07 億美元，2014 年，由於全球大宗農產品價格持續低迷，巴西農產品出口貿易額和貿易順差均出現小幅回落。其中，出口貿易總額為 967.5 億美元，同比減少 3.2%，農產品貿易順差 801.3 億美元，同比減少 3.3%。

巴西土地資源豐富、氣候條件優越，大多數地區年降水量超過 1,200 毫米，部分地區即使在沒有灌溉條件的情況下，農作物也可以實現兩季種植。除小麥等少數作物外巴西主要農產品均實現自給。

2014 年，巴西主要農作物產量約為 2.02 億噸。主要農作物包括大豆、玉米、豆類、水稻、小麥等。其中，大豆產量和出口量均位居世界第一位，玉米產量居全球第三位，出口量居全球第一位。另外，巴西的多種熱帶作物包括咖啡、柑楠、木薯、香蕉、劍麻的年產量位居世界第一。可可、酒精、菸草年產量位居世界第二，其中咖啡年產量約占世界總產量的 33%，柑橘年產量約占世界總產量的 50%，出口量位居世界第一的產品是蔗糖、咖啡、橙汁、菸草和酒精。

巴西畜牧業主要以養牛、養雞、養豬為主，尤其是肉牛養殖業生產水準高、疾病風險少，生產組織化程度高，為牛肉出口創造了良好的條件，2012 年牛存欄數 2.12 億頭；在肉類產品中，牛肉和雞肉產量居世界第三位，出口量居世界第一位；豬肉產量和出口量居世界第四位；巴西

年人均肉類消費量為 80 公斤／人。

巴西擁有豐富的木材資源，木材儲積量約 658 億立方公尺。每年種植用於生產紙漿的人工林約 500 萬公頃。

工業。巴西工業實力居拉美各國首位。1970 年代即建成比較完整的工業體系，工業基礎較雄厚。主要工業部門有：鋼鐵、汽車、造船、石油、水泥、化工、冶金、電力、建築、紡織、製鞋、造紙、食品等。核電、通訊、電子、飛機製造、資訊、燃料乙醇等行業已跨入世界先進行列。

1990 年代中期以來，藥品、食品、塑膠、電器、通訊設備及交通器材等生產成長較快；製鞋、服裝、皮革、紡織和機械工業等萎縮。2014 年，巴西工業產值 11,047 億雷亞爾，同比成長 8.15%。占國內生產總值 23.4%。

巴西鋼鐵業共有 11 家企業集團，控股的鋼鐵廠共 29 個，職工總數 100 萬人。巴西鋼鐵產量居拉美首位，2010 年至 2014 年鋼鐵產量分別為 3,280 萬噸、3,520 萬噸、3,468 萬噸、3,420 萬噸和 3,389.7 萬噸。巴西鋼鐵出口到 100 多個國家和地區。主要出口國家和地區是中國、美國、韓國、印尼、墨西哥、哥倫比亞、加拿大、西班牙和義大利等。

巴西是世界主要的紡織服裝生產國之一，2010 年是第五大針織布生產國，第四大服裝生產國。2013 年巴西紡織服裝從業人員有 164 萬人，企業 3.3 萬餘家。2014 年巴西紡織服裝業銷售額為 554 億美元，同比下降 4.81%。目前美元對雷亞爾保持高位有利於巴紡織服裝業開拓國際市場。巴西紡織業公布統計數據顯示，2014 年成衣業進口金額為 70.8 億美元，同比成長 4.79%；出口金額為 11.77 億美元，同比減少 6.65%。

中國是巴西 2014 年最大紡織品供應國，金額達 38.12 億美元，印度以 5.4 億美元居次，印尼以 3.58 億美元排名第三位。阿根廷是 2014 年巴

西紡織品最大出口目的國，金額達 2.74 億美元，美國以 1.3 億美元次之，巴拉圭及烏拉圭分別以 1.38 億美元及 8,527 萬美元，排名第三及第四位。

巴西紡織品和服裝公司中有一些世界級企業，如 Coteminas、Vicunha、Marisol 和 Guararapeso Coteminas 於 2005 年將其家用紡織品生產與美國的 Springs 實業成立合資企業，組成全球最大的垂直綜合紡織家用品公司 Springs Global。

Vicunha 每月生產粗斜紋棉布大約在 1,200 萬公尺（年產 1.44 億公尺），可能是世界最大的粗斜紋棉布生產商，在歐洲年銷售超過 1,200 萬公尺，占巴西粗斜紋棉布和平布對歐洲出口數量的大約 2／3。

Marisol 公司是巴西童裝市場的大企業，生產能力在 2,500 萬件服裝和 320 萬雙兒童鞋子；Guararapes 公司是巴西最大的服裝生產商，每天生產 19 萬件襯衣、牛仔褲等。與較發達的棉紡業相比，巴西化纖業相對薄弱，人造纖維貿易逆差不斷增加。85% 的聚酯纖維進口來自亞洲，中國、印尼是主要供應方。

巴西汽車工業已逐步發展成巴西工業的重要支柱產業，對巴西經濟發展發揮了重要作用。

目前，世界著名汽車企業均在巴西投資設廠，其中包括德國的戴姆勒 AG（DaimlerAG）和大眾（Volkswagen）、美國的福特（Ford）和通用（GM）、義大利的菲亞特（Fiat）和依維柯（Iveco）、日本的本田（Honda）、三菱（Mitsubishi）、日產（Nissan）和豐田（Toyota）、法國的寶獅（Peugeot）和雷諾（Renault）、瑞典的沃爾沃（Volvo）和斯卡尼亞（Scania）、以及英國的陸虎（Land-Rover）等。

2014 年巴西機動車產量為 314.6 萬輛，比 2013 年下降 15.3%，創 5 年來新低。

1980 至 1990 年代巴西加快利用先進海上石油開採技術，石油生產

不斷增加，年平均成長 11.5%，成為拉美第三大產油國。2014 年巴西平均日產石油 217 萬桶，天然氣產量 7,720 萬立方公尺／日。

近年來，巴西政府進一步對石油行業增加投資。巴西「2007 至 2016 年能源發展規劃」規定巴西未來 10 年油氣勘探和生產投資總額可望達到 1,330 億美元。根據該規劃，2007 至 2011 年間，巴西油氣開發投資總額為 463 億至 550 億美元，其中巴西國有石油公司的投資占 407 億美元，在巴西的跨國石油公司將透過招投標獲得部分陸地和海上油田的勘探開採權。

而 2012 至 2016 年間，巴西油氣開發投資總額將進一步增加到 620 億至 790 億美元。透過擴大產能和開發新油田，到 2015 年巴西原油日產量可望從 2007 年的 190 萬桶增加到 296 萬桶，屆時巴西天然氣產量也將增加三分之一。

1969 年，巴西航空工業公司在巴西政府主導下誕生，象徵著巴西航空工業的起步。經過 40 年的發展，巴西航空工業公司（EMBRAER）已經成為世界第三大商用飛機製造商和 120 座級以下商用飛機的最大製造商。公司專注於為民用航空、公務航空以及防務和政府市場設計、開發、製造、銷售飛機，並為遍布世界各地的客戶提供售後支援和服務。

其民用航空產品已被包括美國、法國、英國、德國、加拿大和中國等 45 個國家的世界主流支線航空公司選為主力機型。此外，公司還提供全方位的飛機和售後服務方案，包括航材備件、服務和技術支援。截至 2015 年 3 月，該公司共有員工 19,325 人。公司 2014 年共交付了 92 架商用噴氣飛機和 16 架公務噴氣飛機。

巴西森林資源極為豐富，紙漿和造紙工業發展較快。巴西造紙協會稱，2014 年 1 至 2 月巴西生產紙漿 253.1 萬噸、紙和紙板 172.3 萬噸。2014 年 1 至 2 月巴西紙漿、紙和紙板總出口額為 12.15 億美元。2014 年

1至2月巴西紙漿出口量為168萬噸紙，紙板出口量為32.1萬噸。2013年巴西紙和紙板出口額為19.7億美元，同比成長1%。拉丁美洲仍是巴西最重要的紙和紙板出口市場。巴西向拉丁美洲出口紙和紙板總額占總收入的56％，向歐洲、北美和中國出口紙和紙板分別占出口總收入的15%、13%和4%。

巴西政府重視替代能源的開發利用，積極實施多元化的可再生能源發展策略，在推廣使用乙醇作為機動車燃料的同時，還利用本國特有的自然條件和資源優勢大力研發生物柴油技術。2007年巴西使用的乙醇、生物柴油及其他可替代能源已占其能源消耗總量的44％，遠高於世界13.6％的平均水平。

巴西在甘蔗的種植、酒精和糖廠的建設、生產技術以及酒精汽車技術方面均處於世界領先地位。按照巴西科學研究人員的分析，巴西每噸甘蔗釋放的能量相當於1.2桶石油。目前，巴西酒精生產成本為每公升0.19美元，大大低於美國以玉米為原料的每公升0.33美元和歐盟以小麥為原料的每公升0.55美元。

巴西目前生產的90％輕型汽車使用彈性燃料，在使用任何石油及汽油混合乙醇情況下都能執行。輕型汽車使用酒精作為可替代能源已占燃料消耗的40％，每年使用酒精燃料大約110億公升。據巴西農業部統計，全國共有355座酒精工廠，2012／13年度巴西共生產甘蔗7.38億噸，生產酒精236億公升。隨著巴西政府提倡使用酒精作為替代能源政策的實施，和汽油酒精兩用汽車的使用推廣與普及，以酒精作為燃料的能源消費將會快速發展。巴西政府宣布，2015年3月16日起將汽油中乙醇的含量由25％增至27％。

在發展酒精燃料的基礎上巴西加大了研發生物柴油的計畫。巴西政府於2004年12月6日公布了實施生物柴油的臨時法令，宣布將於2007

年開始必須在礦物柴油中摻加 2% 的生物柴油，到 2012 年增加到 5%。生物柴油可作為柴油機車的動力，也可以作為發電動力。研究結果顯示，新增使用生物柴油不需要更換汽車發動機，同時可以減少一氧化碳排放量 48%、黑煙排放量 47%，並同時減少硫化物的排放量。巴西礦能部表示，巴西生物柴油的年生產能力已經達到 25 億升。

巴西從 1965 年開始研製桑達火箭系列，現已發射了桑達 1、2、3、4 和 VS-30、VS-40 探空火箭，正在試製的衛星運載火箭（VLS-1）為 4 級火箭。在拉丁美洲，巴西航天工業的規模最大，其飛彈與航天產品包括戰術飛彈、運載火箭、資源遙感衛星和衛星地面設備等。

巴西目前已有能力向其他國家出口戰術飛彈和航天產品的分系統。巴西擁有資源遙感衛星的技術，能夠研製生產氣象雷達、衛星通訊天線及相關的地球站。巴西具有一定的飛彈設計和生產能力，其飛彈技術在開發中國家屬於較為先進的。巴西沒有彈道飛彈，但是由於該國擁有衛星運載火箭，因此具有研製彈道飛彈的能力。

服務業。2014 年，巴西服務業產值 33,518.37 億雷亞爾，同比成長 30.87%，占國內生產總值 60.7%。2014 年巴西服務業毛收入比 2013 年同期成長 6%（有關調查包括非金融類的企業活動，不包括衛生、教育、公共管理和房產出租）。

服務業對巴西經濟發展舉足輕重，它不僅是產值最高的產業，也是創造就業機會最多的行業。巴西服務業部門主要包括商業、金融業、電訊產業、不動產、旅遊、保險、廣告和傳媒等。巴西的服務業除郵電、民航和航天工業外已基本對外資開放。

為促進本國資訊科技研究和開發水準的提高，巴西政府採取了一系列措施：1984 年，巴西議會透過了「國家資訊產業法」（No.7232／84）；1990 年代初巴西政府為促進巴西軟體產品出口發展而制定 SOFTEX

計畫，其目標是使巴西成為世界上5個最大的軟體開發和出口國之一；2000年，巴西政府頒布《新信息法》；2007年1月底，盧拉政府宣布將發展資訊產業列入《促進成長計畫》。

近10年來，巴西的資訊產業總收入都以每年10%的速度成長，資訊產業正逐步取代鋼鐵、製造、石油等傳統產業，成為巴西未來經濟發展中最大的策略產業。資訊產業總銷量超過了100億美元。巴西軟體企業生產的軟體以應用類為主，包括：銀行軟體、行政管理軟體、商業自動化軟體、財務軟體、人力資源管理軟體、網路網頁軟體、軟體仲介軟體、公共管理軟體、服務管理軟體、辦公自動化軟體和工業自動化軟體等。

2012年巴資訊科技市場總額達到1,230億美元，其產值占GDP的5%、全球排名第7位。其中，540億美元來自資訊產業公司科技創新研發投入。硬體銷售為353億美元，軟體銷售額達到95億美元，資訊產業服務營業額為212億美元。美國是巴西資訊科技產品和服務最大的購買者。2014年巴西對資訊科技、軟體、智慧財產權產品研發的投資成長了5.5%。

巴西旅遊業有80多年的歷史，為世界10大旅遊創匯國之一，遊客多來自拉美、歐洲和美國。自1995年開始，巴西政府把發展旅遊列入巴西發展策略規劃。巴西國家旅遊部負責制定巴西旅遊發展規劃和政策，開發旅遊項目、擴大旅遊收入，增加就業機會，促進國家社會經濟的發展。

據巴西旅遊部門統計，2013年旅遊行業直接及間接收入為2,056億美元，占GDP9.2%。2014年，巴西接待外國遊客人數640萬，創下歷年來最高紀錄，同時獲得收入119億美元。全國共有旅行社9,130家，旅遊業直接從業人員300萬人。全國主要旅遊點：里約熱內盧、聖保羅、

薩爾瓦多、巴西利亞、伊瓜蘇大瀑布、馬瑙斯自由港、黑金城、巴拉那石林和大沼澤地等。旅遊已成為繼大豆和鐵礦砂出口以外巴西的第三大外匯來源。

## 12.4.6　對外經貿關係

貿易規模。據巴西發展工業外貿部統計，2014 年巴西進出口總額 4,541.61 億美元，同比下降 5.7%，其中出口為 2,251.01 億美元，同比下降 7%；進口 2,290.60 億美元，同比下降 4.5%；貿易逆差為 39.59 億美元。

商品結構。巴西出口的主要商品有鐵礦砂、大豆及豆油、石油及燃料、肉類、化學製品、蔗糖及酒精等；主要進口商品有燃油和潤滑油、藥品、電子設備、汽車及其零配件等。

據巴西央行統計，2014 年巴西吸收外國直接投資 625 億美元，同比減少 2.3%。2014 年外國直接投資主要來源地有荷蘭（87.91 億美元）、美國（85.37 億美元）、盧森堡（66.59 億美元）、西班牙（59.58 億美元）、日本（37.8 億美元）、葡萄牙（31.6 億美元）、法國（29.46 億美元）、瑞士（19.73 億美元）。

巴西政府歡迎外資進入本國市場，並實行國民待遇。根據憲法規定，所有在巴西的外國獨資或合資生產企業均被視作「巴西民族工業」。由於得天獨厚的農業、礦產資源和 2 億人口的市場容量，巴西在南美各國之中一直是國際投資者的首選。從 1950 年代發展汽車工業開始引進外資以來，巴西對外資開放的領域越來越廣泛，並取得了較好的成績。

據聯合國貿發會議釋出的 2015 年《世界投資報告》顯示，2014 年，巴西吸收外資流量為 625.0 億美元。截至 2014 年底，巴西吸收外資存量為 7,547.7 億美元。

## 前沿閱讀

### 加拿大服務貿易自由化策略新動向：
### 依託全球商貿策略開拓全球多元市場

從服務貿易自由化程度而言，加拿大與美洲國家間實現的貿易自由化程度較高，而對美洲之外的市場，近些年才積極推進雙邊、區域自由貿易協定。從地域結構看，加拿大正在穩步推進與歐盟以及亞洲市場的貿易合作。

（一）採取全球商貿策略。加拿大以貿易立國，是典型的出口導向型經濟發展方式，且其產品主要出口至美國，對美國的貿易依存度較高。從 2002 年起，因美國經濟的變化和世界競爭的加劇，加拿大開始走多元化出口道路，大力拓展亞洲市場，尤其是中國與印度市場。

加拿大聯邦政府按照「全球商貿策略」的部署，不斷加大對開拓國際市場的支持，包括在主要貿易國家巴西、中國、印度和蒙古開設 15 個加拿大貿易專員服務辦公室。該策略每年將提供 5,000 萬美元，用於進一步推動加拿大在海外的貿易和投資項目。近年來，加拿大政府尤其積極推動與其他國家簽訂自由貿易協定。

迄今為止，加拿大已簽署並生效的自由貿易協定達 11 個，分別是北美自由貿易協定、智利、哥倫比亞、哥斯大黎加、宏都拉斯、以色列、約旦、巴拿馬、秘魯、韓國、歐洲自由貿易協定；尚在談判中的自由貿易協定有 7 個，分別是歐盟、加勒比共同體、中美洲 4 國（宏都拉斯、薩爾瓦多、瓜地馬拉、尼加拉瓜）、新加坡、烏克蘭以及 TPP、TISA。

（二）區域、多邊貿易框架下加拿大的主張。當前，服務貿易領域被

廣泛關注的兩個多邊協定分別是 TISA 以及 TPP。加拿大對於二者均表現出積極推進的態度，同時也針對一些議題和問題有鮮明的觀點和主張。

（1）在服務貿易協定（TISA）框架下的主張。杜哈回合談判舉步維艱，WTO 框架下繼續開放服務貿易的談判越來越困難。為促進全球服務貿易自由化的進一步深化，美歐等成員開始推動新的國際服務貿易協定。加拿大是所有「美式標準」談判的積極參與者，成為首批宣布加入 TISA 談判的國家，並積極參與其中。

目前，TISA 協定談判的基礎框架及協定內容已大致敲定，但是在談判成果是否多邊化問題上還存在較大分歧。參與 TISA 談判的多數成員承諾願意透過 WTO 將服務貿易談判予以多邊化，以歐盟為代表極力主張協定與 WTO 服務貿易協定對接，成為 WTO 框架內的「諸邊服務協定」。

然而美國與加拿大主張先在 WTO 框架之外建立單獨復邊「國際服務協定」協議。面對多數成員國提出「TISA 將阻礙杜哈回合談判重新啟動，並長期減損多邊貿易體制」的擔憂，美國、加拿大等國與其他國家達成談判共識，確定協定結構應以 WTO 服務貿易協定做基礎，未來可成為 WTO 諸邊協定之一，並可使用 WTO 爭端解決機制，這種安排將方便金磚國家等開發中國家加入。

（2）TPP 框架下的主張。《跨太平洋夥伴關係協定》（TPP）於 2008 年正式啟動談判，加拿大於 2012 年 6 月正式加入 TPP 談判。TPP 為加拿大出口商品和服務開拓多元市場提供了新動力。

第一，利用 TPP 平台推動多元化市場開拓。目前，加拿大傾向於開拓多元化市場。儘管美國依然是加拿大最大的貿易夥伴，但是其所占份額在下降，顯然加拿大需要開拓更為廣闊的國際市場。隨著亞洲特別是中國經濟的崛起，要求加拿大加強與其他合作夥伴的關係，並將其作為優先項的呼聲越來越高，其核心思想是加拿大有必要在亞洲建立或重新

建立立足點，並準備參與亞洲經濟成長發展。

2015年1月1日，加拿大與韓國自由貿易協定在經歷十年的漫長談判後生效，成為加拿大與亞洲國家簽訂的首個自由貿易協定，但是加拿大與亞洲的連繫仍顯薄弱。對此，加拿大企業界向政府不斷施壓，要求政府採取大膽舉措重新進入亞洲。

第二，積極參與規則制定，發揮話語權。目前，美國傾向於透過簽署新的貿易協定來尋找新機遇，而不是選擇提高已有協定的品質。透過新規則來推動舊規則的調整可能將成為未來改革的間接路徑。如：NAFTA下的加拿大、墨西哥與美國均是TPP成員，TPP任何新規則會比NAFTA優先適用。同時，作為加拿大最大貿易夥伴的美國會在TPP框架下給予其他成員超過NAFTA更大的優惠。對此，加拿大積極加入TPP談判議題以及規則的制定，以確保TPP的規則至少應與NAFTA保持一致或相差不大，從而保證加拿大政府不必為適應新的貿易規則體系而花費鉅額成本推進國內市場的改革。

資料來源：加拿大服務貿易發展態勢及啟示

作者：湯婧

### 思考題

1. 加拿大經濟發展呈現出哪些特點？
2. 墨西哥石油工業的發展以及其在國內經濟與對外貿易中的地位怎樣？
3. 美國的對外貿易如何？
4. 巴西農業部門的發展概況如何？

# 第 13 章

# 大洋洲

學習目標

　　本章主要介紹澳洲和紐西蘭的自然地理環境、社會文化環境、投資吸引力、總體經濟、重點及特色產業、對外經貿關係。透過本章的學習，使學生了解大洋洲的自然環境和人文環境，掌握其重要產業以及經濟發展概況，熟悉貿易關係以及貿易情況。

## 13.1　澳洲

### 13.1.1　自然地理環境

　　澳洲位於南太平洋和印度洋之間，由澳洲大陸和塔斯馬尼亞等島嶼組成，大陸面積 769 萬平方公里，南北長約 3,700 公里、東西寬約 4,000 公里。按照面積計算，澳洲為全球第 6 大國，僅次於俄羅斯、加拿大、中國、美國與巴西。

　　澳洲有豐富的能源和礦產資源，鐵礦石、鋁土礦、煤等蘊藏量均居世界前列，除此之外，鈾礦、金礦都有很大的規模。石油、天然氣、鉛、銅、錫、稀土金屬等礦藏也相當豐富。澳洲也是世界第 9 大能源生產國，經合組織國家中 3 個能源淨出口國之一。

澳洲水資源總量少，地區分布不均，降水和地表水資源總量少，是除南極以外世界上平均降水量最少的大陸。平均年降水量為465毫米，年降水量變化大，且降水季節性強，冬季降水比夏季多11%。降水分布不均勻，中部地區常年乾旱，降水最少的艾爾湖流域盆地，平均年降雨量不足125毫米。而東部地區雨季則常發生洪澇災害，降雨量大的昆士蘭州北部地區，年均降雨量超過4,000毫米。澳水利設施不足，欠缺降水的區域、季節調劑能力。

澳洲森林覆蓋率21%，天然森林面積約1.63億公頃（2／3為桉樹）。漁業資源豐富，捕魚區面積比國土面積多16%，是世界上第3大捕魚區，有3,000多種海水和淡水魚以及3,000多種甲殼及軟體類水產品，其中已進行商業捕撈的約600種。

澳洲是世界上除南極洲以外最乾燥的大陸。平均年降雨量為465毫米，年降雨量變化大，且分布不均勻。最乾旱的艾爾湖流域盆地，平均年降雨量不足125毫米。近三分之一的大陸位於熱帶地區，其餘的位於溫帶地區。12月到次年2月是夏季、3月到5月為秋季、6月到8月為冬季、4月到11月為春季。

## 13.1.2 社會文化環境

民族。現代意義上的澳洲從移民開始。截止到2014年6月，澳洲全國總人口為2,351萬，其中有超過650萬移民，占人口總數的28%。超過40%的澳洲人有混合的文化背景，每2分14秒就有一位新移民入籍。與此相應，澳洲是一個多民族國家。英國和愛爾蘭後裔占74%、華裔占5%、澳洲土著人口占2%、其他民族共占19%。

語言。官方語言為英語。除英語外，較為通行的語言有漢語國語、義大利語、希臘語、粵語、阿拉伯語。

宗教。澳洲宗教信仰自由。澳洲最大的宗教群體為天主教、聖公會和其他基督教教派，非基督教宗教則主要包括佛教和伊斯蘭教。調查顯示，全國約 64%的居民信仰基督教、近 2%的居民信仰佛教、近 2%的居民信仰伊斯蘭教、近 1%居民信仰印度教、近 1%的居民信仰其他宗教，無宗教信仰或信仰不明的人口超過 30%。

習俗。澳洲人待人接物都很隨和，相見時喜歡熱情握手，彼此以名相稱。

澳洲人每年人均飲酒不超過 30 升，到餐廳或酒吧可以自帶酒水。飲食則以英式西餐為主，聖誕節時多吃海鮮。澳洲人還喜歡旅遊。他們的時間觀念很強，下班後很快人去樓空。

### 13.1.3 投資吸引力

澳洲政治和社會環境穩定，金融體系規範。澳洲地理優越，成為連繫西方市場和亞太地區的重要橋樑。

世界經濟論壇《2014——2015 年全球競爭力報告》顯示，澳洲在全球最具競爭力的 144 個國家和地區中，排名第 22 位。

世界銀行《2015 年經商環境報告》顯示，在進行調查的 189 個國家和地區中，澳洲在經商便利度方面排名第 10 位。2015 年 6 月，澳洲宣布接受 WTO《貿易便利化協定》。

### 13.1.4 總體經濟

經濟成長。自 1980 年代以來，澳洲透過一系列有效的經濟結構調整和改革，經濟持續快速成長，實現了連續 23 年成長的記錄。澳洲國內生產總值（GDP）年平均成長率達到了 3.25%。2009 至 2013 年，澳洲經濟

成長率分別是 2.7%、2.7%、2.3%、3.1%和 2.8%。2014 年，澳洲 GDP 達 1.58 兆澳元，成長 2.5%，人均 GDP 達 6.7 萬澳元，成為世界上經濟成長較快的先進國家之一。

產業結構。2014 年，澳洲國內生產總值中，第一產業占 2.3%、第二產業占 22.7%、服務業占 75%。

## 13.1.5　重點及特色產業

服務業、製造業、採礦業和農業是澳洲的四大主導產業。據澳洲官方統計，2014 年澳洲服務業增加值 11,838.51 億澳元、製造業 987.18 億澳元、礦業 1,345.48 億澳元、農牧業 361.82 億澳元，服務業是澳洲的優勢產業。2014 年，由於國際大宗商品價格下降，澳洲採礦業增加值出現下降。

工業。以礦業、製造業和建築業為主。2014 財年礦業增加值 1,345.48 億澳元，占國內生產總值的 8.5%。製造業增加值 987.18 億澳元，占國內生產總值的 6.3%。建築業增加值 1,249.24 億澳元，占國內生產總值的 7.9%。

農牧業。農牧業發達，農牧業產品的生產和出口在國民經濟中占有重要位置，澳洲是世界上最大的羊毛和牛肉出口國。2014 財年，農牧業從業人員 30.7 萬，增加值 361.82 億澳元，占國內生產總值的 2.3%；農產品出口 410 億澳元，農牧業用地 4.05 億公頃，占全國土地面積的 53%。主要農作物有小麥、大麥、油籽、棉花和水果。

服務業。服務業是澳洲經濟最重要和發展最快的部門，2014 年，服務業增加值 11,838.51 億澳元，占澳洲國內生產總值的 75%，服務業是澳洲優勢產業。服務業中產值最高的五大行業是商務服務業、醫療和社區服務業、金融保險業、房地產交易及交通通訊服務業。

## 13.1.6 對外經貿關係

2013／14財年澳洲對外貨物和服務貿易額為6,696.89億澳元，同比成長7.4%；其中貨物貿易5,245.94億澳元，同比成長8.6%；服務貿易1,282億澳元，同比成長5.9%。全年貿易逆差68.51億澳元。

澳洲是世界上重要的初級產品出口國，製成品、高科技產品和服務出口增加也較為迅速。澳洲貨物貿易的主要出口產品為礦產品、畜牧產品和農產品包括鐵礦石、煤炭、天熱氣、黃金、原油和精煉油、小麥、鋁、牛肉、銅礦石、羊毛和棉花，主要進口商品包括原油和石油產品、客車及貨車、機械和運輸設備、電腦和辦公設備、藥物、通訊設備和零元件、家具等。

服務貿易的主要出口產品包括旅遊服務、教育相關服務、運輸服務、金融服務、其他商業服務（如專業管理諮詢、法律、會計及公共關係服務）、電信、電腦及訊息服務等。

澳洲歡迎外商到澳洲投資，很多澳洲公司也在其他國家進行大量投資。澳洲長期保持淨資本進口國的地位，吸引外國儲蓄存款，以期更快開發國內資源，在外向型礦業和能源項目中不斷投入巨大的資金。

澳洲統計局最新公布數據顯示，截至2014年底，澳洲的外國投資存量為2.78兆澳元，比上一年度增加了2,612億澳元，上升了10%。其中，有價證券投資（Portfolioinvestment）1.52兆澳元，占55%；直接投資（FDI）6,884億澳元，占25%；其他類型投資占20%。

按外國投資存量計算，前五大投資來源國分別為：美國7,582億澳元（占27%）、英國4,842億澳元（占17%）、比利時2,261億澳元（占8%）、日本1,747億澳元（占6%）和新加坡802億澳元（占3%）。來自中國內地的外國投資存量645億澳元（占2.3%）。按年度外國投資流量計

算，2014年前三大外資來源國為美國250億澳元（占5%）、比利時157億澳元（占3%）和中國內地133億澳元（占3%）。

從吸收利用外資的行業來看，截至2014年底，澳洲吸收外資的前五大行業為礦業2,647億澳元（存量，下同）、製造業881億澳元、金融保險行業669億澳元、批發零售及汽車修理行業630億澳元和房地產477億澳元。

據聯合國貿發會議釋出的2015年《世界投資報告》顯示，2014年，澳洲吸收外資流量為518.5億美元，截至2014年底澳洲吸收外資存量為5,646.1億美元。

## 13.2 紐西蘭

### 13.2.1 自然地理環境

地理位置。紐西蘭位於南太平洋，南緯33度至53度、西經160度至173度，介於赤道和南極之間，西隔塔斯曼海與澳洲相距1,600公里。全國由南、北兩個大島和斯圖爾特島及其附近一些小島組成，南北島之間是庫克海峽。陸地面積約為27.05萬平方公里，與英國和日本的面積相近。紐西蘭海岸線長達6,900公里，領海面積約為400萬平方公里，是其陸地面積的15倍。有120萬平方海裡的專屬經濟區，面積比紐西蘭陸地面積大3倍。

紐西蘭首都威靈頓（Wellington）位於北島南端，是地球上最靠南的首都。人口最多的工商業和港口城市奧克蘭（Auckland）也位於北島。其他主要城市有基督城（克賴斯特徹奇）、哈密爾頓、但尼丁等。著名旅遊

城市有位於南島的皇后鎮。

紐西蘭屬溫帶海洋性氣候，由於位於南半球，因此季節與北半球相反。夏季平均氣溫 25°C 左右，冬季 10°C 左右，全年溫差一般不超過 15°C。各地年平均降雨量為 400 至 1,200 毫米。

## 13.2.2 社會文化環境

紐西蘭主要民族為歐洲後裔和毛利人。紐西蘭官方語言為英語和毛利語。紐西蘭 70% 的居民信奉基督教和天主教。紐西蘭民風純樸、富於探險精神、熱愛自然和田野生活，有較強的環境保護意識。毛利人仍保留著濃郁的傳統習俗。他們大都信奉原始的多神教，相信「靈魂不滅」，尊奉祖先的神靈。

紐西蘭人見面和告別均行握手禮，習慣的握手方式是緊緊握手，一般情況下，男士應等候婦女先伸出手來。初次見面，身分相同的人互相稱呼姓氏，並加上「先生」、「小姐」等，熟識之後，互相直呼其名。毛利人迎接尊貴的客人時有行碰鼻禮的習俗。碰鼻子的時間越長，就說明禮遇越好、越受歡迎。替別人拍照，特別是替毛利人，一定要事先徵得對方同意。

## 13.2.3 投資吸引力

紐西蘭是先進國家，經濟的市場化、法制化程度較高，政府管理較為透明、高效，政治穩定、社會較為安全。具有現代化的基礎設施，發達的通訊、公路、鐵路、海運和能源、網路。從業人員教育程度較高、掌握多種技能。資金流動較為自由。實行單一稅制，企業稅為 28%，大多數情況下免收資本收益稅或者徵收最低額。外資企業按照國際稅務協

定規定享受稅收優惠；研發成本 100% 免稅；是世界上平均關稅最低的國家和地區之一。

世界經濟論壇《2014——2015 年全球競爭力報告》顯示，紐西蘭在全球最具競爭力的 144 個經濟體中，排第 17 位。根據世界銀行最新釋出的 2015 年經商環境排名，紐西蘭在全世界 189 個經濟體中排名第二。

### 13.2.4 總體經濟

2014 年紐西蘭經濟上下半年對比鮮明，上半年新經濟延續了 2013 年的成長勢頭，充分利用國際初級產品價格大幅上漲和需求穩步增加的利好形勢，實現經濟發展和對外貿易同步快速成長；下半年受全球乳製品價格大幅下跌、中國經濟調整引起的需求放緩和俄羅斯、烏克蘭地緣政治不穩定等多重因素影響，新對外貿易受到較大衝擊，經濟增速放緩。

但是在貿易情況走低的同時，紐西蘭國內需求強勁及房地產帶動的製造業繁榮大大緩解了對外貿易萎縮帶來的不利影響，紐西蘭整體經濟依舊保持良好發展態勢。

### 13.2.5 重點及特色行業

乳製品業。紐西蘭是農牧業發達的國家，乳業在國民經濟中具有舉足輕重的地位。全國的牧場超過 1.2 萬個，牧場總面積 1,100 萬公頃，80% 集中在北島。2014 年全國乳牛存欄量 675 萬多頭，其中正在授乳的乳牛超過 526 萬頭。紐西蘭生產的乳製品 95% 出口到海外市場，2014 年奶粉、牛油、起司等乳製品出口總量約 283.5 萬噸，出口額 145.16 億新元（約合 113.64 億美元），占全球乳品貿易額的 1／3 左右，乳製品出口額占紐西蘭（自 2014 年起紐西蘭統計局將 GDP 參照價格標準從 1995／

96 年度調整為 2009／10 年度，故統計數據有大幅成長。）出口總額的 28.98%。

畜牧業。紐西蘭畜牧業是傳統優勢產業。據統計，紐西蘭是世界第 12 大農業出口國，其中羊肉、乳製品和鹿肉出口位居世界第一，羊肉出口占全球貿易額的 75%、鹿肉出口占全球貿易額的 50%。羊毛出口僅次於澳洲位居第二，占全球貿易額的 27%。2013 年全國綿羊存欄數為 2,956 萬頭、肉牛 364 萬頭、鹿 95 萬頭。2014 年肉類及食用內臟出口總量為 89.4 萬噸，出口額 59.35 億新元，占紐西蘭出口總額的 11.85%。

林業。紐西蘭是世界第二大針葉原木出口國，出口額占全球貿易額的 14%。林地面積約 810 萬公頃，占陸地面積的 30%，其中約 630 萬公頃是天然林，180 萬公頃是人工種植林，品種主要為輻射松。主要出口產品有原木、木漿、紙及木板等，主要出口市場為中國、韓國、澳洲、日本、美國、印尼等。受國際木材價格下降和中國需求減弱影響，2014 年紐西蘭林產品出口規模下滑，出口額為 36.72 億新元（約合 28.75 億美元），其中出口中國 18.2 億美元，占紐西蘭林產品出口總額的 63.3%。

旅遊業。紐西蘭是一個美麗的島國，除奶製品產業以外，旅遊業是紐西蘭最大的出口收入來源。2014 年，入境遊客人數為 285.74 萬人次，主要客源地為澳洲 124.77 萬人次，中國 26.49 萬人次，美國 22.05 萬人次，英國 19.244 萬人次，日本 8.11 萬人次。

教育業。紐西蘭的教育體制被視為世界最好的教育體制之一。全國擁有 2,800 多所國立中小學校、8 所大學、25 所技術學院和 5 所教育學院。紐西蘭政府大力推行教育出口策略，全面開放教育市場。2008 年全球金融危機導致經濟衰退，紐西蘭發表了一些新的吸引國際學生的積極政策，允許大學畢業後可取得一年工作簽證等，吸引各國留學生到紐西蘭讀中學、大學、研究生或者英文學校。法律允許留學生每週工作 20 小時。

2013 至 2014 學年國際學生數量共計 11.55 萬人（其中自費留學生 8.55 萬人），年度教育出口收入達 7.5 億新元左右，是畜牧業、林業和旅遊業之後第四大出口產業。

## 13.2.6　對外經貿關係

2014 年紐西蘭貨物進出口貿易額 1,013.37 億新元，同比成長 5.09%，其中出口 500.94 億新元，同比成長 4.3%；進口 512.43 億新元，同比成長 6.0%。貿易逆差 11.49 億新元。

2014 年紐西蘭出口額前五位的商品是乳製品（包括奶粉、牛油和起司等，出口額 145.16 億新元，同比成長 8.3%）、肉及可食用內臟（出口額 59.35 億新元，同比成長 12.5%）、木材（出口額 36.72 億新元，同比下降 4.8%）、水果（出口額 17.65 億新元，同比增加 19.3%）及機械設備（出口額 16.10 億新元，同比增加 5.4%）。

據聯合國貿發會議釋出的 2015 年《世界投資報告》顯示，2014 年，紐西蘭吸收外資流量為 33.9 億美元。截至 2014 年底紐西蘭吸收外資存量為 767.9 億美元。

### 思考題

1. 澳洲的吸引外資情況如何？
2. 紐西蘭的農業發展概況如何？
3. 澳洲的主要服務業發展情況如何？
4. 澳洲投資吸引力如何？

# 第 14 章

# 歐洲

**學習目標**

本章主要介紹歐洲的自然地理環境、社會文化環境、投資吸引力、總體經濟、重點及特色產業、對外經貿關係。主要介紹了英國、法國、瑞典、俄羅斯等 4 個國家。透過本章的學習，使學生了解歐洲的自然環境和人文環境，掌握 4 個國家的重要產業以及經濟發展概況，熟悉貿易關係以及貿易情況。

## 14.1 英國

### 14.1.1 自然地理環境

英國地處西歐，是由大不列顛島上的英格蘭、蘇格蘭、威爾士以及愛爾蘭島東北部的北愛爾蘭共同組成的一個邦聯制島國。

英國被北海、英吉利海峽、凱爾特海、愛爾蘭海和大西洋包圍。東瀕北海，面對比利時、荷蘭、德國、丹麥和挪威等國；西鄰愛爾蘭，橫隔大西洋與美國、加拿大遙遙相對，北過大西洋可達冰島，南穿英吉利海峽行 33 公里即為法國。

國土面積為 24.41 萬平方公里（包括內陸水域）。其中英格蘭地區 13.04 萬平方公里，蘇格蘭 7.88 萬平方公里，威爾士 2.08 萬平方公里，

北愛爾蘭 1.41 萬平方公里。

英國主要的礦產資源有煤、鐵、石油和天然氣。硬煤總儲量 1,700 億噸。鐵的蘊藏量約為 38 億噸。西南部康沃爾半島有錫礦。在柴郡和達臘姆蘊藏著大量石鹽。斯塔福德郡有優質黏土。康沃爾半島出產白黏土。奔寧山脈東坡可開採白雲石。蘭開夏西南部施爾德利丘陵附近蘊藏著石英礦。在英國北海大陸架石油蘊藏量約在 10 至 40 億噸之間。天然氣蘊藏量約在 8,600 至 25,850 億立方公尺。2011 年，英森林覆蓋面積 308 萬公頃，占本土面積的 12.6%。

英國氣候屬溫帶海洋性氣候。最熱時（7月分）平均氣溫為 19 至 25°C，最冷時（1月分）平均氣溫為 4 至 7°C。英格蘭地勢較低，年平均降水量 830 毫米，西部、北部山區雨量較大，最高可達 4,000 毫米。

## 14.1.2 社會文化環境

民族。英國人口主要由四個大的民族構成，即英格蘭人、蘇格蘭人、威爾士人和愛爾蘭人，其中英格蘭人占人口總數的 80%。此外，英國還居住著占總人口近 8% 的少數民族。

語言。英國的官方語言為英語、威爾士北部居民使用威爾士語、蘇格蘭西北高地及北愛爾蘭部分地區居民使用蓋爾語。

宗教。居民多信奉基督教新教，主要分英格蘭教會（亦稱英國國教聖公會，其成員約占英成人的 60%）和蘇格蘭教會（亦稱長老會，有成年教徒 59 萬）。另有天主教會及伊斯蘭教、印度教、錫克教、猶太教和佛教等較大的宗教社團。

習俗。英國是最早實行公共保健、社會保險等福利制度的西方國家。英國人注重生活品質，追求精神享受。重要場合穿著正規，平時追

求簡單、舒適的服飾。飲食式樣簡單，但是注重營養。

由於氣候原因，英國人特別喜愛陽光、喜歡日光浴、在日光下讀書等活動。平時喜歡自己動手做家務和園藝，酷愛運動，也喜歡外出旅遊度假。另外英國人非常愛好文化活動，如閱讀書刊、寫作、聽音樂會、看戲等，還喜歡養寵物。

### 14.1.3 投資吸引力

英國是世界上投資吸引力最高的國家之一，也是各國企業來歐洲發展國際業務的首選投資目的地之一，具有獨特的優勢。

經濟發展優勢明顯。英國是世界第五大經濟體，國內消費潛力和市場規模巨大。

英國是歐洲最方便經商的國家。世界銀行統計，在英國建立公司並開展業務只需13天，而歐洲其他國家平均需要32天。在便利性方面，世界銀行將英國列為歐洲第一、全球第六。

勞動力市場靈活。世界銀行認為，英國是「歐洲僱傭市場第二強」，僅次於丹麥。生產率迅速提高。歷史上，英國的生產率低於主要競爭對手國，但是這已成為過去。英國消除了與許多國家之間的差距並超過了其他國家。眾多重要績效指標表明，倫敦是引領世界的金融服務中心。多家投資諮詢機構均將倫敦列為歐洲最佳商務城市之一。

稅率較低。從2015年4月起企業所得稅下調至20%，英國成為先進國家中該項稅率最低的國家之一。英國個人所得稅基本稅率為20%，起徵點為1.06萬英鎊，最高稅率為45%。

投資、創業障礙少。經合組織統計認為，英國創業障礙世界最少，「產品市場監管」位居世界第二、貿易和投資便利排名世界第三。

創新能力世界領先。英國是世界上創新型企業最活躍的國家之一，研究基礎的品質僅次於美國。據泰晤士報高等教育增刊統計，英國擁有歐洲最頂尖的六所大學和全球最強的三所大學中的兩所。

政治環境穩定。透明國際統計，英國是世界上最透明（腐敗最少）的國家之一。

登記財產便利。英國位列法國、德國、愛爾蘭和義大利之前，位居世界前列。

英語是國際商務通用語言。

卓越的交通連線。英國擁有世界級的交通運輸網路，提供了通向歐洲大陸和世界其他地區的快速交通連線。希思羅機場（Heathrow）是歐洲最大的航空樞紐港，並在不斷擴大，運輸效率也隨之不斷提高。倫敦是擁有世界最大規模地面和地下鐵路網路的城市之一。英國是進入歐洲大陸的最便捷橋梁，提供了通往歐盟27個國家的便利通道。歐盟有將近5億人口，是世界上最大的單一市場。越來越多的海外公司將他們的歐洲總部設在英國。

上述有利條件極大地增強了英國對外國投資的吸引力。根據英國國家統計局數據，2014英國吸引外國直接投資173.3英鎊（約合280億美元）。《世界經濟論壇2014——2015年全球競爭力報告》顯示，英國在全球最具競爭力的144個國家和地區中排名第9位，比上一年度上升一位。

## 14.1.4　總體經濟

2014年，英國經濟規模位居世界第五位，比2013年上升一位。2008年金融危機爆發以來，由於經濟高度依賴以金融業為代表的服務業，英國經濟遭受重創，陷入深度衰退，2008年第二季度後，GDP連續6個季

度負成長,導致 2009 年 GDP 負成長 4.9%。

2010 至 2012 年間,受歐債危機和財政緊縮政策拖累,英國經濟復甦緩慢,GDP 成長率分別只有 1.3%、0.7% 和 0.3%。2013 年開始,得益於寬鬆貨幣政策和商業信心恢復,英國經濟呈現全面復甦勢頭,當年 GDP 成長率達到 1.7%,2014 年英國經濟成長 2.7%,為 7 年來最高,國內生產總值超過危機前水準。

產業結構。2014 年英國各主要產業中,農業占 GDP 的比例為 0.6%、製造業占 GDP 的比例為 14.6%、建築業占比 6.4%、服務業占 GDP 的比例為 78.4%。2014 年,英國四大產業中,服務業、農業產值分別環比成長 0.8%、1.3%;建築業和製造業產值分別環比萎縮 1.8%、0.1%。

## 14.1.5 重點及特色產業

金融業。金融服務業是英國經濟的重要支柱產業。2014 年,金融及保險業創造的產值為 1,269 億英鎊,占英國經濟產出的 8%。此外還創造了 592 億英鎊的貿易順差。僅銀行部門 2013／14 財年就貢獻稅收 214 億英鎊。金融及保險業僱用員工 110 餘萬,占英國總就業的 3.4%。憑藉深厚的貿易淵源、一流的專業人員、高品質的配套裝務,以及語言、時區、法規等方面的優勢,倫敦位居世界三大金融中心之列,在證券和外匯交易、海事和航空保險、債券保險和交易、銀行間拆借等國際金融市場上均占有重要一席。

英國金融服務業包括銀行業、保險業、投資管理、股票市場、外匯市場、期貨市場等。倫敦不僅擁有大量銀行,並且是全球最大的保險市場和全球最大再保險市場之一,還是世界領先的航空與航海保險市場。英國共有 800 多家經批准的保險公司,其中 420 家屬於英國保險協會。

英國保險業位居歐洲之首，全球第三，淨保費收入達1,500多億英鎊。倫敦是世界主要外匯交易市場，日交易量達5,000多億美元，占全球交易量的30％。倫敦是全球最大的場外金融衍生品交易市場，繼芝加哥之後成為全球第二大期貨與期權交易市場，全球最大的基金管理中心。

　　倫敦金屬交易所是全球最大的金屬交易所，成交的非鐵金屬占全球交易總量的90％以上。倫敦石油交易所是歐洲領先的能源交易所。作為國際主要原油交易的價格市場──布倫特原油交易量占全球交易量的2／3。倫敦證券交易所是全球國際化水準最高的證券交易所。

　　倫敦還是全球最透明的黃金交易市場，也是全球黃金交易的結算中心。倫敦是主要的國際債券市場中心。在倫敦登記並以倫敦為基地的券商發行的債券占全球債券發行量的60％。

　　愛丁堡、曼徹斯特、卡迪夫、利物浦、利茲和格拉斯哥也是英國金融交易中心。滙豐銀行、勞埃德銀行、蘇格蘭皇家銀行及巴克萊銀行是英國主要銀行。此外，還有若干家規模較小的銀行、房屋借貸協會等。

　　旅遊業。旅遊業是英最重要的經濟部門之一。倫敦是外國遊客必到之處，且旅館眾多，但是旅館房間多為豪華型，經濟型房間較為緊缺；而餐廳在數量和風味上都有很大增加，可滿足不同口味的需求。

　　主要旅遊地區有：倫敦、愛丁堡、卡迪夫、布賴頓、格林威治、斯特拉福、牛津和劍橋等。主要觀光景點有：歌劇院、博物館、美術館、古建築物、主題公園和商店等。按遊客人數衡量，英國是全球第八大旅遊目的地。按旅遊收入衡量，英國旅遊業位居全球第七，英國旅遊收入占全球市場占有率的3.4％。

　　據英國國家統計局（ONS）統計數據，繼2013年旅遊業出現強勁成長之後，2014年英國旅遊業繼續保持成長勢頭，1至9月海外遊客在倫

敦花費總額達 89 億英鎊，同比成長 6.6%。其中第三季度（夏季旅遊旺季），造訪倫敦的海外遊客達 499.3 萬人，同比成長 3%。期間海外遊客在倫敦花費總額達 35.6 億英鎊，同比成長 6%。

據英國國家統計局數據，2013 年到英國各地旅遊的國際遊客人數達 3,290 多萬人次，較 2012 年增加 190 萬人次，也是自 2008 年以來表現最佳的一年。其中，來自北美的遊客成長 1%，來自其他國家的遊客成長 10%。入境旅遊業繼續為推動英國經濟做出了卓越貢獻，入境旅遊業在 2013 年的消費額達 210 億英鎊，比 2012 年度成長了 13%。

2013 年，英國旅遊業創造產值 1,269 億英鎊，占 GDP 的 9%，從業人員約 310 萬。國際遊客在英國消費達到 1,130 億英鎊，較 2012 年上漲 6%，為英國新增就業機會 17.3 萬個。

航空航天產業。英國航空航天業研發及製造水準在歐洲乃至世界處於前列。英國約有 490 家公司從事航空航天業，直接從業人員 5 萬人，間接從業人員約 20 萬人。主要核心企業包括勞斯萊斯、空中巴士、龐巴迪、奧古斯塔韋斯特蘭、Spirit Aecosystem 和 GKN 等。

2013 年，英國航空業占製造業之比為 7.6%，提供了製造業 4.3% 的就業職位。英國企業接受的 2031 年前交付的訂單總值超過 4,740 億英鎊。英國是世界上使用航天資訊和技術最多的國家之一。

從 1970 年代開始，英國實行以國際合作為主的航天工業發展方針，透過國際合作促進其宇航工業的發展。進入 21 世紀，英國政府制定並實施了航天長遠策略。該策略有三項核心的長期目標：

一是提升英國在天文學、行星學以及環境科學方面的地位。透過空間利用繼續加深對宇宙飛太陽系、地球以及生命本身的認識，增強對地球系統的了解和預測能力，鞏固和加強英國在科技、工程等方面的基礎能力。

二是重點關注成本效益，透過太空活動在科學和經濟領域力求獲取最高價值。

三是開發創新航天系統，利用空間科技來提高居民生活品質。由於行業的高科技含量特殊性，英國的很多大學與世界眾多跨國航空公司如波音、勞斯萊斯、英國宇航局等建立了合作，從而集中開發研究。

在專業分支上，航空航天工程主要分為工業設計、複合材料、空氣／流體動力學、衛星與地球物理、控制與探測等方向。這些大學及其特長專業包括：南安普敦大學的空氣動力學、巴斯大學的動力學、電力傳輸和自動化控制、工業設計等帝國理工大學的複合材料專業、布里斯託大學的航空航天與設計、謝菲爾德大學的航空材料、結構學、軍用飛機拉夫堡大學的動力推進系統、曼徹斯特大學的航天工程、諾丁漢大學的衛星、導航、格拉斯哥大學的航空航天工程管理、航天任務分析設計。

以就業人數計算，英航空產業規模列世界第二。勞斯萊斯公司是世界首屈一指的引擎製造商，世界多數飛機製造公司都選擇該公司的飛機發動機。英國企業也是其他關鍵性飛機零元件的首選合作夥伴。目前，英國吸引了大量航空業的國際投資，其中，世界最大的兩家大型飛機生產製造企業——空中巴士公司和美國通用（GE）電氣公司落戶英國航空工業重地威爾士，還有航空相關產業的150多家公司在威爾士僱傭了2萬多名員工，形成了強大的航空工業產業集群。

汽車產業。英國是歐洲最多樣化和產量較多的汽車生產和裝配基地。英國汽車業現有77萬名從業者，大多數集中在英國中部和北部，汽車業每年為英國財政貢獻100億英鎊。

全球很多汽車企業都被英國機械技術、優秀勞動力供給和良好商業環境吸引而來。英國在世界汽車研發製造領域處於領導地位，超過30家汽車生產商在英製造70多種型號的汽車，世界產量最大的7家轎車生產

商、8家跑車生產商、8家商用車生產商和10家大客車生產商均在英國投資設廠。

此外，還有包括17個世界頂級品牌在內的2,350家汽車零配件供應商。其中威爾士是英國汽車生產業最先進的地區之一，也是最大零配件供應地區。幾乎所有世界知名汽車企業都在英國有分支機構，使英國汽車產業在世界名列前茅。目前有福特、寶馬、豐田、日產和本田等超過40家知名汽車企業在英設有公司。汽車產業鏈包括整體設計、發動機設計製造、關鍵零元件生產等。

英國汽車製造商協會（SMMT）公布的數據顯示，得益於產銷的增加以及出口量的成長，2014年英國汽車行業的產值達到695億英鎊（約合1,093億美元），同比成長了6.6%，刷新紀錄。

而2013年，英國生產整車151萬輛，居歐洲第四，生產發動機255萬臺，其中77%的整車和57%的發動機出口國外。當年英國汽車業營業收入593億英鎊，貢獻產業增加值119億英鎊，約占GDP的3%。2014年，英國汽車業的外國投資額上升了78%，在過去兩年累計達到75億英鎊。其中包括福特在達格南工廠投資4.8億英鎊和大眾公司旗下品牌賓利投資8億英鎊在英格蘭北部地區克魯建SUV工廠等。

英國汽車業的快速發展得益於汽車科技的大力支撐。面對方興未艾的網路與自動化，英國汽車業加快步伐並在歐洲取得領先地位。英國汽車協會認為，無人駕駛比以往更具科技和市場可實現性，這主要是相關行業也實現了科技更新，特別是物聯網技術的普及和成熟，為英國保險、通訊、電子、網路科技、交通、物流、廣告、數位與零售等帶來革命性變化。

英國汽車協會將無人駕駛技術的發展分為5個階段：完全手動駕駛、自動化協助、部分自動化、條件性自動化、高級自動化和完全無人駕

駛。英國汽車業計劃在 2030 年前實現高級自動化，即除特定用途外，基本實現無人駕駛，屆時可在城市道路上看到這個技術。

英國汽車科學研究創新得到政府大力支持。在 2015 至 2016 財年（始於 2015 年 4 月 1 日）預算中，英國政府計劃投資 1 億英鎊用於汽車研發，特別是無人駕駛技術。投資 4,000 萬英鎊發展物聯網，使之能用在醫療、社會服務和智慧城市等領域；投資 4 億英鎊在科技基礎設施建設。英國政府還將布里斯托爾等 5 個城市設為無人駕駛汽車的試點。除政府支持外，2013 年和 2014 年，英國汽車業的科學研究投資分別達 17 億英鎊和 19 億英鎊，延續了過去幾年的遞增趨勢。

此外，英國政府對氫燃料汽車、純電動汽車、混合動力汽車等多種新能源汽車都給予了支持，並鼓勵企業和個人在新能源汽車上做出貢獻，英國也成為當下全球的一個新能源汽車的試驗場地。

畢馬威預計，到 2026 年英國生產的汽車將實現互聯；到 2028 年，88%的汽車能實現部分自動化。到 2030 年，25%的汽車將配備高級自動化乃至完全無人駕駛功能，屆時互聯與自動化技術預計每年能為英國帶來約 510 億英鎊的收益，累計新增就業職位 32 萬個，其中汽車業直接創造 2.5 萬個就業職位；累計減少 2,500 起致命交通事故，預防 2.5 萬起嚴重交通事故。

能源產業。英國能源資源豐富，在歐盟國家中居首位，擁有大量的石油和天然氣資源，是歐盟內最大的天然氣和石油生產國。煤炭儲量十分可觀。1981 年英國成為能源淨輸出國。1989 年至 1999 年進行了能源私有化改革，建立了完全開放、充分競爭的電力和燃氣市場；天然氣取代煤炭成為主要能源形式，大大降低了溫室氣體的排放量；核電進入市場，風能、生物能等可再生能源技術研究開發趨向成熟，改變了單一化石燃料的能源結構。

2013 年,英國能源工業產值占 GDP 的 3.3%,投資占全國投資總額的 18.9%,直接從業人員 16.9 萬人,間接從業人數 20 萬人。2013 年,英國能源產量約合 2.135 億噸原油當量。能源消耗比例為石油占 44.8%、天然氣占 32.3%、電力和新能源占 18.2%。按最終用途分,工業消耗 16.1%、民用占 29.2%、交通占 35.6%、服務業占 14%。2013 年,英國能源進口 1.02 億噸石油當量,進口依存度為 47.1%。

化工產業。英國是世界第六大化工生產國。英國化工業有 4,000 多家企業,就業人數 40 多萬,但是英國 80.9% 以上的化工企業就業人數不足 50 人。2012 年,英國化工業年總產值達 441 億英鎊,占英國經濟的 3% 以上,占英國製造業增加值的 11%。世界主要跨國化工公司在英國營運和生產化工產品,而英國的不少化工企業已經達到跨國公司規模,在歐洲名列前茅。

英國化工產品競爭力很強,2012 年,英國化工業年總產值中有 230 億英鎊直接出口,占 55%。近年來,英國化工行業進行策略調整。主要表現在以下幾個方面:

(1) 向專業化和特色化方向發展。英國化工企業透過兼併、合作、收購等手段調整產品結構。化工業從多元化發展轉向專業化發展,收縮經營範圍、放棄弱項、加強核心產業,使其在某個領域的壟斷地位進一步加強,並開始逐步退出低附加值、汙染嚴重的傳統化工領域。

(2) 發展高新技術和高附加值產業。英國透過法拉第項目不斷加大化工領域的研究開發投入,以技術創新和領先作為搶占未來制高點的首要手段,使英國化工技術更新的速度進一步加快。為適應市場需求和追求高利潤,英國一部分化工企業將精細化工作為發展重點,並將其核心產業向精細化工和高新材料方向轉移。

(3) 英國的初級化工產品、大宗石化產品及傳統化工產品正在向擁有

廣闊市場、豐富原料和廉價勞動力的開發中國家和地區轉移。

（4）英國重視化工業的節能、環保和安全技術的開發與應用，向可持續化工業轉型，加強研究機構與生產廠商的聯繫，逐漸從「末端處理」轉變為「生產全過程控制」。

創意產業。從建築到音樂到電腦遊戲和電影等，英國創新、多文化的創意產業相當發達。英國歷史上就在藝術、設計、創新方面領先世界。創意產業包括許多分支部門，如廣告、建築、時尚、電影和影片、軟體、電腦服務和電視、廣播等。

英國研發的數字遊戲如《古墓奇兵》(Tomb Raider)等聞名世界。英國也是世界領先的電視節目製造地，是世界第二大電視節目出口地。2013年，英國創意產業產值769億英鎊，成長9.9%，約占英國經濟增加值的5.0%。2012年，創意產業出口173億英鎊，約占當年英國服務業出口總額的8.8%。英國創意產業創造就業機會171萬個，約占英國就業總數的5.6%。

環保與可再生能源。英國政府重視發展低碳經濟和環保產業，制定了要在2050年之前實現減排80%二氧化碳的目標，為英國能源領域的繼續投資奠定了堅實的基礎。英國是世界第二大再生能源公司投資對象國。英國的再生能源與環境技術產業是世界上最具活力、最受國際推崇的產業之一。主要投資機會涉及以下幾個再生能源領域：陸地和海上風能、太陽能、生物質能 (biomass)、海浪能和潮沙能等。2012年，英國生產的可再生能源約合930萬噸原油，成長9%。

食品和飲料產業。英國是世界上成長最快的食品和飲料市場之一。在化學和奈米技術創新驅動下，英食品和飲料行業也在不斷創新，尤其在高科技包裝、健康和方便食品方面優勢更為明顯。2013年英國食品飲料和餐飲行業實現銷售額1,960億英鎊。

同期英國食品和飲料製造領域創造產值 920 億英鎊，約占製造業產值的 18%。銷售領域創造產值 373 億英鎊。實現出口 190 億英鎊，製造領域從業人員 40 萬人，銷售領域從業人員 134 萬人。東米德蘭地區是英國食品製造成長最快的區域，生產供應全國的食品、飲料和菸草。

資訊通訊產業。英國是歐盟最大的資訊通訊產業基地，擁有 8,000 多家企業，僱員超過 100 萬人。2012 年，英國電腦和電子製造業完成產值 205 億英鎊，約占 GDP 的 1.5%。同期，電信、電腦和資訊服務業完成產值 1,407 億英鎊，約占 GDP 的 10.1%。英國同時是世界資訊通訊產業的創新中心之一。

電子產品。英國是電子工程、半導體設計和光電學的創新基地，對發展電子產品有良好的商業環境和基礎設施。索尼、日立、飛利浦、摩托羅拉等國際知名公司都在英國建立了研發中心。很多英國公司有獨特的專利。英國的晶片設計舉世矚目，囊括了歐洲地區 40% 的晶片設計和全球 10% 的晶片生產。英國是最早採用無線區域網的國家，網路普及和電子商務占據世界領先地位。

軟體和 IT 服務。英國是最吸引軟體企業的歐洲國家之一，有超過 100 萬人在電腦相關行業就業，其中超過一半在軟體和相關服務行業。在英國研發的軟體比在歐洲任何國家都要多。英政府也投入大量資金支持軟體行業研發。2012 年，英國 IT 和軟體服務業完成產值 87 億英鎊。

電信業。英國是歐盟成員內最早開放電信市場和實行電信業私有化的國家。英國電信業以高度發達、自由開放及吸納新技術而聞名於世。英國電信服務企業的資本市值達 1,170 億英鎊，2012 年電信服務業產值約 641 億英鎊。

英國是第一個透過人造衛星、電纜和地面廣播提供數字電視服務的國家，有 200 多家空間及人造衛星企業和世界最大的行動電話營運商，

是歐洲最具實力和競爭力的電信製造和供應基地，也是公認的電信技術創新中心。英國是世界上領先的網路關口，世界 36% 的跨國網路線路透過英國伺服器。

英國目前有 20 所大學從事電信技術前沿研究，70 所大學參與半導體研究。英國電信業分為五大具體業務：固定電話和專線、移動語音和資訊據、網路和寬頻、企業資訊服務、手機及其配件的零售。近年來，英國電信業務收入的成長點主要在移動和寬頻服務領域，傳統業務收入呈下降趨勢。

生物醫藥產業。生物科技、衛生保健和製藥業合計每年創造 230 億英鎊收入，僱傭約 40 萬人就業。發達的製藥技術、較強的技術基地和不斷增加的政府研發投入使英國生命科學投資不斷增加。

生物科技。英國是世界上最發達和成長最快的生命科學市場之一，是僅次於美國的最具活力的生物技術工業基地。根據英國生物工業協會統計，英國有 345 家企業直接從事生物產品的研發和製造、597 家企業間接參與。2010 年，生物科技行業產值 55 億英鎊。英國劍橋桑格研究院是世界上最重要的生物技術研發中心之一，同時也是將基因研究轉化為商業用途的重要基地，大約 1／3 的人類基因研究項目在此進行。

位於劍橋、牛津、倫敦的大學形成了世界頂級的高生物科技研發集群。愛丁堡是新興的農業生物技術研發、製造中心，擁有 85 家農業生物技術公司。此外，肯特郡、約克郡和曼徹斯特的生物技術工業水準也較發達。

英國同時還是世界生物製藥的主要中心，在複合蛋白質和 DNA 技術療法領域領先。英國生物技術工業是吸引海外投資的主要領域之一。英國是跨國醫藥和生物科技經營最具吸引力的國家。英國企業創造了歐洲上市公司 40% 的生物科技產品。同時，歐洲超過 45% 的進入臨床階段的

生物製藥是英國生產。

製藥業。英國是世界主要的製藥業中心之一，居世界第四位，約占世界市場的六分之一。2012年醫藥領域研發投入達42億英鎊，占英國商業研發總額的25%。英國與美國和日本是世界三大製藥業研發中心國。

英國同時是世界第二大醫藥出口國，2013年，英國製藥業創造產值133億英鎊，占英國製造業產出的9%和製造業出口的10%，貢獻貿易順差50億英鎊，有6.8萬直接從業人員，其中2.3萬人從事研發工作，創造了25萬個相關行業的就業機會。葛蘭素史克（Glaxo Smith Kline）和阿斯利康製藥（Astra Zeneca）為全球第五和第六大製藥公司。此外，輝瑞、羅氏等外國企業也在英國投資設廠。

2003年3月，英國政府透過了克隆和莖細胞研究合法化的法律，為再生藥物的研究鋪平了道路，使再生藥物廣泛應用在各領域。英國政府專門成立了生物科學創新和研發機構，以繼續保持其在生物技術領域的競爭力。英國以優惠的營業稅率和資金資助計畫，以及對小型未上市公司投資的優惠政策，鼓勵生物技術科學研究不斷突破，保證了英國在歐洲生物技術領域保持領先地位。

衛生保健和醫療技術。衛生保健產業是英國最發達的產業部門之一。英國國民健康服務系統（NHS）被認為是世界衛生系統的標兵。英國是歐盟衛生保健規則制定的重要參與者之一，在英國生產的產品能夠在整個歐盟市場銷售。英國大學和研究機構在醫藥領域非常領先。衛生保健產業包括醫療衛生設備的創新和製造、醫療保健諮詢等。

2012年，英國衛生保健支出超過1,400億英鎊，占全社會總支出的20%。為應對人口高齡化和支出大幅上升的挑戰，2013年4月NHS改革法案予以實施。GP（全科家庭醫生）領導的醫療委員會小組（Clinical Commissioning Groups）將取代基礎醫療體系（Primarycaretrusts），掌管

NHS 較大部分的預算。同時鼓勵私營醫療機構和慈善機構更多參與到 NHS 系統中。

除了雄厚的科學研究能力以外，英國還不斷完善綜合資金市場管理和法律框架，以保護智慧財產權和鼓勵企業不斷開發新產品。此外，英國生物技術的發展也受益於歐洲醫藥鑑定局，其總部設在英國。

新型材料產業。英國享有世界級奈米技術研究聲譽，有貫穿全國的強大研究機構與大學網路。目前專門從事奈米技術研發經營的公司數目不斷上升，有 1,500 多名研究科學家全力以赴地開發奈米技術。英國吸引了眾多國際投資者前來投資奈米技術商業應用，如 Oxonica、Hitachi、Elan、Nanoco 和 Solexa 等。英政府也大力支持奈米技術開發，包括一項價值 9,000 萬英鎊、為期六年的奈米技術研發計畫。

## 14.1.6　對外經貿關係

貿易規模。作為島國，英國一貫以貿易立國，是世界反對貿易保護、支持自由貿易的主要力量。2014 年，英國對外貨物貿易出口 2,928.7 億英鎊、進口 4,124.7 億英鎊、貿易赤字 1,196 億英鎊。

商品結構。英國主要進口商品為汽車、貴金屬及寶石、石油產品、辦公設備、通訊設備、發電設備、塑膠製品、紡織品和服裝、醫療設備及相關產品、有機化工產品、鋼鐵、紙張、家具、飲料、玩具等。

主要出口商品包括機械設備、石油產品、汽車、醫藥、電子設備、貴金屬及寶石、光學儀器、飛機、有機化工品等。

英國對待外資態度非常開放，歡迎幾乎任何能促進當地就業的外資進入。根據英國貿易投資總署統計，2012／13 年度英國共吸引外國投資項目 1,559 個，同比成長 10.9％，創造了 17 萬個就業職位，同比成

長 51%，是最近 3 年來的最高峰。據英國國家統計局釋出的數據，截至 2014 年底，英國吸引外國直接投資累計存量達 13,016 億英鎊，其中，2014 年當年吸收外國直接投資 173.3 億英鎊。

據聯合國貿發會議釋出的 2015 年《世界投資報告》顯示，2014 年，英國吸收外資流量為 722.4 億美元。截至 2014 年底，英國吸收外資存量為 16,628.6 億美元。

2012 至 2013 財年，外資來源地排名前 10 位依次是美國、義大利、中國、日本、印度、德國、法國、加拿大、瑞士、澳洲。其中，美國對英國投資項目數為 396 個（維持和創造就業職位 48,802 個），占外國總投資項目數的 25%，連續四個財年保持最大外資來源國地位。外資主要在以下行業新設立項目：軟體業 261 個、金融 102 個、商業服務 102 個創意和媒體 95 個、汽車 85 個、資訊通訊技術 74 個、生物製藥 74 個、清潔能源 46 個，醫療衛生 68 個。

## 14.2 法國

### 14.2.1 自然地理環境

法國位於歐洲西部，面積 55.16 萬平方公里，邊境線總長度為 5,695 公里，其中海岸線為 2,700 公里，陸地線為 2,800 公里，內河線為 195 公里。北鄰比利時、盧森堡、東北與德國接壤、東部與瑞士相鄰、東南與義大利交界、南部毗鄰摩納哥、西南緊鄰西班牙和安道爾、西北隔拉芒什海峽與英國相望。

法國的南部、西部和西北部，分別瀕臨地中海、大西洋、英吉利海

峽和北海四大海域。地中海上的科西嘉島是法國最大的島嶼。

法國的地勢東南高西北低。平原占總面積的三分之二。主要山脈有阿爾卑斯山脈、庇里牛斯山脈、汝拉山脈等。法意邊境的白朗峰海拔4,810公尺，為歐洲最高峰。河流主要有盧瓦爾河（1,010公里）、羅訥河（812公里）和塞納河（776公里）。

法國能源自給率為49.8%。鐵礦蘊藏量約10億噸，但是品味低、開採成本高，所需的鐵礦石大部分依賴進口。煤儲量已近枯竭，所有煤礦均已關閉。有色金屬儲量很少，幾乎全部依賴進口。所需石油的99%、天然氣的75%依賴進口。能源主要依靠核能，約78%的電力靠核能提供。此外，水力和地熱資源的開發利用也比較充分。

法國本土面積54.9萬平方公里，耕地面積為18.4萬平方公里，占33.5%、林地占28.3%、草地占18.1%、葡萄園占1.8%、農用未開發土地占4.6%、其他（湖泊、城市、基礎設施等）占13.7%。

法國的氣候特點是海洋性、大陸性、地中海型和山地氣候並存。西部屬海洋性溫帶闊葉林氣候，南部屬亞熱帶地中海式氣候，中部和東部屬大陸性氣候。1月平均氣溫北部1至7℃、南部6至8℃、7月北部16至18℃、南部21至24℃。總體來說氣候較為舒爽宜人。雖然夏天氣溫有時超過30℃，但是還算舒適。

## 14.2.2 社會文化環境

民族。法蘭西民族約占總人口的90%，其他少數民族有布列塔尼族、巴斯克族和科西嘉族、日耳曼族等。

在法國華人主要從事餐飲、批發零售商業、進出口貿易、旅遊等業務，經營商品以服裝、鞋類、箱包、食品和各類日用雜貨等為主。近年

來，隨著經濟實力上升，在法國華人的社會地位不斷提高，參政意識逐步加強。

語言。官方語言為法語，英語在知識分子階層和大企業界較普及。目前，全世界講法語的國家和地區共 47 個，使用人數達 2.85 億，其中 8,500 萬人以其為母語。

宗教。法國是一個世俗國家，一切宗教信仰都受到尊重。居民中 64％信奉天主教、3％信奉伊斯蘭教、3％信奉新教、1％信奉猶太教、28％自稱無宗教信仰。法國是穆斯林信徒、猶太教徒和佛教徒人數最多的歐洲國家。

習俗。法國在婚喪嫁娶、日常生活、待人接物、與人相處等方面的習俗禁忌比較多。法國人講求浪漫、寬容、健談、幽默，追求自由、平等、理想和法制。

法國人在社交場合衣著整齊得體；與客人相見時一般以握手為禮，主人與自我介紹或被介紹過的客人一一握手並報出自己的名字，親朋好友之間相見，習慣行親臉頰或貼臉禮，與女士見面還可施吻手禮。

在見面問候時，要在姓氏前冠以先生、小姐、夫人或頭銜等尊稱，朋友之間才用名字相稱。欲與對方見面必須事先約好，貿然到訪屬不禮貌行為，甚至會被拒絕見面。約會要守時。

法國人在餐桌上敬酒先敬女後敬男，即使女賓職位比男賓低也是如此；走路、進出、入座等都要讓婦女先行；拜訪告別時也是先向女主人致意道謝。

法國人熱情好客，民族自尊心極強，贈送禮品一定要選對時間。初次見面最好不要輕易贈送禮品。第二次見面時可視需求送些禮品，禮物要當面開啟，低檔葡萄酒不可作為禮物；男士不應向關係不熟的女性贈送香水，更不能送紅玫瑰給已婚女子；贈送刀、剪子等利器表示友誼的

結束；遇到法國朋友結婚或生孩子一定要婚後或孩子出生後再送禮。

法國人的禁忌很多，忌諱數字「13」、「星期五」，見面交談忌諱詢問年齡，特別是婦女；忌諱打探個人政治傾向、薪資待遇和宗教信仰以及情感等隱私。

法國人偏愛公雞，認為牠既有觀賞價值和經濟價值，還有司晨報早的功能，因而將牠作為「光明」的象徵，並奉為國鳥。他們還非常喜愛鳶尾花，視為權力象徵和國家象徵，並敬為國花。

### 14.2.3　投資吸引力

法國投資環境的主要優勢包括：

(1)法國是歐盟第二大市場。歐盟統一大市場是法國對外國投資者最大的吸引力之一。歐盟一體化程度高，居民購買力強，已經實現商品、服務、資金和人員自由流動，進入法國市場就等於進入了整個歐盟市場。

(2)市場開放程度高，外資項目基本實行登記備案制，很少審批。

(3)法律體系健全，投資者的合法權益有保障。

(4)基礎設施完善。交通、通訊、能源等基礎設施十分發達。

(5)勞動力水準高，勞動生產率高。

(6)法國在許多高科技領域處於世界領先水準，如核能、高速鐵路、航空航天、精密儀器、醫藥、能源開發、農業和食品加工、軍工、電子技術、生物化工、環境保護等方面都具有世界領先技術和成果。《世界經濟論壇2014——2015年全球競爭力報告》顯示，法國在全球最具競爭力的144個國家和地區中，排第23位。《2015年營商環境報告》顯示，法國排名第31位。

### 14.2.4 總體經濟

法國是最發達的工業國家之一,在核電、航空、航天和鐵路方面居世界領先地位。

受全球性金融危機和歐債危機的影響,近年來法國經濟低迷。統計數據表明,2014 年,法國經濟成長 0.4%,與全年成長預估基本一致。人均 GDP 約 4.2 萬美元。

2014 年,法國農業、製造業和服務業三個產業的占比分別為:1.7%、19.4%、78.9%。

### 14.2.5 重點及特色產業

農業及農產品加工業。法國是歐盟最大的糧食生產國,世界第二大農產品出口國、歐盟最大農業生產國和農副產品出口國、世界和歐盟第二大葡萄酒生產國、歐盟第二大和世界第五大牛奶生產國、世界最大甜菜生產國以及歐盟最大油料生產國。主要生產企業有:達能(Oanone)、法國雀巢(Nestle France)、保樂力加(Pernod-Ricard)、伯格蘭(Bongrain)、萊克塔利斯(Lactalis)、阿勒達迪斯(Altadis)。

2013 年法國農業產值達到 737 億歐元(不含歐盟補貼),下降 3.8%,農戶平均收入 2.94 萬歐元,同比下降 22.8%。糧食、油料和甜菜等主要作物產值 422 億歐元,下降 8.4%。畜牧業產值 273 億歐元,成長 3.5%。糧農人均年收入 2.42 萬歐元,奶農人均年收入只有 2.51 萬歐元,肉牛養殖業收入最低,僅 1.98 萬歐元。

核能及能源工業。法國是世界上第二大核能生產國,核電裝機容量僅次於美國。現有 58 個營運核反應堆。2013 年法國核電發電量占全部發電量的 75% 左右,能源自給率達到 50%。主要能源企業有:道達爾石油

公司（TOTAL）、法國電力公司（EOF）、法國燃氣蘇伊士公司（Engie）、阿海法公司（Areva）、阿爾斯通公司（Alstom）。

航空航天工業。法國航空航天工業世界領先。歐洲宇航防務集團（EAOS）所屬空中巴士公司（Airbus）與美國波音公司並列為世界兩大客機製造商。歐洲直升機集團（Eurocopter）是世界第一大直升機製造商。達索公司（Oassault）是世界主要軍用飛機製造商之一。阿麗亞娜空間公司（Ariane space）在世界衛星發射市場占據重要位置。2014年法國航空製造為第一大出超產業，順差為236億歐元，與2013年的221億歐元相比有較大成長。

化工工業。主要企業有：液化空氣集團（Air Liquide）、羅地亞集團（Rhodia）和赫秦森集團（Hutchinson）。亞洲和美國市場的強勁需求是法國化工產業保持穩定成長的重要支撐。

製藥工業。法國是歐洲第一大藥品生產國，世界第三大藥品出口國。主要企業有：賽諾菲-安萬特集團（Sanofi-Aventis）、皮爾法伯公司（Pierre Fabre）、施維亞藥廠（Servier）。

時裝及高檔商品加工。該領域聚集了世界上高級時裝製作、珠寶、首飾、高級皮革製品、香水、化妝品、水晶玻璃製品等企業。主要集團公司有：香奈兒（Chanel）、國際愛馬仕（Hermes International）、迪奧（Dior）。

旅遊業。法國是世界上接待遊客最多的國家。法國是世界上第一大旅遊目的地國。近年法國年接待外國遊客8,470萬人次，旅遊收入占國內生產總值的7%，實現200萬人的就業。法國成為世界第一大滑雪旅遊目的地。

汽車工業。法國是世界第四大汽車出口國。主要公司有：寶獅雪鐵龍（PSA）、雷諾（Renault），分別是世界第八和第十大汽車生產商。2014年法國汽車市場售出179.6萬輛私人用汽車，比2013年增加0.3%，其

中，寶獅雪鐵龍銷售65.9萬輛，雷諾銷售57.8萬輛。

材料加工及基礎工業。主要企業有：世界第一大鋼鐵企業安塞洛米塔爾集團（ArcelorMittal）、世界最大玻璃製品生產企業和第二大出口公司聖戈班集團（Saint-Gobain）、塑膠加工龍頭企業奧姆尼塑膠公司（Plastic Omnium）和塑美——阿麗貝公司（Sommer Allibe）、世界最大的輪胎生產企業米其林公司（Michelin）、世界建築材料的領軍企業拉法基集團（Lafarge），以及從事環保和能源供應的著名公司法國蘇伊士燃氣集團（GOF-Suez），從事環保和公共運輸的威立雅公司（Veolia）。

電信與資訊交流技術。四大電信供應商：法國電信公司（Orange）、Cegetel-SFR電信集團、布依格電信（Bouygues）和Free電信。法國第四大移動營運商Free電信2011年底採取的手機話費降價措施引發連鎖效應，該公司在法國電信市場占有率迅速上升。阿爾卡特朗訊公司（Alcatel-Lucent）在電信設備生產方面居第四位，在傳輸系統方面居第一位，它還是世界海底電纜網路領域的領先企業。數位電視的代表企業是生產數位電視解碼器的湯姆遜多媒體公司（Thomson Multimedia）。

科學研究與開發。2013年世界最具創新力的企業中，法國有9家企業上榜，其中包括保樂力加、達能、依視路國際、歐萊雅、達索系統、德希尼布等公司。法國企業數量排在美國之後位居第二，美國和日本分別有43家和8家企業上榜。上述排名結果主要根據有關企業的註冊專利數量得出。

根據2010年初經合組織（OECD）釋出的「2009年科學、技術與工業指標」，法國目前R&D投入強度為2.1%，高於OECD國家1.9%的平均值，但是低於7國集團2.2%的平均值。法國政府對企業R&D的資助占企業R&D總投入的11%，在7國集團中最高，其對大型企業和中小企業的R&D稅收減免力度在OECD國家中最大。

## 14.2.6 對外經貿關係

貿易規模。法國是全球貿易大國之一。2014年，全年對外貿易總額為9,284億歐元，較2013年下降0.4%。其中，出口總額為4,373億歐元，比2013年成長0.1%；進口總額為4,911億歐元，比2013年下降1.6%。

商品結構。2014年，法國對外出口商品份額較大的商品分別為航空器（成長2.5%），實現外貿盈餘236億歐元；醫藥品（下降4.9%），實現外貿盈餘19億歐元；農業產品（下降10.5%），實現外貿盈餘26億歐元。

吸引外資方面。法國是全球最重要的外國直接投資目的地之一。近10年來，法國共吸引6,500個外國直接投資項目，創造30萬個就業機會。2013年法國吸引外國直接投資127億歐元，同比增幅為3.3%，排名世界第六，僅次於美國、中國、香港、巴西和英國。據聯合國貿發會議釋出的2015年《世界投資報告》顯示，2014年，法國吸收外資流量為151.9億美元。截至2014年底，法國吸收外資存量為7,291.5億美元。

法國吸收的外國直接投資主要來自歐美先進國家。投資地區主要集中在巴黎大區、羅納——阿爾卑斯大區、北加萊大區、南庇里牛斯大區和普羅萬斯——阿爾卑斯——藍色海岸大區。投資領域以製造業和服務業為主，其中汽車製造、農副食品、化工、機械設備、電子資訊、金融、運輸等是外商在法國投資的重點領域。2013年，法國首都巴黎在最具投資吸引力的都市榜上排名第七，2013年巴黎新增國外投資119個，其中，約62%的投資來自歐洲、28%的投資來自美洲。

## 14.3 瑞典

### 14.3.1 自然地理環境

瑞典位於北歐斯堪地那維亞半島東部。西鄰挪威、東北接芬蘭、東臨波羅的海、西南瀕北海，與丹麥隔海相望。國土面積 52 萬平方公里，地形狹長、地勢西北高、東南低。北部為諾爾蘭高原、南部及沿海多為平原或丘陵。約有 10 萬個湖泊，可通航河流較少。

鐵礦、森林和水力是瑞典的 3 大資源。已探明鐵礦儲量 36.5 億噸，是歐洲最大的鐵礦砂出口國。鈾礦儲量 25 至 30 萬噸。森林覆蓋率為 69％、蓄材 26.4 億立方公尺。可利用水力資源有 2,014 萬千瓦（1,760 億千瓦時），已開發 81％。此外，北部和中部地區有硫、銅、鉛等礦，但是儲量不大。

瑞典大部分地區屬溫帶大陸性氣候，最南部屬溫帶海洋性氣候。受北大西洋暖流影響，平均氣溫 1 月北部 -16℃、南部 -0.7℃；7 月北部 14.2℃、南部 17.2℃。

### 14.3.2 社會文化環境

民族。瑞典民族成分比較簡單，主體民族為瑞典人，占 90％，北部有芬蘭族和拉普族，此外還有少量丹麥人、挪威人、德意志人、猶太人等。瑞典在文化、語言和種族方面是單一的國家，最近 20 年瑞典逐步成為一個大量接收移民的國家。

華人在瑞典政治、經濟領域影響力有限。隨著中國國家經濟的發展和國際影響力增強，特別是新生代華人和新移民受教育程度的提高，華

人在從事餐飲、商貿等傳統行業的基礎上，更多地在科學研究、教育等行業取得顯著成績，在當地影響力不斷增強。

語言。瑞典語是瑞典的民族語言，另外有約 2 萬拉普人講拉普語，北部邊遠地區有 3 萬人講芬蘭語。此外，英語是瑞典學校中的必修課，大多數 1940 年代以後出生的瑞典人都會講英語。英語和德語是通用的商業語言。

宗教。瑞典的國教是基督教路德宗，90％的國民信奉國教。國王是教會的最高首腦，有權就宗教會議推薦的 3 人候選名單，指定大主教和主教。法律規定，非信奉國教公民不得擔任首相。每逢復活節和聖誕節，大多數教徒都前往教堂祈禱。

習俗。瑞典雖遠離歐洲大陸文化中心，但是文化依然豐富多彩。對大自然近乎崇拜的繪畫，風格獨特的建築，輝煌的電影和戲劇，排名世界第三僅次於英美的音樂出口，迷你主義和華麗誇張的現代工業設計，簡約乾淨的傳統民間藝術，遍布全國的美食餐廳等，都顯示了瑞典簡潔、新穎、純樸、感傷、眷戀鄉土和返璞歸真的文化氣質，並展現了瑞典在吸收其他先進文化並進行發揮和創造的能力。

瑞典人文化素養較高，熱情好客、純樸誠實、談吐文明、行為規矩、重諾守時。瑞典人十分重視環境保護，愛花、愛鳥和其他野生動物，熱愛大自然。僱員每週工作 5 天，每年享受 5 週的法定帶薪假期。人們喜歡利用閒暇時間到野外活動，到森林和田野遠足，採摘野果和蘑菇，到大海和湖泊去游泳、泛舟、垂釣。在晝長夜短的夏季，大家紛紛到國外旅遊，瑞典已成為世界上外出旅遊人數最多的國家之一。

體育活動更是瑞典人的愛好，網球、冰球、乒乓球、足球、手球、高爾夫球、賽馬等競技項目普及率高並有較高水準，有 2 萬多個體育協會和俱樂部。

瑞典法律規定，自 2005 年 6 月 1 日起任何人不得在室內吸菸，違者依法論處。在餐廳不得飲用自帶酒，否則將處以重罰。不得體罰孩子。

### 14.3.3　投資吸引力

瑞典投資環境優越，主要體現在以下方面：(1)市場開放強調公平競爭。由於國內市場小、瑞典企業自創立之初即面向國際市場，知名跨國企業眾多，瑞典經濟外向型特徵突出。因此，瑞典政府始終奉行自由貿易政策，強調公平競爭。

在此原則下，瑞典對外資採取開放態度，對不同產權和國籍的資本一視同仁，一般情況下，不會為保護本國產業限制外國企業，也不針對外資實行特別的鼓勵優惠政策。瑞典企業對外資普遍持歡迎態度，無針對外匯流動的特殊管制措施。

(2)公共服務體系完善。瑞典政府廉潔，政務公開透明，網路化程度高。就業、醫療、住房和教育服務網遍布全國，社會保障體系完善，人民安居樂業，幸福指數高。道路、鐵路、水運、機場、港口等基礎設施完備。

(3)市場環境良好。瑞典以誠信、法治、公平聞名於世。市場規範有序，具有開放、現代和友好的商業環境。公司註冊手續簡便。諮詢服務業發達，商業夥伴素養高。金融業發達，專業化程度高。各類專業人才齊全，技術工人資源充足，勞動生產率高。

工會與勞資雙方關係融洽，一般採取合作態度，極少發生公開和正面衝突。瑞典企業稅在歐洲具有競爭優勢，稅制公開透明，操作簡便。此外，瑞典人生活時尚，樂於嘗試，易於接受新事物，因此，瑞典成為眾多國外企業產品、新技術的試驗場。

(4) 創新能力強。瑞典是全球最具創新能力的國家之一，人均擁有發明專利和專利申請居世界前列。崇尚創新的傳統、包容失敗的社會氛圍、開放式教育及完善的福利制度等形成了瑞典優越的創新環境。

近年，瑞典研發投資約占 GDP 的 4%，以民間資本為主，是全球研發投入最大的國家之一。世界經濟論壇《2014 —— 2015 年全球競爭力報告》顯示，瑞典在全球最具競爭力的 144 個國家和地區中排第 10 位。世界銀行釋出的《2015 年營商環境報告》顯示，瑞典在 189 個經濟體的營商便利度排名中排第 11 位。

### 14.3.4　總體經濟

經濟成長率。近年來瑞典經濟穩步、健康發展。2008 年和 2009 年，受全球金融危機影響瑞典國內生產總值（GDP）出現負成長。2010 年以來，經濟逐步恢復，但是受歐債危機和內需減弱影響，近幾年增速放緩。2014 年 GDP 總額約為 5,582 億美元，增幅為 2.1%。

自 2006 年開始，人均 GDP 均超過 5 萬美元，2008 至 2009 年雖有下降，但是自 2009 年逐年上升，2009 為 5.05 萬美元、2010 年為 5.40 萬美元、2011 年為 5.60 萬美元、2012 年為 5.68 萬美元、2013 年人均 GDP 約 5.79 萬美元、2014 年人均 GDP 約 5.73 萬美元。

產業結構。2014 年，瑞典第一、二、三產業占 GDP 的比例分別為 1.6%、26.2% 和 72.2%。

### 14.3.5　重點及特色產業

瑞典是世界上最重要的新技術研發國家之一，在資訊通訊、生命科學、清潔能源、環保、汽車等領域研發實力強。瑞典工業發達，主要包

括礦業、機械製造業、森林及造紙工業、電力設備、汽車、化工、電信、食品加工等。工業從業人員約 80 萬人，工業產值占國內生產總值超過 26%。

資訊通訊產業。瑞典是資訊及通訊產業高度發達的國家，世界經濟論壇公布的《2014 年度全球資訊科技報告》顯示，瑞典在網路就緒指數中排名第三。目前，從事電信產業的企業約 1.7 萬家，其中 94% 為 IT 服務業、36% 為電子工業，從業人員 25 萬。

瑞典出口的電信產品 75% 是通訊設備。近年來瑞典的軟體公司發展較快，特別是在金融機構和證券交易軟體方面比較突出。在通訊技術發展方面以無線電、通訊軟體、汽車電子通訊、光電、嵌入式系統晶片為主。其中，愛立信公司 (Ericsson) 是世界最大移動網路設備供應商之一，進入《財富》世界 500 強。

生命科學產業。瑞典生命科技產業的生物科技、醫學技術、醫藥、醫療器械、診斷設備在國際上具有重要地位。瑞典擁有影響世界的醫學發明，如心臟起搏器、呼吸器、人造腎、超音波、伽馬刀、區域性麻醉等，此外在系統技術、非擴散測量技術以及生物材料的研究方面，處於世界領先地位。

目前瑞典是歐洲第四大生物技術國，在全球排名第九。如果按該產業占 GDP 比例計算的話瑞典居全球之冠。瑞典約有 800 家企業從事生命科學產業，共有僱員 4 萬人左右，大部分從事研發和市場工作，還有大量專業諮詢和分包公司，形成了完整的產業環境。瑞典生命科學產業主要集中在三個地區，其中斯德哥爾摩烏普薩拉地區是歐洲領先的生命科學產業帶之一，擁有世界知名大學和研究機構，如卡羅林斯卡醫學院 (Karolinska Institute)、烏普薩拉大學 (Uppsala University)、皇家理工學院等。該地區聚集了全國 58% 的生命科學企業，如法瑪西亞 (Pharmacia)、阿斯利康（Astra Zeneca）、通用醫療（GE Healthcare）等知名跨國公司。

另外兩個產業帶主要集中在瑞典南部，一個在哥德堡附近，以藥物研發和臨床為主。另一個在隆德馬爾默地區，以生物技術為主，擁有全國17%的生物技術企業。從行業分布看，瑞典的生命科學產業以藥物研製為主，占行業總量的54%；其次是生物技術器材等，占21%。

汽車產業。瑞典的汽車製造工業居世界領先地位，是瑞典的重要產業，也是最大的出口部門。瑞典的汽車業擁有三大世界品牌：沃爾沃、薩伯和斯堪尼亞。主要生產重型卡車和大型客車。

瑞典汽車業為出口導向型產業，每年生產的商用車中90%以上用於出口，全球市場占有率超過20%。沃爾沃汽車集團（Volvo）和斯堪尼亞（Skania）是國際知名的商用車製造商，歷史悠久，技術雄厚，市場占有份額大。瑞典的汽車技術在五大方面突出：

（1）安全。瑞典在汽車安全技術方面世界聞名，汽車安全帶是瑞典人發明的。奧托立夫汽車安全公司（Autoliv）是享譽世界的汽車安全企業。目前瑞典正在開發汽車主動安全系統。

（2）遠端資訊處理。擁有這個領域世界領先的公司包括薩博、斯堪尼亞、沃爾沃轎車、沃爾沃卡車、愛立信（移動通訊系統的供應商）飛泰利亞（Telia，通訊網路營運商）及其一批IT系統供應商。

（3）環保。沃爾沃轎車公司是首家生產可用多種燃料（天然氣／生化氣體和汽油）的汽車的公司；Preem精煉廠是世界領先的環保產品（低硫柴油）生產商。

哥德堡是瑞典首個設立環保區域的城市，該區域禁止老標號重型柴油車透過；沃爾沃（Torslanda）噴漆廠是世界上最潔淨轎車廠之一，每輛轎車的排放降低95%。

(4) 冬季測試中心：在北極圈以南 30 公里處的瑞典北部 Aeplog 地區，嚴寒的冬季氣候成為冬季測試中心的理想之地；許多國際公司將其冬季測試中心設在瑞典。

清潔能源。自 1970 年代石油危機以來，瑞典投巨資研發可替代能源，石油占能源供給比例大幅下降，石油占比由 1970 年的 75% 降至 2012 年的 21.5%。瑞典清潔能源技術比較成熟，使用量在整個能源結構中的比例越來越大。可再生能源供給占比已超過 50%。

目前，瑞典電力生產基本實現無油、無煤，電力來源主要來源於水電和核電。2013 年，瑞典總發電量約 149 太瓦小時。其中，水電約 60.9 太瓦小時，核能發電約 63.7 太瓦小時。瑞典的清潔能源除了水電外，風力發電、太陽能、垃圾焚燒發電、生物能源等發展也很快。

2013 年風力發電量約 9.8 太瓦小時，比 2012 年增加 36%，已具備較為先進的風力發電技術；太陽能發電進入商業運作階段，產能達 500 億千瓦時，烏普薩拉市出產的太陽能板，在發電效能方面創下國際同類產品的最高紀錄。垃圾作為燃料來發電供熱普及速度快，非礦業垃圾總量的 28% 用來發電供熱、43% 用於再循環利用。

瑞典在煙氣清潔方面設備和技術先進，不會造成環境汙染。生物燃料是清潔能源發展最快的能源，瑞典在利用速生柳作為能源發電方面技術成熟；在生物燃料技術的應用還體現在動力車用燃料上，目前混合燃料轎車已占轎車市場占有率的 10%。

瑞典是第一個使用沼氣動力火車的國家，瑞典生物氣體公司開發的沼氣動力火車 2005 年首駛，時速達到 130 公里。除開發利用清潔能源外，諸多瑞典公司如 Wallenstam 房產、宜家等注重在節能方面的投資，並對外宣稱在不久的將來要實現能源自給自足。

環保產業。瑞典環保產業發展迅速，環保技術發達。主要技術

有：汙水處理、廢氣排放控制、固體垃圾回收與處理等。據瑞典統計局統計，2013年，瑞典環保產業年產值約2,223.9億克朗，環保企業共16,434家。其中，著名環保企業包括：阿法拉伐（AlfaLaval）集團、普拉克公司、恩瓦克公司（Envac）等。

瑞典環保產業出口強勁，2012年出口額約370.6億克朗，約占環保產業總產值的16.7%。出口主要市場是歐盟和波羅的海國家，中國已成為瑞典在亞洲最大的環保產品出口市場。瑞典旅遊業穩定發展，主要旅遊地有首都斯德哥爾摩、北部自然保護區、南部的哥德堡市和斯考奈省。2015年瑞典有3家公司躋身世界500強。

## 14.3.6　對外經貿關係

貿易規模。瑞典人口較少，國內市場容量小，經濟高度依賴對外貿易，主張市場開放和自由貿易。從1991年起，瑞典政府逐步取消了進口配額。近年瑞典的貨物貿易額約占GDP的60%。瑞典人口只占世界總人口的0.2%，其貿易額卻占世界貿易總額的2%。瑞典統計局統計，2014年瑞典貨物貿易進出口總額為22,389億瑞典克朗，其中出口11,253億瑞典克朗，進口11,136億瑞典克朗，貿易逆差約117億瑞典克朗。

商品結構。瑞典出口產品數量的一半以上是工程技術產品，電子設備、機械和車輛等，占有非常重要的地位，而出口產品成長最快的是電子工業產品，特別是通訊和電腦相關產品。機電產品、運輸設備和賤金屬及製品是瑞典的主要出口商品。

2014年瑞典機械及交通設備出口占出口總量的38.2%，其次是製造類商品、化工商品、礦產品等。瑞典工業是一個巨大的組裝工業，相當程度上依靠進口貨物。瑞典進口貨物的70%都是由於工業的需求。機電

產品、礦產品和運輸設備是瑞典的主要進口商品。2014 年瑞典機械及運輸設備進口占 36%，其餘主要為礦產能源類產品，化工產品。

吸引外資方面，自 1990 年代後半期以來隨著經濟全球化不斷加速、瑞典政府縮小經濟管制範圍以及瑞典加入歐盟，流入瑞典的外國直接投資穩步成長。在 1999 年至 2003 年的五年中，瑞典吸引了 890 億歐元的外資，在全球吸引外國直接投資國家中位居第 11 位。2014 年瑞典吸收外國直接投資淨額 688 億克朗（約合 79 億美元），較 2013 年有所下降。

瑞典的外國投資者主要來自德國、芬蘭、美國、愛爾蘭、荷蘭、盧森堡等國。挪威和丹麥的投資也十分活躍，中國、日本、澳洲等國家的公司也有投資。在瑞典，超過 1 萬家外資公司僱用了近 60 萬瑞典人，占到私營員工總數的近 25%。

瑞典的外國直接投資覆蓋多個行業，包括資訊通訊技術、製造和工程領域、紙漿和造紙、製藥和生物技術、交通、能源、採礦和礦物、酒店和餐廳以及零售和房地產等。其中，製藥與化學、機械與設備以及能源所占的比例最大。

近年來，瑞典 25% 的投資成長都集中在資訊科技領域，大量國際資訊科技公司和電信公司紛紛在瑞典設立了研發中心。此外，瑞典的服務業在總體上體現出巨大的發展潛力，吸引了越來越多的外國投資。外商投資活動以多種形式進行，包括兼併、收購、證券投資和綠地投資等。

據聯合國貿發會議釋出的 2015 年《世界投資報告》顯示，2014 年，瑞典吸收外資流量為 100.4 億美元。截至 2014 年底瑞典吸收外資存量為 3,211.0 億美元。

## 14.4 俄羅斯

### 14.4.1 自然地理環境

克里米亞併入俄羅斯聯邦前，俄羅斯國土面積 1,707.54 萬平方公里，占俄羅斯總面積的 76.3%。俄羅斯橫跨歐亞大陸，東西最長 9,000 公里、南北最寬 4,000 公里。領土包括歐洲的東半部和亞洲的西部，是世界上國土最遼闊的國家。俄羅斯國界線長 60,933 公里，其中，海岸線長達 38,808 公里，瀕臨大西洋、北極海、太平洋的 12 個海、陸界長達 14,509 公里，與 14 個國家接壤，南部和東南部與中國、朝鮮接壤，南連哈薩克、蒙古、喬治亞、亞塞拜然，西南連線烏克蘭，西部與芬蘭、白俄羅斯、愛沙尼亞、拉脫維亞、立陶宛、挪威田比鄰而居。

加里寧格勒州與波蘭、立陶宛相鄰。東面與日本和美國隔海相望。領土 36% 在北極圈內。自北向南為北極荒漠、凍土地帶、草原地帶、森林凍土地帶、森林地帶、森林草原地帶和半荒漠地帶。

俄羅斯自然資源十分豐富，種類多，儲量大，自給程度高。森林覆蓋面積 8.67 億公頃，占國土面積 51%，居世界第一位，木材蓄積量 820 億立方公尺。

俄羅斯主要礦產資源有煤、鐵、泥炭、石油、天然氣、銅、鉛等。儲量居世界前列的有：天然氣已探明蘊藏量為 48 兆立方公尺，占世界探明儲量的 21%，居世界第一位，石油探明儲量 252 億噸，占世界探明儲量的 5%；煤蘊藏量 1570 億噸，居世界第二位；鐵礦石蘊藏量 650 億噸，居世界第一位，約占 40%；鋁蘊藏量 4 億噸，居世界第二位；鈾蘊藏量占世界探明儲量的 14%；黃金儲量 1.42 萬噸，居世界第四至第五位；磷灰石占世界探明儲量 65%；錫占世界探明儲量 30%；銅 8350 萬噸。

非金屬礦藏也極為豐富，石棉、石墨、雲母、剛玉、寶石、金剛石的儲量及產量都較大，鹽儲量與加拿大並列世界首位。

近年來，俄羅斯油氣和礦產資源的探明儲量每年都有新的增加，進一步鞏固了其世界第一資源大國的地位。

俄羅斯水力資源豐富，境內有 300 餘萬條大小河流，280 餘萬個湖泊；貝加爾湖是世界上蓄水量最大的淡水湖。漁業資源相當豐富，生物資源總量 2,580 多萬噸，魚類為 2,300 萬噸。

俄羅斯幅員遼闊，氣候複雜多樣，總體屬於北半球溫帶和亞寒帶的大陸性氣候，依其大陸性程度的不同，以葉尼塞河為界分為兩部分，西部屬溫和的大陸性氣候，西伯利亞屬強烈的大陸性氣候。西北部沿海地區具有海洋性氣候特徵，而遠東太平洋沿岸則帶有季風性氣候的特點。俄羅斯大部分地區冬季漫長寒冷，夏季短暫、溫暖，春秋兩季很短。1 月分平均氣溫為 -37 至 -1°C、7 月分平均氣溫為 11 至 27°C，相對溼度 30% 至 80%。

## 14.4.2 社會文化環境

民族。俄羅斯聯邦是一個多民族國家，有 193 個民族，其中俄羅斯族占 77.7%，主要少數民族有烏克蘭、巴什基爾、楚瓦什、車臣、亞美尼亞、阿瓦爾、摩爾多瓦、哈薩克、亞塞拜然、白俄羅斯等族。

俄羅斯人屬斯拉夫種族，斯拉夫種族的根源最早可上溯到遠古時期。而斯拉夫種族的重要一支東斯拉夫人誕生在烏克蘭境內著名的第聶伯河沿岸。第聶伯河的一條支流名為羅斯河，在這裡居住著東斯拉夫人的一個部族——俄羅斯人，俄羅斯人的名稱就源於這條河。

語言。俄羅斯共有大約 150 種語言（其中有將近 80 種符合標準語），

境內的民族語言分為 4 大語系，即印歐語系、阿爾泰語系、高加索語系、烏拉爾語系。

俄語為主要語言，屬印歐語系的斯拉夫語族，是俄羅斯聯邦各族人民進行民族交往最常用的語言。俄語為俄羅斯境內的官方語言，同時承擔國際交流語言的功能。

宗教。俄羅斯聯邦境內宗教主要有基督教、伊斯蘭教、薩滿教、佛教（喇嘛教）和猶太教等。基督教以俄羅斯東正教流傳最廣，教徒人數最多，約有 5,000 萬。其次是穆斯林，主要是遜尼派教徒。東正教神學主要由希臘語的拜占庭神學和俄語的俄羅斯東正教神學構成。

古希臘和古羅馬都有左凶右吉的觀念。受這些文化的影響俄羅斯民族中形成了右為尊、為貴、為吉，左為卑、為賤、為凶這個觀念。在俄語中，「右」這個詞同時又是「正確的、正義的」意思，而「左」則有「反面的」意思。

東正教會禁止與不同信仰的人結婚，因此來教堂舉行婚禮的人必須是經洗禮人教者，而且必須持有公民證和在官方民政部門辦理的結婚證件。

習俗。無論正式或非正式宴會上，俄羅斯人都喜歡敬酒。在俄羅斯，鮮花是很好的禮物，但是為親戚朋友送花是雙數。為老師等送花必須是單數。人們見面忌諱打聽個人收入、年齡、個人情感等隱私。

星期四、星期六俄羅斯人不舉行婚禮。

## 14.4.3　投資吸引力

從投資環境的吸引力角度，俄羅斯的競爭優勢包括：以弗拉迪米爾·普丁（Vladimir Putin）和德米特里·梅德韋傑夫（Dmitry Medvedev）為核

心的政治菁英，保持對俄羅斯政治的較強控制，俄羅斯政局為蘇聯解體以來最為穩定的階段。

俄地大物博，地跨歐亞兩大洲，是世界上最大的國家，也是資源大國，擁有豐富的能源及其他礦產資源；俄羅斯是經濟大國之一，國際金融危機後，經濟復甦超過大多數先進國家經濟復甦的速度，其工業改造、基礎設施建設、新一輪私有化等領域，為投資商提供了更多的機遇。

國內居民生活水準提升較快，市場需求不斷增大；基礎科學研究實力較雄厚，特別是在航天、核能、軍工等尖端技術研究較領先；加入世貿組織後，放寬對國內外投資商投資領域的限制政策，吸引和鼓勵外商和私有資金投資俄羅斯市場；財政赤字水準低，總體經濟形勢持續改善；國民受教育程度高。

世界經濟論壇《2014——2015年全球競爭力報告》顯示，俄羅斯在全球最具競爭力的144個國家和地區中，排第53位。

## 14.4.4　總體經濟

經濟成長率。受世界經濟成長放緩、國際大宗商品價格持續走低的影響，加之烏克蘭危機的國際政治干擾，2014年俄羅斯經濟成長進一步放緩。按現行價格計算GDP為714,064億盧布，約為18,492.5億美元，同比成長0.6%，人均國內生產總值為49.7萬盧布（約為12,868.8美元）。

產業結構。2014年，第一產業（農、林、牧、漁業）產值占GDP的4.2%，第二產業產值（採礦業、製造業、電力、燃氣及水的生產和供應業、建築業）占35.6%、服務業產值占60.2%。最終消費支出占72.6%、資本形成總額占20.2%、淨出口占7.2%。

## 14.4.5 重點及特色產業

石油天然氣。石油天然氣工業長期以來在俄羅斯經濟中發揮核心作用，烏拉爾牌石油價格是俄羅斯制定國家財政預算的重要依據。2014年俄羅斯石油（包括凝析油）產量為5.3億噸，同比成長0.58%。原油加工量2.8億噸，同比下降2.4%。初級提煉石油為2.8億噸，同比成長5.6%。出口石油2.21億噸，同比下降6%。當年俄羅斯天然氣開採量為6,264.19億立方公尺，同比下降6.23%，出口量為1,834.35億立方公尺，同比下降10.48%。本行業主要企業包括：

（1）天然氣工業股份公司（GAZPROM）：成立於1993年2月，主要從事天然氣勘探、開採、運輸、加工和銷售，為俄羅斯營業額和利潤最大的公司，也是世界最大的天然氣開採企業。2015年《財富》500強第26位。2014年的該公司天然氣開採量為4,320.25億立方公尺，同比減少10%。

（2）盧克石油公司（LUKOIL）：成立於1991年，俄羅斯最大的私人石油公司，2015年《財富》500強第43位，當年石油產量8,657.1萬噸，同比下降0.4%。

（3）俄羅斯石油公司（ROSNEFTOIL）：成立於1993年，是俄羅斯最大國有石油公司，2015年《財富》500強第51位，當年石油產量1.9億噸，同比下降6%。

（4）蘇爾古特石油天然氣股份公司（SURGUTNEFTEGAS）：成立於1993年。2014年石油產量為6,142.5萬噸，與上年基本持平。

（5）俄羅斯石油運輸公司（Transneft）：成立於1992年11月，為俄羅斯國有石油運輸公司，壟斷俄羅斯國內生產石油的管線運輸。

此外，2014年俄羅斯其他大型油氣公司產油量為：俄羅斯天然氣工業石油公司3,362.4萬噸，同比下降31.8%；羅斯石油公司853.4萬噸，

同比下降 3.2%；巴什基爾石油公司 1,779.9 萬噸，同比成長 10.74%。

冶金行業。俄羅斯礦產資源豐富，鐵、鋁、銅等金屬礦產的儲量和產量都居於世界前列，礦石開採和冶金行業在俄羅斯經濟中發揮重要作用，有色冶金行業是俄羅斯重要的工業部門之一，其產值約占俄羅斯國內生產總值的 2.8%，占工業生產的 10.2%。

有色冶金產品是俄羅斯主要出口商品之一。從出口創匯額來看，俄羅斯冶金行業占俄羅斯所有行業創匯額的 17%，僅次於燃料動力綜合體，列第 2 位。

國防工業。俄羅斯國防工業繼承了原蘇聯龐大國防的大部分，從設計、研發、試驗到生產體系較為完整部門較為齊全，是世界上少有的能生產海、陸、空、天武器和裝備的國家。

在俄羅斯國內裝備更新速度有限的情況下，俄羅斯國防工業大力發展對外合作與出口，2014 年俄武器出口 150 億美元。在俄羅斯出口武器名單中，占據首位的是軍用飛機，隨後依次為海軍艦艇、陸軍裝備和防空武器。

## 14.4.6　對外經貿關係

貿易規模。據俄海關署統計，2014 年俄外貿總額為 7,829 億美元，較 2013 年下降 7%，順差 2,109 億美元，同比下降 0.6%；其中出口 4,969 億美元，同比減少 5.8%；進口 2,860 億美元，同比減少 9.2%，見表 14-4。

表 14-4 2010 至 2014 年俄羅斯對外貿易統計（單位：億美元）

|  | 2010 年 | 2011 年 | 2012 年 | 2013 年 | 2014 年 |
| --- | --- | --- | --- | --- | --- |
| 總額 | 6,484 | 8,213 | 8,373 | 8,442 | 7,829 |
| 出口額 | 4,000 | 5,160 | 5,247 | 5,264 | 4,969 |

|  | 2010年 | 2011年 | 2012年 | 2013年 | 2014年 |
|---|---|---|---|---|---|
| 進口額 | 2,484 | 3,053 | 3,126 | 3,178 | 2,860 |
| 順差 | 1,516 | 2,107 | 2,122 | 2,086 | 2,109 |

資料來源：俄羅斯聯邦統計局

商品結構。2014年俄出口商品結構未有明顯改善，能源產品仍是其主要出口商品，出口總額為3,454億美元，較2013年下降7%，占俄出口額69.5%；其中向非獨立國協國家出口3,175億美元，占俄能源產品出口比例91.9%。

其他各主要出口商品依次為：金屬及其製品405億美元，同比下降0.7%，占比8.2%；化工產品290億美元，下降5.2%，占比5.8%；機械、設備及交通工具263億美元，下降7%，占比5.3%；食品及農業原料189億美元，成長17.4%，占比3.8%；貴金屬及其製品118.3億美元，下降17.6%，占比2.4%；木材及紙漿116億美元，成長6.4%，占比2.3%。

2014年機電產品為俄主要進口商品，進口額為1,362億美元，較2013年下降11.8%，占俄進口總額47.6%；其中自非獨立國協國家進口1,281億美元，占比94%。其他主要進口商品依次為：化工產品463.8億美元，占俄進口16.2%；食品及農業原料397億美元，占俄進口13.9%；金屬及其製品191億美元，占俄進口6.7%；紡織品及鞋163.4億美元，占俄進口5.7%；木材和紙漿59億美元，占俄進口2%。

金融危機爆發後的2009年俄羅斯吸引外資陷入谷底。為吸引更多外資，俄羅斯政府提出了「現代化策略」，推行國有資產私有化，並透過修改相關法律法規，簡化外資手續、調低外資準入門檻，及成立「俄羅斯直接投資基金」等舉措，吸引外資呈回暖趨勢。

外資流量方面,據俄羅斯聯邦統計局數據,2014年外國對俄非金融類直接投資186億美元,較2013年下降70%。據聯合國貿發會議釋出的2015年《世界投資報告》顯示,2014年,俄羅斯吸收外資流量為209.6億美元。西方制裁、烏克蘭危機和經濟增速預期下降是導致投資下降的主要原因。

此外,2013年俄羅斯石油公司與英國BP石油公司交易令當年俄吸引外國直接投資額大幅攀高導致2014年俄外國直接投資統計基數較高。

外國對俄投資主要領域方面。外資主要投向俄羅斯生產加工、商業、交通工具和電器維修、金融、礦產開採、礦產資源開發等領域,投資額合計達1,524億美元,占同期外國對俄羅斯投資總額的89.5%。其中,加工業897.9億美元;商業、交通工具和電器維修310.3億美元;金融業201.2億;礦產開發114.2億美元;不動產交易、租賃和服務97.2億美元;交通和通訊47.6億美元;水、電、氣生產和供應16.4億美元;建築業7.2億美元;農業、林業6.1億美元。

外資存量方面。據2015年《世界投資報告》統計數據,截至2014年底,俄羅斯吸收外資存量為3,785.4億美元。據俄羅斯聯邦統計局統計,截至2013年底,俄羅斯外資存量達到3,841.2億美元,與上年同期相比成長6.0%。其中,國際金融組織和商業貸款等其他類投資占比高達65.7%、直接投資占32.8%、證券投資占1.5%。

截至2013年底,累計對俄羅斯投資較多的國家和地區依次為:賽普勒斯(690.8億美元)、荷蘭(681.8億美元)、盧森堡(491.9億美元)、中國(321.3億美元)、英國(279.8億美元)、德國(213.1億美元)、愛爾蘭(200.9億美元)、法國(132.3億美元)、美國(103.1億美元)、日本(99.8億美元)。上述國家(地區)對俄羅斯投資占俄羅斯累計吸引外資總額的83.7%。

## 案例討論

### 北歐「深綠色」經濟發展模式

北歐四國透過對工業革命以來發展模式的深刻反思,經過堅持不懈的「深綠色」革命性探索,形成了與歐美國家不同的獨具特色的北歐經濟發展模式。

經濟成長與環境品質協調兼顧。北歐地區經濟快速成長,地區生產總值從 1980 年代的 3 千億美元成長到 2013 年的 1.7 兆美元,年均成長率達 5.6%;2013 年,北歐地區人均 GNI 更是達到 67,530 美元,屬於 OECD 高收入水準地區。

多年來,北歐四國不斷調整政策,其生產率也在不斷提高,尤其是在能源、交通運輸與環保技術等領域的競爭力明顯高於大部分歐美國家。在保持經濟較快成長的同時,北歐四國的優良環境品質又聞名於世。

1990 年代中期以來,瑞典人均二氧化碳($CO_2$)排放量基本穩定在 4.7 至 6.5 噸上下,挪威人均 $CO_2$ 排放量在 8 至 11 噸的範圍,芬蘭人均 $CO_2$ 排放量在 10 至 13 噸的範圍,丹麥人均 $CO_2$ 排放量在 8 至 10 噸的範圍。其中,瑞典和挪威人均 $CO_2$ 排放量較為穩定,丹麥人均碳排放量呈現逐年下降趨勢,芬蘭排放量偏高,但是也只是接近同一時期 OECD 國家人均 $CO_2$ 排放量(12 噸左右)的水準。

2012 年,北歐四國的平均森林覆蓋率達到 45.8%,其中,芬蘭更是高達 72.9%,瑞典也達到 69.2%。2005 年、2008 年和 2010 年三年,北歐四國二氧化氮($NO_2$)排放量僅占 OECD 國家 $NO_2$ 排放量的 2.5% 左右,並且每個國家的 $NO_2$ 排放量均呈現逐年減少的趨勢。

## 案例討論

北歐地區是全世界最富裕的地區之一，同時也是環境品質最好的地區之一，在全球都面臨經濟成長與資源環境壓力的情形下，北歐地區的經濟成長與資源環境協調同步，實現了可持續發展。

多元化的能源結構，促進了環境品質的改善。1970年代的兩次石油危機，一方面使北歐地區經濟受到嚴重影響，另一方面也使北歐國家開始對經濟與資源環境相互協調的可持續發展問題，進行深刻反思。多措並舉大力調整能源結構，促使能源結構逐步趨於多元化，尤其是以水能、核能、地熱能和太陽能等不產生$CO_2$排放的清潔能源為主要調整方向。

世界銀行數據庫顯示，2005至2012年，瑞典利用的清潔可再生能源占總能源使用量的50%左右、挪威在40%左右、芬蘭在20%左右、丹麥所使用的清潔能源比例較低（在4%左右），但是丹麥的清潔能源比例也呈逐年上升趨勢；同一時期，OECD國家清潔能源的使用比例大約在14%左右。

而在化石能源的消費方面，瑞典消費的化石能源占總能源的比例在33%左右；芬蘭在50%左右，並呈現逐年下降趨勢；挪威在60%左右；丹麥也呈現逐年下降趨勢，從2005年的80%下降到2012年的70%；同一時期的OECD國家化石能源消費占總能源消費的比例基本維持在81%左右。

可再生能源技術和環保科技領先全球。作為全球最具競爭力的地區之一，北歐在可再生能源生產利用技術和環保（清潔）技術等領域處於世界領先水準。一方面，在可再生能源發展領域中，挪威的發展較為突出，並具有其自身特色。挪威在水電建設領域累積和發展了豐富的經驗和技術，其在水電工程設計與開發、水電設備製造與安裝以及水下潮汐發電等方面，居於世界領先地位。

除水電建設和水電設備外,風電與氫氣的結合利用、深海浮動風電技術和太陽能晶體矽製造等技術與設備,以及服務在世界上也居於領先地位,並且在其他方面也有一定實力,如將垃圾轉變為能源的設備和技術等。而在生物能源和熱電聯產領域,芬蘭的技術為世界最高水準,目前芬蘭可再生能源占其能源總消費量的22%至25%,居世界前列。

另一方面,在環保、清潔技術領域,芬蘭是全球節能環保的先行者和領先者,2000年以來已3次被世界經濟論壇評為環境最具可持續性的國家。「清潔技術」在芬蘭經濟、社會各個層面都得到廣泛應用,環保理念早已深入人心。

根據芬蘭貿易工業部的統計,芬蘭清潔能源技術出口較20世紀90年代提高,達38億歐元,約占芬蘭出口總額的10%。目前,芬蘭大約300家企業從事環境保護業務,超過60%的企業所提供的產品、技術和服務都可納入「清潔技術」範疇,許多「清潔技術」在其細分領域居全球領先地位。

同樣,瑞典在環境技術領域擁有一大批創新型公司、成熟型企業和先進的試驗和測試條件,環境技術與資訊通訊、工程、能源、電力、冶煉、森工、包裝、汽車、石化、建築、交通等工業與行業相互交織與融合,形成了完整且具有瑞典特色的產業集群。

瑞典環境技術企業在環境技術創新、新能源利用、生態都市計畫、環境工程諮詢、垃圾能源化、工業與建築節能、熱泵與熱交換、水處理與生物燃氣、生物燃料、風力發電以及太陽能、海洋能利用等領域尤為領先。

資料來源:北歐經濟「深綠色」革命的經驗及啟示
作者:盧洪友,許文立

# 前沿閱讀

## 探析德國「工業 4.0」策略

為了保持作為全球領先的裝備製造供應商以及在嵌入式系統領域的優勢，應對未來發展所面臨的國際與國內挑戰，充分發揮德國工業的傳統優勢，德國提出了自己的「工業 4.0」策略，旨在透過在製造業領域大力應用物聯網以及服務網路技術，在向工業化第四階段的邁進過程中先發制人，爭奪新一輪技術與產業革命的話語權。

「工業 4.0」的概念誕生於 2005 年，其最終目的是在工業生產過程中實現人工智慧技術以及網路技術的廣泛應用。2011 年德國政府將上述目的定位為一項高科技技術策略，並取名為「工業 4.0」。

2013 年 4 月，德國「工業 4.0」工作組釋出了題為《保障德國製造業的未來：關於實施「工業 4.0」策略的建議》的報告。該報告認為，18 世紀機械製造設備的廣泛應用可被定位為「工業 1.0」；20 世紀初電氣化的廣泛應用是「工業 2.0」；1970 年代電子信息自動化技術的廣泛應用為「工業 3.0」；而「工業 4.0」則意味著基於資訊物理系統（Cyber-Physical System，CPS）的智慧製造時代的到來。

資訊物理融合系統的核心思想：CPS 可以將資源、資訊、物體以及人員緊密連繫在一起，從而創造物聯網及服務網路，並將生產工廠轉變為一個智慧環境，最終實現製造業的智慧化。

CPS 包括智慧機器、倉儲系統以及生產設備的電子化，並基於通訊技術將其融合到整條網路，涵括內部物流、生產、市場銷售、外部物流以及延伸服務，並使得它們相互之間可以進行獨立的資訊交換（如機器

與機器之間的對話)、程序控制(生產安排、倉儲物流)和觸發行動(搬運、加工)等,從而達到全部生產過程的智慧化。

CPS 的主要特徵:

一是快速以及簡單流程的服務和設備所帶來的靈活性,包括了基於 CPS 的各類軟體。

二是在 App 商店模式下實現商業過程的簡單分配與部署。

三是對整個商業過程提供全面、安全及可靠的支撐。

四是為從感測器到使用者介面的所有環節提供安全保障。

五是支持移動端設備。

六是支持商業網路中的合作式生產、服務、分析以及預測過程。

實現「工業 4.0」的核心是智慧工廠與智慧製造。由於智慧工廠包括了智慧移動、智慧電網、智慧建築以及智慧物流等,以上概念可被統稱為 SmartX。智慧工廠的側重點在於智慧化的生產過程及其系統整合,最終目標是實現網路化、分散式的生產設施。

智慧工廠既能控制生產過程中不斷出現的複雜性,又能提高生產效率。在智慧工廠的生產環境中,人、機器與資源之間將有直接的交流。智慧工廠將與智慧物流、智慧電網等相連,從而構成未來智慧設施的重要組成部分。智慧製造的側重點在於將人機互動、智慧物流管理和 3D 列印等先進技術應用於整個生產過程。

未來智慧工廠與智慧製造的實現意味著:較之傳統生產模式,新的生產方式將大幅提高資源利用率,產品生產過程中的實時影像顯示使得虛擬生產變為可能,從而減少材料浪費;個性化定製將成為可能並且生產速度將大幅提高。

智慧製造過程將知曉自身的生產過程以及未來所要應用的設施。該種知識將有力支撐被生產的產品指揮機器的生產過程及產品自我顯示（如產品將什麼時候被製造、產品將被賦予什麼引數、產品將被發往哪裡等）。

智慧工廠與智慧製造可組合成一套精密、完整的創新工業體系，這套體系涵蓋了產品設計、生產規劃、生產執行和售後服務等製造業的全部環節。透過 CPS 的搭建，上述環節中的產品資訊以及生產所需的每一個步驟都將被輸入系統，這樣不僅將大幅提高生產效率，同時還可實現更加靈活與智慧化的生產，並達到降低能耗、滿足環保的要求。

需要指出的是，智慧工廠的理念並不是提倡無人化。與此相反，人在智慧工廠中的作用將更加重要，因為在 CPS 以及物聯網系統中，人是部件設計、安裝以及更新保養的實施者，是實現資訊互動、進行決策和流程優化的核心載體。

資料來源：探析德國「工業 4.0」策略

作者：劉春長，張厚明，王昊

## 思考題

1. 英國投資吸引力情況如何？
2. 俄羅斯在世界經濟貿易中的地位如何？
3. 法國的服務業發展概況。

# 第 15 章

## 非洲

學習目標

本章主要介紹南非、奈及利亞、埃及、肯亞的自然地理環境、社會文化環境、投資吸引力、總體經濟、重點及特色產業、對外經貿關係。透過本章的學習，使學生了解四個國家的自然環境和人文環境，掌握其重要產業以及經濟發展概況，熟悉貿易關係以及貿易情況。

## 15.1 南非

### 15.1.1 自然地理環境

南非位於非洲大陸最南端位於南緯 22°至 35°、東經 17°至 33°之間，國土總面積 121.9 萬平方公里，世界排名第 25 位。南非北面接壤納奈米比亞、波札那和辛巴威，東北毗鄰莫三比克和史瓦濟蘭。賴索托是南非國中國，被南非領土所包圍。位於開普敦東南 1,920 公里大西洋上的愛德華王子島及馬里昂島亦為南非領土。南非東、南、西三面瀕臨印度洋和大西洋，扼兩大洋交通要衝，地理位置十分重要。海岸線長達 3,000 多公里。

南非行政首都普里托利亞屬於東 2 區比中原標準時間晚 6 個小時。

南非礦產資源非常豐富，是世界五大礦產資源國之一。其礦產素以

種類多、儲量大、產量高而聞名於世，擁有號稱世界第二富含礦產的地質構造。目前，南非已探明儲量並開採的礦物有 70 餘種。

據統計，南非的鉛族金屬、鋁矽酸鹽、黃金、鑽石、氟石、鐵族礦石等多種礦產的儲量、產量和出口量均居世界前列，甚至在世界總量中所占比例超過了 50%。但是因油氣資源缺乏，南非能源主要依靠煤炭資源，石油、天然氣主要依賴進口，部分採用生物能源、煤變油技術、核能、太陽能和風能。

南非主要的農業資源是家禽、牛羊肉、玉米、水果等，其種植的柑橘品質上乘，是世界著名果汁品牌的主要原料。南非是世界第七大葡萄酒生產國，年出口額在 21 億美元以上；南非培育的波爾山羊是享譽世界的肉用山羊品種。南非羊毛、葡萄酒、鴕鳥產品等產量均居世界前列。

南非大部分屬暖溫帶氣候年平均氣溫 10°C 至 24°C。6 至 8 月為冬季。主要城市 6 月平均氣溫如下：約翰尼斯堡 4°C 至 16°C、普里托利亞 5°C 至 19°C、開普敦 8°C 至 18°C。

## 15.1.2　社會文化環境

南非系多種族、多民族國家，享有「彩虹國度」的美稱。

南非最早的土著居民為科伊桑人 (Koisan) 和班圖尼格羅人 (班圖人)，均為黑人。約西元 3 世紀，北方班圖人南下擴散，形成恩古尼人 (Nguni) 和索托人 (Sotho)，並與當地科伊桑人融合。

班圖人經過長期融合、演化，形成以下幾個主要部族：祖魯族 (Zulu)，現祖魯人主要分布於夸祖魯納塔爾省、姆普馬蘭加省及豪登省；科薩族 (Xhosa)，主要分布於東開普省和西開普省。

索托族 (Sotho) 主要分布於自由州省和豪登省。茨瓦納族 (Tswana)

是索托人南遷的西支，分布於西北省和北開普省。聰加族（Tsonga）現主要分布於北方省。

斯瓦蒂族（Swati）現主要分布於普馬蘭加省。恩德貝萊族（Ndebele）屬祖魯人支系，現主要分布於普馬蘭加省。文達族（Venda）主要分布於北方省。

南非白人主要包括阿非利加人（Afrikaners）和英裔非洲人（Anglo-Africans）。荷蘭東印度公司在南非建立「開普殖民地」，民相繼而至，法國新教徒和一批德國移民加入布林人社會，逐步形成阿非利加人。現今的阿非利加人中荷裔占40%、德裔占40%、法裔占7.5%、英裔占7.5%、其他歐裔占5%。

西元1867年和西元1886年在南非發現鑽石和黃金後，大量英國和其他歐洲移民湧入南非，形成了英裔非洲人。英裔非洲人講英語，信奉基督教新教，以經營礦業和工商業為主。現主要分布於西、北和東開普3省和夸祖魯——納塔爾省。

此外，南非白人還包括希臘人、義大利人、葡萄牙人和猶太人等。

南非有色人主要分為格里夸人（Griquas）和開普馬來人（CapeMalays）。前者為早期布林人與霍屯督人的混血後裔；後者系霍屯督人與荷蘭東印度公司從馬達加斯加、爪哇島等地運來的奴隸（印度人、華人、僧加羅人、印尼人、馬爾加什人）的混血後裔。現多分布於開普三省，是西開普省第一大族裔。

南非亞洲人中絕大多數為印度人。19世紀後半葉，南非農業和礦業飛速發展，勞動力嚴重不足，尤缺礦工和甘蔗種植工等半技能勞力，英國殖民當局從亞洲輸入大量契約勞工多為印度人和華人。

1996年南非新憲法規定南非的官方語言有11種，分別為阿非利加、英語、恩德貝萊、科薩、祖魯、塞佩提、索托、斯瓦蒂、茨瓦納、文達

及聰加語。各級政府可根據實際選用任何官方語言作為辦公用語，至少應用2種文字。英語和阿非利加語為通用語言。黑人語言中的各種方言均屬班圖語系分支，主要為四大支系：恩古尼、索托、聰加和文達。

南非宗教信仰呈多元化特徵，世界主要宗教在南非均有影響，宗教活動較為普遍。全國人口的73.52％信奉基督教，其他主要宗教是印度教、伊斯蘭教、猶太教和佛教。少數人信奉原始宗教。

南非多種族和多元文化的社會結構使南非人生活習俗呈現融通狀態，社會主流文化互不干擾，沒有特別的禁忌和容易引起誤解的習俗。

科技。南非是非洲的科技大國和強國，科技管理體系較健全，最高科技領導機構分立法和執法兩部分。議會科技與文化藝術委員會下設的科技分委會負責科技立法。國家科技委員會（也稱部長科技委員會）是政府最高科技領導機構，負責執法。

2012／2013財年，南非政府科技預算為108億蘭特，約占GDP的0.36％。南非政府制定實施了一系列科技發展策略、規劃和政策，有力地推動了南非經濟發展，推動了南非科技創新。

教育。南非政府的教育原則是：公民不分種族均享有平等接受教育和培訓的權利和義務；沒有種族和性別歧視的教育體制；保護語言、文化和宗教的多樣性；保護學術自由；教育撥款平等。教育預算比例占南非公共預算最大的一部分，教育經費預算支出約占政府總支出的20％。

醫療。南非醫療衛生系統較為完備，2012／2013財年，南非政府用於醫療衛生服務的預算為1,219億蘭特，占GDP的4％，屬中等先進國家水準。南非政府正在努力建立一個人人都能享有平等、高效、可靠和可持續發展的國家衛生服務體系，來提高南非民眾的健康水準。南非發病率最高的傳染病依次為：肺結核、瘧疾、麻風和性病。同時南非是世界上受愛滋病影響最嚴重的國家之一。

據世界衛生組織統計，2012年南非全國醫療衛生總支出占GDP的8.9%，按照購買力平價計算，人均醫療健康支出1,091美元。2007至2013年間，平均每萬人擁有醫生8人、護理和助產人員51人、牙醫2人、藥師4人。2013年人均壽命為60歲。

### 15.1.3　投資吸引力

南非是非洲第二大經濟體，是G20、金磚國家等重要國際組織成員，是外國投資在非洲地區的首選目的地。對外國投資者而言，進入南非市場也是進入非洲市場的橋頭堡。外界對南非投資環境的評價比較積極。南非貿工部負責定期釋出《南非投資指南》，介紹南非政治、經濟、貿易、投資和南非商法的基本情況。

2014至2015年度《南非投資指南》由南非貿工部和德勤會計師事務所聯合釋出。南非各省的投資促進機構也會不定期更新和釋出本省投資指南。

世界經濟論壇《2014——2015年全球競爭力報告》顯示，南非在全球最具競爭力的144個國家和地區中，排第56位。據聯合國貿易和發展會議報告，2013年，南非吸引外國直接投資（FDI）81.9億美元，FDI存量1,400.5億美元，均列非洲第一。據南非儲備銀行統計，南非外資存量的63.3%來自歐洲，英國、美國、荷蘭、比利時、盧森堡、德國、瑞士、中國是主要投資來源地。

南非吸收外資的優勢主要包括：

(1)南非政治經濟穩定。為促進投資和經濟成長，南非政府發表了一系列鼓勵投資的政策、措施和規劃。

(2)南非金融、法律體系健全。金融業發達，律師事務所、會計師事務所等第三方專業服務能力強。

(3)南非礦產資源豐富，基礎設施較發達，勞動力資源豐富，具有一定的科學研究和創新能力，是非洲地區製造業和服務外包產業基地。

(4)南非自然條件優越，風景優美，氣候宜人。

(5)不斷壯大的中產階級階層為經濟發展提供了強大的消費需求。

但是，在南非投資經營也需注意：

(1)南非勞動法律規定嚴格，工會勢力強，勞資關係緊張，罷工頻發。

(2)南非匯率市場化程度高，與美元、歐元等主要貨幣關聯程度高匯率波動大。

(3)南非基礎設施建設近年來發展較為緩慢，電力短缺尤為突出，已開始制約經濟成長。

(4)南非存在貧富差距大、失業率和犯罪率高、非法移民多等社會問題，容易引發社會矛盾。

(5)南非高素養勞動力缺乏，薪資成長速度遠高於經濟增速，抬高了企業經營成本，削弱了製造業國際競爭力。

(6)南非政府近兩年收緊了外資促進保護、簽證、礦產資源開發等多項政策，土地改革不確定性較大。

根據南非政府2010年制定的「新成長路線」，南非積極促進基礎設施建設、農業、採礦、綠色經濟、製造業、旅遊和服務行業等六大重點領域發展，2012年又公布了《國家發展規劃》，制定2030年發展目標，並配套制定了公路、鐵路、電站等大規模基礎設施建設規劃和旨在發展海洋經濟、醫療產業發展的《帕基薩計劃》。

此外，南非政府還牽頭規劃和實施非盟「南北交通走廊」計畫並與周邊國家積極開展能源項目合作。

### 15.1.4 總體經濟

南非經濟最初以農牧業為基礎。19世紀下半葉鑽石和黃金的發現大大促進了經濟發展，採礦業成為支柱產業。20世紀製造業發展迅速，1945年其產值超過採礦業。經過一個半世紀的礦業開發和工業化發展，南非已經建成世界領先的礦業和門類比較齊全的製造業以及現代化農業，擁有相當完備的金融體系和基礎設施。

2014年，受國際市場需求低迷、大宗商品價格疲弱、電力短缺和罷工等因素的影響，南非經濟成長率僅為1.5%，創五年來新低。

2014年，南非GDP構成主要如下：農業847億蘭特（GDP占比2.2%）、礦業2,866億蘭特（7.5%）、製造業4,523億蘭特（11.9%）、電力、水、煤氣供應業1,254億蘭特（3.3%）、建築業1,389億蘭特（3.7%）、批發、零售、住宿業5,049億蘭特（13.3%）、金融、地產和商業服務業6,995億蘭特（18.4%）、政府服務業5,780億蘭特（15.2%）、個人服務業1,943億蘭特。

南非政府自2009年起一直收不抵支。2014／15財年，南非財政收入8,806億蘭特，同比成長11.6%，其中稅收收入8,565億蘭特，成長11%；財政支出10,446億蘭特，成長8.4%；赤字1,641億蘭特，占GDP比例約4.3%。

截至2014年底，南非政府黃金和外匯存底共計491億美元，其中黃金儲備422億美元，國際貨幣基金組織特別提款權28億美元，其他外匯存底415億美元。

截至2015年3月底，南非政府外債餘額為1,437億蘭特，占總債務餘額的9.1%，約占GDP的4%。

近年來，南非政府債務水平持續上升，已被迫採取緊縮財政政策。

截至 2015 年 3 月底，南非政府債務餘額 15,847 億蘭特，占 GDP 的 44%，其中內債 14,410 億蘭特，占總債務餘額的 91%。內債中有價債券 14,097 億蘭特，包括 1,922 億蘭特國債和 12,175 億蘭特債券；不可轉讓債務 313 億蘭特，包括 218 億蘭特短期貸款和 94 億蘭特債券。南非政府提供的財政擔保共計 2,089 億蘭特。

2014 年，南非消費物價指數同比上漲 6.1%，最終製成品、中間製成品、電力和水、礦業、農業生產者物價指數分別上漲 7.5%、8.2%、9.9%、4.2% 和 5.3%。南非政府的通膨調控區間是 3 至 6%。

### 15.1.5　重點及特色產業

製造業。2014 年南非製造業增加值 4,523 億蘭特，占當年 GDP 總額的 11.9%。南非製造業門類齊全技術先進。主要工業部門有鋼鐵、金屬製品、化工、運輸設備、機器製造、食品加工、紡織、服裝等。冶金和機械工業是南非製造業的支柱。

近年來，紡織、服裝等缺乏競爭力的行業萎縮，汽車製造、農產品加工等新興出口產業發展較快。南非政府於 2010 年啟動了新產業政策行動計劃，力圖改變經濟成長模式，提升製造業競爭力，並積極推動經濟特區和工業園區發展。

南非位居世界汽車工業大國行列，是全球汽車及零元件製造和進出口主要國家之一，幾乎所有主要汽車品牌在南非都設有工廠。汽車業是南非最重要的製造業部門，2013 年南非新車市場規模為 2,050 億蘭特，2014 年汽車銷量 55.7 萬輛，占製造業產值的 12%，汽車及零元件出口占南非出口額的 10%。

礦業。礦業是南非國民經濟的支柱產業之一。礦業增加值規模居全球第五。鈾金產量全球居首。黃金、煤炭出口分列全球第三、六位。資

源出口占南非出口總額的 30%。2014 年礦業總產值 3,753 億蘭特，增加值 2,866 億蘭特，占 GDP 的 7.5%，但是受罷工影響較上年下滑 1.6%。

農牧漁業。南非農業較發達。可耕地約占土地面積的 13%，但是高品質土地僅占可耕地面積的 22%。農業、林業、漁業就業人數占人口的約 6%，其產品出口收入占非礦業出口收入中的 15%，2014 年農林牧漁業增加值約 847 億蘭特，占 GDP 的 2.2%。南非農業生產受氣候變化影響明顯，盛產花卉、水果、紅酒等，是全球第九大羊毛生產國，各類罐頭食品、菸、酒飲料等暢銷海外。

通訊網路。南非電訊和資訊科技產業發展較快，電信發展水準列世界第 20 位。南非共有 500 萬部固定電話，約 2,900 萬行動電話使用者，網路使用者 2012 年底突破 1,000 萬。南非電信公司 TELKOM 是南非主要的固定線路通訊經營商、非洲最大的電信公司，在約堡和紐約兩地上市。移動營運商主要包括：Vodacom、MTN、CellC、Virgin-Mobile。

南非最大的兩家資訊科技公司 DIDATA 和 DATATEC 已在英美市場占有一席之地，衛星直播和網路技術水準競爭力較強。米拉德國際控股公司（MIH）已壟斷撒哈拉以南非洲絕大部分衛星直播服務。南非軟體業也開始走向國際市場。

旅遊業。南非擁有極為豐富的自然和人文旅遊資源，是世界著名旅遊度假勝地，是非洲接待國際遊客最多的國家。旅遊業是當前南非發展最快的行業，增速在全球列第三位，產值約占 GDP 的 8.7%，從業人員達 140 萬。旅遊設施完善，有 700 多家大飯店，2,800 家中小旅館及 10,000 多家餐廳，擁有全球最高高空彈跳設施。

世界經濟論壇 2013 年旅遊競爭力報告顯示，南非在 140 個經濟體中名列第 62 位，開普敦榮獲 2013 年最佳旅遊目的地。外國遊客抵南非以公路和航空方式為主。

## 15.1.6 對外經貿關係

南非是非洲貿易大國，貿易額居非洲之首，占非洲貿易總額的 1／5 以上。自 1994 年新南非成立以來，南非進出口貿易穩步成長，出口產品趨於多樣化。

據南非政府部門統計，2014 年南非貿易總額約 2.07 兆蘭特，其中出口 9,882.1 億蘭特，進口 10,834.1 億蘭特，貿易逆差 947 億蘭特。

亞洲是南非最大的貿易往來地區，2013 年約占其貿易總量的 39%、其次是歐洲（26%）、非洲（21%）、美洲（10%）和大洋洲（1%）。中國占南非出口總額的 9.5%，其次是美國（7.1%）、日本（5.3%）、波札那（5.2%）和德國（5%）。南非前五大進口來源地是中國（占進口總額 15.5%）、德國（10%）、沙烏地阿拉伯（7.1%）、美國（6.6%）和奈及利亞（5.2%）。

由於石油資源匱乏，2014 年，原油和燃油產品約占南非進口總額的 23%。機電、運輸設備和化工等產品也是南非主要進口產品。南非主要出口商品包括貴金屬和寶石（黃金、鑽石等）、鐵礦石、煤炭、運輸設備、鋼鐵、農產品和化工產品等。

南非致力於擴大其產品在國際上的市場準入，積極參與雙邊經濟合作、區域經濟整合、全球多邊貿易談判和絕大多數國際經濟組織的活動。南非通常是其他地區與非洲國家簽訂自由貿易協定的優先對象。

南非是 1993 年關貿總協定（GATT）烏拉圭回合談判最後檔案簽字國，是世界貿易組織（WTO）創始成員國。南部非洲關稅同盟（SACU）於 1910 年成立，並在 1969 年和 2002 年重簽協定，成員包括南非、波札那、賴索托、奈米比亞和史瓦濟蘭。2000 年 1 月 1 日，南非與歐盟《貿易發展合作協定》（TOCA）正式生效，南非對歐盟 86% 的進口產品免關稅，歐

盟對南非 95% 的進口產品免關稅。

2014 年，歐盟與 SACU 簽署《經濟夥伴關係協定》（EPA），生效後將對南非 98.1% 的稅目、99.3% 的貿易額實行充分或部分自由化。南非是美國《非洲成長與機會法案》（AGOA）主要受益國之一，近 7,000 個海關八位稅目商品可免關稅出口美國市場。

據聯合國貿發會議釋出的 2015 年《世界投資報告》顯示，2014 年，南非吸收外資流量為 57.1 億美元；截至 2014 年底，南非吸收外資存量為 1,453.8 億美元。

對南非的外國投資主要源於歐美地區。在南非外資流量中，歐洲國家占 63%、美洲國家占 25.8%。歐洲國家占南非的外國直接投資存量的 78.5%，外國證券投資存量的 52%；美洲國家相應占比分別為 8.5% 和 44.7%。英國是南非最大投資來源地，其次是美國和荷蘭。南非對外投資也主要流向歐美國家。

南非吸引外國直接投資較多的行業主要包括：電信和資訊科技、採礦、化工、食品、飲料、菸草、汽車和零配件、塑膠橡膠製品、餐飲、休閒和博彩、金屬製品和其他製造業部門。

# 15.2 奈及利亞

## 15.2.1 自然地理環境

奈及利亞地處西非東南部，南瀕大西洋幾內亞灣、北鄰尼日、西接貝南、東靠喀麥隆、東北隔查德湖與查德相望。國土面積 92.38 萬平方公里。全國地形複雜多樣，平原、河谷、低地、丘陵、盆地、窪地、高

原和山地等地形兼而有之，地勢北高南低。

奈及利亞首都阿布加屬東 1 時區，比中原標準時間晚 7 小時。

奈及利亞自然資源豐富，已探明具有商業開採價值的礦產資源 30 餘種，主要有石油、天然氣、煤、石灰石、大理石、鐵礦以及錫、鋸、鈕和鈾等。奈及利亞是非洲第一大產油國、世界第十大石油生產國及第七大原油出口國，已探明的石油儲量約 372 億桶，居非洲第二位、世界第十位。

以目前產量計算，可繼續開採 30 年到 50 年。已探明天然氣儲量達 5.3 兆立方公尺，居非洲首位，世界第八位。已探明高品味鐵礦石儲量約 30 億噸，天然瀝青儲量 420 億噸，優質煤礦預測儲量 27.5 億噸，是西非唯一的產煤國。其餘礦產資源尚未得到大規模開採。

奈及利亞屬熱帶草原氣候，總體高溫多雨，全年分為旱季和雨季，年均氣溫約為 26℃至 27℃，沿海地區年平均氣溫為 32.2℃，最北部可達 40.6℃。沿海地區的最低氣溫為 21.1℃，最北部為 12.8℃。

奈及利亞溼度因地理位置和季節不同而有較大差別。相對溼度從沿海向內陸逐步降低，南部地區相對溼度約 80%，最北部則不足 50%。旱季因溫度較高和少雲，溼度最低。

## 15.2.2　社會文化環境

民族。奈及利亞是一個多民族國家，有 250 多個本土民族，其中人口較多的大部族 20 多個，最大的部族為豪薩族、富拉尼族（並稱豪薩——富拉尼族）、約魯巴族和伊博族，分別占全國人口的 29%、21% 和 18%。此外，奈及利亞還有少數的英國人、印巴人和亞裔人。

豪薩族是西非薩赫勒地區的一個民族，主要聚居於奈及利亞北部和

尼日東南部，蘇丹、喀麥隆、迦納、象牙海岸和查德也有大量該族人口，其餘族人則散居於西非，以及傳統上從撒哈拉沙漠和薩赫勒地區通往朝覲的路線附近。許多豪薩族人已遷居鄰近的西非主要沿海城市如拉各斯、阿克拉、庫馬西和科托努，但是大部分族人仍居住於小型村落，以耕種和畜牧維生。他們使用屬於查德語族的豪薩語，一般信仰伊斯蘭教。

富拉尼部落是西非最大的部落之一，發祥於非洲大陸塞內加爾河流域及其南方的富塔賈隆高原。富拉尼人以游牧為生，生活在奈及利亞、馬裡、尼日和布吉納法索的平原地區。富拉尼人喜愛刺青，除了像現代人一樣在身體上刺青，富拉尼人還用比皮膚顏色更深的黑色或紅褐色顏料在臉上「繪圖」。奈及利亞北部的富拉尼人與豪薩人一起形成豪薩——富拉尼族，為奈及利亞第一大族，約占全國人口三分之一，在該國政治和經濟生活中發揮著舉足輕重的作用。

約魯巴族主要分布在奈及利亞西南部的薩赫勒草原與熱帶雨林地帶，另有少數分布在貝南、多哥和迦納。屬尼格羅人種蘇丹類型。約魯巴人多數從事農業，種植木薯、芋類、香蕉、豆類、可可和油棕。婦女以善於經商聞名西非。約魯巴人一向是非洲手工藝人中最為心靈手巧的，而且以多產著稱。

約魯巴人使用約魯巴語，屬尼日柯爾多凡語系尼日剛果語族。有用拉丁字母拼寫的文字。多數信仰基督教和原始宗教，少數信奉伊斯蘭教。1950年代以後，奈及利亞石油工業興起，使約魯巴地區經濟迅速發展。

伊博族是西非主要黑人種族之一，主要分布於奈及利亞東南尼日河河口地區，另在喀麥隆也有較多分布。伊博人主要信奉天主教，但是也保留了大量原始宗教成分，另有一小部分伊博人信奉猶太教。伊博族使

用伊博語。伊博族曾經是奈及利亞最大的種族，但是在比夫拉戰爭中損失慘重，大量伊博人遷居國外，在英國和美國等地形成了大型聚居區。

華人在奈及利亞總數約 6.5 萬人，主要從事承包工程、貿易、投資等商務活動。

語言。奈及利亞官方語言為英語。此外奈及利亞全國還有 300 多種部族語言，最主要的 3 種分別為豪薩語、約魯巴語和伊博語。

宗教。奈及利亞主要宗教有伊斯蘭教、基督教和原始拜物教等。其中信仰伊斯蘭教的人口約占全國人口的 50%、信奉基督教的占 40%、信奉原始宗教的約占 10%。信奉伊斯蘭教的人嚴禁吃自死物、嚴禁食血液、嚴禁食用非阿拉之命而宰殺的動物、禁止食用猛禽猛獸、嚴禁飲酒、禁止從事與酒有關的營生、禁止出席有酒的宴席、嚴禁服用一切麻醉品和毒品。

奈及利亞人性格直爽、待人真誠、熱情好客、講究禮貌、注重禮儀。

在商業交往活動中，奈及利亞人見到外國客人，一般會主動打招呼，握手致意，熱情問候對方：「近來好嗎」、「身體好嗎」、「工作好嗎」、「家庭好嗎」。活動中，對男性客人多稱為先生，熟悉者可稱為朋友或兄弟，有的人對年長者或地位高的人稱為爸爸；對於女性多稱為夫人、女士或者小姐，有的人對於年長的女性或地位高的人稱為媽媽。

奈及利亞人等級觀念分明，下級對上級多稱職銜、學銜或者軍銜。外國人稱呼奈及利亞人一般要在姓氏前冠以先生、小姐、夫人和頭銜等尊稱。

奈及利亞人在施禮前總習慣先用大拇指輕輕地彈一下對方的手掌再行握手禮。奈及利亞豪薩人與親密好友相見，表示親熱的方式不是握手，也不是擁抱，而是彼此用自己的右手使勁拍打對方的右手。晚輩見長輩要施禮問安。一般情況下，要雙膝稍稍彎曲一下，向前躬一下身

子。平民見酋長，必須先脫鞋走近酋長，然後跪下致禮問安，在酋長沒下命令的情況下是不能隨便站起來的。

奈及利亞有許多部族，其習俗與文化傳統有很大差別，所以他們的生活方式也截然不同。到奈及利亞人家中做客，應事先約定時間，選擇主人方便的時間，並要按約準時抵達，屆時主人會在家中恭候。

未受到邀請，一般不可貿然到當地人家中。即使受到邀請，也不可隨意亂走亂看，不可打聽主人的薪資收入或幾個妻子等。談話中應迴避宗教話題，恰當的話題是有關奈及利亞的工業成就和發展前景。奈及利亞人還喜歡談論非洲的政治活動，特別是他們對非洲統一組織、西非國家經濟共同體以及其他非洲國家所作出的貢獻。

奈及利亞人在交談中，從不盯視對方，也忌諱對方盯視自己，因為這是不尊重人的舉止。他們認為左手是不乾淨的，忌諱左手傳遞東西或食物，否則便是對人的挑釁和汙辱。他們忌諱「13」，認為「13」是厄運和不吉祥的象徵。

奈及利亞伊博人對來訪客人若遲遲不端出柯拉果就是表示拒客，識相的客人就該趕緊告辭，免得發生不愉快。

已婚婦女最忌諱吃雞蛋。她們認為婦女吃了雞蛋就不會生育。因為雞蛋的外形似零，所以禁吃。奈及利亞伊薩人認為食指是不祥之物，無論誰用右手的食指指向自己，都是一種挑釁的舉動，若是有人伸出於並張開五指對向自己，更是粗暴地侮辱人的手勢，相當於辱罵祖宗。這些都是令人不能容忍的。

科教。奈及利亞政府重視科學研究及普及工作，要求科學研究為經濟發展服務，並自1979年起設立科技部。但是由於起點低、投入少，奈及利亞科技仍處於較低水準。

奈及利亞教育體制基本以西式教育為主，小學教育主要是聯邦政府

出資,其他教育基本自費。學制為小學6年、國中3年、高中3年、大學4年。截至2012年全國共有大學124所。著名大學有艾哈邁德、貝羅大學、拉各斯大學、伊巴丹大學、奈及利亞大學和伊費大學等;共有技術院校近百所,普通高中14,555所,國中19,244所,小學85,286餘所。大多數學校教學設施陳舊,師資不足。全國文盲人口6,400萬,小學升學率僅44%,在全球位列倒數第一。

奈及利亞醫療衛生條件較差,缺醫少藥的問題比較嚴重。全國衛生設施覆蓋率達31%。

據世界衛生組織統計,2012年奈及利亞全國醫療衛生總支出占GDP的3.4%,按照購買力平價計算,人均醫療健康支出184美元。2007至2013年間,平均每萬人擁有醫生4人、護理助產人員16人、藥師1人。2013年人均壽命為55歲。

2014年下半年,伊波拉病毒在西非國家爆發,奈及利亞於2014年7月成為疫區國家。2014年10月世界衛生組織駐奈及利亞代表正式宣布,奈及利亞埃博拉疫情結束。世衛組織隨後釋出官方宣告,指出奈及利亞在此次疫情中確診病例19例死亡7人。奈政府強而有力的領導和國內外各方有效配合,是奈勝利的關鍵因素。

世界衛生組織最新公布的數字顯示,奈及利亞醫療衛生體系綜合指數在191個成員國中排第187名。奈及利亞高官和富人普遍到歐美國家就醫。奈公民每年用於海外就醫費用超過416億奈拉(約2.5億美元),每月赴印度與歐美國家就醫的公民超過5,000人。奈海外就醫的公民主要為癌症與糖尿病患者。據世界衛生組織統計,奈每年有近10萬人被診斷為癌症,有近8萬人死於癌症,患者死亡率為全球最高。

據世界衛生組織(WHO)最新公布的2014年全球瘧疾報告,2013

年，全球 97 個國家約有 32 億人口存在感染症疾的風險。奈及利亞全境均屬瘧疾高發區。奈全國瘧疾消除委員會（NMEP）指出，奈各類醫療衛生機構診治的病人中，60%為瘧疾患者；兒童患病死亡人數中，有 30% 由瘧疾引發。

奈每年用於瘧疾防治的費用高達 1,320 億奈拉。未來，奈瘧疾防治工作任務十分艱鉅。此外幾內亞線蟲病、腦膜炎、河盲症和霍亂等流行性疾病在奈及利亞部分地區肆虐。

### 15.2.3 投資吸引力

奈及利亞在用地、稅收和資本流動等方面制定了一系列優惠政策。奈及利亞是人口大國，市場潛力大，對周邊國家有很強的輻射力；可充分利用《非洲發展與機遇法案》所提供的優惠條件，向美國出口在奈生產的商品。

奈及利亞資源豐富，可充分利用當地的油、氣、煤、鐵礦、石灰石等原材料；奈及利亞人力資源充足、價格便宜、容易應徵；奈及利亞市場開放程度高，准入門檻相對較低；奈及利亞每年有數百億石油美元收入，有較強的支付能力。

據世界經濟論壇《2014 —— 2015 年全球競爭力報告》顯示，奈及利亞在全球最具競爭力的 144 個國家和地區中，排第 127 位。近年來，奈及利亞全球競爭力排名持續下降，2012 至 2013 年度位於 115 位（144 國參評），2013 至 2014 年降至 120 位（148 國參評）。

據世界銀行《2015 年全球營商環境報告》顯示，奈及利亞在參評的 189 個國家和地區中排第 170 位。

## 15.2.4　總體經濟

據奈及利亞國家統計局公布數據，2014年奈國內生產總值（GDP）89.04兆奈拉（約合5,300億美元），比上年成長6.2%。2014年4月初，奈及利亞將GDP計算基準年分由1990年調整為2010年。調整後，2013年名義GDP規模由原來的2,856億美元提高至5,092億美元。

實際GDP增速，2011年為5.1%、2012年為6.7%、2013年為7.4%、2014年為6.2%。調整後，奈及利亞超過南非躍升為非洲第一、世界第26大經濟體。

產業分布比例。2014年，第一產業增加值20.39兆奈拉，成長4.27%；第二產業增加值22.20兆奈拉，成長6.76%；服務業增加值46.45兆奈拉，成長6.85%。第一產業增加值占國內生產總值的比例為22.90%，第二產業增加值比例為24.93%，服務業增加值比例為52.17%。

國家預算收支。尼眾議院透過了2015年4.49兆奈拉（約合230億美元）的財政預算，其中經常性項目預算（含債務償還）3.95兆奈拉，占88%；資本項目預算0.54兆奈拉，占12%。在經常項目項下，用於支付公務員薪資的支出1.8兆奈拉，占經常項目的46%、占全部預算的40%。

外匯存底。截至2014年12月30日，尼外匯存底為344.95億美元，較年初的435.05億美元減少90.1億美元，下降近21%。受國際油價大幅下降影響，包括奈及利亞在內的所有產油國的外匯收入均有所減少。而美國2014年10月退出量化寬鬆貨幣政策，也對奈外匯收入成長發揮抑制作用。

又據奈央行最新數據，截至2015年8月底，尼外匯存底為314.3億

美元，同比下降20.65%。而為了收窄奈拉兌美元官方匯率與黑市匯率的差距，奈央行多次向市場出售美元。

外債餘額。截至2015年6月30日，奈及利亞外債規模為103.2億美元，占GDP比例約為1.8%。當前，奈外債由多邊機構貸款、雙邊機構貸款和商業貸款三部分組成：多邊機構貸款總額72.3億美元，占70.1%，其中世界銀行集團貸款61.9億美元，非洲發展銀行貸款9.5億美元，阿拉伯非洲經濟開發銀行、歐洲開發基金、美洲開發銀行貸款合計1億美元。

雙邊機構貸款總額15.8億美元，占15.4%，其中中國進出口銀行貸款13.9億美元，法國開發署（AFO）貸款1.4億美元，日本國際合作機構（JICA）、德國復興信貸銀行貸款5,483萬美元；商業貸款總額15億美元，占14.5%，均為歐洲債券。截至2015年6月30日，奈及利亞公共債務規模為638.1億美元，占GDP比例約為11.1%，遠低於世界銀行對尼設定的56%上限。

其中，內債534.8億美元，外債為103.2億美元，內外債比例約為84：16，較尼債務管理辦公室設定的60：40的目標尚有較大差距。按照尼法律規定，政府舉外債需經議會批准，且年利率不得高於3%。

債務評級。截至2015年5月，標準普爾、穆迪和惠譽三家國際評級機構對奈及利亞長期外幣發行人主權債務評級分別為：標普，$B^+$、前景展望由負面調整為穩定；穆迪，$8A^+$，前景展望穩定；惠譽，$B^-$，前景展望負面。

通貨膨脹率。2014年，尼消費者物價指數（CPI）較2013年上漲8%，而2013和2012年分別為8.5%和12.2%。奈通膨形勢進一步緩和，是2008年以來物價漲幅最小的一年。截止到2014年12月，奈CPI同比漲幅連續24個月保持在個位數。

失業率。2014 年，奈及利亞全國失業率約為 25.1%，較 2013 年的 24.7%上升 0.4 個百分點。據奈國家統計局最新統計，奈每年新增就業人口 180 萬人，2014 年新增工作職位為 120 萬人，加之此前尚有累計 570 萬未就業人口，奈失業人口每年都在成長。

## 15.2.5 重點及特色產業

農業。2014 年，奈及利亞農業產值約 18.0 兆奈拉，占 GDP 的 22.9%。

主要農產品包括：木薯、甘薯、高粱、玉米、可可、棕櫚油、橡膠、花生、大豆等。該產業主要大型企業包括：美國嘉吉公司 (carghill)、新加坡栩蘭國際公司 (olaminti)、美國孟山都公司 (Monsanto) 等。奈農業轉型議程實施以來，2014 年政府投入的 140 億奈拉旱季農業發展資金，為歷史最高，而 2015 年批覆的資金又較上年提高近一倍。

奈糧食產量不斷提高，但是在石油收入大幅減少背景下，充分利用土地、河流與勞動力優勢等農業資源，創造更多新財富，解決尼溫飽、貧困問題顯得尤為重要，農業發展已日益成為尼經濟發展的生命線。

油氣產業。石油產業是奈及利亞最重要的經濟收入來源。然而自 2014 年中國際油價暴跌以來，奈油氣產業受損嚴重。2014 年，奈及利亞石油工業產值約 9.62 兆奈拉，占 GDP 的 10.8%。

奈及利亞石油產量的 85%以上來自殼牌 (Shell，在 2014《財富》世界 500 強企業中排名第 2 位)、埃克森美孚 (Exxon-Mobil，在 2014《財富》世界 500 強企業中排名第 5 位)、雪佛龍 (Chevron，在 2014《財富》世界 500 強企業中排名第 12 位)、道達爾 (Total，在 2014《財富》世界 500 強企業中排名第 11 位) 和埃尼 (Eni，在 2014《財富》世界 500 強企業中排名第 22 位) 等五大跨國石油公司。

## 15.2.6 對外經貿關係

2014 年，奈及利亞貨物進出口總額 24.44 兆奈拉（約合 1221.8 億美元），同比成長 14.9%。其中，出口額 17.20 兆元（約合 860.2 億美元），同比成長 20.8%；進口額 7.23 兆奈拉（約合 361.6 億美元），同比成長 3.0%；貿易順差 9.97 兆奈拉（約合 498.6 億美元），同比成長 37.9%。

2014 年，奈及利亞主要貿易夥伴包括美國、中國、印度、巴西、英國、法國、義大利、西班牙、比利時、日本等。

奈及利亞貿易結構較為單一，主要出口商品為能礦產品，2014 年出口額達 15.72 兆奈拉，占全年出口總額的 91.4%。其中，原油出口額 12.79 兆奈拉，占出口總額 74.4%。

奈主要進口商品為鍋爐及機電產品、礦產品、汽車和航空器及其零元件。其中，鍋爐及機電產品進口 1.71 兆奈拉，占 23.6%；礦產品進口 1.11 兆奈拉，占 15.3%；汽車和航空器及其零元件進口 8,765.1 億奈拉，占 12.1%。

奈及利亞是 1995 年 1 月 1 日 WTO 建立時的正式成員，也是非洲聯盟（African Union，簡稱非盟）和西非國家經濟共同體（ECOWAS）成員。

1975 年，奈及利亞簽訂了《歐洲經濟共同體—非洲、加勒比和太平洋地區（國家）洛梅協定》（簡稱《洛梅協定》）。該協定旨在歐盟單方面對非加太國家完全開放市場，並給予免稅等優惠；2000 年，簽訂了《洛梅協定》修訂版，即《科努託協定》等。

奈及利亞地處非洲中心地帶，經濟在全非洲地區具有舉足輕重的地位，其 GDP 占西非國家經濟共同體全部 GDP 的 3 ／ 4 以上，經濟總量位居非洲首位，對西非其他國家及全非洲具有很強的輻射力。

北美與歐洲是奈外資的主要來源地，二者對奈及利亞投資的比例占

奈吸引外資總量近80%，其他依次是非洲、亞洲、中東、南美。在奈及利亞的主要投資國依次是英國、美國、荷蘭、南非等。在奈投資領域主要集中在服務業、通訊、石油行業和製造業。

據聯合國貿發會議釋出的2015年《世界投資報告》顯示，2014年，奈及利亞吸收外資流量為46.9億美元；截至2014年底，奈及利亞吸收外資存量為866.7億美元。跨國公司在奈及利亞投資的主要領域是石油天然氣行業如美國的雪佛龍——德士古和埃克森美孚、荷蘭的殼牌、法國的道達爾、義大利的埃尼集團等。投資其他領域的跨國公司有：西門子、MTN、本田汽車、寶獅汽車、可口可樂和雀巢等。

主要援助國和國際組織為美國、英國、加拿大、聯合國、歐盟和世界銀行等。2011年，世界銀行向奈提供5,000萬美元援助，用於支持發展農業商業化發展項目。2014年世界銀行向奈及利亞提供的信貸援助突破20億美元，達到20.2億美元（約合3,600億奈拉）。2010年和2011年，奈共接受了38.75億美元的官方發展援助，其中8.56億美元來自美國。

近10年來美國向尼提供3億美元用於抗擊愛滋病。2012年，歐盟與尼政府簽訂向尼提供1.97億歐元援助資金的協議。2014年2月，歐盟與尼政府簽署60億奈拉援助協議，用於幫助尼發展現代能源產業。截止到2012年底，日本對尼援助達38億美元。

## 15.3 埃及

### 15.3.1 自然地理環境

埃及地跨亞、非兩洲，隔地中海與歐洲相望。大部分位於非洲東北部，只有蘇伊士運河以東的西奈半島位於亞洲西南部。國土面積 100.145 萬平方公里，94％為沙漠。西與利比亞為鄰、南與蘇丹交界、東臨紅海並與巴勒斯坦、以色列接壤北臨地中海。海岸線長約 2,900 公里。尼羅河縱貫南北，全長 6,700 公里，在埃及境內長 1,530 公里。

按自然地理埃及可分為 4 區：尼羅河谷和三角洲、西部利比亞沙漠、東部阿拉伯沙漠和西奈半島。尼羅河谷和三角洲地區地表平坦。西部的利比亞沙漠是撒哈拉沙漠的東北部分，為自南向北傾斜的高原。西奈半島面積約 6 萬平方公里，大部分為沙漠，南部山地有埃及最高峰聖卡特琳山，海拔 2,629 公尺，地中海沿岸多沙丘。

開羅以南通稱上埃及，以北為下埃及。埃及首都開羅屬於東 2 區比中原標準時間晚 6 小時。每年從 4 月分的最後一個星期五起，至 9 月分的最後一個星期五實行夏令時制，比中原標準時間晚 5 小時。

埃及最主要的是尼羅河水，根據尼羅河流域 9 國簽訂的河水分配協議，目前埃及享有尼羅河水的份額為 550 億立方公尺，占埃及淡水資源總額的 90％左右。此外埃及積極對農業灌溉水再次利用。

埃及已探明的儲量為：石油 44.5 億桶（2013 年 1 月）、天然氣 2.186 兆立方公尺（2012 年 1 月）、磷酸鹽約 70 億噸、鐵礦 6,000 萬噸。此外還有煤、金、銘、銀、鋁、銅和滑石等。

埃及全境乾燥少雨，尼羅河三角洲和北部沿海地區屬亞熱帶地中

海型氣候，其餘大部分地區屬熱帶沙漠氣候。開羅地區年降雨量約 18 毫米，夏季平均氣溫最高為 34.2℃、最低 20.8℃，冬季氣溫最高為 19.9℃、最低 9.7℃；地中海沿岸城市亞歷山大年平均降雨量約 200 毫米；南方地區夏季平均氣溫最高為 42℃、最低氣溫 20.8℃，冬季平均氣溫最高為 25.8℃、最低氣溫 9.6℃，早晚溫差較大。

## 15.3.2 社會文化環境

埃及主要民族有東方哈姆族（埃及阿拉伯人、科普特人、貝都因人、柏柏爾人），占總人口的 99%，努比亞人、希臘人、亞美尼亞人、義大利人後裔和法國人後裔占 1%。

官方語言為阿拉伯語大多數國民亦視作母語，科普牛奪語（由古埃及語演變而來）在埃及的科普特人基督教教堂中使用。另外，英語及法語在大城市及旅遊區通用。

埃及約 90% 的人口信仰伊斯蘭教遜尼派，約 10% 的人口信仰基督教的科普特正教、科普特天主教和希臘正教等教派。科普特正教為東方禮基督教中的一個獨立教派，埃及科普特人多屬於此教派。

埃及每星期五是「主麻日聚禮」，當清真寺內傳出悠揚的喚禮聲，伊斯蘭教徒便紛紛湧向附近的清真寺，做集體禮拜。為數眾多的教徒仍然虔誠地信守每日 5 次禮拜的教規：即晨禮、響禮、哺禮、婚禮。每逢宗教節日電視還播放總統及政府首腦去清真寺禮拜的鏡頭。

埃及人的交往禮儀既有民族傳統的習俗，又通行西方人的做法，上層人士更傾向於歐美禮儀。一般情況下，互致問候語。如果是老朋友，則擁抱行貼臉禮並相互問候。

如上門拜訪朋友，主人會熱情的表示歡迎。女性之間出於禮貌或表

示親熱，更多地採用溫柔的貼面禮，一般是先右邊貼一次後，左邊貼一次。異性之間通常是握手只有親戚之間行貼臉禮。男女之間也可不握手，男士不宜主動伸手。男士在握手時必須從座位上站起來，女士則不必。

埃及人不忌諱外國人家訪，甚至很歡迎外國人的訪問，並引以為榮。但是異性拜訪是禁止的，即使在埃及人之間，男女同學、同事也不能相互家訪。

在埃及，不同的宗教節日裡有不同的節日食品，如齋月裡要吃蠶豆和甜點；開齋節要吃魚乾和撒糖的點心；聞風節吃鹹魚、大蔥和蔥頭；宰牲節要吃烤羊肉和油烙麵餅。

埃及人在飲食上嚴格遵守伊斯蘭教的教規，不吃豬肉、信徒不飲酒。齋月裡白天禁食、不吃食物，也不吃帶汁和未熟透的菜。吃飯時不與人談話，喝熱湯及飲料時禁止發出聲響，食物入口後不可復出，而且忌諱用左手觸控食具和食品。

埃及人（穆斯林皆如此）認為「右比左好」，右是吉祥的，做事要從右手和右腳開始握手、用餐、遞送東西必須用右手，穿衣先穿右袖，穿鞋先穿右腳，進入家門和清真寺先邁右腳。因此，用左手與他人握手或遞東西是極不禮貌的甚至被視為汙辱性的。

按伊斯蘭教義，婦女的「迷人之處」是不能讓丈夫以外的人窺見的，因此，短、薄、透、露的服裝是禁止的。埃及人對外國人比較寬容，不像某些伊斯蘭國家那麼嚴厲，但是嚴禁穿背心、短褲和超短裙到清真寺。

埃及實行普及小學義務教育制度。全國共有基礎教育（含小學、國中、高中和中等技術教育）學校 42,184 所，其中公立學校 37,218 所，學生 1,520 萬名，私立學校 4,966 所。共有大學 34 所，包含 477 個院系，

其中公立大學 18 所，私立大學 16 所。著名的有開羅大學、亞歷山大大學、艾因‧夏姆斯大學、愛茲哈爾大學等。大學高等教育平均入學率達 32%。

### 15.3.3 投資吸引力

2011 年埃及政局持續動盪，經濟陷入困境，外國投資下滑超過 70%，投資環境惡化。2014 年 6 月塞西掌控埃政局後馬上提出了一套政治路線圖，為結束埃及三年來的政治動盪帶來了曙光。此外，塞西還制定了一套經濟發展的路線圖，同時埃及還得到海灣阿拉伯國家大量財政支持，經濟情況較前有所好轉。

2015 年 3 月政府發表了《新投資法》，推出多項投資激勵措施，以期吸引更多外國投資及改善投資環境。此外，3 月埃及政府在西奈半島南部城市沙姆沙伊赫舉辦埃及經濟發展大會，旨在吸引外資、助力經濟復甦。大會吸引了來自 50 多個國家和地區的 2,000 多人參與，共簽訂總額約 360 億美元的直接投資協議及 186 億美元的工程、採購和建設等項目協議，此外，埃及還獲得 52 億美元的金融機構貸款。很多投資者認為埃及政局走向穩定、市場經濟環境逐步改善，對埃及市場抱有期待。

獨一無二的區位優勢。埃及地跨亞非兩大洲北邊隔地中海與歐洲相望，西南部直通非洲大陸腹地。蘇伊士運河是聯通歐亞的航運生命線，策略地位極其重要。埃及擁有與歐、亞、非各國相連的海運、空運及與非洲相連的陸路交通網，交通便利、地理位置優越。

豐富的人力資源和充滿潛力的國內市場。埃及是中東地區的人口大國，勞動力資源十分充裕。在中東和地中海沿岸地區，埃及的勞動力薪資水準有一定競爭力，且擁有相當數量受過教育的技術人才和高等教育人口。埃及居民消費結構完整，正逐步由基本生活消費階段向方便生活

消費階段發展部分，已經達到了享受生活消費階段。

豐富的自然資源。埃及擁有大量未開發荒地，價格低廉。埃及石油天然氣資源較為豐富，石油和天然氣探明儲量分別位居非洲國家中第五位和第四位。埃及長絨棉享譽世界。此外，還擁有磷酸鹽、鐵礦、大理石、石灰石等礦產資源。

便利的國際貿易條件。埃及於 1995 年加入世界貿易組織，並積極參與各種多邊和雙邊貿易協定。目前埃及加入的區域貿易協定有埃及歐盟夥伴關係協議、大阿拉伯自由貿易區協定、合格工業區協定、東南非共同市場、埃及——土耳其自由貿易區協定。這些貿易便利化協定使其產品出口有廣泛的市場潛力。

2015 年 8 月埃及內閣決議，成立國際貿易手續便利委員會。該委員會成立旨在簡化進出口貿易手續。該委員會的決議已在亞歷山大港進行第一階段實施，該港將進出口監管局、港口管理局等相關部門集中在一起，提供一站式服務，該模式將改善目前由於清關花費時間長而導致的貨物堆積現象。

較為完善的基礎設施。儘管埃及基礎設施面臨老舊的問題，但是就整個非洲而言，仍然相對較為完善。埃及擁有 6.4 萬公里公路，基本連線全國大部分城鎮鄉村。埃及擁有 10 個國際機場，開羅機場是非洲第二大空港。埃及是國際商業和海運中心，擁有 15 個商業港口，年貨物處理能力 23,445 萬噸。此外，埃及有超過 3 萬兆瓦的發電裝機容量，其發電能力在非洲及中東地區居首位。

2011 年以來，由於埃及政局持續動盪，埃及吸引外國直接投資從 2010／11 財年的 68 億美元驟降至 2013／14 財年的 30 億美元。

世界經濟論壇《2014——2015 年全球競爭力報告》顯示，埃及在全球最具競爭力的 144 個國家和地區中，排名第 119 位。世界銀行釋出的

《營商環境 2015》(*Ding Business 2015*)顯示，埃及在 189 個國家和地區中，排名 112 位。

### 15.3.4 總體經濟

2011 年初以來的埃動盪局勢對國民經濟造成嚴重衝擊。埃及政府採取措施恢復生產、增收節支、吸引外資、改善民生，多方尋求國際支持與援助，以渡過經濟困難，但是收效有限。2014 年 6 月，埃及塞西政府上臺以來，得到海灣阿拉伯國家大量財政支持，經濟情況較前有所好轉。主要經濟指標如下：

稅收。2013／2014 財年埃及稅收為 2,600 億埃鎊。

債務規模。截至 2014 年 12 月底，埃及內債總額 19,247 億埃磅，外債總額 414.7 億美元，占 GDP 的比例分別為 81.7%和 12.8%。另據世界銀行統計數據，2013 年埃及外債餘額總計 444.3 億美元，其中短期債務 28.16 億美元，長期債務 402.3 億美元。

主權信用等級。2013 年 11 月評級機構標準普爾將埃及主權信用評級由 CCC$^+$／C 調升至 B，展望為穩定。2014 年 12 月，惠譽公司將埃及主權信用評級從 B$^-$，提升至 B，展望為正面。2015 年 4 月，穆迪公司自 2012 年以來首次提升埃及主權信用評級提升至 B$^3$，經濟展望為穩定。

### 15.3.5 重點及特色產業

油氣工業。埃及是非洲地區重要的石油和天然氣生產國，石油和天然氣的探明儲量分別位居非洲國家中第五位和第四位。其中，石油儲量約為 44 億桶，但是從 2009 年起，埃及成為石油淨進口國；已探明天然氣儲量達 2.2 兆立方公尺，潛在的天然氣資源預計為 5.6 兆立方公尺，且

品質較高。

主要分布在蘇伊士灣──尼羅河三角洲──地中海沿岸一線、西奈半島、東部沙漠和西部沙漠等地區，其中蘇伊士灣地區的蘊藏量占埃及油氣資源的 70%。2013／14 財年埃及生產天然氣 3,920 萬噸，原油 3,450 萬噸，本國消費天然氣 3,760 萬噸，原油 2,970 萬噸。

埃及國家石油公司 (EGPC) 和埃及國家天然氣公司 (EGAS) 採用開採權出讓、產量分成協議的方式與投資者合作。在埃及投資開發石油的外國公司已達 49 家，分別來自美國、英國、義大利、德國、愛爾蘭、希臘、法國、加拿大、日本等 19 個國家，石油日產量 70 萬桶。目前已與 10 餘家外國公司簽署了 14 個天然氣勘探協議，天然氣日產量 1.8 億立方公尺。

受政局動盪影響，2010 至 2013 年，埃及沒有簽署任何勘探開發協議。隨著局勢穩定，埃及政府現在已經重新開始勘探開發計畫。2014 年下半年和 2015 年 1 季度已經簽署了 56 個特許協議，投資額約 122 億美元。2015 年 3 月，英國 BP 石油公司與埃及政府在埃及經濟發展大會上簽訂協議，BP 公司將投資 120 億美元開發西尼羅三角洲油氣資源，包括 5 兆立方公尺天然氣和 5,500 萬桶凝析油。

埃及煉油能力居非洲大陸首位，現有 10 座煉廠，日處理原油能力 97.5 萬桶。現有 4 套 LNG 裝置，年生產能力 1,870 萬噸。埃及於 2004 年制定了首個石化產業發展規劃，計劃在未來 20 年裡，利用國內外 100 億美元投資興建 14 個大型石化企業，使石化產品年產能力達到 1,500 萬噸，產值 70 億美元。

紡織工業。紡織工業產業鏈較完整。紡織業占埃及 GDP 比例 3%，占製造業總產值的 27%。2010／2011 財年埃及各類紡織品出口額 22.5 億美元，占總出口額的 7.7%，大部分銷往歐盟和美國。埃及目前約

有 5,500 家紡織企業，吸納就業約 150 萬人，占全國工業就業人口的 30%。

根據國際紡織工業協會（ITMA）數據，埃及紡織品每公尺成本為 0.13 美元，與印度和中國相當。不熟練工成本為 0.5 美元／小時，與中國相當，熟練工成本 0.8 美元／小時，是中國的三分之一，比印度低 0.3 美元。有 70 餘家土耳其紡織公司在埃及設廠，有 214 家企業在 QIZ 合格工業區設廠，以向美國出口免稅紡織產品。GAP、Pierre Cardin，Marks & Spencer 等知名品牌也在埃及設廠。

埃及國有紡織工業營運步履艱難。3 家最大的紡織公司 90% 的訂單來自軍方。其沉重的債務負擔、老舊的設備和僵化的勞工政策，使其無法與進口產品和私營企業競爭。埃及東方紡織公司（Egyptoriental Weavers Carpet Company）是世界上最大的機織地毯生產公司，年生產量達 1.1 億立方公尺。其產量占埃及市場占有率的 85%、占美國地毯市場的 25%、歐洲的 20%。

汽車業。截至 2012 年 9 月，埃及登記上牌的汽車共 645.5 萬輛。法國（寶獅、雷諾）、義大利（菲亞特）、德國（賓士、寶馬）、日本（豐田、本田、三菱）、韓國（大宇、現代）等國在埃及占有較大比例。其中韓國現代和美國雪弗蘭汽車是最暢銷車型，2014 年市場占有率分別為 15.7% 和 22%。

近年來汽車組裝業發展迅速現有轎車組裝廠 12 家（14 條生產線）、客車組裝廠 8 家（8 條生產線）、貨車組裝廠 5 家（9 條生產線）。2011 年埃及汽車產量受到動亂的嚴重影響，當年產量為 8.1 萬輛，下滑 30%；2011 年埃及汽車銷量為 17.6 萬輛，下降 30%，但是 2012 年的銷售量為 19.5 萬輛，同比成長 11%。2014 年汽車銷售量為 29.3 萬輛，同比大增 49.6%，其中乘用車銷量為 20.8 萬輛，同比增 55%。

埃及政府制定了汽車行業三步發展策略，即引進國外先進生產線試點組裝——帶動汽配行業快速發展——逐步進入自主設計和生產階段，並為此發表了下調汽車零元件進口關稅、限制整車進口和使用本地產零元件等鼓勵措施。埃及整車進口關稅稅率很高，小於1.6升排量的關稅為40％，1.6升排量以上為125％。但是根據WTO規定，在2019年前，埃及必須將關稅降至40％以下，根據歐盟與埃及雙邊減免關稅的規定，埃及每年應降低關稅10％，2019年將降至0。

美國通用汽車、德國寶馬汽車、豐田汽車、日產汽車均在埃及以獨資或合資、CKD（Completely Knocked Down）等形式合作生產汽車。

農業。埃及是傳統農業國，農業產值約占GDP的18％，可耕地面積占全國總面積的3.5％，農業從業人口占全國就業人口的約31％。主要農作物有棉花、小麥、水稻、玉米等。小麥自給率58％、玉米56.6％、肉類80％，食油61.9％，食糖86.2％。近年來大力推進農業政策改革，透過改善水利、道路等基礎設施、提供優惠貸款、免徵稅收等途徑吸引私人資本和外資，農業生產穩步成長。

但是隨著人口增加，埃及仍需進口糧食，是世界最大的食品進口國之一，每年需進口小麥900萬噸。主要出口產品為棉花、稻米、馬鈴薯和柑橘。2015年8月埃及釋出命令，禁止稻米出口。此決定目的是為了使國內生產稻米滿足國內消費需求。根據農業部報告顯示，埃及2015年稻米產量為270萬噸，而消費量為360萬噸。

棉花是埃及最重要的經濟作物，主要為中長絨棉（35毫米以下）和超長絨棉（36毫米以上），因其絨長、光潔、韌性好，被稱為「國寶」。2010／2011財年種植面積36.9萬費丹（1費丹=6.3市畝），年產量約40萬噸，占世界總產量40％。埃及共向80餘個國家出口棉花，義大利是最大進口國，進口量占埃及出口總量的19％；其次為土耳其占18％。

柑橘：柑橘種植區域主要集中在沿尼羅河流域的 Qaly 省、ubia 省、Beheira 省、Sharqiya 省、Ismailia 省和 Menufia 省。臍橙的種植量最大，占整個柑橘產量的 60%。2014 年埃及繼續保留世界第六大柑橘生產商以及第二大出口商的頭銜，柑橘產量已達到 250 萬噸，其中 110 萬噸用於出口，出口量比上一季高出 10%，主要出口到沙烏地阿拉伯、俄羅斯、伊朗、烏克蘭、阿聯酋等國。

柑橘種植面積的擴大以及良好的生長條件促進了整個柑橘的產量和出口量。由於埃及的經濟和政治形勢，水果和蔬菜的價格成長得很快，但是柑橘仍是水果中最便宜的。

服務業旅遊業產值對 GDP 的貢獻率約 11%。據埃及旅遊部統計數據，2013 年埃及旅遊收入為 59 億美元，2014 年為 73 億美元。2014／2015 財年埃及旅遊收入為 78 億美元，低於 100 億美元的目標，旅遊服務價格下降是旅遊收入減少的主要原因之一。埃及旅遊業從業人數達 350 萬，直接從業者為 180 萬人，間接從業者為 170 萬人。目前，埃及有酒店房間 22.5 萬個，其中 65% 在紅海和南西奈地區。

埃及遊客主要來自俄羅斯、英國、義大利、德國和西班牙等歐洲國家。主要旅遊景點有金字塔、獅身人面像、盧克索神廟、阿斯旺大壩等。2011 年政局突變後，埃及旅遊業遭到沉重打擊，與旅遊緊密相關的酒店和餐飲業也受到波及，大型酒店紛紛降價，倒閉的小型酒店不計其數。臨時政府成立後，旅遊部門加大宣傳力度，旅遊部長多次率團赴歐洲遊說，宣傳埃及局勢日趨穩定。

自 2013 年底至 2014 年初歐洲各國逐步解除了對埃及的旅遊禁令，埃及的旅遊業及周邊產業有所恢復，但是仍未達到 2011 年動亂前的水準（2010 年埃及旅遊收入 125 億美元）。埃及外交部發表宣告，2015 年 5 月 15 日起停止對個人旅遊者發放落地簽證，但是透過旅行社參團的遊客

不受影響。個人遊客須在前往埃及之前在埃及駐本國使領館辦理旅遊簽證，但是參團遊客仍可在抵達埃及機場時取得落地簽證。

蘇伊士運河。2013／14 財年透過船隻約 1.8 萬艘，創匯 54 億美元。2014 年，埃及總統阿卜杜勒 - 法塔赫‧塞西（Abdel Fattah el-Sisi）宣布啟動新蘇伊士運河擴建項目。根據計畫將在蘇伊士運河中段開鑿一條 72 公里長的新運河，其中新挖航道 35 公里，拓寬和加深原航道 37 公里。

埃及政府樂觀預計，新航道將使通行費收入從目前的每年約 50 億美元成長至 130 億美元，建成後船隻等待時間從目前的 11 小時減少到 3 小時，每日通航船隻可由目前的 49 艘提高到 97 艘。

## 15.3.6 對外經貿關係

貿易規模。埃及外貿連年逆差，實施限進增出和外國產品替代等政策。

貿易結構。埃及主要出口商品集中於資源類型，包括石油、天然氣、焦炭及其製成品、農產品、棉花及其他紡織原料、石材等；主要進口商品則是以工業製成品、耐用消費品和食品等為主，包括機械設備、電器設備、運輸機械、礦物燃料、塑膠及其製成品、鋼鐵及其製成品、穀物、木及木製品、動物飼料等。

貿易夥伴。埃及與 120 多個國家和地區有貿易關係，2014 年埃及前十大貿易夥伴分別為：中國、美國、德國、義大利、沙烏地阿拉伯、印度、土耳其、科威特、俄羅斯和烏克蘭，見表 15-2。

表 15-2 2010 至 2014 年埃及與主要貿易夥伴貿易額（單位：億美元）

| 國別 | 2010 年 | 2011 年 | 2012 年 | 2013 年 | 2014 年 |
|---|---|---|---|---|---|
| 中國 | 53.37 | 63.17 | 71.86 | 75.05 | 79.37 |
| 美國 | 66.30 | 82.80 | 71.43 | 63.93 | 61.87 |

| 國別 | 2010年 | 2011年 | 2012年 | 2013年 | 2014年 |
|---|---|---|---|---|---|
| 德國 | 45.95 | 47.14 | 51.91 | 58.33 | 60.57 |
| 義大利 | 51.77 | 58.34 | 57.16 | 62.07 | 55.89 |
| 沙烏地阿拉伯 | 37.88 | 45.15 | 44.93 | 50.41 | 43.53 |
| 印度 | 28.21 | 38.98 | 42.07 | 43.87 | 42.73 |

資料來源：埃及海關。

埃及貿易政策活躍，簽訂了多個雙邊及多邊貿易協議。其貿易協議涉及的人口最多達15.63億。埃及1995年6月30日加入世界貿易組織。先後與利比亞、敘利亞、突尼西亞、摩洛哥、黎巴嫩、約旦、伊拉克、土耳其等國簽署了自由貿易協議。

埃及加入的區域優惠貿易協議／協定有埃及──歐盟夥伴關係協議。2001年與歐盟簽署了合作夥伴協議。根據不同階段，埃及輸歐工業品和部分農產品將享受優惠待遇甚至免稅待遇；大阿拉伯自由貿易區協定；合格工業區協定。2004年底，美國、埃及和以色列等3國簽訂的協議。根據該協議，含有10.5％以色列成分的埃及輸美產品可獲得免關稅待遇。

2005年簽署埃及──土耳其自由貿易協定，根據協議，部分工業品和農業品在兩國間流動享有免稅或減稅待遇。2000年正式啟動東南非共同市場（COMESA）自由貿易區，有19個成員國；阿加迪爾協定。有埃及、突尼西亞、摩洛哥和約旦4個成員國，工業品和大部分農產品在成員國之間流動免關稅。

「穆斯林發展中八國集團」（Groupof Eight Islamic Developing Countries）簡稱發展中八國集團，成員國包括埃及、伊朗、奈及利亞、印尼、馬來西亞、孟加拉、土耳其和巴基斯坦。相關貿易安排：加強八國經貿合作，建立有利於促進多邊貿易、消除非貿易壁壘和相互減讓關稅的通

商環境，成員國將相互給予最惠國待遇地位，利益共享。

在協定簽署後的 2 年內，簽字國將逐步取消對出口貨物徵收關稅及其他相當於關稅的費用，取消非關稅及準關稅壁壘。協定規定發展中八國集團在 4 年內將在 10% 至 25% 範圍內的部分產品關稅水準降低到 10% 以下，25% 以上的降低到 25% 以下。此外附加關稅在 1 年內取消。2014 年 3 月埃及臨時政府總統曼蘇爾簽署多邊協議，埃及正式成為自由貿易安排成員國，接受自由貿易安排下的權利和義務。

外資總額。埃及政局 2011 年 1 月發生劇變後持續動盪，經濟環境不斷惡化，外資對埃及的信心受到重挫，加之歐洲主權債務危機不斷擴散，「阿拉伯之春」蔓延至部分海灣阿拉伯國家，使得埃及吸收外資不斷下滑。

2012／13 財年埃及吸引外資略有恢復，達到 30 億美元。2013 年塞西政府執政後，埃及局勢趨穩，2013／14 財年提升至 41.2 億美元，2014／15 財年上半年達到 27.33 億美元，比上年同期明顯好轉。

另據金融時報釋出報告顯示，2014 年非洲是世界上吸引外國直接投資（FDI）成長最快的地區，而埃及是非洲第一大資本投資目的國，2014 年外國直接投資項目達到 51 個，同比增加 42%。隨著埃及投資環境和國家經濟狀況的改善，埃及將成為非洲大陸最有發展潛力的國家。

據聯合國貿發會議釋出的 2015 年《世界投資報告》顯示，2014 年，埃及吸收外資流量為 47.8 億美元；截至 2014 年底，埃及吸收外資存量為 878.8 億美元。

吸引外資領域。根據埃及中央銀行的統計，截至 2011／12 財年年底，埃及吸收外資排名前三位的是：石油和天然氣，吸收外資達到 71.01 億美元；通訊和資訊科技，吸收外資 13.91 億美元；工業，吸收外資 7.33 億美元。外資投資的其他領域包括服務業、金融業、建築業、房地產

地、農業和旅遊業。

外資來源地。從外資來源地看，歐盟和阿拉伯國家是埃及外資的主要來源地。據埃及投資和自由區總局統計，截至 2012 年底，沙烏地阿拉伯、阿聯酋、英國是埃及前三大外資來源國，在埃及投資存量分別為 58 億、52 億、43 億美元。

## 15.4　肯亞

### 15.4.1　自然地理環境

肯亞位於非洲東部，赤道橫貫其中部，東非大裂谷縱貫南北。東鄰索馬利亞、南接坦尚尼亞、西連烏干達、北與衣索比亞、南蘇丹交界，東南瀕臨印度洋，海岸線長 536 公里。境內多高原，平均海拔 1,500 公尺。全國面積為 582.646 平方公里。

首都奈洛比位於東 3 時區，比中原標準時間晚 5 個小時。不實行夏令時。

肯亞是非洲著名的旅遊國家。美麗的自然風光、濃郁的民族風情、獨特的地貌景觀以及無數珍禽異獸，吸引著世界各地的遊客前往觀光。位於國家中部的非洲第二高峰肯亞山是世界著名的赤道雪山，山勢雄壯巍峨，景色美麗奇特，肯亞國名即來源於此。

全國 40 多個部族，孕育著多姿多彩的傳統文化。有「地球大傷疤」之稱的東非大裂谷如刀削斧劈一般，南北縱貫肯亞全境與赤道交叉，堪稱一大地理奇觀。數十個國家級天然野生動物園和自然保護區，是眾多野生動物和一千多種鳥類的天堂，是世界上最受歡迎的野生動物巡遊勝地之一。

肯亞礦藏主要有純鹼、鹽、螢石、石灰石、重晶石、金、銀等。近年，肯亞西部和東部地區探明大型金礦、煤礦、稀土和鐵礦等資源，英國、加拿大和澳洲等跨國企業在肯亞礦業領域投資較多。

2012 年，英國圖洛公司 (Tullow Oil) 在肯西北部圖爾卡納郡的洛基查盆地發現石油資源，初步探明石油儲量 6 億桶；東北部的曼德拉盆地也發現石油，初步探明石油儲量為 2 億桶。英國燃氣公司在拉穆海上區塊同時發現石油和天然氣資源。目前肯亞境內 46 個石油區塊中已有 41 個簽署勘探協議，22 家跨國能源企業正在進行大規模陸地和海上石油勘探活動。

肯亞森林面積 8.7 萬平方公里，占國土面積的 1.59%，林木儲量 9.5 億噸。

肯亞地熱、太陽能、風能等清潔能源儲量豐富，大裂谷地帶蘊藏的地熱資源可發電 7,000 至 10,000 兆瓦。肯奧卡瑞地熱發電站是非洲最大地熱電站，完工後發電能力 430 兆瓦。擬建的圖爾卡納湖風電場是非洲最大風電場，設計發電能力 300 兆瓦。已建成的 Kericho 郡太陽能發電廠是東非最大發電廠，發電能力 1 兆瓦。

肯亞全境位於熱帶季風區，大部分地區屬熱帶草原氣候，沿海地區溼熱，高原氣候溫和，3 至 6 月和 10 至 12 月為雨季，其餘為旱季。年降雨量自西南向東北由 1,500 毫米遞減至 200 毫米。全年最高氣溫為 22°C 至 26°C、最低為 10°C 至 14°C。

## 15.4.2　社會文化環境

肯亞全國共有 42 個部族，分成班圖、尼羅和庫施特三大語系，其中基庫尤族 (KIKUYU) 為最大部族，約占總人口的 17%。其他部族主

要有盧希亞族（LUHYA，約14%）、盧奧族（LUO，約10%）、卡倫金族（KALENJIN，約13%）、康巴族（KAMBA，11%）等。此外，還有一些亞裔如印度和巴基斯坦後裔、阿拉伯人和歐洲人。印度裔最多，有20多萬人。目前的執政黨聯盟「朱比利聯盟」主要代表基庫尤族與卡倫金族聯盟，主要反對黨聯盟「民主改革聯盟」代表盧奧族與康巴族聯盟。

華人在肯亞主要從事商貿、旅遊、餐飲和醫療等行業。據當地華人華僑工商聯合會統計，在肯亞經營餐飲、旅遊和醫療的個體商家各有20餘家，從事進出口貿易的個體商家約有100餘家。

斯瓦希里語為國語，和英語同為官方語言。全國人口的45%信奉基督教新教、33%信奉天主教、10%信奉伊斯蘭教，其餘信奉原始宗教和印度教。獨特的地理位置和發展歷史使肯亞成為一個融合斯瓦希里文化、西方文化、伊斯蘭文化甚至印度文化的多元文化國家。同時，其文化傳統、價值觀念、宗教信仰、飲食習慣等各方面受英國影響較大，社交禮儀、著裝、宴請等均參照英國的習慣。

肯亞的資訊與通訊技術在非洲處於領先地位，肯亞政府主導投資鋪設了4條海底光纖，連線肯亞與世界各地，並在全國推動建設總長2.2萬公里的國家光纖骨幹網。2013年肯亞政府啟動總投資100億美元、為期20年的孔扎科技城項目，被譽為「非洲矽谷」，以加速發展資訊科技和服務外包經濟。目前，該項目的電網和進場道路已完工，下水和供水系統接近完成，光纖電纜正在鋪設。

為發展科技，肯亞還擬成立900億先令（合9.78億美元）的國家科學研究基金（NRF）專門用於向各領域開展研究的個人或機構發放獎學金、助學金。

肯亞資訊科技行業發展迅速。根據德勤公司研究，截至2013年底，肯亞資訊科技（IT）行業價值約7.44億美元，受市場投資和需求上升的驅

動，未來兩年內肯 IT 行業價值將升至 10 億美元。肯亞金融創新也走在非洲前列，手機支付業務發展十分迅速，目前已有 3,000 萬個手機支付帳戶，占全球手機支付帳戶的三分之一。據肯亞央行數據顯示，2014 年手機支付額達 2.371 兆肯先令（合 264 億美元）。

肯亞政府注重對教育事業的投入，2014／2015 財年，肯教育財政經費為 38 億美元。肯亞在教育體制上實行 8─4─4 學制，即小學 8 年、中學 4 年、大學 4 年。現有小學 29,460 所，中學 8,747 所，教師培訓學院 267 所，大學 53 所，職業技術學校和專科學校 7,551 所。此外，還透過網路創辦了現代遠端高等教育。

自 2003 年以來，免費小學教育計畫的實施深得民眾支持，也獲得世界銀行以及西方國家的大量援助。統計顯示，2014 年小學生淨入學率為 88.2%、中學生淨入學率為 80.4%。家長需要支付學生在中學階段的部分教育費用，分擔比例為：普通中學 46%、寄宿中學 63.8%。公立大學每學年學費為 12 萬肯先令（約合 1500 美元），其中學生負擔 5 萬肯先令（約合 640 美元），而私立大學學費從 10 萬到 13 萬肯先令不等。2012 年，87.9% 的成年人具備讀寫能力。

### 15.4.3　投資吸引力

肯亞地處東非門戶，自 1963 年獨立以來政局一直保持穩定，是撒哈拉以南非洲政局最穩定和經濟基礎較好的國家之一。1990 年代以來，肯亞在經濟領域實行自由化，對國有企業進行私有化改造，並逐步開放允許外國投資的行業。肯政府為鼓勵外國直接投資，除制定有《外國投資保護法》外，還採取了一系列鼓勵投資措施，如取消進出口許可證、降低進口關稅稅率、取消出口關稅和廢除外匯管制、設立出口加工區（EPZ）等。

肯亞投資法規比較完善，有 30 多個法律法規保護外國投資者利益，2005 年頒布了新的《投資促進法》。肯還與 10 多個國家簽訂了雙邊投資保護協定。

肯亞經濟發展較平穩，中產階級人口成長較快，國內市場不斷擴大。

隨著東非區域一體化推進，作為東非交通樞紐和門戶，在肯境內投資還可輻射東非內陸國家，有利於開拓整個東非市場。2013 年肯亞和平舉行大選，政權平穩交接，油氣和礦產資源勘探也取得重大突破，提振了投資者對肯亞信心。

但是肯亞外商直接投資便利化程度較低，基礎設施落後，辦事花費時間較長。肯亞法律規定外商直接投資最低限額為 50 萬美元，門檻設定過高，對外資進入造成一定障礙。在稅收、經營範圍、企業所有權和土地等方面，對外資也規定了不同於內資的待遇標準，為外資設定了不少經營限制；肯稅務、移民和海關等部門辦事花費時間較長，權力尋租普遍；中央和地方之間分權不清存在掣肘現象；港口、公路和鐵路等基礎設施不能滿足實際需求，運力不足且運費昂貴，物流成本占總成本 40％以上。

據世界銀行最新釋出的《2015 全球營商環境報告》，肯亞在全球 189 個經濟體中排名 136 位。

世界經濟論壇《2014──2015 年全球競爭力報告》顯示，肯亞在全球最具競爭力的 144 個國家和地區中，排第 90 位。

## 15.4.4　總體經濟

肯亞實行以私營經濟為主體的混合型經濟體制，私營經濟在整體經濟中所占份額超過 70％。農業是肯亞第一大創匯行業，其中園藝產品

（花卉、蔬菜、水果）、茶葉和咖啡為肯亞主要出口創匯產品。肯亞旅遊業較發達，是第二大創匯行業。僑匯是肯亞第三大外匯來源。肯亞工業在東非地區相對發達，國內日用消費品基本自給。

2014 年，肯亞 GDP 為 53,577 億肯先令，約合 609 億美元（按 2014 年平均匯率 1 美元：87.92 肯先令折算，下同），實際經濟成長率為 5.3%。2014 年農業占 GDP 比例為 27.3%、製造業為 109 億肯先令、交通運輸業為 8.3%。

截至 2014 年 12 月 31 日，肯亞中央銀行外匯存底 74.25 億美元。截至 2014 年 12 月 31 日，肯亞政府公共債務總額 252 億美元，相當於 GDP 的 41% 左右。

內債餘額 123 億美元、外債餘額 129 億美元，其中多邊債務占 74%，主要貸款來源為國際開發協會（IOA）、非洲發展銀行（AfDB）、國際貨幣基金組織（IMF）和歐洲投資銀行（EIB）等；雙邊債務占 26%，日本、中國和法國等為主要雙邊借款國。2014 年，為支持肯亞政府融資籌建大型基礎設施項目，肯亞議會批准將財政部的外債上限由 1.2 兆肯先令（約 133 億美元）提升至 2.5 兆肯先令（約 277 億美元）。

國際貨幣基金組織和世界銀行等國際組織，看好肯亞經濟成長，但是同時對肯亞債務問題提出警告，認為肯亞政府應採取措施，降低債務風險。

2014 年肯亞通膨形勢較溫和，全年通膨率為 6.9%。肯亞失業率較高，且多為年輕人，據肯亞 2014 年釋出數據稱，占肯亞總人數 35% 的 15 至 34 歲年輕人失業率達 67%。2014 年 6 月，國際評級機構穆迪表示，肯亞主權信用評級為 B1，經濟前景穩定，利於發行主權債券。另一國際評級機構惠譽公司將肯亞主權信用評級定為 B＋，其認為能源產業的發展使肯經濟前景看好。

## 15.4.5　重點及特色產業

　　農業是肯亞國民經濟的支柱產業，2014 年農業占該國 GDP 的 27.3%。主要糧食作物有玉米、小麥和水稻，主要經濟作物有咖啡、茶葉、劍麻、甘蔗、除蟲菊精和園藝產品（花卉、蔬菜、水果）。2013 年，農業成長 3.5%。肯亞三大創匯產品——園藝產品、茶葉和咖啡出口額分別為 11.04 億美元、11.3 億美元和 2.26 億美元，約占出口總值的 40.3%。2013／2014 年肯亞咖啡出口額成長 17%，達 2.54 億美元；出口數量成長 25%，達 4.95 萬噸。

　　肯亞製造業在東非地區相對發達，國內日用消費品基本自給，獨立以後發展較快，門類比較齊全，是東非地區工業最發達的國家。以製造業為主，製造業以食品加工業為主。2014 年，製造業成長 7.1%，約占 GDP 的 10%；建築業成長 9.8%，占 GDP 比例為 4.8%。工業主要集中在奈洛比、蒙巴薩和基蘇木三市。肯亞《2030 年遠景規劃》目標是 2030 年將肯亞建成新興工業化國家，大力發展製造業是其重點之一。

　　2014 年，肯亞資訊和通訊業，成長 9.6%，占 GDP 比例為 8.4%；批發零售業，成長 9.8%；以及金融仲介業，成長 9.1%。

　　肯亞具有優越的地理位置，蒙巴薩港是東中非最大的港口，運輸業輻射到周邊國家。近年來隨著經濟的復甦，運輸業發展較快，但是基礎設施落後等因素限制了該行業的進一步快速發展。目前，肯亞正致力於鐵路網、公路網和港口的建設更新。

　　肯亞郵政電訊業目前可提供國際直撥、行動電話、電傳、傳真、資訊傳輸及相關服務。行動通訊服務業發展迅速，使用者數量超過 3,000 萬。

　　肯亞旅遊業較發達，是國家支柱產業之一。主要旅遊景點有奈洛

比、察沃、安博塞利、納庫魯、馬賽馬拉等地的國家公園、湖泊風景區及東非大裂谷、肯亞山和蒙巴薩海濱等。受恐怖襲擊影響，肯亞旅遊業繼續低迷，2014 年境外遊客 135 萬人次，同比減少 11.1%，旅遊業收入約 9.9 億美元，下降 7.3%。

### 15.4.6 對外經貿關係

過去幾年來，肯亞貨物貿易進出口規模迅速擴大，進口速度大大快於出口，貿易逆差逐年擴大。2014 年肯亞對外貿易總額約 2.16 兆肯先令（約 245.7 億美元），同比成長 12.5%；出口額 5,372 億肯先令（約 61.1 億美元），同比成長 6.9%；進口 1.62 兆肯先令（約 184.3 億美元），同比成長 14.5%：貿易逆差 1.08 兆肯先令約 22.8 億美元），同比擴大 18.7%。

2014 年肯亞貨物進出口中排名前 10 位的貿易夥伴為印度、中國、美國、阿聯酋、日本、英國、烏干達、南非、坦尚尼亞、沙烏地阿拉伯。

肯亞是 WTO 創始成員國。肯亞是東南非共同市場 (Common Market for Easternand Southern Africa，COMESA) 和東非共同體 (East African Community，EAC) 重要成員國，在貿易、金融、交通運輸、工農業、能源和法律等領域互有合作。成員國之間進出口享受優惠關稅稅率。

2000 年 10 月，肯與 COMESA 的 8 個成員國首批簽訂了自由貿易區協定，相互實行零關稅。2009 年 6 月，第十三屆東南非共同市場首腦會議上正式宣布成立關稅同盟。肯亞與 EAC 的 2 個成員國坦尚尼亞和烏干達簽署的關稅同盟於 2005 年 1 月 1 日實施。2009 年 11 月 EAC 五國首腦正式簽署東非共同市場協議，已於 2010 年 7 月 1 日啟動。

肯亞是《非洲成長與機會法案》(AGOA) 和《科托努協定》的受益國。根據科托努協定協定條款，肯亞產品進入歐盟市場享受關稅減讓，產品

出口沒有配額限制。但是2007年科托努協定協定到期後，肯亞作為東共體成員國之一，由東共體作為整體與歐盟進行《經濟夥伴協定》(EPA)談判。2014年10月，東非共同體與歐盟正式簽署經濟夥伴協定。東共體國家包括肯亞產品將繼續享受歐盟提供的免關稅與配額的自由市場準入待遇。

目前，根據世界貿易組織的普惠制條款，肯亞加工產品在美國、日本、加拿大、瑞士、挪威、瑞典、芬蘭、澳洲、紐西蘭及歐洲大多數國家享受優惠關稅待遇，目前適用普惠制的3000多種出口產品在出口上沒有數量限制。肯亞還與IMF建立了良好關係，是IMF受控國。

肯亞是東非的貿易中轉中心之一，擁有地理位置優勢，港口對鄰國的貿易輻射能力相當強。衣索比亞、索馬利亞、蘇丹、烏干達等國家的許多商人都從肯亞境內採購商品。

2014年，肯亞政府批准在蒙巴薩建立該國首個自由貿易區，占地2,000平方公里。建立自由貿易區有望透過商品免稅交易，提升和加強東部非洲、中部非洲和南部非洲的區域內銷易。有關商家可以在新的免稅區採購，而不必前往阿聯酋、中國和日本等傳統目的地。除蒙巴薩外，肯亞政府還將在西部城市基蘇木和東部沿海的拉穆建立自由貿易區，各占地700平方公里。

根據肯亞投資促進局的統計，在2008至2012年間，本地和外國投資者對肯亞投資約66億美元，創造就業機會65,000個。2013年，受益於和平大選、油氣礦產資源開發等因素，肯亞吸收外資達12.6億美元，比2012年的6.98億美元成長80.5%。

根據非洲發展銀行(AfDB)釋出的《非洲經濟展望報告2015》，肯亞2014年吸收外商直接投資(FDI)居非洲第六位，達12億美元，比2013年增加一倍多。據聯合國貿發會議釋出的2015年《世界投資報告》顯

示，2014 年，肯亞吸收外資流量為 9.9 億美元；截至 2014 年底，肯亞吸收外資存量為 43.7 億美元。

英國、美國、德國、法國、日本、加拿大等西方國家在肯亞開設有數百家公司，投資涉及農業、工業、商業、金融、旅遊、交通、醫藥等主要經濟領域。2011 至 2012 年中國成為肯亞第一大外資來源國，當年的投資額約 2.5 億美元；其次是德國，約 1.94 億美元；英國第三，約 8,600 萬美元；葉門第四，約 5,930 萬美元。

> **思考題**
>
> 1. 埃及主要服務業的發展情況如何？
> 2. 奈及利亞的總體經濟情況如何？
> 3. 南非礦產品在世界中的地位怎樣？
> 4. 肯亞的對外貿易情況如何？

# 參考文獻

[01] 俞坤一、馬翠媛，新編世界經濟貿易地理，北京：首都經濟貿易大學出版社，2008 年

[02] 趙蘇，國際貿易地理，北京：高等教育出版社，2006 年

[03] 顧曉燕、陶應虎，使用國際貿易地理，北京：清華大學出版社，2010 年

[04] 陳才，世界經濟地理，北京：北京師範大學出版社，1999 年

[05] 竺仙如，國際貿易地理，北京：對外經濟貿易大學出版社，2006 年

[06] 杜德斌，世界經濟地理，北京：高等教育出版社，2009 年

[07] 尤盛東，世界經濟貿易地理，北京：北京師範大學出版集團，2010 年

[08] 李先維，國際貿易地理，北京：對外經濟貿易大學出版社，2005 年

[09] 王溶花，世界糧食貿易格局的演變及發展趨勢分析，湖南農業大學

[10] 侯秀蘭，地理黃金與國際貿易的相關分析，科技情報開發與經濟，2014 年

[11] 王寶昌，世界和中國原油貿易現狀及對策建議，國際石油經濟

[12] 劉昊虹，全球銀行業競爭結構演變與中國銀行業發展策略調整，新金融

參考文獻

[13] 王慶新，全球鐵礦石貿易格局演變及對中國礦業發展啟示，中國國土資源經濟

[14] 張翃，全球鐵礦石定價機制的演變歷程和博弈分析，價格月刊

[15] 陳志建，全球石油供應下新地緣政治經濟格局分析，世界地理研究

[16] 劉鶴，全球石化產業的演進歷程機制及模式研究，世界地理研究

[17] 宋揚，全球生產網路中的中國汽車產業，經濟研究導刊

[18] 金玲，「一帶一路」與歐洲「容克計畫」的策略對接研究，國際展望

[19] 沈德昌，2014年全球風電產業狀況和未來五年發展預測，中國農機工業協會風能設備分會，《風能產業》

[20] 李歡麗，當前全球銀行業競爭格局的解構與重構，新金融

[21] 張禮貌，低油價環境下全球油氣上游併購趨勢，國際石油經濟

[22] 吳朝陽，國際糧食市場格局演化與中國的策略選擇，國際貿易

[23] 張小瑜，國際農產品貿易的發展趨勢與特點，農業展望

[24] 張春穎，解析全球運輸業發展狀況，語言與文化研究

[25] 張豔飛，2015年全球鐵礦石供需趨勢分析，資源科學

[26] 盧洪友，北歐經濟深綠色革命的經驗及啟示，人民論壇・學術前沿

[27] 張皓潔，國際大石油公司業務結構發展趨勢，國際石油經濟

[28] 關秀麗，南非經濟形勢及推進中南合作的建議，總體經濟管理

[29] 鄒嘉齡，中國與「一帶一路」沿線國家貿易格局及其經濟貢獻地理科學進展

[30] 舟丹，應對全球石油市場變化的對策，中外能源

[31] 王海濤，未來全球天然氣需求成長的不確定性因素分析，國際石油經濟

[32] 楊子剛，世界主要糧食作物市場供求分析，調研世界

[33] 吳家鳴，世界造船業中心的轉移及國外造船業現狀，廣東造船

[34] 嚴劍峰，世界四大民用航空工業中心及其共同特徵，科學發展

# 全球競局，區域競爭與國際貿易的權力遊戲：

## 從資源分布到生產轉移，解構地理環境、科技創新與政策博弈如何影響國際經濟秩序

編　　　著：孫聆軒，林建
發　行　人：黃振庭
出　版　者：山頂視角文化事業有限公司
發　行　者：山頂視角文化事業有限公司
E-mail：sonbookservice@gmail.com
粉　絲　頁：https://www.facebook.com/sonbookss/
網　　　址：https://sonbook.net/
地　　　址：台北市中正區重慶南路一段61號8樓
8F., No.61, Sec. 1, Chongqing S. Rd., Zhongzheng Dist., Taipei City 100, Taiwan

電　　　話：(02)2370-3310
傳　　　真：(02)2388-1990
印　　　刷：京峯數位服務有限公司
律師顧問：廣華律師事務所 張珮琦律師

-版權聲明-

本書版權為石油工業出版社所有，授權山頂視角文化事業有限公司獨家發行電子書及繁體書繁體字版。若有其他相關權利及授權需求請與本公司聯繫。
未經書面許可，不可複製、發行。

定　　　價：650元
發行日期：2025年03月第一版
◎本書以POD印製

**國家圖書館出版品預行編目資料**

全球競局，區域競爭與國際貿易的權力遊戲：從資源分布到生產轉移，解構地理環境、科技創新與政策博弈如何影響國際經濟秩序 / 孫聆軒，林建 編著. -- 第一版. -- 臺北市：山頂視角文化事業有限公司，2025.03
面；　公分
POD版
ISBN 978-626-99568-1-4(平裝)

1.CST: 國際經濟　2.CST: 區域經濟　3.CST: 國際貿易
552.1　　　　　　　114002590

電子書購買

爽讀APP　　　臉書